HEYNE BÜCHER

Peter Scholl-Latour

Schlaglichter der Weltpolitik

Die dramatischen neunziger Jahre

WILHELM HEYNE VERLAG
MÜNCHEN

HEYNE SACHBUCH
19/537

Umwelthinweis:
Dieses Buch wurde auf
chlor- und säurefreiem Papier gedruckt.

3. Auflage

Erweiterte Taschenbuchausgabe
im Wilhelm Heyne Verlag GmbH & Co. KG, München

Printed in Germany 2001
Umschlagillustration: action press/Meyer,
Hamburg und Comstock, Berlin
Umschlaggestaltung: Atelier Adolf Bachmann, Reischach
Druck und Verarbeitung: Ebner Ulm

ISBN 3-453-12315-8

Inhalt

Vorwort zur Taschenbuchausgabe

Die Chronik »Schlaglichter der Weltpolitik« ist seit dem ersten Erscheinen in regelmäßigen Abständen fortgesetzt und vervollständigt worden. Mit ihren letzten Beiträgen reicht die vorliegende Taschenbuch-Ausgabe nunmehr bis in das Jahr 1997. Die zusätzliche Aktualisierung fügt sich nahtlos an den bisher vorliegenden Ablauf.

Auch in diesem umfangreichen Abschlußteil wurden weder Tendenz noch der an präzisen Daten erschienene Artikel um eine Nuance oder ein Iota verändert. Nichts wurde nachträglich berichtigt.

Die neunziger Jahre nähern sich der Schwelle des dritten Millenniums. Sie haben ihre Spannung, ihre Dramatik in keiner Weise eingebüßt.

Paris im Frühjahr 1997 *Peter Scholl-Latour*

Vorwort

Dieses Buch vereint eine Folge von Momentaufnahmen. Die Betrachtungen und aktuellen Kommentare fügen sich zum politischen Kaleidoskop, das eine Epoche historischer Umwälzungen beschreibt.

Eine gründliche Neuordnung vor allem der deutschen und damit auch der europäischen Verhältnisse bahnte sich ab 1988 an. Diejenigen, die Abschied nehmen wollten von der Geschichte, sehen sich heute als Toren entlarvt. Sogar die Deutschen begreifen allmählich, daß sie sich aus der erdrückenden kontinentalen Rolle, die ihnen die Geographie auferlegt, nicht länger herausstehlen können. Wer am Ende des Kalten Krieges von Friedensdividenden träumte, sieht sich um solche Sehnsüchte betrogen.

Seit uralte Mythen dem hektischen Tagesgeschäft wieder den Vorrang streitig machen und der »Zusammenprall der Kulturen« den Disput der Politologen beherrscht, vollzieht sich ein unerbittlicher Vorgang, den der Franzose Gilles Kepel als die »Rache Gottes« bezeichnet hat. Wenn die etablierten Kirchen ihre Rolle der Dogmenkündung und Moralinstanz preisgeben, machen sie den Raum frei für konfus wucherndes Sektierertum. Vor dem Scherbenhaufen marxistischer Erlösungshoffnungen vollziehen manche Linksintellektuelle von gestern die hurtige Rückwendung zu nationalkonservativen Schablonen, stimmen in einen »anschwellenden Bocksgesang« ein. Für diese Form des Renegatentums, die in Frankreich als *trahison des clercs* schon seit Jahrhunderten definiert ist, für diese Lust am Verrat findet sich stets ein applaudierendes Publikum.

Auf der anderen Seite ist endlich die Diktatur der *political correctness* in Frage gestellt worden, jene bequeme Ausrichtung auf einen Katalog pseudo-liberaler und oberflächlich humanitärer Begriffe, die mit fundamentalistischer Intoleranz jede Abweichung von der Utopie eines »moralischen Universalismus« an den Pranger stellte. Doch wer zieht schon die Konsequenz aus diesem Umdenken, das allmählich um sich greift und seinerseits in Platitüden abzugleiten droht?

Es geht um nichts weniger als um die Überprüfung der Pauschalbegriffe »Menschenrechte« und »parlamentarische Demokratie«. Auf diese Grundwerte unseres zivilisierten Zusammenlebens sollte in unserem christlich-aufklärerischen Kulturkreis niemand verzichten wollen. Aber die Übertragung dieser abendländischen Postulate auf die völlig anders geartete Staatenvielfalt der sogenannten »Dritten Welt« entartet doch meistens zum Zerrbild. Die wirtschaftlich oder strategisch motivierte Heuchelei, eine opportunistisch selektive Einforderung dieser hohen Prinzipien werden von den Betroffenen oft und zu Recht als eine neue Form arroganter Überfremdung, ja des Neo-Imperialismus empfunden.

Es ist auch an der Zeit, eine Debatte anzuregen, ob die repräsentative Demokratie, eine Tochter des bürgerlichen 19. Jahrhunderts, nicht ihre Glanzzeit – selbst in Europa und Amerika – hinter sich hat, seit die Omnipräsenz der audio-visuellen, aber auch der Print-Medien einer betrüblichen Nivellierung der Meinungs- und Informationsvermittlung Vorschub leistet. An dieser kollektiven Stimmungsmache, die den Volksvertretern mehr Furcht einflößt als die Gesinnungsschwankungen ihrer Wähler, könnte der klassische Parlamentarismus eines Tages ersticken oder zum Formalismus erstarren.

In dem vorliegenden Buch geht es gleichwohl nicht um pessimistische Betrachtungen über den Niedergang unserer »politischen Kultur«, wie das Modewort lautet. Die »Schlaglichter«, seit 1988 gesammelt, sind konkret und klar abgegrenzt. Die meisten dieser Artikel, die ohne jede Abänderung mit dem Datum ihres Erscheinens aufgereiht sind, wurden in der *Schweizer Illustrierten* publiziert. Ich kehre damit an die Ursprünge meiner politischen Wahrnehmung zurück, habe ich doch fünf Jahre der Nazi-Herrschaft in der strengen Abgeschiedenheit eines Internats der West-Schweiz verbracht. Dort war es mir vergönnt, als Klosterschüler Abstand halten zu können zu jenen ideologischen Wirbelstürmen, die das übrige Europa auf so schreckliche Weise aufwühlten und denen gerade die Generation der Knaben oder Jünglinge ausgeliefert war.

Vermutlich hängt mir diese »fundamentalistische« Erziehung von

Saint-Michel in Fribourg noch heute an. Jedenfalls beeinflußt sie meine Weltsicht und bringt mich immer wieder in Widerspruch zu dem jeweils vorherrschenden Zeitgeist. Daß ich mit meinen politischen Äußerungen und Analysen auf Kritik, teilweise auf zügellose Polemik bei einer gewissen Kategorie von Rezensenten stoße, muß ich in Kauf nehmen, zumal ich, für manche »Kollegen« unverzeihlich, ein erfolgreicher Buchautor wurde. »Viele Feinde schmücken den Mann«, sagt ein russisches Sprichwort.

Die Themen, die ich in Absprache mit den jeweiligen Redaktionen behandelt habe, umspannen den ganzen Erdball. Dabei kam mir zugute, daß ich im Lauf einer fünfzigjährigen Tätigkeit als »Globetrotter« und Chronist praktisch kein einziges Land ausgelassen habe und den Hauptakteuren des großen Welttheaters persönlich begegnet bin. Natürlich haben die epochalen Ereignisse der verflossenen acht Jahre die Schwerpunkte der Kommentierung markiert, an ihrer Spitze die Wiederherstellung der deutschen Einheit. In dem Gespräch mit dem Schweizer Journalisten Frank A. Meyer, das ich im Oktober 1981 in Paris führte, habe ich die Unvermeidlichkeit der deutschen Wiedervereinigung zu einem Zeitpunkt angekündigt und begründet, als die deutsche Intelligenzia beinahe unisono die Spaltung der Nation als schicksalhafte Fügung oder als Frucht geschichtlicher Nemesis akzeptierte.

Natürlich versteige ich mich nicht zu der Behauptung, in einer magischen Glaskugel stets die Zukunft erkannt zu haben. Doch bei der Beurteilung der großen Wandlungen – sei es der Zerfall der Sowjetunion, die islamische Umsturzbewegung, der sensationelle Aufstieg Chinas zur Weltmacht, die Ambiguität der amerikanischen Hegemonialrolle zumal im Orient, die selbstverschuldete Ohnmacht Europas auf dem Balkan oder die Schmach der Vereinten Nationen – brauche ich keinerlei Abstriche vorzunehmen.

Niemals habe ich der »Gorbimania« gehuldigt, was mir empörte Leserbriefe eingebracht hat. In den Schmähchor gegen Ronald Reagan und Helmut Kohl habe ich nicht eingestimmt, als das nicht nur bei jenen Achtundsechzigern Mode war, die nach erfolgreichem Marsch durch die Institutionen fette Pfründe erreicht haben. Den General de Gaulle habe ich lange vor seiner weltweiten Rehabilitierung als Wegweiser des Abendlandes und *vir illuster* gefeiert. Ich habe mich stets geweigert, die islamische Wiedergeburt als neues »Reich des Bösen« zu stigmatisieren. Zwar konnte ich nicht wissen, daß George Bush seinen siegreichen Vormarsch auf Bagdad abbrechen würde wie einst Hannibal die Erstürmung Roms, aber von Anfang an habe ich die explosiven Folgen aufgezählt, die ein Auseinanderbrechen der Arabischen Republik Irak für die Stabilität der gesamten Region und die Wahrung der dort investierten amerikanischen Interessen nach sich zöge.

Noch heute löse ich Protest aus, wenn ich die tragischen Vorgänge am Platz des Himmlischen Friedens in ihren asiatischen Kontext einordne. Die Alternative zu der ebenso brutalen wie dilettantischen Niederschlagung der Pekinger Studentenrevolte wäre ja voraussichtlich ein Bürgerkrieg gewesen, dessen Opfer sich nicht in Hunderten, sondern in Millionen von Toten summiert hätten. Erst allmählich setzt sich die Erkenntnis durch – am Beispiel der vier »kleinen Tiger« in Ostasien trefflich exemplifiziert –, daß vorrangig die politische Stabilität und nicht etwa die Übernahme westlicher Pluralismus-Modelle in den sogenannten Entwicklungsländern die Voraussetzungen für wirtschaftlichen Aufstieg und die Anhebung des Lebensstandards gewährt.

Der Vorwurf ist gegen mich erhoben worden, ich gefalle mir in der Rolle der Kassandra. Aber so falsch habe ich nicht gelegen, als ich den Fehlschlag der amerikanischen Kriegführung in Vietnam, den Sturz des Schah-Regimes in Iran, das Scheitern der Russen in Afghanistan prognostizierte zu einem Zeitpunkt, als man es in den deutschen Gazetten noch ganz anders las. Mein Pessimismus – so er denn existiert – nährt sich nicht aus morbider Veranlagung, sondern orientiert sich an konkreter Anschauung auf dem Terrain. So neige ich dazu – gestützt auf sechsjährige Erfahrung als Afrika-Korrespondent –, die Zukunft des Schwarzen Kontinents, inklusive Südafrika, mit bösen Ahnungen zu verfolgen.

Auch dem Friedensprozeß im Heiligen Land begegne ich mit Skepsis. Die Ermordung Jizchak Rabins hat ein krasses Licht auf die mythischen Realitäten dieser Weltgegend geworfen, wo es für die Nachkommen Abrahams – Juden und Araber – nicht nur um den Besitz umstrittener Territorien, sondern um die Gunst Gottes geht. Wie sollte man nicht um den Balkan bangen, wenn die Gesamtheit der Medien und die angeblichen Experten den Bosnien-Konflikt als eine Nationalitätenfrage abhandeln, wo es sich doch um den Zusammenprall unvereinbarer Religionen und Kulturkreise handelt, wo man von *confessional cleansing* statt von »ethnischer Säuberung« reden müßte. Im Libanon, in Nord-Irland hat man sich seltsamerweise nicht gescheut, die Dinge beim Namen zu nennen und die entscheidende Rolle der Glaubensbekenntnisse anzuerkennen.

Die klägliche Kampagne gegen Annemarie Schimmel, Laureatin des Friedenspreises des Deutschen Buchhandels, hat deutlich gemacht, daß eine gewisse Kategorie deutscher Orientalisten und der von ihnen beeinflußten *opinion leaders* das Faszinosum der islamischen Kulturrevolution mit den Mitteln des philologischen Quellenstudiums und den Bewertungen eines spätmarxistischen Materialismus angehen, statt sie als mystisches Erlebnis der Massen zu beurteilen. Eine Verallgemeinerung liegt mir fern, aber manche unserer zeitgenössischen Wissenschaftler erinnern an jene Geographen des 19. Jahrhunderts, die die unbekannten Weiten Afrikas mit klugen Vermessungen auflisteten und dennoch die weißen Flecken mit dem überlieferten Spruch *hic sunt leones* – hier gibt es Löwen ausfüllen mußten. Dem »Journalisten« Henry Morton Stanley blieb es vorbehalten, das atemberaubende Wagnis der Entdeckung des Kongo-Beckens auf sich zu nehmen und der realen geographischen Kenntnis zum Durchbruch zu verhelfen. Im übrigen habe ich aus der Schwarzmalerei keine Methode gemacht. Im Hinblick auf die Einigung Europas und vor allem die deutsch-französische Schicksalsgemeinschaft huldige ich einer Zuversicht, die manchem übertrieben erscheinen mag. Dem »christlichen Abendland«, soweit dieser Ausdruck überhaupt noch Sinn macht, empfehle ich angesichts der sich anbahnenden Völkerwanderungen eine Standhaftigkeit und einen Selbstbehauptungswillen, zu denen seine satten »Bürger« vielleicht gar nicht mehr befähigt sind. Angesichts der apokalyptischen Gefahren einer unkontrollierbaren und unaufhaltsamen Nuklearproliferation habe ich den Europäern – lange bevor dieses Thema durch die Explosionen von Mururoa in die Zeitungsspalten gelangte – zum Ausbau einer eigenen atomaren Abschreckung geraten.

Manches kann man mir vorwerfen, aber keiner sollte mir nachsagen, ich hätte mich gescheut, der vorherrschenden, der etablierten

Meinung zu trotzen und gegen den Strom zu schwimmen. In einer publizistischen Phase, in der sogar das angeblich unbestechliche Auge der TV-Kamera als perfides Instrument gezielter Manipulation mißbraucht werden kann, bedaure ich die jungen Kollegen, denen es wohl nicht mehr vergönnt ist, sich – ohne schweren Schaden für die eigene Karriere – gegen den verlogenen Tugend-Codex der *political correctness* zu stemmen.

Ich habe manche Bedenken gehabt, ehe ich mich zur Veröffentlichung dieser »Schlaglichter« entschloß. Der Journalismus, wie das Wort besagt, ist an den Tag gebunden. Mein erster Chefredakteur bei der *Saarbrücker Zeitung,* der in Bayern verwurzelte Albrecht Graf Montgelas, hat damals die Arbeit des Zeitungsschreibers mit der eines Kochs verglichen. Schon nach kurzer Frist seien die mühsam angerichteten Speisen oft ungenießbar. Und dennoch – es käme keine historische Chronik, keine dauerhafte Spiegelung ferner Zeitabläufe ohne jene Momentaufnahmen aus, die sich – in Stundenbüchern zusammengefaßt – zwischen Spontaneität und Nachdenklichkeit bewegen. Gerade der Schnellebigkeit unserer Epoche wird damit Rechnung getragen und das flüchtige Gedächtnis wachgerufen.

Paris, im Januar 1996 *Peter Scholl-Latour*

Niedergang der Dinosaurier

Ein Interview

20. Dezember 1981

MEYER Herr Scholl-Latour, Sie haben über Vietnam ein Buch geschrieben, »Tod im Reisfeld«. Vietnam war eine große Hoffnung für viele Menschen. Ein kleines Volk hat sich erhoben gegen eine Militärmaschinerie, einen Sieg errungen, und diese Hoffnung ist nach dem Sieg zerstoben. Sie waren in Afghanistan, Sie haben die Unterdrückung dort erlebt. Wie ist Ihnen denn zumute, alle diese Verwicklungen, diese Hoffnungen erlebt zu haben und gesehen zu haben, daß sie am Schluß weg waren? Ist das nicht etwas, was Sie in Ihrem Reporterleben bedrückt?

SCHOLL-LATOUR Ja, im Grunde sollte die Schutzpatronin der Journalisten Kassandra sein. Denn leider sagen wir, wenn wir der Wirklichkeit nahe kommen, immer Katastrophen voraus, und wenn wir Katastrophen voraussagen, behalten wir fast immer recht. Das ist das Schreckliche. In Vietnam war es so, diese Revolution war ein echter Freiheitskampf, und die nordvietnamesische Armee war ein bewundernswerter Faktor, wie die Leute ausgehalten haben unter dem amerikanischen Bombardement. Und was ist 1975 gekommen? Ein abscheuliches Regime, ein Regime der Unterdrückung, der gegenseitigen Bespitzelung, auch schon der Korruption. Es ist eben keine Befreiung eingetreten, sondern im Gegenteil, heute gilt unsere Sympathie diesen armen Menschen, die auf dem Meer treiben und die noch viel zahlreicher wären, wenn sie die Möglichkeit hätten. Und so ist es fast überall. Ich erinnere mich an die Hoffnungen auf eine Revolution in Uruguay. Auch die Tupamaros waren ja sehr sympathische Gestalten, aber wo mündet es dann am Ende ein, in ein kommunistisches Regime à la Castro, mit Unterdrückung aller Freiheit. Es ist schon schlimm bestellt um die Welt, und wir wissen gar nicht, auf welcher Insel der Seligen wir leben, in einer Zone, wo es Wohlstand und Freiheit gibt. Wir sind die Ausnahme geworden auf der Welt.

MEYER Und was tun wir, um diese Ausnahme zu bleiben?

SCHOLL-LATOUR Ich habe das schreckliche Gefühl, daß ein großer Teil unserer Landsleute, und damit meine ich alle Westeuropäer, obwohl die Bundesrepublik besonders betroffen ist, sich gar nicht mal mehr der Vorzüge bewußt ist. Es hat etwas Selbstmörderisches, und in bezug auf Deutschland sehe ich darin diesen ewigen germanischen Hang zur Götterdämmerung, die Lust am Untergang. Ich bin sehr, sehr beunruhigt über diese Entwicklung.

MEYER Als Reporter in diesen krisengeschüttelten Gebieten tragen Sie ja die Schreckensnachrichten an Ihr Publikum. Haben Sie ein Rezept, wie man diese Dinge aufnehmen kann, ohne daß man letztlich vielleicht bedrückt und hoffnungslos wird?

SCHOLL-LATOUR Ich glaube, was uns am meisten fehlt, ist der Bezug zur Geschichte. Früher war die Geschichte ein Kreislauf, jetzt ist sie ein Sichfortentwickeln, aber in eine Richtung, die wir nicht mehr kontrollieren können. Natürlich ist es auch eine ungeheure Herausforderung. Es hat etwas Begeisterndes, daß wir auf einmal die ganze Welt in einen Griff bekommen. Alles, was heute in Afghanistan, in Vietnam passiert, hat seinen unmittelbaren Niederschlag bei uns. Man kann heute Polen nicht mehr ohne Bezug zu Afghanistan sehen, das ist schon etwas Faszinierendes. Auch daß wir versuchen, die Grenzen unseres Erdballs zu sprengen, mit der Raumforschung, die das große Phänomen unserer Zeit ist. Es gäbe Gründe zur Begeisterung, aber wir bleiben kleben in Verwicklungen und Machtkämpfen, die den Steinzeitmenschen wahrscheinlich in mancher Beziehung näher sind als dem Menschen des 21. Jahrhunderts, wie er sein sollte. Wir tragen einen schrecklichen Atavismus mit uns herum.

MEYER Ist das nur Atavismus?

SCHOLL-LATOUR Es ist wahrscheinlich die menschliche Natur. André Malraux hat gesagt: Das 21. Jahrhundert wird religiös sein, oder es findet nicht statt. Wenn man die Wiedergeburt des Islam erlebt und beobachtet, dann findet man das bestätigt. Aber wenn man zum Beispiel die deutschen Pazifisten sieht, die aus der Bergpredigt ein Regierungsrezept machen wollen, das gibt es ja auch. Dieser religiöse Aspekt spielt auf einmal eine große Rolle.

MEYER Herr Scholl-Latour, Sie werden 58 Jahre, möchten Sie jetzt, in dieser Zeit, 18 Jahre alt sein?

SCHOLL-LATOUR Jeder hat natürlich den Faustschen Traum der Verjüngung. Ich habe immer gerne gelebt, ich möchte aber keine hundert Jahre alt werden, denn, wie de Gaulle sagte, das Alter ist ein Schiffbruch, das gilt für jeden von uns. Aber ich glaube schon, man lebt mit 18 vielleicht etwas schwieriger als mit 58, das mag schon sein.

MEYER Ich stelle die Frage, weil doch die Jugend ein Herd der Unruhe und der Revolte ist, gerade auch in Westeuropa, wo sie es sein darf. Das ist ja auch ein Vorzug auf dieser »Insel der Seligen«, daß sie diese Revolte ermöglicht. Hätten Sie nicht Angst vor der Zukunft?

SCHOLL-LATOUR Vielleicht hätte ich diese Angst, wenn ich 18 Jahre alt wäre. Ich habe sie persönlich nicht oder nicht mehr. Aber wir haben ja auch eine ganz andere Lebenserfahrung. Erfahrungen lassen sich nicht übertragen. Wir haben noch die wirklichen Ängste gekannt, das heißt, die Angst um das tägliche Brot, die Angst um das nackte Überleben, die Angst auch im sexuellen Bereich, um es ganz trivial zu nennen, bei jedem Geschlechtsverkehr hatte man ja Angst, daß man ein Kind zeugte. Alle diese Probleme existieren für diese Generation nicht, aber die Angst ist bei den Menschen programmiert, ich erwähnte eben den Steinzeitmenschen. Und wo diese Angst keinen richtigen, konkreten Grund mehr hat, wir sind ja in das sogenannte soziale Netz eingebettet, und wenn wir auch völlig aufhören zu arbeiten, werden wir doch noch ernährt durch den Staat, da wird die Angst dann auf irgendwelche Phantome projiziert, und dadurch entsteht diese Glorifizierung der Angst.

MEYER Sie sagen jetzt, Sie haben die Angst zumindest überwunden, oder Sie glauben das. Wie haben Sie das getan, sind Sie Zyniker geworden, wie es viele Journalisten werden aufgrund der Dinge, die sie sehen?

SCHOLL-LATOUR Ich glaube, daß ich nie eine besondere Veranlagung zur Angst gehabt habe. Das ist keine persönliche Glorifizierung. Ich weiß, es gibt Leute, die furchtsam veranlagt sind, und denen kann man keinen Vorwurf machen. Vielleicht ist es die Tatsache, daß ich in ganz jungen Jahren schon einmal am Rande des Todes gestanden habe und dadurch ein anderes Verhältnis zum Tod habe. Heute hat man die Probleme der Sexualität, die ja zu den brennendsten Problemen des 19. Jahrhunderts zählten, teilweise überwunden, aber es gibt jetzt ein neues Tabu, den Tod. Dabei ist der Tod das Natürlichste, was es gibt. Er ist die einzige Gewißheit, die wir im Leben haben.

MEYER Sie haben den Tod bei Ihren Reportagereisen erlebt, es sind Menschen neben Ihnen gestorben, getötet worden. Wann hatten Sie am meisten Angst?

SCHOLL-LATOUR Das ist schwer zu sagen, vielleicht in einer Nacht auf den Philippinen, als ich bei den Moros gefangen war und überhaupt nicht wußte, wie ich da wieder herauskommen sollte. Ich habe oft Angst gehabt, die Angst ist in solchen Situationen etwas Lebensnotwendiges. Sie führt auch zu einer gewissen Vorsicht, ich bin immer sehr vorsichtig gewesen, ich bin kein Abenteurer oder toller Draufgänger, ich habe immer die Dinge, die ich getan habe, genau kontrolliert. Aber der Tod ist nicht nur auf dem Schlachtfeld oder im Reisfeld zu suchen, der Tod ist neben uns. Die meisten Journalisten sterben nicht im Dschungel oder in der Sahara, die meisten Journalisten sterben an Krebs oder am Herzinfarkt. Ich war vor drei Jahren sehr krank und habe das Krankenhaus sehr intensiv erlebt, so daß es mir in mancher Beziehung schlimmer erschien als das Schlachtfeld.

MEYER Sie haben gesagt, die Angst im kritischen Moment, beispielsweise auf einem Schlachtfeld, in Gefangenschaft, sei irgendwie ein Ratgeber zur Vorsicht, zum Überleben. Könnte nicht diese Angst, die viele junge Menschen erfaßt hat, auch dazu führen, daß man vorsichtiger wird, daß man überleben will?

SCHOLL-LATOUR Ich glaube ja. Ich will die Berechtigung dieser Angst nicht abstreiten, obwohl sie etwas Irrationales und Millenarisches hat. Im Jahr 1000 ist schon einmal eine Angst durch das ganze Abendland gegangen, man glaubte, das Ende der Welt würde kommen. Und jetzt hat man beinahe das Gefühl, es wäre so mit dem Jahr 2000, nur daß die gleichen Ängste völlig irrational und nicht mehr religiös begründet sind wie im Jahr 1000.

MEYER Aber die Machbarkeit des Untergangs dieser Welt ist immerhin rational.

SCHOLL-LATOUR Die ist durchaus vorhanden, es ist nur einfach die Frage, wie man ihn verhindern kann. Ich glaube nicht, daß ich die jungen Leute überzeugen kann, aber ich habe das Hochkommen Hitlers ja erlebt. Ich war 1936 bis 1940 in der Schweiz in Fribourg. Ich habe die demokratische westliche Presse gelesen, was meinen

Altersgenossen und Freunden in Deutschland nicht erlaubt war, und habe miterlebt, wie man Chamberlain und Daladier in Frankreich zugejubelt hat, als sie von München zurückkamen, wo sie die Aufteilung der Tschechoslowakei akzeptiert hatten. Jean-Paul Sartre, der nun wirklich kein Faschist war, war aber ein Anhänger des Münchner Abkommens, wie Raymond Aron uns beigebracht hat. Was hat das denn gebracht? Es hat die Niederlage der Entente-Mächte gebracht, es hat die Unterwerfung Frankreichs gebracht, es hat ein unendliches Elend gebracht, das man wahrscheinlich verhindert hätte, wenn man dieser Entwicklung entgegengetreten wäre. Und bei der Sowjetunion haben wir es nun nicht mit Verrückten oder kriminellen Elementen zu tun, wie sie im Nationalsozialismus vertreten waren. Es sind doch relativ berechenbare Leute, die aber natürlich jede Schwäche ausnützen. Ich meine, man wird mit Sicherheit nicht das Überleben und den Frieden dadurch stärken, daß man sich nachgiebig zeigt oder indem man eine »Finnlandisierung« Europas anstrebt.

MEYER Aber kommt nicht gerade dieses Ohnmachtsgefühl vieler Menschen, vor allem in Europa, daher, daß wir kein München brauchen, die Welt ist ja aufgeteilt.

SCHOLL-LATOUR Wir haben verschiedene Grauzonen, zum Beispiel Afghanistan. Die afghanischen Widerstandskämpfer, die ja den größten Teil des Landes beherrschen, könnten den Russen eine wirkliche Niederlage oder doch eine äußerst prekäre Situation bringen, wenn sie über Boden-Luft-Raketen verfügten. Die werden ihnen aber nicht geliefert, wahrscheinlich doch im Sinne einer geheimen Absprache der Supermächte. Entsprechend machen die Russen im Nahen Osten durchaus nicht das, was sie machen könnten, um die Amerikaner wirklich zu genieren. Ich betrachte es als einen der größten Verdienste de Gaulles, daß er rechtzeitig erkannt hat, daß man durch die totale Auslieferung seines Landes an die amerikanische nukleare Abhängigkeit am Ende diesen Abhängigkeitskomplex ummünzen würde in ein wachsendes Ressentiment, in einen Antiamerikanismus. So weit sind wir jetzt in der Bundesrepublik. Dagegen hat Frankreich seine eigene Force de Dissuasion und ist dadurch vor diesen extremen Entwicklungen bewahrt.

MEYER Herr Scholl-Latour, sind Sie der weise Optimist, daß Sie sagen, der Wille zur Freiheit und zur Revolte gegen Unterdrückung wird immer siegen? Es gibt heute diese resignativen Vorstellungen, daß die Machtapparate letztlich immer gigantischer werden und, immer raffinierter, physische Unterdrückung durch psychologische Entmündigung ersetzen. Das ist ja bei Orwell in seinem Roman »1984« vorausgesagt worden.

SCHOLL-LATOUR Ich glaube an den Niedergang der Dinosaurier. Der sowjetische Machtbereich hat zweifellos seine äußerste Ausdehnung erreicht und kommt jetzt an die Grenzen, wo er das nicht mehr im Griff hat, wo er Überlebensschwierigkeiten hat. Es ist ja nicht nur Polen, es gibt 45 Millionen Moslems innerhalb der Sowjetunion, und wenn wir die Afghanen dazurechnen, sind es 60 Millionen. Es gibt die Nachbarschaft mit dem chinesischen Riesenreich, wo eine neue Großmacht im Entstehen ist. Wir kommen einer völlig neuen Welt entgegen, auch der Verlagerung zu den pazifischen Mächten. Ich glaube, daß wir hier in Westeuropa in hundert Jahren wahrscheinlich in einer Außensituation sein werden, und gebe Gott, daß uns die Chance gegeben wird, einen Standpunkt beziehen zu können, wie Sie es hier in der Schweiz können.

MEYER Nun fällt mir auf, daß wir doch gegenüber dieser Macht im Osten sensibler werden, sensibler als gegen Unterdrückung in unserem eigenen Bereich. Zur Machtübernahme der Militärs in der Türkei ist praktisch kein vergleichbarer Protest ausgebrochen. Kann man denn dann gegen die Unfreiheit im fremden Bereich antreten?

SCHOLL-LATOUR Ich glaube, das ist wirklich das wichtigste Thema. Wenn Lateinamerika betroffen ist, dann haben wir eine Pflicht zur Solidarität. Lateinamerika ist ein Produkt Europas, des europäischen Gedankenwesens, es ist hispanisch oder iberisch, es ist christlich geprägt, es hat die Ideen der Französischen Revolution aufgenommen, die Befreiung von Spanien ist im Namen der Französischen Revolution vollzogen worden. Der Marxismus ist auch ein Produkt Europas, das darf man nicht vergessen. Und wenn da Knechtung durch Oligarchien und Militär stattfindet, dann berührt uns das unmittelbar. Ich wäre sehr viel vorsichtiger im Hinblick auf die nichteuropäischen Völker und Kulturkreise. Da Sie gerade die Türkei erwähnten, die Türkei ist durch Kemal Atatürk nach dem Ersten Weltkrieg zwangseuropäisiert worden. Ein großartiges Unternehmen, was aber nicht darüber hinwegtäuscht, daß dies ein zutiefst islamisches Land ist. Im Islam hat unsere Vorstellung vom Westminister-Parlamentarismus, von der Gewaltenteilung à la Montesquieu, von den Bill of Rights keinen Bezug. Ich habe mich mit dem Islam sehr eingehend befaßt und habe auch Khomeini aus der Nähe erlebt. Die ideale Vorstellung des Islam ist zunächst einmal die Einheit von Religion und Politik, wobei die Politik in die Religion eingebettet ist. Im Gegensatz zu Jesus Christus war Mohammed Gesetzgeber. Die Idealvorstellung des Islam ist die Einstimmigkeit, nicht der Pluralismus, denn die Einstimmigkeit der Gläubigen spiegelt die Einzigkeit Gottes wider. Das ist ein ganz anderes Konzept, das wir nicht übertragen können. In der Türkei, wo man sich am Rande des Bürgerkrieges bewegte, mit den Generälen, die noch kemalistisch orientiert sind und wenigstens formell noch dem westlichen Gedanken zuneigen, ist wahrscheinlich die letzte Schwelle vor einer Rückwendung erreicht. Ich glaube nicht an eine Machtergreifung des Marxismus in der Türkei, sondern an eine Rückwendung der Türkei zum Islam, möglicherweise in einer fundamentalistischen Ausrichtung. Es muß nicht so tragisch werden wie im Iran, aber jedenfalls führt es zu einer totalen Entfremdung gegenüber Europa. Die letzten Europäer in Ankara sind seltsamerweise die Generäle.

MEYER Herr Scholl-Latour, Sie haben am Anfang des Gespräches zweimal gesagt, wir Westeuropäer. Sie sind ein Deutscher, leben in Frankreich, Sie sind in diesem Sinne ein beispielhafter Westeuropäer. Sie haben in Frankreich studiert, sogar in der Schweiz ein bißchen Ausbildung genossen, warum wählten Sie Frankreich? Warum dieses Scholl-Latour, diese Französisierung Ihrer Kultur?

SCHOLL-LATOUR Mein Vater hieß schon Scholl-Latour, es ist kein Nom de guerre, und es ist auch kein Nom de plume. Es ist also kein frei gewählter Name. Im übrigen, ich bin zwar in Bochum geboren, aber meine Familie stammt aus dem Saarland, beziehungsweise aus dem elsaß-lothringischen Grenzbereich, und ich gehöre im Grunde zur seltsamen Kategorie der Lotharingier, die durch die Teilung des alten karolingischen Reiches sehr stark berührt worden ist. Aber das ist eine sehr theoretische Auffassung, es kommt hinzu, daß ich die tiefe Überzeugung habe, daß der Kern Europas, wenn es überhaupt einmal zu einer wirklichen europäischen Einigung kommen sollte – und die ist ja besser gediehen, als alle meinen – immer noch die alten karolingischen Kernstaaten sind, nämlich Deutschland und Frankreich. Und das haben Sie im Rheinland häufig, mein Vater war ein glühender Napoleon-Verehrer.

MEYER Das sind jetzt historische und politische Erklärungen. Aber gibt es da nicht etwas Tieferes, etwas Sentimentales?

SCHOLL-LATOUR Ich liebe Frankreich, ich fühle mich aber doch so in Frankreich integriert, daß ich nicht alles liebe. Ich bin keiner von den Narren, die alles herrlich finden. Es geht mir furchtbar vieles auf die Nerven, wie mir in Deutschland vieles auf die Nerven geht. Ich bin zutiefst irritiert durch vieles in Frankreich, aber ich finde einfach, die Komplementarität Frankreichs zu Deutschland, das ja ebenfalls eine Kernnation Europas ist, ist eine Unentbehrlichkeit.

MEYER Sie haben Frankreich gewählt als Land, wo Sie jetzt leben. Gleichzeitig haben Sie die ganze Welt gewählt, durch die Sie, vielleicht nicht gerade als rasender Reporter, aber immerhin als reisender Reporter, fahren. Was sind die Beweggründe, daß Sie das tun, daß Sie diese Strapazen, Sie sind 58 Jahre, auf sich nehmen? Was treibt Sie an, ganz persönlich? Sind Sie ein Voyeur, der dieses Geschehen miterleben will, der Kriege sucht, vielleicht auch das ein Atavismus?

SCHOLL-LATOUR Es kann sein, das Wort Voyeur mag ich nicht so gerne, weil der Voyeur ja etwas Obszönes sucht, und ich suche nicht gerade das Obszöne, ich weide mich auch nicht...

MEYER ... ein politischer, ein historischer Voyeur...?

SCHOLL-LATOUR Ich bin ein zutiefst neugieriger Mensch, und ich liebe, das ist vielleicht auch etwas, was die heutige Generation schwer oder gar nicht begreift, ich liebe das, was das Französische *les émotions fortes* nennt, starke Gefühle. Denn was bleibt denn im Grunde vom Leben, ich bin ja nun in dem Alter, wo man schon ein bißchen Bilanz zieht, was bleibt, sind die starken Erlebnisse, da wo man mit dem Nichts konfrontiert gewesen ist, mit dem Tod. In der Stunde des Todes werde ich Angst haben wie jede Kreatur. Und dann gibt es ein paar Höhepunkte, das gibt es auch in der Erotik, das gehört auch dazu. Ich glaube, aus dem kurzen Leben, das uns gegeben ist, ein Maximum an starken Erinnerungen herauszukristallisieren, was ist einem als Mensch mehr gegeben?

MEYER Liegt da nicht eine ganz große Gefahr der Pervertierung der eigenen Gefühlswelt, wenn man plötzlich zum Beispiel Lust an der Emotion im Krieg, im Kampf hat?

SCHOLL-LATOUR Ich habe, in meiner journalistischen Karriere jedenfalls, niemals jemanden umgebracht, ich habe eher daran mitgewirkt, Kriege zu beenden. Im französischen Indochinakrieg sagte ich schon, und zwar zu einer frühen Zeit, daß der nicht gewonnen werden kann. Ich war der erste deutsche Journalist, der gesagt hat, daß die Amerikaner den Vietnamkrieg nicht gewinnen. Ich habe im Algerienkrieg gesagt, daß er aussichtslos sein würde. Ich sage heute zu Südafrika, daß es auf die Dauer aussichtslos sein wird, ich behaupte sogar im Hinblick auf Afghanistan, daß es für die Russen am Ende aussichtslos sein wird. Wir haben die alten Chronisten, wir haben Herodot und solche Gestalten, die schon mit Leidenschaft berichtet haben, und nicht immer nur im Auftrag zur Glorifizierung der Großen. Ich glaube, es ist ein zutiefst menschliches Bedürfnis, *rerum cognoscere causas.* Der Krieg ist nun mal ein Aspekt der menschlichen Auseinandersetzung, eine Tatsache, die man heute verdecken will. Aber die menschliche Auseinandersetzung, das ist eben auch der Atavismus, der in uns lebt, ist nun mal eine Bewährungsprobe, eine Behauptung des Härteren. Das klingt heute furchtbar nach Nietzsche und ist verpönt, aber es ist im Berufsleben jeden Tag so. Und die Leute, die nicht die Möglichkeit haben, diese Urinstinkte, die in ihnen schlummern, irgendwie auszuleben, verfallen dann eben in diese neurotischen Erscheinungen, die wir leider jetzt haben. Ich finde auch, daß die jetzige pazifistische Bewegung, die ziemlich plan- und ziellos ist, sich unvorteilhaft unterscheidet von der Bewegung der sechziger Jahre. Die erscheinen ja als schreckliche Reaktionäre und Konservative, während die sechziger Jahre mich zum Teil begeistert haben.

MEYER Ist da nicht eine gewaltige Gefahr, zu sagen, daß Menschen, die Kriege und damit auch Elend beseitigen wollen, es ist ja geradezu eine Verweigerungshaltung, die man heute spürt, daß das eine kollektiv neurotische Haltung sein soll?

SCHOLL-LATOUR Ich glaube doch. Denn es ist eine völlig falsche Vorstellung, daß hier in Europa ein Weltkrieg begonnen wird, es sei denn, daß wirklich eine totale Fehlkalkulation eintritt. Wir haben auf der einen Seite die Amerikaner, und was immer man über Präsident Reagan sagt, die Kriegsgefahr mit diesem unberechenbaren, schwankenden Carter war sehr viel größer als unter diesem etwas grobschnittigen, aber kalkulierbaren, voraussagbaren Reagan. Das wissen die Russen auch. Denen zerbröselt zwar allmählich das Imperium, aber ansonsten sind das kalkulierbare Leute. Wir sehen jetzt freilich in der Dritten Welt Kräfte hochkommen, die überhaupt nicht mehr zu kontrollieren sind. Wir haben den ersten Schock mit dieser Erdölkrise erlebt, zum erstenmal sind wir erpreßt worden und haben gemerkt, daß wir verwundbar sind. Die nukleare Proliferation in der Dritten Welt ist auf die Dauer gar nicht aufzuhalten, und dann werden die großen Unwägbarkeiten kommen. Der Erste Weltkrieg hat auch auf dem Balkan begonnen, und im Grunde ist der Balkan jetzt weltweit. Ich habe im Zentralkomitee in Moskau mal ein interessantes Gespräch gehabt, und die Hauptsorge meines russischen Gesprächspartners war die nukleare Proliferation der Dritten Welt.

MEYER Sie haben vorhin gesagt, Sie hätten noch die wirkliche Not, die wirklichen Ängste gekannt, und haben sich dabei auf Erscheinungen des Zweiten Weltkrieges und der Nachkriegsjahre bezogen. Könnte es sein, daß viele der jungen Leute, die jetzt ihre Zukunft gestalten, diese Bezüge nicht mehr haben und aus ganz anderen Motivationen heraus handeln und vielleicht diese Bezüge gar nicht mehr haben müssen? Ich muß für mich sagen, daß ich sie auch noch habe, obschon ich 1944 geboren wurde. Für mich ist auch noch Sartre ein wichtiger Philosoph und Schriftsteller. Aber gibt es nicht auch eine Berechtigung der jungen Generation, diese Dinge, die Sie erlebt und ich erahnt habe, hinter sich zu lassen?

SCHOLL-LATOUR Sicher, denn sie können ja auch mit Recht sagen, daß wir mit all unseren Erkenntnissen und Erfahrungen die Welt nicht besser gestaltet haben. Aber, was ich ein bißchen fürchte, sind die Illusionen, die Utopien, die heute vorherrschen. Diese irrationale Angst vor der Nuklearindustrie ist antifortschrittlich, sie ist antiwissenschaftlich und romantisch, seltsamerweise. Das hat es ja schon gegeben, gerade in Deutschland. Dazu kommt dann der antimilitaristische Reflex.

MEYER Ist der Wunsch nach Utopie, die ja Hoffnung beinhaltet, ist das nicht eine Antwort auf Politiker, die keine Utopien, keine Vorstellungen mehr haben, keine Hoffnungen mehr erzeugen, keine Wärme mehr weitergeben?

SCHOLL-LATOUR Zweifellos. Ich finde es eines der traurigsten Phänomene unserer Zeit, daß es keinen Politiker mehr gibt, der begeistern kann, der rhetorisch veranlagt ist. Wir haben heute das Medium des Fernsehens, wir haben aber keinen Politiker, der über das Fernsehen Ergriffenheit oder Begeisterung erzeugen kann, was ja in einer gewissen Situation möglich ist. Wir haben einen de Gaulle als Telekraten gekannt, wir haben Winston Churchill mit seiner Rede von Blut, Schweiß und Tränen gehabt; alle diese Worte sind verpönt, das ist ja abgeschmacktes Pathos.

MEYER Wenn es an Worten fehlt, fehlt es auch an Vorstellungen. Es reicht ja nicht aus zu sagen, es gibt keine Rhetorik mehr, es gibt auch die Vorstellungen nicht mehr, die Rhetorik erzeugen.

SCHOLL-LATOUR Sie haben recht. Um es ganz banal zu sagen, es fehlt an politischen Idealen. Nun ist natürlich auch da eine Gefahr, denn das Ideal, in die Wirklichkeit umgesetzt, führt ja oft zu Extremen.

MEYER Haben Sie persönlich ein Ideal? Sie haben gesagt, Sie sind Chronist. Gibt es hinter dem Chronisten auch einen Menschen, der ein Ideal hat, einen Zustand anstrebt für sein Leben ganz persönlich, aber auch für die Gesellschaft als soziales Wesen?

SCHOLL-LATOUR So furchtbar dumm es klingt, wahrscheinlich ist das größte Ideal immer noch das der gegenseitigen Toleranz. Was im Bereich des Persönlichen möglich ist, was im Bereich der Staaten schwierig ist, was im Bereich der Blöcke im Moment wahrscheinlich nicht mehr tragbar ist. Dort müssen wir eben diese Gegensätze austragen und durchstehen, nicht Kriege führen. Krieg führen kann man heute nicht, denn Krieg ist eine Absurdität geworden, seit es die nuklearen Mächte gibt, und auf mich persönlich bezogen würde ich sagen, um einmal wieder auf die Klassik zurückzugreifen, die sollte man ja nicht vergessen, »nichts Menschliches ist mir fremd«, das ist im Grunde die Devise, nach der ich versucht habe zu leben.

MEYER Und ist es Ihnen gelungen, haben Sie auf diesen Schauplätzen, wo Schreckliches passiert, auch mitgelitten?

SCHOLL-LATOUR Ich habe mitgelitten, ja. Als zum Beispiel die Amerikaner die Vietnamesen, sie mußten raus, das war klar, aber in dieser schäbigen Art und Weise preisgegeben haben. Da habe ich mitgelitten, zweifellos. Im übrigen, wenn Sie mich nach der Bilanz meines Lebens fragen, es ist ja sehr anmaßend, so etwas zu sagen, denn die Stunde des Todes steht mir noch bevor, der Tod ist ja nicht schlimm, der ist neutral, sterben kann entsetzlich sein, aber dann würde ich mit dem Oberst am River Kwai sagen: It was a good life.

MEYER In diesem Elend?

SCHOLL-LATOUR Leben ist Elend. Ich glaube, das ist einer der großen Fehler der heutigen Sozialpolitiker, daß sie den Menschen vorgaukeln, daß das Leben etwas anderes sein könnte als ein Tal der Tränen, trotz allem.

MEYER Ist das nicht jetzt eine sehr stark christliche Prägung?

SCHOLL-LATOUR Man geht nicht umsonst fünf Jahre durch das Collège Saint-Michel in Fribourg.

MEYER Das ist Ihnen geblieben aus der Schweiz. Haben Sie nie das Gefühl gehabt, am liebsten irgendwo auf einer Insel die heile Welt zu finden?

SCHOLL-LATOUR Die heile Welt bestimmt nicht, weil ich nicht daran glaube. Aber mit dem Gedanken gespielt, was ich nicht durchführe, denn ich lebe dafür zu gerne und ich bin einigermaßen vital veranlagt, mich mal eines Tages in eine Klosterzelle zurückzuziehen.

MEYER Sie haben einen Sohn, und wenn man Kinder hat, denkt man sicher mitunter daran, was aus diesen Kindern in dieser Welt wird. Passiert das Ihnen auch?

SCHOLL-LATOUR Ich habe da ein ganz eigenartiges Erlebnis gehabt. Ich habe meinen Sohn aufgrund meiner Tätigkeit natürlich relativ selten gesehen, und als ich nach Afghanistan gegangen bin, kam er mit, und auf einmal habe ich gespürt, was es heißt, seinen eigenen Sohn in einer solchen Situation zu haben. Ich habe nachts nicht mehr schlafen können. Obwohl ich mich auch für die anderen verantwortlich fühlte, war mir der eigene Sohn trotz allem noch näher. Das ist ein ganz eigenartiges Gefühl gewesen, auch die Entdeckung, daß wir noch nach Urgesetzen leben, die gar nicht abschaffbar sind.

MEYER Sie betonen sehr stark, daß der Mensch eingebunden ist in Urgesetze, Urreflexe. Ist das nicht zum Teil auch eine intellektuelle Flucht davor, für gewisse Dinge zu kämpfen, indem man sagt, das sind Urgesetze, das sind Urreflexe, das ist Atavismus, das Kriegerische in uns? Könnte es nicht sein, daß dieses Leben, das Sie nun schon über Jahrzehnte geführt haben, auch psychisch überfordert?

SCHOLL-LATOUR Das kann durchaus sein. Ich bin alles andere als ein Protz, es kann durchaus sein, daß ich da an gewissen Realitäten vorbeilebe. Ich fühle mich als Westeuropäer, und ich möchte, daß dieser Frieden, den wir hier haben, erhalten bleibt. Der Krieg ist überall. Afrika kehrt in einen Naturzustand der Anarchie zurück, der vorher dort existiert hat. Im Iran kann es angeblich nicht so weitergehen; selbstverständlich kann es im Iran noch zehn Jahre so weitergehen, denn das, was anormal gewesen ist, war ja die Reza-Dynastie, die auf einmal pseudo-europäische Verhältnisse dort geschaffen hat. Jetzt ist der Iran wieder in sein altes Lebenselement zurückgekehrt, nämlich in eine Form der Theokratie. Wir in Europa haben ja nun wirklich das Maximum an Zivilisation und Wohlstand erreicht, und das möchte ich erhalten. Insofern, wünsche ich ja nicht, daß wir hier kriegerische Verhältnisse bekommen, um Gottes willen.

MEYER Aber ist das denn überhaupt zu erhalten, wenn die Welt überall in Schutt und Asche sinkt?

SCHOLL-LATOUR Sie ist meiner Ansicht nach erhaltbar, denn wir sind immerhin eine gewaltige industrielle Masse, eine gewaltige Bevölkerungsgruppe, die nach den Chinesen und Indern wahrscheinlich die zahlreichste ist. Was den Europäern fehlt, das ist zunächst einmal das Zusammengehörigkeitsgefühl, was sich allmählich entwickelt, aber vor allem ist es die Wehrbereitschaft. Man kann in dieser Welt, wo sich nun wirklich die Staaten, um mit Nietzsche zu sprechen, als kalte Ungeheuer wieder offenbaren, nicht überleben, wenn man nicht auch den Willen zur Selbstbehauptung hat. Und das ist nicht durch »Frieden schaffen ohne Waffen« möglich, das ist dummes Gerede, da komme ich nun wieder zu meiner alten humanistischen Bildung zurück, *si vis pacem para bellum.* Nicht um Krieg zu führen, aber um die Abschreckung dazu haben.

MEYER Garantieren kann das den Frieden auch nicht.

SCHOLL-LATOUR Selbstverständlich nicht. Ich kann da nur aus meiner Erfahrung sprechen, aber wenn beim Einmarsch der Reichswehr in das Rheinland im Jahre 1936 eine klare französische Reaktion stattgefunden hätte, dann wäre Hitler wahrscheinlich nicht das geworden, was er geworden ist. Wobei ich sagen möchte, wenn ein anderes Regime in Deutschland gewesen wäre als Hitler, wäre der Einmarsch im Rheinland durchaus berechtigt gewesen. Aber man hätte Hitler nicht dieses Geschenk machen dürfen.

MEYER Kann man heute noch, ich komme wieder auf Ihre historische Parallele, die ich sehr gut fühle und auch persönlich in meiner geschichtlichen Bildung erforscht habe, kann man die übertragen?

SCHOLL-LATOUR Darf ich da gerade ein historisches Beispiel aus der Schweiz nehmen? Im Jahre 1940 bestanden Pläne des deutschen Generalstabes zur Sicherung der Verbindungslinien nach Italien und zum Einmarsch nach Frankreich durch die Schweiz hindurch. Ich war damals in der Schweiz, und ich bin sicher, daß die Generalmobilisierung der Schweiz verhindert hat, daß die Schweiz als *quantité négligeable,* als Durchmarschland, betrachtet wurde.

MEYER Die aktuelle Problematik ist die, daß die Welt aufgeteilt ist, und wenn der eine auf den Bereich des anderen übergreift, dann geht es los.

SCHOLL-LATOUR Wir können doch nicht einfach davon ausgehen, daß eine Ordnung, die 1945 geschaffen wurde und die nun älter ist als 35 Jahre, permanent sein soll. Wir müssen, auch im Interesse der Russen, die mit dieser Situation gar nicht mehr fertig werden, zu einer neuen europäischen Friedensordnung vordringen, und auch die Frage der deutschen Wiedervereinigung wird irgendwann wieder auftauchen. Die einzigen, die sich dessen nicht bewußt sind, sind die Deutschen. Die Franzosen wissen es, die Russen wissen es. Aber isoliert genommen ist diese deutsche Wiedervereinigung ein zerstörerischer und gefährlicher Faktor. Sie gehört eingebettet in eine europäische Wiedervereinigung, das heißt mit den osteuropäischen Völkern, die auf Dauer sowieso nicht mehr unter der russischen Kuratel zu halten sind. Was haben die Russen noch von Polen, was haben sie noch von der Tschechoslowakei? Da muß ein neues System gefunden werden, die Sowjetunion wird im Laufe der kommenden Jahrzehnte konfrontiert werden mit ihrer asiatischen Grenzsituation gegenüber dem Islam und gegenüber China. Wir haben durchaus Solidarisierungsmöglichkeiten mit den Russen.

MEYER Die letzte Passage Ihrer Ausführungen zeigt doch immerhin, daß Sie auch Visionen, Hoffnungen, wenn nicht gar Utopien haben.

SCHOLL-LATOUR Ohne das könnte man ja gar nicht leben. Was wir brauchen, sind Konzepte, die über das bisher Bestehende hinausgehen und von diesen ärmlichen Schablonen des Ost-West-Gegensatzes abweichen.

Atombombe der Armen

Saddams Giftgas-Krieg

3. Oktober 1988

An der 1400 Kilometer langen Landfront, die sich zwischen Iran und Irak erstreckt, schweigen die Waffen. Die Schiffahrt im Meerbusen, den Teheran als »Persischen«, Bagdad als »Arabischen« Golf bezeichnet, ist seit der Annahme der UN-Resolution 598 so gut wie unbehindert. Der Boykott gegen die Islamische Republik Iran, der durch die USA verhängt war und nach und nach die Form einer Blockade angenommen hatte, wird durch rege Wirtschaftsbeziehungen ersetzt. Dennoch stellt sich keine Euphorie ein, und der Frieden ist fern.

Beide Länder, Iran und Irak, gleichen taumelnden, ausgebluteten, total erschöpften Kombattanten, die nur auf die nächste Gelegenheit warten, um dem Gegner an die Gurgel zu springen. In Teheran können die Mullahs und die Politiker, die im dortigen Parlament, dem »Majlis«, durchaus kontroverse Standpunkte vertreten, darangehen, die dringende Nachfolgerfrage anzupacken, denn mit der Lebenskraft Khomeinis geht es zu Ende. Er hat die UN-Resolution akzeptiert, wie man einen »Becher voll Gift« trinkt. Fraglich ist, ob ihm die Fähigkeit bleibt, den Radikalen, auf strikte islamische Egalität bedachten Flügel seiner revolutionären Gefolgsleute zu disziplinieren und jene Fraktion zu begünstigen, die den Koran eher konservativ, im Sinne einer freien Eigentumsentfaltung, interpretiert. Letztere Gruppe – mit Parlamentspräsident Rafsandschani an der Spitze – tritt seit langem für außenpolitische Mäßigung ein und arbeitet am Ende sogar auf einen Modus vivendi mit Washington hin. Die jüngste Ausbootung des Ministers Rafiq Dhust, der für die »Revolutionswächter« oder »Pasdaran« zuständig war, deutet darauf hin, daß man die extremistischen Elemente, die auch vor Terror und Geiselnahmen nicht zurückschreckten, an die Kandare nehmen will.

Auf seiten des Westens – insbesondere in der US-Presse – hat sich seit dem Waffenstillstand ein bemerkenswerter Stimmungsumschwung vollzogen. In den letzten Kriegsjahren hatte der irakische Diktator Saddam Hussein seine Front im Süden wie im Norden nur durch massiven Einsatz von Giftgas gegen die anstürmenden Perser halten können. Wenn Khomeini am Ende nachgeben mußte, so hat diese Verwendung chemischer Kampfstoffe, die allen humanitären Vorstellungen der Völkergemeinschaft Hohn sprach, eine entscheidende Rolle gespielt, mußten die Iraner doch fürchten, daß sogar die Hauptstadt Teheran – dank der von Moskau gelieferten Mittelstreckenraketen – mit Giftgas verseucht würde.

Jahrelang haben West und Ost zu diesen entsetzlichen Vorgängen geschwiegen. Die sonst so lautstarken »Friedensbewegten« hüllten sich in Schweigen. Selbst die unerträglichen Bilder von fünftausend vergasten kurdischen Zivilisten im Städtchen Halabja haben durchaus nicht zur kategorischen Verurteilung des Irak geführt. Den beiden Supermächten ging es darum, den Schwung der Islamischen Revolution, die von Teheran auf ein weites Umfeld überzugreifen drohte, zu brechen. Die Amerikaner wollten den für sie günstigen Status quo bei den konservativen Ölstaaten der arabischen Halbinsel mit allen Mitteln erhalten, und die Russen bangten schon vor einem Übergreifen militanten islamischen Gedankenguts auf ihre fremdrassigen Völkerschaften im Kaukasus und in Zentralasien, von Afghanistan ganz zu schweigen.

Heute scheint es, als sei die religiöse Ausstrahlung der persischen Schiiten eingedämmt, als könnten Moskau und Washington – auf heimliche, aber bewährte Komplizenschaft gestützt – der Zukunft des Orients wieder gelassener entgegensehen. Die Amerikaner brauchen keinen Schleier der Verheimlichung und der Heuchelei mehr über die blutigen Repressionsmethoden ihres »Frankenstein«-Monsters von Bagdad auszubreiten. Der Irak Saddam Husseins hat die Waffenruhe an der persischen Front dazu benützt, die aufsässigen Kurden im Norden zu massakrieren, wobei wieder einmal die chemischen Kampfstoffe eine entscheidende, mörderische Rolle gespielt haben. Wenn mehr als 100 000 Kurden des Irak ausgerechnet in die Türkei flüchten, wo ihre nationale Identität seit Atatürk systematisch geleugnet wird, wo ihre Stammesbrüder einen hartnäckigen Partisanenkrieg gegen die Armee von Ankara führen, dann muß der Terror im Umkreis von Kirkuk und Suleimaniyeh gräßlich gewesen sein.

In diesem achtjährigen Regionalkrieg ist die Büchse der Pandora geöffnet worden. In Zukunft sollten sich deutsche und andere Fabrikanten ernsthaft fragen, ob sie weiterhin Pestizide, die sich zur Umwandlung in Giftgas eignen, ohne jede Kontrolle an die Länder der Dritten Welt liefern. Die chemischen Kampfstoffe sind zu Recht als die »Atombombe der Armen« bezeichnet worden. Ein Tabu wurde durchbrochen, und die Träger für dieses Instrument der Völkervernichtung stehen großzügig zur Verfügung.

Während Ost und West sich überschwenglich dazu beglückwünschten, die nuklearen Mittelstreckenraketen aus Mitteleuropa verbannt zu haben, lieferte Peking ähnliche »Missiles« an die Saudis, die Russen an die Syrer. In Erkenntnis dieser unheimlichen Bedrohung hat Israel einen Satelliten gestartet und damit deutlich gemacht, daß im Ernstfall keine feindliche Hauptstadt vor dem Vergeltungsschlag des jüdischen Staates gefeit wäre. In Palästina, wo die israelischen Behörden eine immer stärkere Einflußnahme muslimischer Aktivisten auf die PLO und auf die jugendlichen Demonstranten der »Intifada« feststellen, weiß man ohnehin, daß die Islamische Revolution mit der vorübergehenden Lähmung der iranischen Mullahs keineswegs zum Erliegen gekommen ist.

Amerikanisches Mittelmaß

Präsidentschaftskandidaten

24. Oktober 1988

Mit großen Erwartungen sieht niemand dieser amerikanischen Präsidentschaftswahl entgegen. Den letzten Analysen zufolge müßte George Bush das Rennen machen. Doch die Experten bleiben behutsam in ihren Prognosen, seit ihre Vorgänger 1948 beim Rennen zwischen Truman und Dewey fast einstimmig den falschen Kandidaten vorschnell als Sieger proklamiert hatten. Begeisterung kommt beim amerikanischen Wähler ohnehin nicht auf und schon gar nicht bei den Medien. Weder der derzeitige Vizepräsendent George Bush noch der Gouverneur von Massachusetts, Michael Dukakis, sind »charismatische« Figuren, und es nutzt letzterem, einem Sohn griechischer Einwanderer, wenig, wenn er darauf verweist, der Ausdruck »Charisma« sei ein hellenisches Lehnwort.

Vielleicht ist es die Unterschiedlichkeit der Ursprünge, des sozialen Gewebes, die diesen beiden Anwärtern auf das höchste Amt der USA, ja auf die wichtigste Machtposition der Welt, doch noch ein gewisses Maß an Interesse zuweist. George Bush ist ein typischer Sproß des neu-englischen Establishment, repräsentiert beinahe perfekt den etwas blassen Wasp-Typus (White, Anglosaxon, Protestant), während man Dukakis die Beheimatung im östlichen Mittelmeer ansieht. Immerhin bietet sich hier – nach dem Katholiken John F. Kennedy – ein griechisch-orthodoxer Christ an, das riesige Land der puritanischen »Pilgerväter« zu regieren, und seine Frau, eine praktizierende Jüdin, zeugt ebenfalls von dem gewaltigen gesellschaftlichen Umbruch, der sich in »God's own country« vollzieht.

Die modernen Demokratien, so wird immer wieder argumentiert, üben einen wachsenden Zwang zur Konturenlosigkeit aus, verlangen mehr und mehr nach Bewerbern, die dem faden Durchschnitt entsprechen. Wohl ist dem Beobachter dennoch nicht bei dieser Feststellung. Vor allem die europäischen Verbündeten der USA sind verunsichert, deren Wohl und Wehe weitgehend von dem künftigen Mann im Weißen Haus abhängt. Wer George Bush im Gespräch gegenübergesessen hat, ist von dessen Redlichkeit und Urbanität, in Ermangelung evidenter staatsmännischer Begabung, beeindruckt. In seinen diversen Ämtern, dazu gehört neben der Vizepräsidentschaft auch die Leitung des Geheimdienstes CIA, hat er eine gewisse internationale Erfahrung erworben. Bei Dukakis hingegen wirkt das ernste, stets konzentrierte Antlitz auf viele Beobachter wie ein *pokerface*, und jeder fragt sich, welche Karten dieser untypische Amerikaner auszuspielen gedenkt, falls er überhaupt über ein Spiel verfügt.

Beide Kandidaten haben sich unnötige Blößen gegeben. Weiß der Himmel, wer George Bush dazu bewogen hat, als Anwärter auf das Amt des Vizepräsidenten den jugendlich-forschen, unbedarften Senator Dan Quayle auszusuchen, der trotz flammender patriotischer Bekenntnisse der Einberufung zum Wehrdienst in Vietnam trickreich entgangen war. Mike Dukakis wiederum erschreckt die Wirtschaftskreise und Wallstreet mit protektionistischen und populistischen Aufforderungen, warnt – seltsam genug für einen Immigrantensohn – vor dem Ausverkauf Amerikas an ausländische Konzerne, möchte ganze Industriezweige vor der internationalen Konkurrenz abschotten.

Bleibt nur zu hoffen, daß auch in Washington »der Mensch mit seinen höheren Zwecken wächst«.

Selbst der ehemalige Schauspieler Ronald Reagan aus der B-Kategorie Hollywoodscher Filmproduktion hat sich ja in verblüffender Weise gemausert. Aus einem vermeintlichen Fanatiker des Kalten Krieges hat er sich zum Friedens- und Abrüstungspartner der neuen Kremlführung entwickelt, gelegentlich mehr, als den Europäern lieb war.

Die atlantischen Verbündeten werden eine geraume Zeit warten müssen, ehe sie klare Signale aus Washington erhalten werden. Diesmal kann sich der neue US-Präsident nicht auf den schrecklichen Immobilismus des Kreml unter dem dahinsiechenden Breschnew, dem todkranken Andropow, dem völlig bedeutungslosen Tschernenko verlassen. In Moskau regiert ein neuer, dynamischer und ehrgeiziger Zar. An Michail Gorbatschow gemessen, erscheinen Bush und Dukakis wie Laienspieler. Nicht der Staatschef der USA fasziniert heute die Europäer, sondern der Erfinder der Perestroika, dem manche voreilig das Format eines Peters des Großen zutrauen. Dennoch kann sich Amerika – im Gegensatz zur Sowjetunion – Mittelmäßigkeit an der Spitze leisten. Der recht unbedarfte General Eisenhower hatte am Ende gar keinen so schlechten Präsidenten abgegeben, um nur dieses Beispiel zu erwähnen.

Gerade die Farblosigkeit, die eventuelle Unzulänglichkeit des künftigen Staatschefs der USA sollte die Westeuropäer, die immer noch in den antiquierten Vorstellungen der Spaltung von Jalta leben und denken, zu stärkerer Selbstbehauptung, zu realer Kraftentfaltung anspornen.

Kurzer Prozeß mit der »Intifada«?

Die Radikalisierung der israelischen Politik

7. November 1988

In den Gassen von Mea-Scharim, dem Stadtviertel Jerusalems, wo die orthodoxen Juden mit ihrer aus den osteuropäischen Gettos importierten schwarzen Tracht in der Mehrzahl sind, herrscht seit der Parlamentswahl Siegesstimmung. Gewiß, die beiden großen Parteien Israels – der rechtskonservative Likud-Block, die sozialistische Arbeiterpartei – bleiben die tragenden Parteien in der Knesset. Aber die religiös-orthodoxen Splitterparteien, falls man ihre disparaten Stimmen zusammenrechnet, bilden eine beachtliche Verfügungsmasse. Die jüdischen Fundamentalisten haben sich unentbehrlich gemacht. Jizchak Schamir, der Führer des Likud-Blocks, der es leid ist, die Koalition mit der Arbeiterpartei und deren Wortführer Schimon Peres weiterzuführen, muß sich auf einen schweren Weg, auf unendlich dornige Verhandlungen vorbereiten.

Die Radikalisierung der israelischen Politik und Strategie angesichts der Unruhen in den besetzten palästinensischen Gebieten, auf dem Westjordan-Ufer und im Gaza-Streifen, ist der Minimalpreis, den Schamir seinen neuen Verbündeten der extremnationalen Rechten und den religiösen Gruppierungen zahlen muß. Von einer internationalen Konferenz über das Schicksal des Heiligen Landes, auf die Washington drängt und an der Moskau teilzunehmen bereit scheint, ist bis auf weiteres keine Rede mehr. Die neuen Verbündeten Schamirs, von denen einige ganz offen die massive Vertreibung der Palästinenser aus ihrer angestammten Heimat und ihre Ansiedlung in arabischen Nachbarländern fordern, denken keine Sekunde daran, auch nur einen Zipfel von Judäa und von Samaria – so bezeichnet Israel die umstrittene Westbank mit den Städten Nablus und Hebron – preiszugeben. Unter diesen Bedingungen ist an einen Dialog mit den Arabern nicht zu denken. Die PLO Jassir Arafats hat heute leichtes Spiel. Sie kann darauf verweisen, daß ihre formale Anerkennung des

Staates Israel in den Grenzen von 1967, eine Entscheidung, die die Palästinenser-Organisation ohnehin kaum verkraftet hätte, keine Gegenleistung einbringen würde.

Die Gründer des zionistischen Staates, soweit sie noch unter den Lebenden weilen, müssen mit großer Sorge auf die jüngste Entwicklung ihres Landes blicken. Die Zeit der sozialistisch- und säkularorientierten Kibbuz-Generation gehört der Vergangenheit an. Die »Orthodoxen«, sie machen bereits ein Drittel der jüdischen Bevölkerung Jerusalems aus, geben mehr und mehr den Ton an, wissen, daß sie zwischen Schamir und Peres eine Schiedsrichterrolle innehaben und schrauben ihre militanten Forderungen immer höher. Der Gipfel der Absurdität ist in der Tatsache zu sehen, daß ein Teil dieser religiösen Eiferer den zionistischen Staat weiterhin ablehnt und statt dessen auf die Erscheinung des Messias wartet. Die streng mosaischen Studenten der Talmud-Schulen, der »Yeschiva«, entziehen sich systematisch dem Wehrdienst in der israelischen Armee, obwohl auch sie ihre Sicherheit, ja ihr Überleben, diesem hervorragenden militärischen Apparat verdanken.

Jizchak Schamir hat seinen Wählern versprochen, daß er mit der »Intifada«, der Aufstandsbewegung der jungen arabischen Generation in den besetzten Gebieten, kurzen Prozeß machen will. Wie ihm das gelingen soll, ohne daß ein Blutbad angerichtet würde, was wiederum allen heiligen Prinzipien des Judenstaates widerspräche, weiß niemand zu sagen. Die Spannung im Westjordangebiet und in Gaza wird zweifellos noch unerträglicher werden. Manche Extremisten werden darauf hinarbeiten, daß am Ende dieser Auseinandersetzung mit der palästinensischen Jugend ein massiver Bevölkerungs-»Transfer«, wie die Ausweisung euphemisch umschrieben wird, steht.

Die erfahrenen Beobachter des Heiligen Landes haben seit geraumer Zeit festgestellt, daß die Geheimbewegung »Islamischer Heiliger Krieg« unter den revoltierenden Jugendlichen, vor allem im Gazastreifen, ständig an Boden gewinnt. Der jüdische Fundamentalismus, der nunmehr in der israelischen Politik über eine Schlüsselposition verfügt und jeden Kompromiß verwirft, wird automatisch das Aufflammen des religiösen Fundamentalismus auch bei den muslimischen Einwohnern Palästinas fordern. Drei Lösungen ständen den feindlichen Fraktionen zur Verfügung, so wurde unlängst noch argumentiert: direkte Verhandlungen zwischen Juden und Arabern, eine internationale Konferenz oder ein Wunder. Die beiden ersten Auswege sind durch das jüngste Wahlergebnis verbaut.

Unter den gegebenen Umständen lassen sich keine palästinensischen Gesprächspartner, nicht einmal Kollaborateure finden, denn sie müßten von seiten der »Intifada«-Kräfte um ihr Leben bangen. Eine internationale Konferenz würde weder bei Juden noch bei Arabern auf tatsächliche Kooperation stoßen; der Einsatz von UN-Truppen, die in diesem Falle zur Garantierung der festzusetzenden Grenzen einen eindeutigen Kampfauftrag erhalten müßten, würde von den Betroffenen als Neo-Kolonialismus gewertet. Bliebe nur noch das Wunder als letzte Heilshoffnung in einem Land, in dem es an mirakulösen Ereignissen nie gefehlt hat. Aber auf ein solches Wunder hatten schon die Kreuzritter vergeblich gehofft, die sich im Mittelalter etwa zweihundert Jahre lang im Orient gegen die Übermacht des Islam behauptet hatten.

Rußlands offene Flanke

Die chinesische Herausforderung

21. November 1988

Zu Recht blicken die Europäer fasziniert auf die sich wandelnden Beziehungen zwischen Washington und Moskau. Darüber sollte die Umschichtung des Verhältnisses zwischen Moskau und Peking jedoch nicht zu kurz kommen. Die Sowjetunion ist ein euroasiatischer Länderblock, der sich bis Wladiwostok am Pazifischen Ozean ausdehnt. Dieser Tatsache sollten sich all jene bewußt sein, die durch die Lockungen Michael Gorbatschows und durch sein Angebot eines »gemeinsamen europäischen Hauses« verwirrt werden können.

Rußland und China sind sich seit dem Tod Leonid Breschnews nähergekommen. Spätestens seit die USA dem Reich der Mitte aus der Isolierung heraushalfen und intensive Konsultationen mit Peking pflegen, muß der Kreml dem wachsenden Gewicht Chinas Rechnung tragen. Deng Xiaoping, der starke Mann der Volksrepublik, ist Fuchs genug, um die Vorteile zu ermessen, die ihm aus einem wohlabgewogenen Mittelkurs, ja Pendelspiel zwischen den beiden nuklearen Supermächten erwachsen können. Der spektakuläre Staatsbesuch, den der Staats- und Parteichef der UdSSR dieser Tage dem südostasiatischen Dreieckspartner Indien abstattete, muß natürlich auch in diesem Zusammenhang gesehen werden.

Bei der Revision aller verkrusteten Tabus der sowjetischen Außenpolitik, der sich Gorbatschow unterzieht, muß ihm die kritische Situation seines Imperiums in dessen fernen asiatischen Randpositionen ins Auge fallen. Nur acht Millionen Russen europäischer Abstammung bevölkern die Weiten Sibiriens. Die Landverbindungen zur sowjetischen Fernostprovinz sind immer noch prekär, wie zur Zeit des Zaren. Rund 900 000 Soldaten hat die Rote Armee längs der siebentausend Kilometer langen gemeinsamen Grenze mit China stationiert, und ein Drittel ihres nuklearen Potentials ist nach Osten gerichtet. Die sowjetische Flotte im Pazifik ist schlagkräftiger als die übrigen Schiffsverbände, die in den Häfen des Schwarzen Meeres, des Atlantiks oder der Ostsee wassern.

Andererseits kann die Sowjetunion nicht Schritt halten mit der stürmischen Wirtschaftsentwicklung, mit der technologischen Dynamik, die bei den asiatischen Randstaaten des Pazifischen Ozeans Triumphe feiert, vorrangig in Japan, aber auch in Südkorea, Taiwan und Singapur. Bei allen gelegentlichen Rückschlägen, die die Modernisierung Chinas plagen, ist hier eine Masse von 1,2 Milliarden Menschen in Bewegung geraten. Ein Koloß ist erwacht.

Kein Wunder, daß es den Generalsekretär der KPdSU drängt, nach Peking zu reisen, um dort von Deng Xiaoping empfangen zu werden. Bevor sich die Chinesen zu diesem Annäherungsgespräch auf höchster Ebene bereitfanden, mußte Moskau jedoch die Bedingungen erfüllen, die schon zur zweiten Breschnew-Reise vom Reich der Mitte formuliert worden waren. Die sowjetischen Streitkräfte, so verlangte Peking, sollten längs der chinesischen Grenze reduziert werden. Diese Konzession ist inzwischen erbracht worden. Die russischen Truppen sollten Afghanistan räumen, lautete die zweite Forderung. Dieser Prozeß ist im vollen Gange, auch wenn die Russen nicht den Hindukusch verlassen, um primär den Chinesen einen Gefallen zu tun.

Schließlich – hier lag die größte Schwierigkeit – bedrängte China den Kreml, Druck auf seine vietnamesischen Verbündeten auszuüben, damit diese ihre Divisionen aus Kambodscha abzögen. Die Vietnamesen waren, als Pressionen aus Moskau deutlich wurden, zutiefst enttäuscht, ja sie fühlten sich verraten und verkauft. Sie können sich bei ihrem uralten Selbstbehauptungskampf gegen das Reich der Mitte nicht mehr wie bislang auf die energische Unterstützung der Sowjetunion verlassen und müssen nun in aller Eile nach neuen Partnern – möglicherweise im Westen – Ausschau halten.

Die schlimmste Beleidigung wurde den stolzen, siegesgewohnten Vietnamesen angetan, als Moskau sie gewissermaßen mit den lässigen, gefügigen Filipinos auf eine Stufe stellte. Gorbatschow schlug nämlich den Amerikanern vor, daß die US Navy auf ihre mächtige Flottenbasis Subic-Bay auf der Philippinen-Insel Luzon verzichte. Als Gegenleistung würde das sowjetische Fernostgeschwader den vietnamesischen Stützpunkt Camranh-Bay aufgeben. In Hanoi hat man grimmig darauf verwiesen, daß die historisch gewachsene Abhängigkeit Manilas von Washington in keinem Verhältnis zu der selbstbewußten Bündnisbeziehung zwischen Vietnam und der Sowjetunion stehe.

Vermutlich wird das Politbüro von Hanoi sich dem Diktat der Supermächte in der Kambodscha-Frage beugen müssen. Die vietnamesische Armee ist zur Stunde in einen heillosen Partisanenkrieg gegen jene Roten Khmer verstrickt, die sie einst in einem Blitzfeldzug niedergeworfen hatte, die heute jedoch mit chinesischen Waffen aufgerüstet werden. Der Verzicht auf die reichen Reisebenen, die Kautschukplantagen, die strategische Plattform im Lande der Khmer wird den Siegern über Franzosen und Amerikaner überaus schwerfallen. In Kambodscha suchte Vietnam nach zusätzlicher Agrarversorgung für seine überzählige Bevölkerung. Die Bewahrung der einst von den Franzosen geschmiedeten Einheit Indochinas – Vietnam, Kambodscha, Laos – war überdies ein wesentlicher Punkt im Testament Ho Tschi Minhs. Die marxistischen Veteranen des Indochinakrieges muß die Preisgabe dieses hohen Vermächtnisses überaus schmerzlich berühren. Doch für Rußland stellt die Herstellung eines entspannten Verhältnisses zu China wohl die dringlichste Priorität seiner neuen ostasiatischen Hoffnung dar.

Aufstand gegen Gorbatschow?

Die DDR und die »Perestroika«

12. Dezember 1988

Ausgerechnet die Deutsche Demokratische Republik tanzt aus der Reihe bei dem großen Umstrukturierungsprozeß, den Michail Gorbatschow dem gesamten Ostblock verschrieben hat. Ost-Berlin löckt gegen den Stachel. Der diskrete, aber verbissene Widerstand kommt aus einem Staatsgebilde, das man lange als das gefügigste Instrument der Moskauer Kontinentalpolitik beschrieben hatte.

Das faktische Verbot der sowjetischen Zeitschrift *Sputnik*, die sich als Wortführer des offiziellen »Glasnost« versteht, ist nur ein Symptom. Viel schwerwiegender sind die selbstbewußten Akzente, die der Generalsekretär der SED und Staatsratsvorsitzende Erich Honecker setzt. Er läßt durch seine Parteiorgane nicht nur die unzureichenden Leistungen des sowjetischen Außenhandels, die schleppenden Erdöl-Lieferungen insbesondere, monieren. Er gibt auch klar zu verstehen, daß der Revisionismus, der an der Moskwa offenbar unvermeidlich geworden ist, noch längst kein Hausrezept ist für den »sozialistischen deutschen Staat«, der an der Spree auf der Spitze russischer Bajonette gegründet wurde. Der Saarländer, der die DDR regiert und dem ein wacher Machtinstinkt nicht abgesprochen werden kann, verweist die sowjetischen Brüder in einem Nebensatz darauf, daß bei ihm – zwischen Elbe und Oder – niemals eine wahllose Repression gewütet habe oder einem hemmungslosen Personenkult gehuldigt worden sei.

Was gibt Erich Honecker die Kraft und die Kühnheit, sich den Absichten des sowjetischen Staats- und Parteichefs entgegenzusetzen? Sind die Gegenkräfte der Perestroika im Umkreis des Kreml immer noch so mächtig, daß die Führungsmannschaft der SED auf einen russischen Sinneswandel oder gar den Sturz Gorbatschows spekulieren kann? Eine Anzahl von warnenden Signalen ist zweifellos aus Moskau an den widerspenstigen Ost-Berliner Verbündeten ergangen.

Nicht von ungefähr wurden am Vorabend der Moskau-Reise Helmut Kohls Gerüchte über etwaige Modifizierungen des sowjetischen Deutschland-Kurses ausgestreut, und ein berufener Sprecher des Zentralkomitees erwähnte, daß es – unabhängig von der Existenz zweier deutscher Staaten – doch wohl nur eine deutsche Nation gebe. Gorbatschow hat dann im Gespräch mit dem Bundeskanzler wieder den alten Status quo der Spaltung mit Härte verfochten, aber was hätte er auch anderes tun können?

Die Truppenpräsenz der Roten Armee in der DDR wird auch nach den letzten sensationellen Ankündigungen Gorbatschows in New York nicht wesentlich beeinträchtigt werden. Ob 19 oder nur 15 Divisionen stationiert bleiben, ist ziemlich irrelevant. Bedenklicher für das Ost-Berliner Regime muß jedoch die vorsichtige, vielleicht prekäre Aufwertung Alexander Dubčeks und des gescheiterten Prager Frühlings wirken. Es ist für Moskau ein leichtes, die renitente, auf die alte Breschnew-Linie festgelegte Führung der ČSSR unter Druck zu setzen. Aber die ideologische Bewegungsfreiheit, die auch in Ungarn, Polen und Bulgarien eventuell zur Verfügung steht, ist in der DDR nicht vorhanden.

Jede resolute Hinwendung zu »Perestroika« und »Glasnost« in Ost-Berlin rüttelt an den elementaren Grundlagen des östlichen deutschen Teilstaates. Mögen sich die anderen Mitglieder des Warschauer Paktes – durch das russische Beispiel ermutigt – gewissen marktwirtschaftlichen oder sogar pluralistischen Experimenten unterziehen. In sehr nüchterner Analyse hat Erich Honecker wohl erkannt, daß eine dezidierte ideologische Lockerung in seinem Machtbereich dem deutschen »Arbeiter-und-Bauern-Staat« zum Verhängnis werden müßte. Am Ende der Meinungsliberalität, der parteipolitischen Entkrampfung, der freizügigen Gewährung von Bürgerrechten stände unweigerlich die Forderung nach Selbstbestimmung für die Deutschen in der DDR, und die liefe unweigerlich – über kurz oder lang – auf eine profunde Volksströmung zugunsten irgendeiner Form von Wiedervereinigung hinaus. Wer das Gegenteil behauptet, hält sich selbst zum Narren. Die DDR ist aufgrund der artifiziellen Teilung Deutschlands eben kein Staat wie alle anderen.

Aber auch der Kreml kann es sich nicht leisten, in der deutschen Frage zuviel Ballast abzuwerfen. Das Wort Honeckers, wonach die gesellschaftlichen Systeme in Ost und West so unversöhnlich seien wie Feuer und Wasser, ist überholt, seit der Kapitalismus in ein enges soziales Netz eingesponnen und der Marxismus nur mit Hilfe marktwirtschaftlicher Methoden überleben kann. Der derzeitigen Stagnation im Herzen Europas – zu einem Zeitpunkt, da das Satelliten-Glacis Moskaus andernorts auseinanderbröselt und sogar die eigenen Sowjetrepubliken aufbegehren – haftet etwas Unnatürliches an. Noch sind es christliche Randgruppen und alternative Außenseiter, die in Ost-Berlin und Dresden zu rumoren beginnen, während die Masse der Bevölkerung in ihren »Nischen« verharrt. Aber auch die Deutschen – zumindest die der DDR – könnten eines Tages für eine dramatische, nationale Überraschung verfügbar sein. Wenn so vieles im Osten in Bewegung gerät, wird nicht ausgerechnet der widersprüchliche Zustand Deutschlands in einen Schwerpunkt der Stabilität und der Beharrung umfunktioniert werden können.

Die Hintergründe des Terrors

Die Lage nach der Flugzeugkatastrophe von Lockerbie

3. Januar 1989

Die Flugzeugkatastrophe der Pan American über Schottland wirft düstere Schatten auf die Friedensbemühungen im fernen Palästina. Noch ist es zu früh, einen schlüssigen Zusammenhang herzustellen zwischen dem Anschlag auf die Boeing 747 und den jüngsten Schlichtungsinitiativen im Heiligen Land. Aber der Gedanke drängt sich auf, daß irgendwelche Terrorgruppen bemüht sind, eine ohnehin hypothetische Entwicklung zum Ausgleich zwischen Juden und Arabern im Keim zu ersticken. Der überschwengliche Optimismus, der sich in der Öffentlichkeit breitmachte, als Jassir Arafat einzulenken schien, die Existenz Israels *de facto* akzeptierte und dem Terrorismus absagte, ist verflogen. Die Lage im Nahen Osten präsentiert sich wieder in blutiger Unerbittlichkeit.

Noch vor kurzem mag der Westen sich der Illusion hingegeben haben, die Gefahr von Geiselnahmen und Attentaten sei weitgehend beseitigt, seit die Islamische Revolution des Iran durch den Waffenstillstand am Persischen Golf eingedämmt wurde und die Mullahs von Teheran sich um internationale Respektabilität bemühten. Die britischen und amerikanischen Behörden, die mit der Aufklärung der Tragödie von Lockerbie befaßt sind und offenbar eine präzise Spur verfolgen, haben bereits wissen lassen, daß die Täter diesmal nicht unter den schiitischen Fanatikern zu suchen sind, die sich zu Ayatollah Khomeini bekennen. Der Verdacht richtet sich gegen palästinensische Geheimzellen, und der Gedanke liegt nahe, daß der grausige Anschlag die Autorität und das Ansehen Jassir Arafats untergraben soll.

Der Führer der »Palästinensischen Befreiungsorganisation« hat zwar die Mehrheit im Nationalrat der PLO auf seine Seite bringen können, als er seine spektakuläre Schwenkung vollzog und sich damit als Gesprächspartner der USA qualifizierte. Aber nicht alle arabischen

Staaten begrüßen die neue Entwicklung. Für Syrien und Libyen ist das Einlenken Arafats inakzeptabel. Die amerikanische Öffentlichkeit, die sich an den Gedanken zu gewöhnen schien, mit Arafat über die Gründung eines Palästinenser-Staates zu diskutieren, dürfte nach dem jüngsten Mordanschlag über Schottland sehr viel zurückhaltender geworden sein und am Durchsetzungsvermögen des gemäßigten PLO-Flügels zweifeln.

Genau dieses Ziel verfolgen zwei Gruppen, denen die Spezialisten das Attentat auf den Jumbo der Pan Am zutrauen. Es handelt sich einerseits um den ominösen Abu Nidal mitsamt seiner »Fatah – Revolutionäres Kommando«, der in der Vergangenheit für zahlreiche politische Morde verantwortlich zeichnete und bei Oberst Gaddhafi von Libyen immer wieder Zuflucht fand, wenn ihm in Bagdad oder Damaskus der Boden zu heiß wurde. Der andere potentielle Attentäter ist Ahmed Jibril an der Spitze der »Volksfront für die Befreiung Palästinas – Generalkommando« der sich in der Vergangenheit der Gunst des syrischen Geheimdienstes erfreute.

Wie verworren dieses tödliche Spiel im Schatten ist, läßt sich am Beispiel des Bombenanschlags auf die Berliner Diskothek »La Belle« ermessen, dessen tatsächliche Drahtzieher immer noch nicht bekannt sind, obwohl die Amerikaner seinerzeit einen Vergeltungsschlag gegen Libyen führten.

Oberst Gaddafi ist auch dieses Mal wieder ins Visier der USA geraten. Über den verwendeten plastischen Sprengstoff Semtex, der in der Tschechoslowakei fabriziert wird, verfügt er in erheblichen Mengen. Zur Stunde bemüht sich der libysche Staatschef krampfhaft, seinen Kopf aus der Schlinge zu ziehen, und holt zu beschwichtigenden Gesten aus. Der amerikanische Präsident hat mit ihm eine alte Rechnung zu begleichen, und die CIA hat inzwischen herausgefunden, daß in der Wüste, 80 Kilometer von Tripolis entfernt, eine große Fabrik für chemische Kampfstoffe eingerichtet wurde, die ein lohnendes Ziel für die US Air Force abgäbe.

Weder der Waffenstillstand zwischen Irak und Iran noch die jüngsten Friedensinitiativen im Heiligen Land haben Sicherheit und Zuversicht gebracht. Der Versuch der Supermächte, die chemischen Kampfstoffe in der gesamten Dritten Welt zu ächten, stößt auf erhebliche Schwierigkeiten. Die Produktion von Giftgas ist billig und relativ einfach. Das Aufspüren von Sabotage-Sprengstoff wie Semtex ist mit den existierenden Suchgeräten kaum möglich. Kurz- und Mittelstreckenraketen sind nicht nur im Iran und Irak, sondern auch in Syrien, Ägypten, Saudi-Arabien und Libyen – von Israel ganz zu schweigen – in großer Zahl stationiert.

Zwar beabsichtigt der ägyptische Präsident Hosni el Mubarak demnächst nach Tel Aviv zu reisen, um dort als »ehrlicher Makler« zwischen Israelis und Palästinensern zu wirken. Aber Jassir Arafat hat bereits neue Zusatzbedingungen publiziert, die jedes Auskommen mit dem jüdischen Staat schwer belasten. Er fordert einen Korridor zwischen Gazastreifen und Westbank, und er betrachtet Ost-Jerusalem als die Hauptstadt seines einseitig proklamierten Teilstaates. Offenbar ist der Chef der PLO von seiten seiner *hardliner* auf einen unnachgiebigen Kurs gepreßt worden.

Gleichzeitig bahnt sich auch im Nahen Osten ein strategisches Patt an, das mit der Situation in Mitteleuropa verglichen werden kann. Angesichts der Anhäufung von Giftgasgranaten und Raketen wäre ein Panzerfeldzug nach dem Muster des »Sechstagekrieges von 1967« kaum noch vorstellbar. Die Staaten des Nahen Ostens haben sich ihrerseits ein Arsenal der Massenvernichtung zugelegt und sind ihm wie Zauberlehrlinge ausgeliefert. In dieser Region ist zudem wenig Gespür für internationale Verantwortung vorhanden. Die Welt ist keineswegs harmloser geworden seit Camp David und Reykjavik.

Ronald Reagans Erfolgsbilanz

Chance für eine bessere Welt?

23. Januar 1989

Präsident George Bush tritt sein Amt an der Spitze der Vereinigten Staaten von Amerika im Zeichen der Beständigkeit an. Er hat lange im Schatten Ronald Reagans gestanden und seinen Wahlsieg diesem energischen und insgesamt erfolgreichen Vorgänger verdankt. Verglichen mit der weltweiten Ausstrahlung eines Michail Gorbatschow, der weiterhin die Macher in Ost und West fasziniert, erscheint der neue Chef des Weißen Hauses als eine blasse und konventionelle Persönlichkeit. Dennoch sind die Karten für George Bush sehr viel günstiger verteilt als für seinen Rivalen und Partner im Kreml. Aus vollem Herzen könnte Michail Gorbatschow heute den Goethe-Satz zitieren: »Amerika, du hast es besser.«

Erst bei diesem Wechsel im Weißen Haus läßt sich im vollen Umfang erkennen, wie heilsam sich die achtjährige Präsidentschaft Reagans für das innen- und außenpolitische Ansehen der westlichen Supermacht ausgewirkt hat. Man denke nur zurück an das Jahr 1981: Damals war in Washington ein Notprogramm gefragt, um die Inflation einzudämmen und dem sowjetischen Expansionismus entgegenzutreten: Heute sieht sich die Bush-Administration zwar mit einem Haushaltsdefizit konfrontiert, das alle Prognosen weit hinter sich läßt, aber insgesamt hat sich die Position Amerikas als führende Wirtschaftsmacht konsolidiert. Von der Arbeitslosenquote der USA, die traditionell hoch war, können die europäischen Industriestaaten nur träumen. Der Dollar behauptet sich ohne Rücksicht auf die Verbündeten als beherrschende Leitwährung. Die künftige Finanzverwaltung wird zwar die laufenden Ausgaben nach Kräften reduzieren und sich widerstrebend zu Steuererhöhungen entschließen müssen, aber George Bush sieht sich nicht gezwungen, wie sein Vorgänger bei dessen Amtsübernahme, den Machtkampf mit dem Kongreß zu suchen. Die demokratische Mehrheit im Abgeordnetenhaus erscheint heute kompromißbereit gegenüber einem Staatschef, der seinen Willen zur Konzilianz und zu einer von beiden Parteien getragenen Politik zu erkennen gibt. »Für 1989 steht kein Geld für große Ausgaben zur Verfügung«, ist die Erkenntnis, die von dem Finanzexperten Stephen Hess formuliert auch vom Kongreß akzeptiert werden dürfte.

Das unnachgiebige, fast aggressiv erscheinende Auftreten Ronald Reagans gegenüber der Sowjetunion in jener ersten Präsidentschaftsphase, als er das Moskauer Imperium als »Reich des Bösen« bezeichnete, hat eine profunde Wandlung der Ost-West-Beziehungen eingeleitet. Mit seiner Politik der Stärke hat Reagan vielleicht ebenso wirksam zu der augenblicklich vorherrschenden weltweiten Entspannung, zur sich anbahnenden Regelung der Regionalkonflikte beigetragen wie Michail Gorbatschow mit seiner »Perestroika«. Der INF-Vertrag über die Abschaffung von Mittelstreckenraketen in Mitteleuropa ist auch die Frucht der amerikanischen Nachrüstung mit Pershing II und Cruise Missiles, das darf nicht vergessen werden. Insofern tritt George Bush ein bequemes Erbe an. Seine eigene außenpolitische Erfahrung, seine Kenntnis insbesondere der europäischen und lateinamerikanischen Mentalität werden ihm zugute kommen. Einer Nation, die dank der robusten Hemdsärmeligkeit des Kaliforniers Reagan ihr schreckliches Vietnam-Trauma allmählich überwunden hat, kann der neue Präsident nun die Suche nach innerer Harmonie vorschlagen, ein Zusammenleben, das sich *kinder and gentler* gestalten soll.

Dennoch – trotz aller Beteuerungen zur Kontinuität signalisiert die aufkommende Ära Bush heute schon einen profunden Wandel in der amerikanischen Führungsmentalität und in den amerikanischen Perspektiven. Vielleicht liefert ein Blick auf die neue Kabinettsliste den schlüssigsten Hinweis auf diese psychologische Verschiebung. Ronald Reagan hatte das große Geld der Westküste, seine engsten Vertrauten aus Kalifornien nach Washington gebracht. Präsident Eisenhower stützte sich auf große Wirtschafts-Tycoons wie den Verteidigungsminister Wilson, von dem das Wort stammt: »Was für General Motors gut ist, ist gut für die Vereinigten Staaten.« Unter George Bush übernehmen die Söhne des Ostküsten-Establishments, der alte Finanzadel und die Absolventen der Elite-Hochschulen wieder die führenden Positionen. Schon drängt sich der Vergleich mit der Kennedy-Mannschaft auf, die unter dem Schlagwort des »Amerikanischen Jahrhunderts« angetreten war, dann allerdings im Vietnam-Debakel strandete. Die meisten neuen Kabinettsmitglieder stammen aus der Umgebung Washingtons und haben es nicht nötig, sich in der Bundeshauptstadt ein neues Haus zu suchen. Pragmatismus scheint die Lösung bei diesem Amtsantritt zu sein, und die Kommentatoren bemerken mit Staunen, daß in diesem Land, wo Regierungen traditionsgemäß mit Amateuren besetzt werden, dieses Mal die Fachleute den Ton angeben. Die Begabung für den Tennissport scheint ein zusätzliches Kriterium bei der Auslese der engsten Mitarbeiter George Bushs gewesen zu sein.

Amerika ist heute weit entfernt vom »populistischen Ethos«, auf dessen Wogen sowohl Jimmy Carter als auch Ronald Reagan ins Weiße Haus getragen wurden. Nach zwanzig Jahren heftiger innenpolitischer Auseinandersetzung neigt die Stimmung der Nation dem Konsens zu. Abgesehen von der schwierigen Haushaltslage und der immer noch beklemmenden Krise in Mittelamerika hat George Bush allen Anlaß, seine Amtszeit mit Zuversicht anzutreten. Der Bekämpfung der Drogenseuche will er Priorität einräumen, und er ist sich offenbar auch der ungeheuerlichen ökologischen Herausforderung bewußt. Es besteht, so schreibt die amerikanische Presse, eine Chance für eine bessere Welt. Aber dann schließt sich gleich die Frage an, ob George Bush über die Führungsqualitäten verfügt, um die Gunst der Stunde zu nutzen. In spätestens vier Jahren werden wir die Antwort wissen.

Islamisches Chaos in Afghanistan

Nach dem Rückzug der Roten Armee

13. Februar 1989

Jedermann ermahnt heute die afghanischen Mudschahidin, die nach neunjährigem Verzweiflungskampf die Rote Armee zum bedingungslosen Rückzug aus ihrem Land gezwungen haben, daß sie inmitten des Chaos, das die sowjetische Besatzung hinterlassen hat, Vernunft walten lassen, demokratische Spielregeln einhalten und womöglich dem »Quisling-Regime« des Präsidenten Nadschibullah großmütige Absolution erteilen. Damit verlangt man wirklich Unmögliches von diesem leidgeprüften Volk. Als Folge der russischen Intervention sind schätzungsweise eine Million Afghanen, die meisten von ihnen wehrlose Landbewohner, ums Leben gekommen. Zahllose Widerstandskämpfer wurden von dem Geheimdienst Khad, den Nadschibullah persönlich mit Hilfe sowjetischer Spezialisten organisiert hatte, auf schreckliche Weise gefoltert. Vier bis fünf Millionen Afghanen mußten ins Ausland, nach Pakistan und Iran, flüchten.

Da ist es kein Wunder, daß die Führer der verschiedenen Mudschahidin-Bewegungen sich geweigert haben, mit dem sowjetischen Außenminister Schewardnadse zusammenzutreffen, zumal dieser enge Vertraute Gorbatschows nicht von der Forderung abgehen wollte, die als »Demokratische Volkspartei« umschriebene Kommunistische Partei Afghanistans als gleichberechtigten Koalitionspartner den Kräften des Widerstandes aufzudrängen. Für Nadschibullah und seine engsten Mitarbeiter wird es kein Pardon geben in diesem rauhen, von alten Blutfehden gezeichneten Gebirgsland Zentralasiens. Erwartet man etwa, daß die afghanischen Kämpfer des Heiligen Krieges mit den Handlangern Moskaus anders umspringen werden, als das die französischen »Maquisards« mit den Nazi-Kollaborateuren in Frankreich taten?

Es steht zu befürchten, daß Afghanistan – nach der Ausmerzung der letzten Widerstandsnester der dortigen Marxisten-Leninisten und nach der Erstürmung Kabuls durch die Mudschahidin – vom Bürgerkrieg der verschiedenen Fraktionen nicht verschont bleibt. Die Allianz der sieben Widerstandsbewegungen von Peschawar könnte sehr schnell zerbrechen, und die in letzter Stunde erreichte Einigung zwischen sunnitischen und schiitischen Partisanen dürfte einer ernsten Belastung kaum standhalten. Die Russen haben alles getan, um die ihnen feindlichen Kräfte gegeneinander auszuspielen, die Stammesfeindschaften zu schüren, die Rivalitäten zwischen den diversen Feldkommandeuren der Mudschahidin anzuheizen. Sie haben vor allem versucht, die »Hezb-e-Islami«, die Bewegung des muslimischen Eiferers Gulbuddin Hekmatyar, auch in den westlichen Medien systematisch zu diskreditieren. Der Kreml darf sich deshalb nicht wundern, daß er an seiner zentralasiatischen Flanke nunmehr mit einem Nachbarn leben muß, der nicht mehr – wie in den Jahrzehnten vor dem russischen Einmarsch – auf Wohlverhalten gegenüber der Sowjetunion erpicht ist und sogar eine Art »Finnlandisierung« akzeptiert hatte.

Afghanistan wird aller Voraussicht nach ein brodelnder Unruheherd bleiben. Alle Schlichtungsbemühungen der Vereinten Nationen sind zum Scheitern verurteilt angesichts des oft anarchischen Unabhängigkeitswillens eines Volkes, dem selbst die gewaltige Sowjetmacht ihre Ordnung nicht aufzwingen konnte. Während die Russen ihre afghanischen Genossen im Stich ließen, hat die kommunistische Propaganda in Kabul an der Behauptung festgehalten, die Sowjetunion habe ihre »internationalistische Pflicht« erfüllt, und die Rote Armee könne erhobenen Hauptes in die Heimat zurückkehren. Die auf den Marxismus eingeschworenen afghanischen Soldaten des Präsidenten Nadschibullah, die dem eigenen Untergang ins Auge sehen, müssen eine solche Proklamation als bitteren Hohn empfinden. Gewiß, 15 000 russische Soldaten sind in Afghanistan gefallen. Aber dieses schmerzliche Opfer war ebenso vergeblich wie der Blutzoll, den die amerikanischen GIs einst in Indochina entrichteten. Aus einer Niederlage läßt sich heute auch mit Hilfe der begabtesten »Agitprops« kein Sieg mehr konstruieren.

Alle Tendenzen des afghanischen Widerstandes haben ihren Willen bekundet, am Hindukusch eine »Islamische Republik« zu gründen. Diese Staatsform sollte nicht voreilig mit dem Regime des

Ajatollah Khomeini in Iran gleichgesetzt werden, das auf ganz anderen Grundlagen errichtet wurde. Mag sein, daß Kabul zunächst durch Bruderkämpfe heimgesucht wird. Pessimisten sprechen bereits von einem »islamischen Chaos«, dem das Land am Hindukusch entgegentreibe. Für die Sowjetunion sind das beunruhigende Perspektiven. Moskau spielt angeblich mit dem Gedanken, sich eine Einflußzone im äußersten Norden – im Raum von Mazar-e-Scharif und Kunduz – zu erhalten. Militärisch wie politisch kann Moskau in Afghanistan dennoch nichts mehr ausrichten. Die Sowjetmacht hat ihre Verwundbarkeit offenbart, der Marxismus ist dem Islam gewichen. In Zukunft wird niemand mehr ernsthaft befürchten, die Rote Armee könne zu waffenklirrenden Einschüchterungsmaßnahmen gegenüber Iran, Pakistan oder gar China ausholen. In den Augen der Asiaten erscheint das sowjetische Imperium wie ein gebändigter Koloß.

Satanische Verse

Der Fall Rushdie und die Folgen

27. Februar 1989

Der britisch-indische Autor Salman Rushdie hat sich mit seinen »Satanischen Versen« um Kopf und Kragen geschrieben. Nicht nur die Häscher des Ajatollah Khomeini stehen bereit – wie einst im Mittelalter die »Haschischin«, die Todesengel des »Alten vom Berge«, um das unerbittliche Urteil an dem Frevler zu vollstrecken. Zutiefst aufgewühlt durch den Bannfluch Khomeinis, übersehen die westlichen Medien allzuoft, daß der greise Imam von Teheran auf einen fahrenden Zug aufgesprungen ist. Die Proteste gegen Rushdie hatten in Pakistan und in den muslimisch bevölkerten Städten Indiens zu blutigen Ausschreitungen geführt, die Morddrohung war von der koranischen Gemeinde, die in Großbritannien ansässig ist, bereits massiv formuliert worden, ehe Khomeini diese einzigartige Gelegenheit ergriff, sich wieder in das Rampenlicht der Öffentlichkeit zu drängen und seiner stark bedrängten islamischen Revolution neuen Impuls zu verleihen.

Natürlich ist dieses Todesurteil gegen einen Autor in westlichen Augen unerträglich, und die Europäische Gemeinschaft kann es nicht zulassen, daß auf dem Boden eines ihrer Mitgliedstaaten ein Feme-Urteil vollstreckt wird. Im Namen einer schwer erkämpften Meinungsfreiheit – anfällige Frucht der westlichen Aufklärung – muß der Schriftsteller Salman Rushdie vor seinen Mördern geschützt werden. Sein Buch, die »Satanischen Verse«, ist dennoch kein Geistesprodukt, das man aus vollem Herzen bejahen könnte. Salman Rushdie, selbst als Moslem geboren, mußte wissen, daß seine »Gotteslästerung«, die Darstellung Abrahams als Bastard, die Verunglimpfung der Frauen des Propheten als Huren, die Andeutung, die heilige Kaaba in Mekka sei ein Bordell und der Erzengel Gabriel vom Dämon nicht recht zu unterscheiden, die heiligsten Überzeugungen und das Glaubensgut einer Milliarde Menschen zutiefst verletzt. An den »Satanischen Versen« des Inders gemessen, war die »Letzte Versuchung Christi«, die Martin Scorsese auf die Leinwand brachte, eine relativ harmlose Entgleisung.

Im übrigen hat sich die islamische Welt der westlichen Aufklärung bisher konsequent verschlossen. Die koranische Lehre ist ihrem Wesen nach theokratisch ausgerichtet, durchdringt alle Lebensbereiche, beherrscht die Politik. Der Koran gilt – anders als das Neue Testament der Christen, das die sehr persönlich gefärbte Chronik der vier Evangelisten ist – als das »Ungeschaffene Wort Allahs«, das in seiner Reinheit unantastbar ist, dessen Verunglimpfung schreckliche Strafen nach sich ziehen muß. Um ein Gefühl für die Stimmung der aufgebrachten muslimischen Massen zu gewinnen, müßte der Europäer sich ein paar Jahrhunderte zurückversetzen, als jeder Anflug von Ketzerei mit den Folterungen der heiligen Inquisition und deren Scheiterhaufen geahndet wurde. Vor gar nicht langer Zeit hielt die römische Kirche noch einen »Index librorum prohibitorum« bereit, der nicht nur die Lektüre Friedrich Nietzsches, sondern auch Baudelaires oder Victor Hugos als schwere Sünde abstempelte.

Die Europäer drohen mit Gegenmaßnahmen und Sanktionen gegen den Iran. Inzwischen hätte der Westen lernen müssen, daß wirtschaftliche Strangulation kein taugliches Mittel der Außenpolitik ist. Die Leidtragenden der daraus resultierenden wirtschaftlichen Misere im Iran wären ja nicht die fanatischen Mullahs, sondern die kleinen Leute, die sich nach dem enttäuschenden Kriegsende mit dem Irak nach Öffnung und einer zaghaften Liberalisierung sehnten.

Khomeini wird auf 88 Jahre geschätzt, und seine Tage sind gezählt. Die Affäre Rushdie hat den Nachfolgekampf angeheizt, und es wäre unsinnig, von außen – in Unkenntnis der verworrenen Verhältnisse in Teheran – mitmischen zu wollen. Salman Rushdie hat – unfreiwillig, so wollen wir hoffen – den islamischen Extremisten in die Hände gespielt. Nicht nur im Iran, vor allem in Pakistan haben die »Satanischen Verse« zur Destabilisierung einer ohnehin labilen Situation beigetragen. Benazir Bhutto wird es als westlich erzogene Frau in Zukunft noch schwerer haben, ihre zutiefst koranglaubige Bevölkerung zu regieren und notfalls in Schach zu halten. Aus all diesem Tumult sollte sich für die aufgebrachten Europäer eine längst fällige Erkenntnis herausschälen. Von nun an muß der vielgepriesene Dialog mit dem Islam viel skeptischer angegangen werden.

Eine gleichberechtigte Debatte ist nicht möglich, mit einer Religion, die sich im exklusiven Besitz der endgültigen göttlichen Offenbarung wähnt. »Was im Westen als ›Fundamentalismus‹ angeprangert wird«, so stellt der französische Pater Roger Michel fest, der inmitten algerischer Gastarbeiter in Marseille lebt, »das ist tatsächlich die wahre Lehre, die Essenz der koranischen Botschaft«. Das Drama Rushdie führt den Europäern vor Augen, daß ihre Vorstellungen von schrankenloser Meinungsfreiheit, ihre Überzeugungen von der Notwendigkeit jedweden Pluralismus in den übrigen Teilen der Welt und vor allem im Bereich des Islam nur sehr partielle Zustimmung finden, wenn sie nicht gar als »gottesfeindlich« abgelehnt werden.

Deutsche Einheit – kein Thema?

Die Erfolge der neuen Rechten

28. März 1989

Vierzig Jahre lang hat die innenpolitische Harmonie der Bundesrepublik gedauert. Seit den letzten Wahlen in Berlin und Hessen scheint sie ernsthaft in Frage gestellt. Es konnte auf die Dauer nicht ausbleiben, daß auf das Anwachsen der alternativ-ökologischen Bewegung eine Reaktion von extrem rechts folgen würde. Helmut Kohl, dem heute viele vorwerfen, er habe diese Gefahr nicht kommen sehen, hatte im kleinen Kreise seit langem davor gewarnt. Seit Franz Josef Strauß verschwunden ist, dem es mit populistischer Meisterschaft gelungen war, die konservative Reaktion zu bündeln und zu bändigen, ist die Bahn frei für politisches Abenteurertum und nationalistische Nostalgie.

Die deutschen Sozialdemokraten haben wenig Grund, über den offenkundigen Niedergang der CDU, der sich in West-Berlin und Hessen kundtat, zu frohlocken. Die SPD ist die traditionsreichste deutsche Partei. Sie ist fast für jedermann wählbar geworden, seit das Godesberger Programm sie von ihren marxistischen Schlacken reinigte und Helmut Schmidt ihr auch beim Bürgertum hohe Respektabilität verlieh. Willy Brandt hat seinerseits dazu beigetragen, die seltsame Formation der Grünen, die sich abwechselnd als politische Wiedertäufer, als pazifistische Tugendbündler oder romantische Anti-Rationalisten gebärdeten, von einigen ihrer krassesten Utopien abzubringen. Für die Zukunft empfiehlt sich zweifellos der saarländische Ministerpräsident Oskar Lafontaine als der Mann, der in einer rot-grünen Koalition, falls diese sich auf Bundesebene zusammenfände, in der Lage wäre, das schwärmerisch-militante Sammelsurium der Grün-Alternativen zu disziplinieren und in einem »jakobinischen« Straffungsprozeß auf Vordermann zu bringen. Das Wort »jakobinisch« ist in diesem Falle durchaus nicht abwertend gemeint.

Die christlichen Demokraten werden sich heute ihrer angeborenen Schwäche bewußt. Quer durch Deutschland verläuft immer noch die kulturelle Wasserscheide der Rhein-Main-Linie. In der unmittelbaren Nachkriegszeit war es Adenauers Verdienst gewesen, die Überreste des katholischen Zentrums mit all jenen national-liberalen oder national-konservativen Tendenzen zu verschweißen, die überwiegend in norddeutschen Ländern nach einer neuen Patronage suchten. Es wird immer schwieriger, diese disparate Formation zusammenzuhalten, die Ansprüche der Sozialausschüsse mit den Interessen der Arbeitgeber zu harmonisieren, wie sich diese »Volkspartei« vorgenommen hat. Selbst die FDP, die den deutschen Wählern vier Jahrzehnte lang erlaubte, ihr Mißbehagen an CDU oder an SPD durch taktisches Umschichten ihrer Stimmen auszudrücken und in Bonn ohne Risiko neue Regierungsmehrheit zu schaffen, ist offenbar außer Atem geraten. Seit die Bundesrepublik auf einen Fünfparteien-Staat zusteuert, haben die Liberalen ihre klassische Funktion als gelenkige Regulatoren weitgehend eingebüßt.

Was sich auf der extremen Rechten zusammenbraut, ist noch verschwommen und neblig. Irgendwann mußten sie ja einmal auftauchen, die deutschen »Le-Pen-Sympathisanten«, die Rufer nach einer »Nationalen Front«. Daß die »Republikaner« sich um den bayrischen Rundfunkjournalisten Franz Schönhuber scharten, weil dieser seine Dienstzeit in der Waffen-SS in Buchform glorifizierte, entsprach einer recht zufälligen Konstellation. Nachdem die deutschen »Progressisten« aller Logik zum Trotz immer wieder beteuert hatten, die deutsche Einheit sei kein Thema mehr und die deutsche Frage sei ausgestanden, konnte eine »patriotische« Gegenbewegung nicht ausbleiben. Daß sie auch gleich völkisch und ausländerfeindlich daherkommen würde, sollte niemand wundern in einem Land, das vor einem halben Jahrhundert noch in seiner Mehrheit dem Mythos von Blut und Boden huldigte.

Die Absage an die eigene Nation, die extreme Nachgiebigkeit in der Ausländer- und Asylantenthematik hat zweifellos dazu beigetragen, der extremen Rechten den Weg zu ebnen. Konnte man den Erfolg der »Republikaner« in Berlin noch als ein Kuriosum abtun, so weckte das Wiederauftauchen der bräunlichen NPD in Hessen schlimmste Befürchtungen. Schon wird auf eine parallele Entwicklung in Österreich hingewiesen, wo Jörg Haider von Sieg zu Sieg eilt. Nicht die Vielzahl der Asylanten und Pseudo-Asylanten, der Gast- und der Fremdarbeiter stellt das wirkliche Problem für die innenpolitische Stabilität der Bundesrepublik dar, so kann argumentiert werden, sondern die unausweichliche deutsche Abwehrreaktion gegen einen solchen Andrang, gegen die Perspektive einer multikulturellen, durch allzu exotische Komponenten angereicherte Gesellschaft der Zukunft. Hier ist zweifellos eine psychologische Schwelle erreicht, die auch von denjenigen hätte erkannt werden müssen, die im Namen der Menschenrechte und der Liberalität der übrigen Welt ein Exempel an Toleranz vorexerzieren wollten.

Kohl wird kämpfen

Die Zukunft des Bundeskanzlers

17. April 1989

Das Schicksal der Regierung Kohl entscheidet sich am 18. Juni 1989, so hört man in der Bundesrepublik. An diesem Tag bestimmen die Deutschen ihre Abgeordneten für das Europa-Parlament in direkter Wahl, und die Aussichten sind düster für die CDU nach den Schlappen von Berlin und Hessen. Manche munkeln sogar, der Bundeskanzler müßte im Falle eines weiteren Rückschlages Konsequenzen für die eigene Person ziehen. Wer solches anregt, kennt Helmut Kohl schlecht. Der Mann, den die Presse so oft verhöhnt hat, weil er es gewohnt sei, »Probleme auszusitzen«, wird zum harten Kämpfer, wenn er sich an die Wand gedrückt und aufs äußerste bedrängt sieht.

Manches spricht heute gegen Helmut Kohl. Die Gunst der Stunde lächelt ihm nicht. Eigentlich sollte dieser Kanzler, der immer wieder der Mittelmäßigkeit und des billigen Populismus bezichtigt wird, die geeignete Figur an der Regierungsspitze sein, da jedermann von der weltweiten Trivialisierung der Politik, von der Einschränkung großer Entscheidungsvorgänge im Apparat der Parteien und der Kanzleien, von einem *affadissement,* einer Verflachung der Volksvertretung spricht, um das Wort des französischen Premierministers Michel Rocard zu zitieren.

Kohl bekennt sich heute noch unbeirrt zu einem Kurs der Mitte, und die CDU ist dazu verurteilt, »Volkspartei« zu bleiben, was immer das bedeutet. Eine solche Einstellung geht natürlich auf Kosten klarer Konturen. Wer beim Machtantritt der christlich-liberalen Koalition auf die berühmte »Wende« spekulierte, ist nicht auf seine Kosten gekommen. Diese Regierung Kohl-Genscher ist zwar permanenten, bissigen Kampagnen ausgesetzt gewesen, aber sie hat nicht einmal eine breite Fläche für berechtigte Angriffe geboten. Die Aufregung über die deutsch-amerikanischen Feierlichkeiten in Bitburg zum Beispiel wurde grotesk übersteigert. Auch als der Kanzler eine unglückliche Parallele zwischen Gorbatschow und Goebbels konstruierte, haben sich vermutlich die deutschen Kommentatoren mehr erhitzt als ihre russischen Kollegen.

Es wäre ungerecht, den deutschen Regierungschef an Margaret Thatcher oder an François Mitterrand zu messen. Die »Eiserne Lady« braucht keine Rücksicht zu nehmen auf die Ränke und Sonderinteressen unsicherer Koalitionspartner. Mitterrand verfügt dank der gaullistischen Verfassung über eine quasi-monarchische Stellung an der Spitze des Staates. Die Bundesregierung – das war unter Helmut Schmidt noch viel stärker der Fall – ist dem in Deutschland häufigen Wechsel des Trends ausgesetzt. Frau Thatcher konnte dem Hungerstreik und sogar dem Tod von IRA-Häftlingen in Nordirland mit kühler Gelassenheit begegnen, während Kohl sich angesichts der Erpressungsversuche von RAF-Terroristen ausführlich rechtfertigen muß. In der Bundesrepublik hat die leichtfertige Einführung der Quellensteuer zu einem schweren und wohl auch dauerhaften Vertrauensverlust bei eben jenen Wählern geführt, auf die CDU und FDP angewiesen sind. In Frankreich konnte François Mitterrand nach einem total mißglückten sozialistischen Wirtschaftsexperiment das Steuer herumreißen und dennoch seine persönliche Popularität über die Legislativwahlen retten.

Unsere Zeit – so argumentieren die Politologen – lasse keine Größe in der Staatsführung mehr zu, zwinge die Volksvertreter zu extremen Formen der Beliebtheitshascherei. Bei all den unnötigen Zugeständnissen, die Helmut Kohl an den vermeintlichen Zeitgeist gemacht hat – sein CDU-Generalsekretär Heiner Geißler hat ihn dabei nicht immer gut beraten, und der allzu emsige Minister Norbert Blüm hat mit seiner fröhlichen Redseligkeit kontraproduktiv agiert – muß dem Kanzler hoch angerechnet werden, daß er sich im tumultreichen Jahr 1983 für die Nachrüstung stark gemacht hat und sich gegen eine gewaltige, an Hysterie grenzende Meinungsmobilisierung stemmte. Damit hatte er die Voraussetzung geschaffen für ein sinnvolles Gespräch mit Moskau über Rüstungsreduzierung. Leider sind solche Kraftakte die Ausnahme geblieben.

Nun rückt Helmut Kohl in das letzte Gefecht, nicht das der Europawahlen im Juni 1989, sondern in die Kampagne für die Bundestagswahl 1990. Seine Partei dürfte er in Bälde disziplinieren. Ein

Wechsel an der Spitze der Union, wie ihn die unermüdlichen Befürworter einer Kanzlerschaft Lothar Späths fordern, erscheint unrealistisch. Durch sein Bündnis mit dem bayrischen CSU-Vorsitzenden und neuen Finanzminister Theo Waigel hat Kohl endlich den Flügelstreit mit München beendet und seinem Kabinett einen kräftigen konservativen Schub verordnet. Zu einem Zeitpunkt, da die Asylanten- und Aussiedlerproblematik den deutschen Durchschnittsbürger viel stärker irritiert, als das die Medienpäpste und Sonntagsredner zu erkennen geben, wird eine klare Linie notwendig, wenn nicht die nationalistischen »Republikaner« Schönhubers nahe an die Zehnprozent-Grenze heranrücken sollen. Der neue Innenminister Schäuble ist wohl der richtige Mann für eine solche sanfte Bereinigung einer beklemmenden Sorge.

Die Amtszeit Kohls ist – selbst die Gegner können das nicht bestreiten – insgesamt erfolg- und segensreich für die Deutschen gewesen. Aber ein schwerer Fehler ist diesem Kanzler dennoch anzukreiden. In einer Epoche der Omnipräsenz der Medien ist er ein schlechter Kommunikator gewesen, hat er die Presse auf Distanz gehalten. Der Wechsel im Bundespresseamt, wo jetzt der agile »Zirkusdirektor« Jonny Klein zu wirken beginnt, hätte Jahre früher vollzogen werden müssen. Bleibt für Helmut Kohl in Erwartung der Prüfung von 1990 nur die Spekulation auf die Fehler seiner Gegner und die Hoffnung auf Fortüne. Glück war in allen Schlachten wichtiger als strategisches Genie.

Pazifistische Grundströmung

Der Raketenstreit zwischen Deutschland und den USA

8. Mai 1989

Die Zeichen stehen auf Sturm zwischen Washington und Bonn. Der einstige deutsche »Musterschüler« der Atlantischen Allianz – wie die Franzosen spotteten – droht zum Prügelknaben zu werden. Der vordergründige Anlaß zu dieser transatlantischen Entfremdung ist der Streit um die Modernisierung der Kurzstreckenraketen vom Typ Lance. Die meisten deutschen Politiker bekunden eine verständliche Abneigung gegenüber dieser nuklearen Trägerwaffe, die im Ernstfall zwangsläufig auf deutschem Boden – in der BRD oder in der DDR – einschlagen und ein weites Umfeld verseuchen würde. Schon ist von einer dritten Null-Lösung die Rede, die auch die sogenannte Atom-Artillerie abschaffen würde, deren Radius lediglich bei dreißig Kilometern liegt.

Die Deutschen haben sehr lange gebraucht, ehe sie die Haltung Charles de Gaulles begriffen haben, der bereits 1966 seinen Austritt aus dem integrierten Nato-Kommando vollzog. Die Fünfte Republik war sich frühzeitig der Gefahren der neuen US-Strategie in Europa bewußt geworden. Seit die Sowjetunion über interkontinentale Raketen verfügte und in der Lage war, die Vereinigten Staaten unmittelbar in die nukleare Apokalypse einzubeziehen, war Washington von der These der »massiven Vergeltung« zur Strategie der *flexible response* übergegangen. Damit war eine abgestufte Form der Verteidigung gemeint, die ganz eindeutig darauf hinzielte, das atomare Risiko zunächst einmal auf den europäischen Kriegsschauplatz zu begrenzen. Vollends unerträglich an diesem Konzept war die Tatsache, daß die Entscheidung über die eventuelle Vernichtung des Alten Kontinents einseitig in Washington gefällt würde, ohne daß die europäischen Verbündeten im aktuen Krisenfall Einspruch erheben könnten. Eben diese Überlegung hatte de Gaulle zum forcierten Ausbau seiner eigenen *force de frappe* bewegt.

Die Bundesrepublik hat es schwerer als Frankreich. Sie grenzt unmittelbar an den sowjetischen Machtbereich. Sie steht in direktem Kontakt zur immer noch beachtlichen konventionellen Übermacht des Warschauer Paktes. Darüber hinaus zwingt die Teilung Deutschlands zur Rücksichtnahme auf die Einwohner des zweiten deutschen Staates, und eine nukleare Option gibt es für Bonn nicht. Kein Wunder, daß die öffentliche Meinung zwischen Rhein und Elbe sich mit solchem Übereifer der »Gorbimania«, der »Gorbatschow-Verehrung«, verschrieben hat.

Helmut Kohl steht unter dem massiven Druck seiner eigenen Wählerschaft, wenn er sich heute – trotz seiner tief verankerten Freundschaft zu Amerika – dem gemeinsamen Ansinnen von George Bush und Margaret Thatcher widersetzt. Für Kohl geht es ums politische Überleben. Er kann darüber hinaus mit Fug und Recht darauf verweisen, daß die strategischen Planspiele der Angelsachsen der neuen europäischen Wirklichkeit nicht mehr gerecht werden. Das sowjetische Imperium zwischen Wladiwostok und Erfurt ist vielfältigen Erschütterungen ausgesetzt. Wenn der Kreml sich heute als unfähig erweist, Afghanistan zu behaupten und Polen zu disziplinieren, wird er schwerlich danach trachten, einen Eroberungsfeldzug gegen Westeuropa vom Zaun zu brechen. Im übrigen sind die Lebensverhältnisse im Ostblock nicht mehr so total unerträglich, daß die Bürger der Bundesrepublik sich heldenhaft zu der Formel »lieber tot als rot« bekennen würden.

Bei dem Mißtrauen und Unbehagen Washingtons gegenüber Bonn ist mehr im Spiel als das relativ bescheidene Potential der obsoleten Lance-Raketen. Washington sieht es nicht gern, daß die Bundesregierung sich im Osten eigenen Spielraum verschafft. Die pazifistische Grundströmung, die sich weiter Teile der deutschen Bevölkerung bemächtigt hat, nährt den Verdacht des schleichenden Neutralismus. In der New Yorker Presse werden Horror-Szenarien durchgespielt, die das Zusammenspiel zwischen einem blockfreien Gesamtdeutschland einerseits, dem russischen Großreich andererseits nicht ausschließen. Präsident Bush und sein Außenminister Baker versuchen ganz offensichtlich, die Regierung Kohl-Genscher in die Knie zu zwingen, und stoßen dabei die treuesten deutschen Verfechter der Atlantischen Allianz vor den Kopf.

Da die Befürchtungen über einen deutschen Alleingang auch in anderen westlichen Hauptstädten unterschwellig vorhanden sind, wird Helmut Kohl vergeblich nach mannhafter Unterstützung durch Italiener, Holländer und Dänen suchen. Die Franzosen, die über ihre eigene Atomstreitmacht und sogar über die Kurzstreckenraketen Pluton und Hades verfügen, sind in dieser Situation fein heraus. Sie halten sich abseits und können die deutschen Freunde auf deren verflossene Illusionen verweisen.

Schon regt sich zusätzlicher Verdacht in den deutschen Medien. Sind die Amerikaner überhaupt an jener grundlegenden territorialen Neuordnung in Europa interessiert, die sich im einstigen Satellitengürtel der Sowjetunion anbahnt und logischerweise auch eine Verselbständigung des europäischen Pfeilers des Atlantischen Bündnisses nach sich ziehen müßte? Liebäugeln die USA – im Konzert mit ihren russischen Partnern von Jalta – nicht am Ende mit einer Stabilisierung des derzeitigen europäischen Status quo? Henry Kissinger – als guter Metternich-Schüler – hat bereits vor einer chaotischen »Implosion« des sowjetischen Machtbereichs und deren unkontrollierbarer Folgen gewarnt. Jenseits der Debatte über die Lance-Raketen profiliert sich die ganze Ungewißheit der deutschen Frage, die – wie eh und je – die weitere Entwicklung Europas und der westlichen Allianz überschattet.

»Gorbimania«

Deutschland-Visite des Kremlherrschers

19. Juni 1989

Mit ihrer hemmungslosen Begeisterung für Michail Gorbatschow haben die Deutschen sich selbst ein Zeugnis politischer Unbedarftheit ausgestellt. Es wäre durchaus angebracht gewesen, dem Herrscher des Kreml mit Sympathie zu begegnen und ihm – auch im eigenen Interesse – viel Glück und Erfolg bei seinem risikoreichen Erneuerungs- und Öffnungswerk zu wünschen. Aber wieder einmal entluden sich bei den Deutschen hemmungslose Emotionen, ein Überschwang, der aller politischer Rationalität Hohn spricht. Schon John F. Kennedy war – so hörte man damals – vor dem frenetischen Jubel zurückgeschreckt, der ihm in der alten Reichshauptstadt bei seinem Ausruf »Ich bin ein Berliner« entgegenbrandete.

Jetzt wurde Gorbatschow zur Heiligenfigur erklärt oder als guter »Onkel Wanja« aus dem Osten begrüßt, dem neunzig Prozent der Deutschen ihr Vertrauen schenken. Als ob es nicht eiserner Ellbogen und eines stählernen Gebisses bedurft hätte, um sich im Dschungel der Nomenklatura an die Spitze des kommunistischen Parteiapparats der Sowjetmacht vorzukämpfen! Als ob man mit den Verniedlichungen der »Gorbimania« – böse Spötter haben das Wort »Gorbasmus« erfunden – der historischen Dimension dieses Mannes gerecht würde, der eine so gewaltige furchterregende Aufgabe auf seine Schultern geladen hat.

Gorbatschow braucht wirtschaftlichen Erfolg, eine baldige Anhebung des erbärmlichen Lebensniveaus der Sowjetmassen, um überdauern zu können. Den Deutschen traut er offenbar die unternehmerischen, fast magischen Tugenden zu, um einen gründlichen Wandel des russischen Schlendrians, die Überwindung der allmächtigen Parteibürokratie, die Ankurbelung der sowjetischen Wirtschaft dynamisch zu begleiten. Aber die meisten Manager aus der Bundesrepublik, die von der Moskwa zurückkehren, stehen diesem »Perestroika«-Experiment – diese NEP wie man zu Zeiten Lenins sagte – skeptisch gegenüber. Wie letztlich eine siebzigjährige Eiszeit auftauen? Bestimmt nicht allein durch Wareneinfuhr aus dem Westen.

Dennoch war dieser Gorbatschow-Besuch in der Bundesrepublik ein bedeutendes Ereignis. Die emphatische Zuneigung, die die Westdeutschen dem lieben »Gorbi« und seiner Frau Raissa entgegenbrachten, dürfte die Gäste aus Rußland sentimental gerührt und sogar beeinflußt haben. In den Augen Gorbatschows wird die Bundesrepublik sich endgültig als das wahre und nützliche Deutschland offenbart haben, während das erstarrte Regime von Ost-Berlin in die Schmollecke abgedrängt wurde. Ganz offensichtlich fühlten sich die Gorbatschows wohl in der Begleitung der Weizsäckers und der Kohls.

Für die Wiedervereinigung – so betonte der Deutschland-Experte des Zentralkomitees Nikolai Portugalow – sei auch für die Zukunft »nichts drin«. Aber was hätte er anderes erklären können? Immerhin hat sich der Generalsekretär der KPdSU auf das Selbstbestimmungsrecht der Völker schriftlich verpflichtet, und dieses Zugeständnis werden die siebzehn Millionen Deutschen der DDR irgendwann einmal einklagen. Vielleicht wird man eines Tages sagen können, daß die Reise Gorbatschows an den Rhein für die »Deutsche Demokratische Republik« der Anfang vom Ende war.

Die Bundesrepublik ist in sensationeller Weise aufgewertet worden. Sie kann sich als mittlere Großmacht auf dem Kontinent fühlen. In einer Zeit, da Abrüstung Trumpf und eine kriegerische Konfrontation zwischen Washington und Moskau kaum noch vorstellbar ist, wird das wirtschaftliche Potential zum Gradmesser politischen Einflusses. Helmut Kohl hat allen Grund, zufrieden zu sein. Die westdeutsche Industrie ist für die Russen interessant, weil sie marktwirtschaftlich orientiert und kapitalistisch stimuliert ist. Die Führung der SPD, die doch so entscheidend und verdienstvoll das Wagnis der Ostpolitik eingeleitet hatte, stand etwas bitter abseits während dieser Jubeltage. Sozialismus – selbst in der milden Form der Sozialdemokratie – war nicht gefragt. Die ernste Miene Egon Bahrs, das strahlende Lächeln der vielen Wirtschaftsbosse sprachen Bände.

Bundeskanzler Kohl hat von Anfang an versichert, er sei kein »Wanderer zwischen den Welten«, und das glaubt man dem soliden Pfälzer auch. Für Bonn und für Washington ist es heute ein Glück, auf diesen christdemokratischen Politiker zurückgreifen zu können, dessen atlantische und europäische Prioritäten klar gesetzt sind. Schon bei seinem ersten Kreml-Besuch im Sommer 1983 hatte Kohl dem damaligen Generalsekretär Andropow die Unerträglichkeit der Berliner Mauer mit den gleichen Worten geschildert, die er jetzt gegenüber Gorbatschow gebrauchte. Nicht der Westen – wenn man von der Euphorie und den emotionalen Ausbrüchen der Bundesbürger absieht – ist in trudelnde Bewegung geraten, sondern der Osten rutscht in einen Zustand der Gärung und des ideologischen Zweifels ab. Schon jetzt stellt sich die Frage, ob das riesige euroasiatische Imperium der Sowjetunion nicht unweigerlich auseinanderbröckelt.

Bleibt zu hoffen, daß die Deutschen nach den bitteren Erfahrungen zweier verlorener Kriege gegen nationale Hybris gefeit sind, daß sie nicht in Wilhelminische Großmannssucht zurückfallen. Was nun das »gemeinsame europäische Haus« betrifft, mit dem die Sowjetrussen so gern werben gehen – reicht es eigentlich bis zum Ural oder bis zum Pazifik? –, so sollten die Westeuropäer rechtzeitig zu verstehen geben, daß es sich sinnvollerweise nur bis zur polnischen Ostgrenze, das heißt von Brest in der Bretagne bis Brest-Litowsk am Bug erstrecken kann. Niemand hat ein Interesse daran, in jene schmerzlichen und gefährlichen Belastungsproben hineingezogen zu werden, denen das sowjetische Imperium auf schicksalhafte Weise entgegentreibt.

200 Jahre nach dem Sturm auf die Bastille

Die Französische Revolution und die Folgen

10. Juli 1989

François Mitterrand hat es geschickt gefügt, daß der Wirtschaftsgipfel der größten Industrienationen mit den bombastischen Feiern zum 200. Jahrestag des Bastille-Sturms praktisch zusammenfällt. Die Pariser haben das Nachsehen und fliehen vor dem unvermeidlichen Verkehrschaos aufs Land. Immerhin findet diese Rückbesinnung auf die Französische Revolution ein weltweites Echo, mit dem niemand gerechnet hatte. Woran liegt es, daß die Auseinandersetzungen zwischen Girondisten und Jakobinern, die Charakterstudien eines Mirabeau, eines Danton, eines Robespierre auf so intensives Interesse stoßen, selbst bei jenen Hamburger Magazinen, die unter anderen Umständen für die französischen Belange nur ein müdes Lächeln aufbringen?

Die Französische Revolution wird in dem Maße wieder aufgewertet, wie alle Nachfolgeerscheinungen – sei es die Oktober-Revolution der Russen oder die Kulturrevolution Mao Zedongs – ihr Prestige einbüßen und sich als schreckliche Irrläufe entlarven. Wer mag heute noch von der Diktatur des Proletariats träumen oder vom Paradies der Werktätigen? Im Westen werden die Proletarier ohnehin eine immer seltenere Kategorie, und im Osten haben sie das System, das ihre Ketten sprengen sollte, als unerbittliche und katastrophale Versklavung erlitten. Was nun gar den Maoismus betrifft, der einmal die studentische Jugend des Abendlandes faszinierte, so gibt er sich im Rückblick als das verzweifelte Aufbäumen des greisen chinesischen »Steuermannes« gegen das alles erdrückende Erbe des Konfuzianismus und Mandarinats zu erkennen.

Gewiß, zur exzessiven Glorifizierung des französischen Umsturzes der Jahre 1789 bis 1799 besteht kein Anlaß. Die Proklamation der Freiheit wurde bald durch die Schreckensherrschaft der Sansculotten abgelöst. Der große Aufbruch von Paris, der auf die Errichtung einer

»universalen Republik« hinzielte, hat am Ende dazu beigetragen, die Konturen der französischen Nation zusätzlich zu verhärten. Die Gleichheit aller Menschen, von der so viel die Rede war, hat die Bourgeoisie in den Sattel gehoben, und die hatte – nachdem sie den Adel seiner Privilegien beraubt und sich mit ihm arrangiert hatte – nichts Dringlicheres zu tun, als die armen Leute, die Plebejer, die Proletarier, wie man später sagen sollte, von den Bürgerrechten auszuschließen. Das allgemeine Wahlrecht wurde sämtlichen männlichen Franzosen paradoxerweise erst durch einen Autokraten, nämlich Napoleon III., im Jahre 1852 verliehen. Die Frauen mußten bis 1945 warten, bis de Gaulle sie endlich zur Urne zuließ.

Dennoch hat Mitterrand, als er sich in der vergangenen Woche feierlich an Michail Gorbatschow wandte, darauf verwiesen, daß das »gemeinsame Haus«, das der rote Zar allen Europäern in West und Ost so dringlich empfiehlt, nur auf jene Prinzipien gegründet sein kann, die die Französische Revolution, Tochter der Aufklärung, in ihrer Menschenrechtserklärung formulierte. Seltsame Modernität dieses vom Dritten Stand getragenen Umsturzes, von dem Georges Clemenceau zur Abwehr restaurativer Tendenzen forderte, er müsse als Ganzes, »en bloc«, akzeptiert werden. Die Schreckensherrschaft, die Karl Marx zufolge »die Ruinen des Feudalismus durch gewaltige Hammerschläge weggezaubert hat«, sollte mit ihrer düsteren Assoziation von Tugend und Terror weniger das 19., als das 20. Jahrhundert inspirieren, von den Bolschewiken Rußlands bis hin zu den »Roten Khmer« im fernen Kambodscha. Lenin ist von dem französischen Historiker Mathiez als ein »erfolgreicher Robespierre« bezeichnet worden.

In Deutschland hat sich bis auf den heutigen Tag ein tiefer Zwiespalt in der Bewertung der dramatischen Pariser Ereignisse erhalten, die 1793 in der Hinrichtung Ludwigs XVI. und später in den napoleonischen Eroberungszügen gipfelten. Ihr eigenes Bewußtsein als Nation haben die Deutschen erst aus dem französischen Modell abgeleitet, aber sie haben diesen in Gallien voluntaristisch und rational angelegten Begriff in eine germanische, eine romantische und völkische Vision umgemünzt. Daß die Aufbruchstimmung der preußischen Befreiungskriege, die patriotischen und idealistischen Thesen eines Fichte, Herder und Arndt eines Tages in den nationalsozialistischen Horror von »Blut und Boden« einmünden würden, konnte zur Zeit der »teutschen« Abwehr welscher Überfremdung – damit war die Aufklärung ebenso gemeint wie der von den Wartburg-Studenten verbrannte »Code Napoléon« – niemand ahnen.

Wenn heute die Freiheit des Jahres 1789, die Schiller, Wieland, Klopstock und Kant begeisterte, wieder in hellem Glanz erstrahlt, so ist der Glaube an die menschheitsbeglückende Kraft dieser Verkündung leider geschrumpft. Ihre Botschaft erschüttert zwar die verkrusteten, tyrannischen Herrschaftsstrukturen des Ostblocks, aber auf die Dritte Welt sind die Vorstellungen individueller Libertät und gesellschaftlicher Emanzipation nur schwer zu übertragen, ja sie werden dort im Namen einer originären Werteskala oft genug verworfen. Der Schlußchor »An die Freude« von Beethoven ist die Hymne Europas geworden, nicht die Hymne des Erdkreises. Im übrigen warnt der französische Philosoph André Glucksmann jene farbigen Gastarbeiter in den Ländern des Westens, deren multikulturelles Aufbegehren mehr und mehr den hergebrachten Klassenkampf verdrängt. Die Menschenrechte, so sagt Glucksmann, öffnen nicht den Weg zum irdischen Paradies; sie verrammeln bestenfalls die Pforten der Hölle.

Sowjetischer Niedergang

Die Krise des russischen Imperiums

31. Juli 1989

Wie lange kann es noch gutgehen in der Sowjetunion, ehe eine Explosion stattfindet oder die Repression reaktionärer marxistischer Kräfte einsetzt? Das ist die bange Frage, die heute allenthalben gestellt wird. Der grenzenlose Optimismus der Gorbi-Euphorie ist düsteren Ängsten um das Schicksal dieses Reformpolitikers gewichen.

Mit großer Hartnäckigkeit, das muß Michail Gorbatschow zugestanden werden, setzt er seinen Prozeß der politischen Abrüstung und einer begrenzten Demokratisierung fort. Leicht wird es ihm nicht gemacht, und es gehörte schon ein Stück Akrobatik dazu, den Bergarbeiterstreik in Westsibirien und im Donez-Becken so darzustellen, als liefe er auf eine Beschleunigung der »Perestroika« hin. Der wirtschaftliche Zusammenbruch, den eine Ausweitung dieses Arbeitskonflikts, vor allem sein Übergreifen auf das sowjetische Eisenbahnsystem, zur Folge gehabt hätte, läßt sich leicht ausmalen. In letzter Minute wurden die von den Kumpels, der »Vorhut der Arbeiterklasse«, wie sie einst genannt wurden, geforderten Zugeständnisse gewährt, aber die ungeheuren Summen, die jetzt für den überstürzten Import von Konsumgütern und Nahrungsmitteln ausgeworfen werden, belasten das sowjetische Budget zusätzlich und bringen keinen tatsächlichen, dauerhaften Wandel des Mangelsystems.

Auch im Politischen dürften die Grenzen des Möglichen bald erreicht sein. Die Ungültigkeitserklärung des Hitler-Stalin-Paktes von 1939 sowie das Eingeständnis, daß Zusatzprotokolle zwischen Nazis und Sowjets über die Aufteilung Osteuropas existieren, rührt an die Substanz, stellt den territorialen Status quo zwischen Talinn in Estland und Kischinew im einst rumänischen Bessarabien zur Disposition. Gewiß, die relative Wirtschaftsautonomie, die den drei baltischen Sowjetrepubliken so überraschend und mit überwältigender Mehrheit des Obersten Sowjet gewährt wurde, soll wohl vor allem dazu dienen, am Beispiel dieser kleinen Territorien jene ökonomischen Reformen, jene Hinwendung zur vorsichtigen Marktwirtschaft zu erproben, für die das russische und ukrainische Kernland offenbar noch nicht reif ist. Aber das Risiko ist gewaltig. Wie will man in Zukunft den Georgiern, Armeniern oder auch Usbeken ähnliche Zugeständnisse verweigern?

Die Bloßstellung des Paktes zwischen Stalin und Hitler rüttelt nicht nur an der dirigistischen Staatsdoktrin Moskaus, sie impliziert auch eine profunde weltanschauliche Revision. Es liegt in der Logik der Dinge, wenn nunmehr Esten, Letten und Litauer die Wiederherstellung jenes Zustandes fordern, der vor 1939 existierte, das heißt die Loslösung der drei baltischen Republiken aus dem sowjetischen Zwangsverband. Offenbar sind sich gewisse hohe Parteigremien dieses Risikos durchaus bewußt. Nicht von ungefähr sind zahlreiche russische Arbeiter in Estland – der russische Bevölkerungsanteil ist dort aufgrund einer systematischen Einwanderungspolitik auf vierzig Prozent gestiegen – in den Ausstand getreten, um gegen das Aufkommen eines estnischen »Nationalismus« zu protestieren. Die Chancen der Balten, sich aus der sowjetischen Umklammerung zu befreien, sollte nicht überschätzt werden. Allenfalls die Litauer sind in der Lage, hinhaltenden Widerstand zu leisten. Achtzig Prozent der Einwohner sind in der Republik von Wilnius noch Litauer, und der inbrünstige katholische Glaube bietet ihnen eine solide Abwehrstruktur. In mancher Hinsicht läßt sich die Lage der Sowjetrepublik Litauen mit der Entwicklung im benachbarten Polen vergleichen, obwohl vor 1939 zwischen diesen beiden Staaten ein äußerst gespanntes Verhältnis bestanden hatte.

In jener Region Osteuropas, die man früher als Satelliten-Gürtel bezeichnete, vollzieht sich die schrittweise Demokratisierung unter bedenklichen Handicaps. Die Bewegung Solidarność weigert sich mit Recht, mit den polnischen Kommunisten der »Vereinigten Arbeiterpartei« zu koalieren. Für die Übernahme der vollen Regierungsgewalt ist diese im Untergrundkampf gestählte, parlamentarisch unerfahrene Organisation jedoch in keiner Weise gerüstet. Mit Lebensmittellieferungen und Krediten aus dem Westen ist es nicht getan, solange in Warschau nicht wirtschaftliche Disziplin und industrielle Effizienz eingekehrt sind. Mehr und mehr Polen verfolgen übrigens das vorsichtige und kluge Taktieren von Solidarność mit wachsendem Mißtrauen. Die kompromißlosen polnischen Patrioten, und deren sind nicht wenige, wie die starke Stimmenthaltung bei den letzten Wahlen zeigte, verlangen radikale Entschlüsse, unter anderem den Abzug der sowjetischen Stationierungstruppen und den Austritt aus dem Warschauer Pakt.

Auch in Ungarn ist das Kräftespiel längst nicht so befriedigend, wie manche Optimisten schon verkündeten. Eine immer noch kohärente kommunistische Partei, die in die Minderheit gedrängt wurde, steht einer hoffnungslos zersplitterten Oppositionsmehrheit gegenüber, der es vor allem an einer charismatischen Führungsgestalt gebricht. In Budapest ist der Weg zum Mehrparteiensystem resolut beschritten worden, aber politische Stabilität ist nicht in Sicht.

Sensationell hingegen wirkt das jüngste Zugeständnis Gorbatschows an den Vatikan. Zum erstenmal seit dem Jahr 1922 ist in der Sowjetrepublik Weißrußland die Nominierung eines römisch-katholischen Bischofs von Minsk zugelassen worden, der für die zwei Millionen Katholiken Weißrutheniens zuständig ist. Es wäre logisch, wenn der Kreml nunmehr auch der mit Rom unierten griechisch-katholischen Glaubensgemeinschaft der West-Ukraine einen legalen Status verliehe und die Zwangseingliederung dieser etwa fünf Millionen Gläubigen Ostgaliziens in die russische Orthodoxie rückgängig machen würde. In einem solchen Falle wäre jedoch eine heftige Reaktion des Moskauer Patriarchats zu erwarten, und all jenen großrussischen Kräften würde zusätzlicher Auftrieb gegeben, die ohnehin die Auflösungserscheinungen in sämtlichen Randgebieten des einstigen zaristischen Imperiums mit Sorge und Zorn beobachten.

Das Exempel von Peking

In China hat Stabilität Vorrang

18. September 1989

China tut sich schwer mit der Rückkehr zur Normalität. Die kommunistische Führung ist – laut Aussage des Regierungschefs Li Peng – nicht bereit, das Kriegsrecht beziehungsweise den Ausnahmezustand aufzuheben, der seit den Mai-Ereignissen über gewisse Stadtteile Pekings und insbesondere den Umkreis des Platzes des Himmlischen Friedens verhängt bleibt. Offenbar ist man sich an der Spitze nicht bewußt, wie negativ sich eine solch repressive Beharrung auf das internationale Ansehen der Volksrepublik und mehr noch auf die Stimmung der eigenen Bevölkerung auswirkt.

Das Reich der Mitte steuert ungewissen Zeiten entgegen. Zwar hat die Partei ideologische Härte herausgekehrt, intensiviert die propagandistischen Schulungskurse in Verwaltung und Betrieben, erteilt kategorische Absagen an die »Gifte bourgeoiser Korruption«, die sich im Zeichen der Liberalisierung angeblich überall eingeschlichen hatten; aber das Echo bei der Bevölkerung ist gering. Eine Rückkehr zu den sterilen Dogmen des Marxismus-Leninismus, das weiß inzwischen auch in China fast jeder Reisbauer, würde lediglich wirtschaftliches Elend und staatliches Versagen bewirken. Daß die abgenützte Parole von der »Diktatur des Proletariats« herhalten muß, um den Herrschaftsanspruch der kommunistischen Partei zu legitimieren, klingt bereits wie ein Treppenwitz.

Offenbar sind sich die harten Männer, die im Schatten des greisen Deng Xiaoping um den neuen Parteichef Jiang Zemin angetreten sind – viele von ihnen wurden in der Sowjetunion ausgebildet –, dennoch bewußt, daß es mit einer Rückkehr zu stalinistischen Modellen in keiner Weise getan ist. Dem ausländischen Besucher gegenüber wird geradezu beschwörend beteuert, daß China an den »vier Modernisierungen« festhalten will, die eine beachtliche Dosis Marktwirtschaft beinhalten, und daß die Handelskontakte zur kapitalistischen

Welt eher noch forciert werden sollen. Das marode Sowjetimperium bietet nun einmal keinen Ersatz für westliche oder japanische Wirtschaftsdynamik, und das Wort *Joint-venture* wird in Peking weiterhin wie eine Zauberformel zitiert.

Für Deng Xiaoping, den fünfundachtzigjährigen obersten Lenker, den heimlichen Kaiser der Volksrepublik, sind das bittere Zeiten. Er hatte es in den letzten zehn Jahren geschafft, für eine Milliarde Chinesen Lebensbedingungen zu schaffen, die eine sensationelle Verbesserung und eine beachtliche politische Leistung beinhalteten. Dieser Greis an der Spitze des Staates ist – übereinstimmenden Meldungen zufolge – schwer erkrankt und sucht Erholung im Seekurort Beidahe. Hat er wirklich gemeint, das friedliche Aufbegehren der Jugendlichen auf dem Tien-An-Men-Platz könnte am Ende zu einer neuen Kulturrevolution, zu einer reißenden, zerstörerischen Sturzflut ausarten? Deng erinnert sich mit Horror an jene Zeit, als ihn die Rotgardisten schimpflich durch die Straßen jagten und verprügelten, als sein Bruder Selbstmord beging und sein Sohn zum Krüppel geschlagen wurde. Das Mißtrauen des Alters gegen die Jugend hat bei dem brutalen Armee-Einsatz am 3. Juni zweifellos eine entscheidende Rolle gespielt. Hinzu kam die Befürchtung, daß Spaltungen innerhalb der Streitkräfte – angeblich standen sich die 27. und die 38. Armee ja bereits feindselig gegenüber – einen Bürgerkrieg auslösen könnten. Zweifellos stand das Reich der Mitte am Rande des Chaos, als die Studenten vor der kaiserlichen Verbotenen Stadt eine Nachahmung der amerikanischen Freiheitsstatue aufstellten. Daß die Sicherheitskräfte auf die unblutige Unterdrückung von Revolten und Massenkundgebungen in keiner Weise vorbereitet waren; daß am Ende die Volksbefreiungsarmee gegen die Demonstranten wie eine feindliche Streitmacht vorging, bleibt eine der großen Ungereimtheiten der jüngsten chinesischen Politik.

Deng Xiaoping hatte während der letzten Dekade dafür gesorgt, daß die Armee, deren Modernisierung sehr zögerlich angepackt wurde, und deren Mannschaftsbestände drastisch reduziert wurden, aus der Politik herausgehalten blieb. Aber seit der Ausnahmezustand über Peking verhängt wurde, sind die Offiziere der Volksbefreiungsarmee fast wieder ebenso einflußreich wie zu Zeiten des ominösen Marschall Lin Piao, der nach einem Komplott gegen Mao Zedong bei der Flucht in die Mongolische Volksrepublik ums Leben kam. Nicht nur im Erscheinungsbild haben sich die chinesischen Streitkräfte gründlich verändert, seit sie die Ballonmütze mit dem roten Stern durch Tellermützen ersetzten, seit Rangabzeichen nach russischem Vorbild eingeführt wurden und mit »Lametta« an Epauletten und Kragen nicht gespart wird. Es scheint, als sei diesem Volksheer auch die spartanische Inbrunst abhanden gekommen, die sich aus der Tradition des Langen Marsches nährte.

Die Entwicklung in China muß im Zusammenhang mit den Experimenten der Sowjetunion betrachtet werden. Auf westlicher Seite ist oft behauptet worden, wirtschaftliche Hochleistung und industrielle Modernisierung könnten ohne Gewährung politischer Freiheiten nicht gedeihen. Dies ist ein grober Irrtum, haben doch die sogenannten »kleinen Drachen« Ostasiens – Südkorea, Taiwan, Singapur – ihr jeweiliges Wirtschaftswunder unter strikt autoritären Regimen auf den Weg gebracht. Die harten alten Männer von Peking haben das Steuer noch einmal an sich gerissen. Auf die Dauer werden sie der aufbegehrenden jungen Generation, dem Konsumrausch der breiten Bevölkerung, den Einflüssen marktwirtschaftlich erfolgreicher Nachbarn nicht standhalten können. Aber das Exempel von Peking könnte auf die Sowjetunion ausstrahlen. Vielleicht haben dort unverbesserliche Doktrinäre der KPdSU und mancher Sowjetmarschall mit Aufmerksamkeit, vielleicht mit Neid auf das unerbittliche Vorgehen von Partei und Armee gegen die Freiheitsrufe auf dem Platz des Himmlischen Friedens geblickt.

Tod eines asiatischen »Caudillo«

Leben und Sterben von Ferdinand Marcos

2. Oktober 1989

Die alte lateinische Redensart: »Von den Toten soll man nur Gutes sagen«, kann Ferdinand Marcos nicht für sich in Anspruch nehmen. Der ehemalige Diktator der Philippinen, der zwanzig Jahre lang seine Inselgruppe mit allen Mitteln der Korruption und tückischer Gewalt beherrscht hat, bevor er im Exil auf Hawaii nach langem Leiden starb, verkörperte auf geradezu karikaturartige Weise einen Politiker-Typus, von dem man nur hoffen kann, daß er der Vergangenheit angehört.

Die Philippinen sind dem asiatischen Festland vorgelagert und überwiegend von Malaien bevölkert. Die sechzig Millionen Filipinos sprechen neben ihren angestammten Dialekten – *tagalog* an der Spitze – ein amerikanisch gefärbtes Englisch, das ihnen auch als Amtssprache dient. Dennoch sind diese kleinen braunen Menschen nur oberflächlich dem nordamerikanischen Lebensstil angepaßt. Bevor die Vereinigten Staaten der Kolonialherrschaft Madrids über die Philippinen 1898 ein Ende setzten, wurde Manila jahrhundertelang von einem spanischen Gouverneur verwaltet, der seinerseits dem Vizekönig in Mexico unterstand. Diese iberoamerikanische *connection,* untermauert durch eine massive und inbrünstige Bekehrung zum Katholizismus, hat den Archipel und seine »politische Kultur«, wie man heute mit einem Modewort sagt, zutiefst geprägt.

Die schillernde Erscheinung des Ferdinand Marcos paßt besser nach Lateinamerika als zu jenem fernöstlichen Umfeld, dessen Potentaten, selbst wenn sie sich dem Marxismus-Leninismus zuwandten, zutiefst vom konfuzianischen Sittenkodex oder von buddhistischer Philosophie beeinflußt blieben. Zum erstenmal machte der aus Nord-Luzon gebürtige Ferdinand Marcos, der das Studium der »Philippine Law School« mit Auszeichnung abgeschlossen hatte, als *pistolero* von sich reden. Er wurde zwar vom Gericht freigesprochen, aber der Verdacht bestand weiter, daß der junge Mann einen politischen Gegner seines Vaters mit dem Schießeisen aus dem Weg geräumt habe. Als die Japaner die Inselgruppe in einem Blitzkrieg eroberten, schlug sich der brillante Anwalt Ferdinand Marcos in die Berge und führte das Leben eines Guerilleros. Von nun an war sein Aufstieg zur Macht nicht mehr aufzuhalten.

Sehr iberoamerikanisch mutete auch das Verhältnis Ferdinand Marcos' zu den Frauen an. Er heiratete die Schönheitskönigin seines Landes, die berühmt-berüchtigte Imelda Marcos, deren extravagante Garderobe nach ihrer Flucht aus dem Malacanang-Palast zur Besichtigung durch das Volk freigegeben wurde. Ferdinand Marcos hat neben dieser *beauty queen* zahllose Mätressen unterhalten und hielt damit seinen Ruf als »Macho« hoch, wie sich das für ein philippinisches Mannsbild wohl gehörte.

Der maßlose Ehrgeiz, die unersättliche Bereicherungsgier seiner Ehefrau ist dem Präsidenten, der 1965 das höchste Amt der Philippinen antrat und seine Herrschaft entgegen den bestehenden Verfassungsbestimmungen durch Proklamation des Ausnahmezustandes bis 1986 verlängerte, am Ende zum Verhängnis geworden. Er führte sich auf wie ein beliebiger »Caudillo« in einer lateinamerikanischen Bananenrepublik und stützte sich wie diese Vettern jenseits des Pazifiks auf die wohlwollende Protektion der USA. Für Washington waren die Philippinen mit ihren gigantischen Basen Clarc Airfield und vor allem Subic Bay zur unentbehrlichen Militärbastion gegenüber dem asiatischen Kontinent geworden, nachdem China sich dem Kommunismus zugewandt hatte und später der Vietnam-Konflikt ausbrach. In jenen Jahren der strategischen Krise erwies sich Marcos als zuverlässiger Verbündeter und wurde insbesondere von Lyndon B. Johnson extrem hofiert.

Seit 1980 war jedoch die interne Situation der Philippinen unhaltbar geworden. Marcos hätte die Autorität und Mittel gehabt, um das unsagbare Elend der Landbevölkerung zu lindern, um der einflußreichen Oligarchie der Landbesitzer, der übrigens auch seine bitterste Gegnerin und Nachfolgerin im Präsidentenamt, Corazon Aquino, entstammt, eine Bodenreform abzutrotzen. Aber dieser ansonsten kluge Mann war blind geworden für die Nöte der Armen, der *descamisados*, wie man in Argentinien sagen würde. Als die Rebellion der »Moros« sich verewigte und die kommunistische Widerstandsbewegung »New People's Army« an Ausdehnung gewann, stützte Marcos sich mehr und mehr auf jene Militärs, die er bislang klein gehalten hatte.

Den fatalen Fehler beging dieser Autokrat, als er seinen gefährlichsten Widersacher, Benigno Aquino, der gerade aus seinem Exil in den USA zurückkehrte, durch seine Schergen in aller Öffentlichkeit beim Verlassen des Flugzeuges erschießen ließ oder diese Gewalttat zumindest nicht verhinderte. Von nun an war sein Schicksal besiegelt.

Die Frau des Senators Aquino Corazon, mobilisierte die Massen, stützte sich auf die mächtige katholische Kirche des Kardinals Sin. Der Aufstand bemächtigte sich der Hauptstadt Manila. Am Ende mußte Ferdinand Marcos, der an einem schweren Nierenleiden litt, von seinen amerikanischen Gönnern wie ein *momio,* eine lebende Mumie, nach Hawaii evakuiert werden.

Dort sollte er keine Ruhe finden. Das Ausmaß seiner persönlichen Bereicherung war so skandalös, die Ausplünderung seines Volkes schrie derart zum Himmel, daß sogar seine Geheimkonten aufgedeckt wurden und sein Komplize, der saudische Finanzmagnat Adnan Kashoggi, vorübergehend ins Gefängnis kam. Trotz alledem ließ Corazon Aquino, diese erstaunliche Frau, die den brodelnden Staat heute zusammenhält, die Fahnen auf Halbmast setzen, als die Nachricht vom Tode des Diktators nach Manila gelangte. Die Präsidentin muß befürchten, daß die bislang verweigerte Rückführung der sterblichen Reste Ferdinand Marcos' bei Teilen der Bevölkerung, die diesem »Caudillo« seltsamerweise nachtrauern – vielleicht weil er auf so typische Weise einer der ihren war –, Unruhe auslösen könnte.

Nach Honeckers Entmachung

Die Wiedervereinigung ist nicht mehr tabu

23. Oktober 1989

Es ist müßig, darüber zu spekulieren, ob der neue Generalsekretär der SED, Egon Krenz, der Erich Honecker in Ost-Berlin abgelöst hat, eine Übergangsfigur ist oder nicht. Energie scheint dieser Mann zu besitzen. Aber wenn er davon ausgeht, die DDR müsse – was auch immer die Bevölkerung davon denkt – ein sozialistischer Staat bleiben, dann engt er seinen Spielraum so ein, daß am Ende nur Scheitern stehen kann. Dieses Festklammern an einer überholten Ideologie ist – vom kommunistischen Standpunkt aus gesehen – sogar recht verständlich. Im Gegensatz zu Polen und Ungarn, deren nationale Identität durch die Absage an den Marxismus-Leninismus wiederhergestellt und bekräftigt wurde, stellt sich die Frage, was denn von der »Deutschen Demokratischen Republik« übrigbliebe, wenn man ihr den Charakter des »Arbeiter-und-Bauern-Staates« nähme, der ihr durch die Sowjetarmee aufgepfropft wurde. Sie bliebe ein Stück Deutschland.

Das Rätselraten um das deutsche Schicksal steht wieder riesengroß im Vordergrund, und die abwiegelnde Bemerkung Willy Brandts, die deutsche Frage sei im Grunde eine Frage der Franzosen, klingt heute recht unpassend. Überhaupt haben die Wortführer der deutschen Linken im Hinblick auf die Entwicklung Deutschlands jahrelang so eklatante Fehlprognosen, so schiefe Analysen von sich gegeben, daß sie sich – falls es eine Schamfrist in Politik und Publizistik gäbe – eine ganze Weile der Meinungsäußerung enthalten müßten. Die deutsche Frage ist das, was sie stets war, sie ist identisch mit der europäischen Frage, und in diesem Kontext muß sie angegangen werden.

Wie auch immer die Dinge im Ostblock sich weitergestalten werden – auch das Wort »Ostblock« klingt bereits obsolet –, die Ausweitung der Europäischen Gemeinschaft in Richtung auf Weichsel, Moldau und Balaton-See steht zur Debatte. Das ganze Thema wird unter drei Gesichtspunkten behandelt werden müssen: die Gewährung voller demokratischer Rechte, die Schaffung einer marktwirtschaftlichen Kompatibilität und schließlich eine strategische Neugliederung. Vor allem dieser letzte Aspekt dürfte Schwierigkeiten bereiten, denn niemand kann davon ausgehen, daß die Sowjetunion ihre zwanzig Divisionen – nur um dem Wunsch der DDR-Bevölkerung zu entsprechen – schleunigst und allesamt hinter den Bug zurückziehen wird.

Da nun das Wort »deutsche Wiedervereinigung« kein Tabu mehr ist, sollten die möglichen Folgerungen durchdacht werden. Die Zeit ist verstrichen, da sowjetische Propagandisten die deutsche Frage gewissermaßen als Köder auswerfen konnten, als unterschwellig im Kreml angedeutet wurde, der Schlüssel zur deutschen Einheit befinde sich in Moskau. Bei seinem Besuch zum 40. Gründungstag der DDR hat Gorbatschow vor aller Welt verkündet, über das Schicksal der DDR werde nicht in Moskau, sondern in Berlin entschieden. Zu diesem Wort muß er nun stehen.

Es liegt auch nicht im Vermögen Bonns, Kompromißpläne auszuarbeiten, wie denn in Zukunft die innere Gestaltung der DDR weitergehen mag oder welche internationale Garantien angepeilt werden müssen. Der Vorschlag Henry Kissingers, dem sich Außenminister Genscher vorübergehend anzuschließen schien, man solle eine deutsche Konföderation schaffen, ist schwerlich eine Dauerlösung. Brauchbar erschiene das Angebot Helmut Schmidts, im Falle einer Wiedervereinigung könne man den Russen das Verbleiben ihrer Garnisonen in Ostdeutschland zubilligen. Die wirkliche Entscheidung kann nicht am Rhein getroffen werden. Die »schlafende Löwin der deutschen Einheit«, wie Reinhold Maier es einst formulierte, ist erwacht. Der deutsche Patriotismus, den so viele Politiker und Journalisten der Bundesrepublik voreilig *ad acta* gelegt hatten, ist ausgerechnet in der DDR wieder zum Leben erwacht und wächst sich nun zu einer weitgreifenden Bewegung aus. Ist es nicht paradox, daß die jungen, freiheitlichen Demonstranten in Leipzig und Dresden zum Gesang der »Internationale« ihre nationalen Forderungen vortrugen?

Gewiß, die ersten Oppositionsgruppen, die sich vorsichtig in der DDR formieren – Neues Forum oder SDP – stellen die sozialistischen

Grundprinzipien nicht in Frage. Handelten sie anders, hätten sie überhaupt keine Chance, als Gesprächspartner von Egon Krenz akzeptiert zu werden. Doch die Masse der Bevölkerung hängt weiterreichenden Sehnsüchten an. Auch für die DDR ist ein System der Sozialen Marktwirtschaft, wie es sich in Bonn entwickelt hat, der nunmehr erreichbare, fast greifbare Zukunftstraum. »Wir sind das Volk!« haben die jugendlichen Opponenten in Dresden geschrien. Ihnen gehört die Selbstbestimmung und die Gestaltung ihres Gesellschaftsmodells.

Unterdessen ist das sozialistische Lager in eine solche Verwirrung abgerutscht, ist die Gefahr einer »Implosion« im sowjetischen Machtbereich so real geworden, daß Moskau nicht mehr in der Lage sein dürfte, den Mitteleuropäern drakonische Bedingungen zu diktieren oder gar die Panzer rollen zu lassen. Auch im strategisch-militärischen Bereich wird die nach Osten erweiterte Europäische Gemeinschaft eines Tages ihre eigenen Wege gehen müssen. Dieses Europa von morgen darf weder wehrlos noch neutral bleiben. Aber es sollte nach allen Seiten offen sein für freundschaftliche Partnerschaften.

Libanesische Selbstzerfleischung

Beiruts Todeskampf

4. Dezember 1989

Für den Libanon gibt es keine Chance mehr. Die internationalen Bemühungen, diese winzige levantinische Republik am Leben zu erhalten, sind zum Scheitern verurteilt. Der jüngsten Wahl des neuen Präsidenten Elias Hraoui, die in einem Hotel des Bekaa-Städtchens Schtaura stattfand, haftete etwas Gespenstisches an. Das amtierende libanesische Parlament führt seine Legitimation auf einen Urnengang des Jahres 1972 zurück. Elias Hraoui, der neue Staatschef – christlicher Maronit, wie der »Nationalpakt« von 1943, ein längst vergilbtes, untaugliches Dokument der konfessionellen Ämterteilung, es vorschreibt –, ist durch die syrische Besatzungsarmee von etwa 30 000 Mann in sein Amt gehievt worden. Die Sicherheit der Abgeordneten in Schtaura wurde durch die ominösen syrischen Geheimdienste gewährleistet.

Selbst diese massive Präsenz der Streitkräfte von Damaskus hatte den Mord am Hraoui-Vorgänger René Moawad nicht verhindern können. Das war kein Werk von Dilettanten. Eine solche technologische Perfektion des Terrors traut man auch den christlichen Maroniten nicht zu, die über keinen Zugang zu West-Beirut verfügen und sich in einem winzigen Küstenstreifen unter der fragwürdigen Autorität des Generals Michel Aoun verschanzt haben. So richtet sich der Verdacht auf den radikalen Flügel schiitischer »Gotteskrieger«, die neuerdings wieder aktive Unterstützung religiöser Extremisten aus Teheran genießen. Beschuldigt wird natürlich auch der israelische »Mossad«, denn das Chaos im Libanon lenkt von den unhaltbaren Zuständen der »Intifada« im Gazagebiet und auf dem Westjordanufer ab. Aber auch auf die syrischen »Mukhabarat«, die geheimen Aktionsgruppen aus Damaskus, richtet sich der Verdacht. Für Präsident Hafez el Assad geht es um nichts weniger als den faktischen Anschluß des Libanon an seine »Arabische Syrische Republik«.

Elias Hraoui, der Nachfolger des Ermordeten, muß ebenfalls um sein Leben bangen. Er existiert nur von Syriens Gnaden, und jede Emanzipationsabsicht könnte ihm zum Verhängnis werden. Mit ultimativen Forderungen versucht Elias Hraoui, das christliche Bollwerk der Maroniten auseinanderzubrechen. Die Maroniten bilden eine uralte orientalische Konfession, die seit Jahrhunderten die Autorität des Papstes in Rom anerkennt. Hraoui scheint sogar gewillt zu sein, die in ihrer Enklave belagerte christliche Bevölkerung, die beiden christlichen Armeebrigaden und die schlecht beleumundete maronitische Miliz der »Forces Libanaises« mit Panzern und Artillerie gefügig zu machen. Für eine solche Offensive gegen seine eigenen Glaubensbrüder muß der Maronit Hraoui allerdings an syrische Divisionen appellieren, die sich fast ausschließlich aus sunnitischen Moslems zusammensetzen.

Bekanntlich hat der christliche General Michel Aoun die Lostrennung des kleinen maronitischen »Kantons« zwischen Ost-Beirut, dem Hafen Byblos und den Kämmen des Libanon praktisch vollzogen. Aber es führt zu nichts, aus diesem verzweifelten »Condottiere« nun den Sündenbock für alle Leiden dieses Landes der Zeder zu machen, das man mit großer Naivität einst als die »Schweiz des Orients« bezeichnete. Allzuleicht wird im Westen vergessen, daß die christlichen Maroniten nur während der kurzen Zeit des französischen Mandats nach 1920 und in den bewegten Jahren der Republik Libanon bis zum Ausbruch des Bürgerkriegs von 1975 eine privilegierte Stellung bezogen haben und sie im wesentlichen ihrer Tüchtigkeit verdankten. Durch Jahrhunderte hindurch waren die Maroniten unterdrückt, verfolgt und mißachtet worden von den arabischen und später türkischen Kalifen, die den christlichen Minderheiten bestenfalls einen geminderten Duldungsstatus sogenannter »Dhimmi« zubilligten. Noch im 19. Jahrhundert fand unter den maronitischen Bauern und Pächtern, die sich gegen ihre überwiegend drusischen Feudalherren erhoben hatten, ein so fürchterliches Massaker statt, daß Napoleon III. durch Einsatz französischer Truppen ihr Überleben garantieren mußte. Kein Geringerer als Karl Marx hatte damals dem »sozialistischen Überlebenskampf« der Maroniten gehuldigt.

Der streitbaren und selbstbewußten Glaubensgemeinschaft der Maroniten droht heute wohl nicht die systematische Ausrottung, wie sie die armenischen Christen Anatoliens während des Ersten Weltkriegs erlitten, sondern zunächst einmal die politische Unterwerfung und die Begrenzung ihrer konfessionellen Eigenheiten in einem erdrückenden islamischen Gemeinwesen.

General Aoun spielt die anmaßende Rolle des Störenfrieds, fast eines Desperados. Doch selbst wenn dieser christliche Offizier zu Fall käme, wäre das blutige Chaos am Libanon längst nicht überwunden. Dafür werden schon die schiitischen Fanatiker der »Hizbollah« sorgen, die sich mit der prosyrischen Schiiten-Fraktion »Amal« herumschießen. Dafür steht die kleine, unerbittliche Kampfgemeinschaft der Drusen, die ihren eigenen konfessionellen »Kanton« im Schuf-Gebirge behaupten. Dafür bürgen diverse Mörder- und Verschwörer-Organisationen verschiedenster konfessioneller oder politischer Couleur; und schließlich bleibt das Schicksal der geballten palästinensischen Flüchtlingslager auf unerträgliche Weise in der Schwebe.

Für das benachbarte Israel, dessen Armee weiterhin einen Sicherheitsstreifen im Südlibanon besetzt hält, muß dieses Gemetzel unter Arabern wie ein schreckliches Omen für das eigene Schicksal anmuten, falls es eines Tages zur Schaffung des allseits geforderten Palästinenserstaates kommt. Die Groß- und Supermächte sehen sich mit der Tatsache konfrontiert, daß ihre Einwirkungs- und Befriedungsmöglichkeiten in diesem Regionalkonflikt lächerlich begrenzt sind.

Draculas Ende

Wann stürzt Ceausescu?

22. Dezember 1989

Woher das Komplott, möglicherweise auch die tödliche Salve kommen mag, die der Tyrannei Nicolae Ceausescus in Rumänien ein Ende setzen wird, ist noch ungewiß. Aber aller Wahrscheinlichkeit nach sind die Tage dieses ebenso abscheulichen wie grotesken Herrschers gezählt. Seit vielen Jahren hat sich ein bleierner Mantel des Schweigens, des Schreckens und des Elendes über die Volksrepublik Rumänien gesenkt. In diesem Land des Warschauer Paktes, wo keine Einheit der sowjetischen Armee stationiert ist, hat sich – neben Albanien – das einzige stalinistische System erhalten. Es fällt schwer – angesichts der begeisternden Entwicklung, die in den übrigen Ländern Ost- und Mitteleuropas voranschreitet – sich vorzustellen, daß ähnlich repressive Verhältnisse, mit lokalen Varianten natürlich, das ganze Satellitenvorfeld der Sowjetunion jahrzehntelang heimgesucht haben. Diejenigen, die im Westen bereits wieder von einer möglichen Selbsterneuerung sozialistischer Herrschaftsmethoden und sogar von neuen Wegen des Kommunismus schwärmen, sollten sich diese Zeiten der Finsternis und des Terrors in Erinnerung rufen.

Rumänien hatte zu Beginn der sechziger Jahre zu großen Hoffnungen Anlaß gegeben. Hier hatte – nach dem jugoslawischen Präzedenzfall – zum erstenmal wieder ein unterworfenes osteuropäisches Land die totale Bevormundung Moskaus abgeschüttelt. Es war Gheorghiu-Dej, ein in den Kerkern des faschistischen Marschalls Antonescu gestählter Kommunist, der damals die Unabhängigkeit Rumäniens und seine partielle Lösung vom Warschauer Pakt in die Wege geleitet hatte, nachdem die unerbittliche Parteichefin Anna Pauker verschwunden war. Bei diesem waghalsigen Experiment stützte sich Gheorghiu-Dej auf die maoistische Revolution in China, aber er spann auch konsequent seine Fäden nach Westen.

Als diese starke Persönlichkeit plötzlich starb, trat ein unscheinbarer, schüchterner und stotternder Apparatschik, Nicolae Ceausescu, die Nachfolge an. Kaum jemand kannte diesen schmächtigen Mann, der – als Sohn eines Kleinbauern geboren – das Schusterhandwerk erlernt hatte und in jungen Jahren der verbotenen und verfolgten kommunistischen Partei beigetreten war. Immerhin hat der Genosse Ceausescu unter dem faschistischen Regime der »Eisernen Garde« und unter dem »Conducator« oder Führer Antonescu viele Jahre in politischer Haft verbracht, was ihm zur Ehre gereichen sollte.

Aber nach ein paar Jahren des Leisetretens, die er zur Bündelung der Partei, des Staats- und des Militärapparates in seiner Hand benötigte, entpuppte sich Nicolae Ceausescu als ein unerbittlicher Tyrann und Autokrat. Sein potentiell reiches Land steuerte er in wirtschaftlichen Ruin. Die Bevölkerung hungerte. Die ethnischen Minderheiten – Deutsche und vor allem Ungarn, die zu mehr als zwei Millionen in Siebenbürgen siedeln – wurden zwangsassimiliert oder drangsaliert. Mit Fortschreiten der Machtkonzentration gebärdete Ceausescu sich zusehends irrationaler. Seine Frau Elena, die mit quasi monarchischem Zeremoniell umgeben wurde, wetteiferte mit den Extravaganzen ihres Gatten und bewährte sich als eisernes Instrument der Willkür. So wurden zahllose Dörfer Rumäniens dem Erdboden gleichgemacht und durch abscheuliche Agrar-Städte ersetzt. Korruption und Luxusentfaltung an der Spitze nahmen Formen an, wie man sie bislang nur bei einigen afrikanischen Potentaten kannte. Jedenfalls wurden die kleinbürgerlichen Privilegien der hohen Funktionäre der ostdeutschen SED weit überflügelt. Der Partei- und Staatschef Ceausescu entblödete sich nicht, mit einem königlichen Zepter aufzutreten und sich als »Conducator« zujubeln zu lassen, als hätten die Rumänen nicht bereits in der Gestalt Marschall Antonescus, des Verbündeten Hitlers, einen anderen »Conducator« gekannt.

Über seine ganze Volksrepublik hat er ein unerbittliches Repressions- und Spitzelsystem verhängt, das mit den Methoden des osmanisch-türkischen Reiches auf dem Balkan anknüpfte. Die politischen Gefängnisse und Lager waren mit echten oder vermeintlichen Opponenten gefüllt. Gelegentliches Aufbegehren des Volkes – wie vor zwei Jahren in Brasov – wurde im Ansatz erstickt. Das Unwiderrufliche, das Unvorstellbare hat sich in diesem Dezember 1989 ereignet, als auf Weisung Ceausescus die demonstrierende Bevölkerung von Timisoara – früher Temeschburg genannt – zu Hunderten, vielleicht zu Tausenden durch Armee und Polizei niedergemetzelt wurde, weil sie nach Freiheit, Recht und Brot verlangte. Der gräßliche Hanswurst an der Spitze der rumänischen Volksrepublik hat dabei endgültig die Maske fallen lassen. Darunter kam nicht das »Genie der Karpaten« zum Vorschein, sondern das Antlitz Draculas.

Wie lange es dauern wird, bis der Autokratie Ceausescus so oder so ein Ende gesetzt wird, ist ungewiß. Die Europäische Gemeinschaft hat den »Conducator« zu Recht geächtet. Auch die Sowjetunion, der diese Karikatur des eigenen früheren Systems zutiefst peinlich sein muß, arbeitet wohl auf den Sturz Ceausescus und seiner Sippe hin, zumal der rumänische Staatschef unlängst den alten rumänischen Anspruch auf das von Moskau 1940 annektierte Bessarabien, heute Moldawische Sowjetrepublik genannt, neu aufgegriffen hat. An diesem schwelenden Territorialkonflikt läßt sich übrigens ermessen, daß nicht nur Rumänien außer Rand und Band geraten ist. Auf dem ganzen Balkan bricht die Nachkriegsordnung, die *pax sovietica,* zusammen. Auf deren Trümmern leben die alten nationalistischen Gegensätze auf: Ungarn gegen Rumänien, Slowenen und Kroaten gegen Serben, Bulgaren gegen Türken, von den Albanern des Kosovo ganz zu schweigen. Jenseits der schönen Feuerzeichen einer teilweise wiedergewonnenen Freiheit sollten jene Gefahren nicht übersehen werden, die durch das Erwachen alter Gespenster in dieser Gegend wieder heraufbeschworen werden.

Untergangssignale aus Kambodscha

Die Offensive der Roten Khmer

15. Januar 1990

Der Waffenlärm, der aus Kambodscha herüberhallt, weckt düstere Erinnerungen. Die Roten Khmer, jene Steinzeit-Kommunisten des blutrünstigen Tyrannen Pol Pot, die in den Jahren 1975 bis 1979 mindestens eine Million ihrer eigenen Landsleute in einem ziemlich einmaligen »Auto-Genozid« ausgerottet hatten, melden militärische Erfolge. Schon hieß es, die Stadt Battambang mit ihren 200 000 Menschen sei von den Roten Khmer erobert worden, aber die Meldung war offenbar verfrüht. Battambang ist im Westen Kambodschas gelegen, und die umliegende Provinz galt einst als die Reiskammer dieses hinterindischen Königreichs. In Wirklichkeit sind wohl nur Sabotage-Kommandos der Roten Partisanen in die Stadt eingedrungen, um Panik zu säen. Gleichzeitig fand in der Hauptstadt Phnom Penh eine Serie von Sprengstoff-Attentaten statt.

Die Methode der Roten Khmer ist bekannt und leider allzu bewährt. Zwischen 1971 und 1975 – bis zu ihrem endgültigen Sieg über das damalige proamerikanische Regime des Marschall Lon Nol, waren sie ähnlich vorgegangen. Von ihren chinesischen Lehrmeistern hatten die Roten Khmer gelernt, daß es für eine Partisanenarmee nicht darum geht, große Ortschaften zu erobern, deren Verwaltung sich anschließend kostspielig und lähmend für die eigene Offensivkraft auswirkt. Wie einst die Volksbefreiungsarmee Mao Zedongs bemächtigen sich die Partisanen Pol Pots zunächst einmal ländlicher Regionen, schüchtern durch Terror die Bauern ein, unterbrechen den Überlandverkehr und isolieren die Städte. Eine Großoffensive käme erst sehr viel später in Frage. Aber in Phnom Penh hat die Regierung Hun Sen, die von den vietnamesischen Besatzungstruppen eingesetzt worden ist, das Signal sehr wohl begriffen, zumal Hun Sen, bevor er sich den Kommunisten aus Hanoi anschloß, ebenfalls ein Kommandeur der Roten Khmer gewesen war.

Ein Viertel Kambodschas, so wird gemutmaßt – befinde sich unter der Kontrolle der Pol-Pot-Partisanen. Ihre vorgeschobenen Kampftrupps bewegen sich nicht nur in den abgelegenen, undurchdringlichen Dschungeln und Gebirgsregionen, sondern sie haben sich zu beiden Seiten des großen Tonle-Sap-Sees weit ins Herz des Landes vorgeschoben und wurden sogar in der Nachbarschaft Phnom Penhs gesichtet. In Südostasien herrscht seit Herbstende die Trockenzeit, und eigentlich müßte die damit verbundene Konsolidierung der Verkehrswege den Regierungstruppen des Ministerpräsidenten Hun Sen, den Verbündeten der Vietnamesen, zugute kommen. Im Gegensatz zu den Pol-Pot-Partisanen, die nur über Infanteriewaffen bis zum schweren Granatwerfer verfügen – die allerdings in ausreichender Zahl und in gutem Zustand – sind die Regierungstruppen mit Panzern und Artillerie ausgerüstet. Aber diesen ebenfalls kommunistischen Soldaten Hun Sens fehlt die Offensivbereitschaft und die Motivation. Seit die Vietnamesen das Gros ihrer Besatzungsarmee abgezogen haben, ist es um den Kampfgeist der Volksarmee von Phnom Penh miserabel bestellt, ganz zu schweigen von jenen Bauernmilizen, die zur Bekämpfung der Roten Khmer ausgehoben wurden und die nur an ihr Überleben denken.

Die Zahl der kämpfenden Roten Khmer wird auf etwa 30 000 bis 40 000 geschätzt. Dem stehen mindestens ebenso viele Regierungssoldaten gegenüber, die theoretisch durch ländliche Regionalstreitkräfte ergänzt werden. Auf seiten der Regierungsgegner befinden sich zwei pro-westliche Guerilla-Organisationen, die sich teils zu dem früheren Monarchen und Staatschef Prinz Sihanouk, teils zu dem ehemals proamerikanischen Ministerpräsidenten Son Sann bekennen. In Wirklichkeit können sich diese beiden Formationen in keiner Weise mit den Roten Khmer messen und wären – auf sich selbst angewiesen – wohl kaum in der Lage, die Hun-Sen-Regierung von Phnom Penh ernsthaft zu erschüttern. Langsam, aber mit tödlicher Sicherheit neigt sich die Kräfte-Balance zugunsten der schrecklichen Steinzeit-Kommunisten des Massenmörders Pol Pot.

Viel Zeit bleibt nicht, um eine Lösung zu finden. Eine Kambodscha-Konferenz nach der anderen ist an der Forderung Pekings, aber auch des Prinzen Sihanuk gescheitert, die Roten Khmer müßten aus Gründen des politischen Realismus an einer künftigen Koalitionsregierung beteiligt werden. Nun hat der australische Außenminister Evans angeregt, Kambodscha unmittelbar den Vereinten Nationen zu unterstellen. Die Weltorganisation müsse dann darüber wachen, daß freie und demokratische Wahlen über die Zusammensetzung der künftigen Regierung von Phnom Penh entscheiden. Sehr realistisch ist dieser Vorschlag nicht. Zunächst einmal müßte er ja einstimmig von den ständigen Mitgliedern des Weltsicherheitsrates abgesegnet werden, und niemand wagt zu hoffen, daß die Volksrepublik China, die das Partisanenheer der Roten Khmer nicht nur diplomatisch unterstützt, sondern es auch systematisch bewaffnet, zu einer Preisgabe ihrer Verbündeten bereit wäre. Der Schlüssel zu jeder kambodschanischen Lösung befindet sich in Peking. Die chinesische Diplomatie bedient sich dieses Trumpfes, um sich unentbehrlich zu machen. Trotz der westlichen Vorbehalte gegen Deng Xiaoping seit dem Massaker am Platz des Himmlischen Friedens hat Präsident Bush bereits zu verstehen gegeben, daß er in Ostasien Realpolitik betreiben will.

Was nun die Rolle der Vereinten Nationen betrifft, so sollte man sich vor jedem Vergleich mit dem Präzedenzfall »Namibia« hüten. Die Roten Khmer sind aus härterem Holz geschnitzt als die Gefolgsleute der namibischen Swapo. Im übrigen wird in den Dschungeln Kambodschas nicht mit dem Stimmzettel, sondern mit dem Gewehr Politik gemacht. Die UN-Kontingente unter dem »blauen Helm«, die man nach Phnom Penh entsenden würde, müßten mit einem eindeutigen Kampfauftrag ausgestattet sein.

»Deutschland einig Vaterland«

Die Neutralisierung ist unzumutbar

5. Februar 1990

Der Ministerpräsident der DDR, Hans Modrow, hat seinen Stufenplan zur Lösung der deutschen Frage unter das Leitmotiv gestellt: »Deutschland, einig Vaterland«. Bekanntlich ist das die Schlußzeile der Nationalhymne des gestrandeten »Arbeiter-und-Bauern-Staates«. Unter anderen Umständen müßte diese Szene als ungewöhnlich komisch bezeichnet werden, aber heute ist niemandem zum Lachen zumute. »Die Sache ist gelaufen«, hat Willy Brandt im Hinblick auf den Zusammenschluß der beiden deutschen Staaten gesagt. Eine alte Sehnsucht wurde erfüllt, und trotzdem kommt in der Bundesrepublik keine rechte Begeisterung auf. Die Angliederung der DDR an die BRD – denn darauf wird es am Ende trotz aller gegenteiligen Beteuerungen hinauslaufen – wirft so viele Ungewißheiten auf, die Entwürfe der Bonner Parteien müssen in so rasanter Folge ständig revidiert werden, daß sich bei allen Politikern Beklemmung einstellt.

Welch unglaubliche Kehrtwendung hat doch die SPD vollzogen, die ihrer These der behutsamen Erhaltung deutscher Zweistaatlichkeit den Rücken kehrte und sich zum eigentlichen Motor des totalen Zusammenschlusses mauserte. SPD-West und SPD-Ost sind bereits zu einer Partei verschmolzen. Da können die beiden Staatsgebilde nur noch folgen. Die Christdemokraten hingegen, die jahrzehntelang den nationalen Einheitsgedanken hochgehalten und sich deswegen als »kalte Krieger« hatten beschimpfen lassen müssen, stehen heute wie Tölpel da. Sie haben zwar ihr weithin verkündetes Ziel erreicht. Sie haben recht behalten, aber jetzt sind sie unfähig, die Früchte ihrer durch die Entwicklung bestätigten Vorausschau zu ernten. Der CDU, der CSU und auch der FDP stehen keine angemessenen Apparate in der DDR zur Verfügung. Die sogenannten »Block-Parteien«, die sich der kommunistischen SED allzu willfährig unterworfen hatten, sind weitgehend diskreditiert; den neu und überstürzt gegründeten demokratischen Splittergruppen fehlt es an Substanz und Persönlichkeit.

Man kann nicht sagen, daß Michail Gorbatschow eine sonderlich eindrucksvolle Figur bei der Behandlung der deutschen Frage abgegeben habe. Der Kreml-Chef, dem der Westen heute so einstimmig huldigt, verdient vielleicht – wie die Boulevard-Zeitung *Bild* vorschlägt –, zum »Ehren-Deutschen« ernannt zu werden. Er hat sich um die deutsche Einheit in der Tat verdient gemacht. Im vergangenen Oktober – so schnell vergeht die Zeit – hatte der Generalsekretär der KPdSU den Genossen Erich Honecker zum letztenmal umarmt, anläßlich des 40. Gründungstages der DDR, der mit einer martialischen Parade und den üblichen Jubelfeiern begangen wurde. Es war ein Todeskuß, denn der Sturz Honeckers war zu diesem Zeitpunkt bereits beschlossene Sache. Aber ganz bestimmt ist Gorbatschow damals nicht davon ausgegangen, daß die Deutsche Demokratische Republik – Frucht endloser sowjetischer Bemühungen und Drohgebärden – wie ein Kartenhaus zusammenklappen würde. Man hatte in Moskau wohl doch auf den wendigen Nachfolger Egon Krenz gesetzt und ihm eine »Perestroika« *à l'allemande* aufgetragen.

Aus russischer Perspektive zeichnet sich im Herzen Europas ein beispielloses Debakel ab. Vierzig Jahre marxistisch-leninistischer Zwangsbekehrung wurden in den Wind geschlagen.

Schon geht ein neues Gespenst um: die Neutralisierung Gesamtdeutschlands. Der DDR-Regierungschef Modrow hat die Forderung auf den Tisch gelegt, und er tat das bestimmt nicht aus eigenen Stücken. In Wirklichkeit kommt das Angebot aus Moskau und knüpft mit jenem alten Köder wieder an, den Josef Stalin bereits 1952 ausgeworfen hatte, um die Bundesrepublik zu destabilisieren und die Atlantische Allianz zu spalten. Eine Meinungsumfrage in der Bundesrepublik hat ergeben, daß eine Mehrheit der Deutschen bereit wäre, für die nationale Einheit den Preis einer Neutralisierung zu zahlen. Damit haben sie der eigenen politischen Reife ein erbärmliches Zeugnis ausgestellt.

Der österreichische Bundeskanzler Bruno Kreisky wußte zu berichten, daß seine Anregung, das österreichische Modell der Neutralität auch auf Deutschland auszudehnen, seinerzeit bei den sowjetischen Politbüro-Mitgliedern Molotow und Mikojan auf lebhafte Ablehnung gestoßen war. Für eine Neutralisierung sei Deutschland viel zu groß und unkontrollierbar. Wenn Gorbatschow heute den Deutschen diese obsolete Form vertraglich verankerter Bündnislosigkeit auferlegen möchte, so sollte er bedenken, daß spätestens seit dem 9. November 1989 der Schlüssel zur deutschen Einheit sich nicht mehr in den Händen der Sowjetunion befindet, sondern daß die DDR-Bevölkerung als oberster Souverän ihr Schicksal und somit auch die staatliche Gestaltung Deutschlands an sich gerissen hat unter dem revolutionären Motto: »Wir sind das Volk!«

Der Kreml-Chef in Person hatte in Gegenwart Honeckers erklärt, die Zukunft der DDR werde nicht in Moskau, sondern in Berlin entschieden. Im übrigen wäre es für die Deutschen der Bundesrepublik – die endlich in der Europäischen Gemeinschaft einen festen Rahmen, eine brüderliche Existenzbasis gefunden haben – unzumutbar, in jene Isolierung zurückgeworfen zu werden, die der deutschen Nation wie auch dem übrigen Europa zweimal in diesem Jahrhundert zum Verhängnis wurde. Weder die Russen, noch vor allem die Polen und Tschechen, hätten von einem zwischen West und Ost pendelnden Deutschland Gutes zu erwarten. Man kann deshalb nur hoffen, daß Gorbatschow bei der Bewältigung seiner mitteleuropäischen Probleme mehr Geschick und Weitblick aufbietet als bei der Behandlung der sowjetischen Krise im Kaukasus.

»Perestroika« am Kap

Die Entwicklung in Südafrika

26. Februar 1990

Frederik de Klerk, den Präsidenten von Südafrika, mit Michail Gorbatschow zu vergleichen wäre zweifellos weit hergeholt. Immerhin haben beide Männer zwei Punkte gemeinsam: Sie brechen unerträgliche Machtstrukturen in ihren jeweiligen Staatsgebieten auf, und sie drängen damit ihr jeweiliges Machtgebiet in eine Existenzkrise. Auch bei den Umwälzungen, die zur Stunde zwischen Transvaal und Kap-Provinz vor sich gehen, zeigt es sich, daß die politische Entwicklung einer Krisenzone nicht stets und unvermeidlich auf die absolute Katastrophe zusteuern muß.

Die Freilassung des schwarzen Nationalistenführers Nelson Mandela wirkt wie ein gewaltiges Signal. Die südafrikanische Republik hat offenbar Glück mit diesem berühmtesten Opfer ihrer Repressionspolitik, denn Mandela – erstaunlich vital für sein hohes Alter und nach den Entbehrungen seiner endlosen Haft – gibt bereits die Statur eines Staatsmannes zu erkennen.

Bei allem Begeisterungstaumel, der sich der schwarzen Mehrheitsbevölkerung Südafrikas bemächtigt hat, darf nicht vergessen werden, daß der Weg der Konzilianz, daß die Abkehr vom Rassentrennungssystem, die Frederik de Klerk mit ungewöhnlichem Mut in die Wege geleitet hat, nur im Windschatten der großen Ost-West-Entspannung gedeihen konnten. Erst seit die Sowjetunion ihre expansive Afrika-Politik an den Nagel hängte, den kubanischen Streitkräften Fidel Castros die Weisung zum Rückzug aus Angola erteilte und gemeinsam mit den USA eine Unabhängigkeitsform für Namibia im Weltsicherheitsrat ausarbeitete, konnte sich de Klerk zu dem Wagnis einer Liberalität bereitfinden, die bei vielen seiner weißen Landsleute, vor allem bei den Buren, noch auf erbitterten Widerstand stößt. Nelson Mandela ist frei, aber ungezählte Probleme bleiben ungelöst. Die große Kraftprobe steht vielleicht noch bevor. Mandela hat in seinen ersten öffentlichen Reden auf die Gewalt als Mittel des politischen Kampfes nicht verzichtet. Er bejaht weiterhin wirtschaftliche Sanktionen gegen Südafrika, deren positive Auswirkungen auf den schwarzen Emanzipationsprozeß weiterhin ungewiß bleiben. Natürlich fordert der charismatische ANC-Führer, daß Pretoria nach Abschaffung sämtlicher rassischer Diskriminierungen das Prinzip »One man, one vote« (»Ein Mann, eine Stimme«) einführt, und somit den Schwarzen, die mindestens zwei Drittel der Dreißig-Millionen-Bevölkerung Südafrikas ausmachen, ein eindeutiges Übergewicht zuspielen würde.

Doch schon befürchten die Veteranen des »African National Congress« (ANC), daß dieser weise, im Gefängnis gereifte Volksheld, der einmal die Kampforganisation »Flammender Speer« inspiriert hatte, seinen zur Zeit ungeheuren Einfluß auf die schwarzen »Townships« einbüßen könnte. Dort bleibt eine proletarisierte Menschheit, die sich – den Stammestraditionen weitgehend entfremdet – auf den Weg der konsequenten Radikalisierung begeben hat. Es handelt sich um eine überwiegend jugendliche Masse, die mit dem Ruf *black power* die volle schwarze Macht ohne jedes Zugeständnis an die verhaßten Weißen verlangt. Diese *comrades* oder *children,* wie sie genannt werden, neigen dazu, alle älteren und erfahrenen Politiker, die zu Kompromissen an die weiße Minderheit von immerhin fünf Millionen Menschen schon aus Gründen des wirtschaftlichen Überlebens bereit wären, als »Onkel Toms«, morgen vielleicht als Verräter abzustempeln.

Die Extremisten stehen auch im Lager der Weißen auf dem Sprung. Der Sprecher der »Konservativen Partei«, Andries Treurnicht, appelliert an jenen Teil der burischen Bevölkerung, den man als *verkrampt* bezeichnet. Er sucht die alte Wagenburg-Mentalität wieder anzuheizen. Viel schlimmer sieht es bei jenen Rechtsradikalen des weißen Volksverhetzers Terreblanche aus, die in Pretoria unverhohlen unter dem Hakenkreuz für Apartheid und *white supremacy* demonstrierten. Sie können sich dabei auf jenen Flügel der europäischen Bevölkerung stützen, die unter recht dürftigen Verhältnissen lebt und unter dem Sammelbegriff »arme Blanke« bekannt sind. Diese Leute haben von der Gleichberechtigung der Rassen am meisten zu befürchten.

Noch sind auch innerhalb der schwarzen Befreiungsbewegung die Stammesfehden keineswegs ausgetragen. In der Provinz Natal schwelt seit Jahren ein blutiger Bürgerkrieg zwischen rivalisierenden schwarzen Völkerschaften und Organisationen. In Natal steht der straff strukturierte Kampfbund »Inkatha« des Zulu-Chefs Gatsha Buthelezi gegen jene militanten Kräfte des »African National Congress«, in denen sich vor allem die Angehörigen des großen Xhosa-Volkes, dem Mandela angehört, sammeln. Angeblich haben diese beiden schwarzen Fürsten – Mandela und Buthelezi – ein gutes persönliches Verhältnis bewahrt, aber es stehen genügend verschwörerische Kräfte bereit, die nur darauf brennen, die Gegensätze zwischen den kriegerischen Stämmen zum großen Savannenbrand anzufachen. Ob am Ende der schwarzen Befreiungsbewegung ein massiver Exodus jener weißen Südafrikaner abzusehen ist, denen es an beruflicher Qualifizierung oder wirtschaftlichem Rückhalt fehlt, steht auf einem ganz anderen Blatt, aber auch daran sollte bereits gedacht werden.

Rivalität der »falschen Zaren«

Gorbatschow und Jelzin

19. März 1990

Als General de Gaulle im Juli 1966 die Sowjetunion besuchte, beharrte er darauf – allen Konventionen zum Trotz – seine Ansprachen mit dem Ruf »Vive la Russie – es lebe Rußland« zu beenden. Das hatte ihm damals einiges Stirnrunzeln bei den Herren des Kreml und eine gewisse Erheiterung bei den mitreisenden Journalisten eingebracht. De Gaulle, der die Beharrlichkeit der nationalen Kräfte höher einschätzte als die Behauptungskraft der Ideologien, hatte dennoch richtig gesehen.

Heute kann der Beobachter darüber spekulieren, wie lange der abstrakte Sammelbegriff »Sowjetunion« der nationalen und ethnischen Wiedergeburt in diesem riesigen Imperium noch standhalten kann.

Seit die höchste Volksvertretung in Moskau dem Wunsch Gorbatschows gefolgt ist und den Artikel 6 der Verfassung verwarf, demzufolge die Kommunistische Partei die führende Monopolstellung an der Spitze des Staates beansprucht, ist jene ideologische Klammer fortgefallen, die die marxistisch-leninistische Herrschaft zementierte und das bisherige politische Vokabular bestimmte.

Auch Gorbatschow wächst nach und nach aus der Rolle des Generalsekretärs der KPdSU in die eines neuen Zaren aller Reussen hinein. Ein ungefährlicher Vorgang ist das nicht. Die Debatten im Kongreß der Volksdeputierten haben einer sich formierenden Opposition Gestalt verliehen, die sich aus ungeduldigen Reformern und auch aus verstockten Konservativen zusammensetzt, ganz zu schweigen von den völkischen Minderheiten und deren Wunsch nach Sezession. Die erste Kraftprobe ist bereits im Gange, seit Michail Gorbatschow auf die Unabhängigkeitserklärung Litauens mit ultimativen Drohungen geantwortet hat. Die kleine baltische Republik stellt für die Sowjetmacht einen schwer verzichtbaren Eckstein dar, denn die einzige

Landverbindung zwischen Rußland und dem 1945 von Moskau annektierten Norden Ostpreußens mit Königsberg – heute Kaliningrad – führt über litauischen Boden. In dieser Krisenzone könnte das internationale Ansehen Gorbatschows, das weiterhin gewaltig ist, zum erstenmal schwer lädiert werden.

Der neue Staatspräsident der Sowjetunion hat meisterhaft taktiert, um seine Forderung nach weitreichenden eigenen Machtbefugnissen durchzusetzen. Die Partei-Nomenklatura muß um ihren Einfluß und um ihre Privilegien fürchten. Auch wenn Gorbatschow nicht unmittelbar vom Volk gewählt wurde, wie das ab 1995 für jeden sowjetischen Staatschef die Regel sein soll, profiliert er sich bereits in der Nachfolge jener großen Autokraten, die im Lauf der Geschichte und unter Rückgriff auf die byzantinische Tradition die russische Großmacht geschaffen haben. Bei den Diskussionen über den Wahlmodus ist jedoch im Kongreß der Volksvertreter die Warnung vor der Bürgerkriegsgefahr laut geworden, und plötzlich wurde deutlich, wie nahe man sich am Abgrund bewegt.

Der neue Zar Michail möchte eine Radikalisierung der Reformen in Gang setzen, und in Zukunft will er die volle Verantwortung für den Ablauf der »Perestroika« tragen. Damit nimmt er ein großes Wagnis auf sich. Die Versorgung der Bevölkerung mit Lebensmitteln und Konsumgütern verschlechtert sich weiterhin, und mancher Russe erinnert sich an eine bessere Belieferung zur Zeit der »Stagnation« unter Leonid Breschnew. Die Popularität, die Gorbatschow in so reichem Maße im Westen genießt, wird ihm von der eigenen Bevölkerung weiterhin vorenthalten. Bei den Teilwahlen, die sich ankündigen, könnte durchaus die Stunde der Demagogen schlagen. Es ist ein Warnsignal für den Kreml-Chef, daß sein ungestümer Rivale Boris Jelzin in der Industriestadt Swerdlowsk achtzig Prozent der Stimmen für sich verbuchen konnte. Die russische Geschichte kennt übrigens eine Vielzahl mysteriöser Thronanwärter, »falscher Zaren«, die dem rechtmäßigen Monarchen die Krone streitig machen.

Drei schweren Belastungen sieht Gorbatschow entgegen: Er muß zunächst eine gründliche Hinwendung der Sowjetunion zur Marktwirtschaft erzwingen, doch die Experten befürchten, daß der Staatschef in dieser Hinsicht durch seinen kommunistischen Werdegang zutiefst geprägt ist und für modernes Management wenig Verständnis aufbringt. Andererseits muß sich der Kreml-Gewaltige mit der Unzufriedenheit und den Sorgen seiner Streitkräfte auseinandersetzen; im Zuge der Abrüstung und der Reduzierung der Mannschaftsbestände könnte hier eine geballte Unzufriedenheit aufkommen. Es mangelt an neuen Berufschancen und an menschenwürdigen Unterkünften für die ausgemusterten Offiziere der Roten Armee.

Schließlich steuert der Konflikt mit den ethnischen und religiösen Randgruppen – den fünfzig Millionen Muselmanen insbesondere – einem tragischen Höhepunkt entgegen. Nie würde er sich in ein neues Afghanistan-Abenteuer verstricken lassen, hat Gorbatschow versichert. Aber die Feindschaft der Nationalitäten könnte eine Art Afghanistan-Krise innerhalb der jetzigen Grenzen der Sowjetunion auslösen. Was die Franzosen in Algerien erlitten haben, steht den Russen jetzt vielleicht in Zentralasien und im Kaukasus bevor. Es ist ein böses Omen für die Beständigkeit des Gorbatschow-Regimes, daß die Juden der Sowjetunion, die über einen sicheren Instinkt verfügen, sich so zahlreich zur Emigration nach Israel drängen.

Komplizenschaft der Supermächte

Unabhängigkeit für Litauen?

30. April 1990

Präsident Mitterrand und Bundeskanzler Kohl haben dem litauischen Präsidenten Landsbergis in einem offiziellen gemeinsamen Brief geraten, die konkrete Realisierung der Unabhängigkeit seines baltischen Staates nicht übers Knie zu brechen. Das war auf der einen Seite wohl eine herbe Enttäuschung für diese kleine Republik, andererseits wurde sie unter Umgehung der Sowjetmacht unmittelbar wie eine souveräne Nation angesprochen.

Die Selbstbehauptungschancen der Litauer werden unterdessen von Moskau systematisch reduziert, und der Westen verharrt in Passivität. Die Kraftentfaltung der Roten Armee in Wilna hat seit geraumer Zeit einen so demonstrativen Charakter angenommen, daß man schon von einer De-facto-Okkupation sprechen kann.

Weder Michail Gorbatschow noch George Bush haben bei dieser Auseinandersetzung um ein Erbstück stalinistischer Gewaltherrschaft an politischem Format gewonnen. Hatte der so hoch gefeierte Präsident der Sowjetunion denn tatsächlich geglaubt, der Prozeß der politischen Auflösung, den er eigenhändig in Ost- und Mitteleuropa zugelassen, ja teilweise angestiftet hatte, werde an den Grenzen des eigenen Imperiums haltmachen? Hatte er sich in der Illusion gewiegt, der Funke der Freiheit werde nicht auf andere Regionen überspringen, zumal auf jene baltischen Republiken, deren schändliche Preisgabe durch den Hitler-Stalin-Pakt von den Westmächten zu keinem Zeitpunkt anerkannt wurde?

Schon droht der Kreml den sezessionswilligen Republiken Estland und Lettland mit noch massiveren Maßnahmen, falls sie ihren Unabhängigkeitsanspruch nicht zurücknehmen, und dort kann Gorbatschow sich tatsächlich auf ein starkes russisches Bevölkerungselement stützen, dessen Immigration ins Baltikum nach dem Zweiten Weltkrieg systematisch gefördert worden ist. Der russische

Verweis, daß nicht nur das Schicksal Litauens, sondern die Zukunft von fünfzehn sowjetischen Föderationsrepubliken zur Debatte stehe und daß man in Wilna gefälligst warten solle, bis der »Oberste Sowjet« ein konföderatives Verfassungssystem ausgearbeitet habe, klingt wenig überzeugend. Das Nationalitätenproblem brennt Gorbatschow nunmehr schon etliche Jahre auf den Nägeln, und er hat eine profunde Reformstruktur seines Vielvölkerstaates ebensowenig in Gang gebracht wie die längst fällige Ankurbelung der maroden sowjetischen Wirtschaft. Die totale Knebelung Litauens, die nun zu befürchten ist, würde dem »Gorbi-Mythos« im Westen einen harten Schlag versetzen. Schon muß sich die polnische Regierung Masowiezki fragen, ob sie nicht gut daran getan hätte, ähnlich wie Ungarn und Tschechen die totale Evakuierung der Sowjettruppen aus ihrem Staatsgebiet zu fordern und zu vereinbaren, statt diesen Abzug unter Hinweis auf die angebliche Ungewißheit der Oder-Neiße-Grenze hinauszuzögern.

George Bush wird am Ende die Enttäuschung über seine schlaffe Reaktion im eigenen Land aber auch bei den Verbündeten zu spüren bekommen, selbst wenn die US-Bürger sich erstaunlich passiv verhalten. Gewiß, die USA mögen ein vitales Interesse daran haben, daß ihnen Michail Gorbatschow erhalten bleibt, daß er nicht durch einen *hardliner* oder gar einen Sowjetmarschall abgelöst wird. Doch an dieser Stelle muß daran erinnert werden, daß der sowjetische Staats- und Parteichef schon einmal – und zwar im Gespräch mit François Mitterrand – gewarnt hatte, er würde durch einen Militärcoup bedroht, falls er der deutschen Einheitsforderung nachgäbe. Nun ist diese Wiedervereinigung im vollen Gange, und der angesagte Staatsstreich ist ausgeblieben. Für Bush und Gorbatschow ist das so hoffnungsvoll eingeleitete Abrüstungsgespräch vor allem im konventionellen Bereich nunmehr überaus schwierig geworden. Auch die westeuropäischen Alliierten – ganz zu schweigen von den früheren Satelliten Moskaus – sind mißtrauisch geworden angesichts einer Komplizenschaft der Supermächte, die sich ja nicht erst im Falle Litauens offenbart, hatte Washington auf dem Höhepunkt der Rumänien-Krise die Russen doch geradezu dazu aufgefordert, militärisch in Bukarest zu intervenieren, um dort Ruhe und Ordnung wiederherzustellen. Kein Wort des Tadels, geschweige denn des Protestes war im Weißen Haus laut geworden, als die Rote Armee Baku im Handstreich zurückeroberte.

Litauen wird eine schwärende Wunde an der Flanke des sowjetischen Kolosses bleiben. Die zentrifugalen Kräfte des Baltikums lassen sich relativ leicht unter Kontrolle bringen. Aber nicht umsonst fürchtet der Kreml um den Bestand seiner gesamten euroasiatischen Landmasse. Die Lage wird überall dort unhaltbar, wo Nationalgefühl und Religiosität eine explosive Mischung bilden. Das ist im katholischen Litauen der Fall, aber weit mehr noch in jenen ausgedehnten Gebieten des Kaukasus und Zentralasiens, wo fünfzig Millionen sowjetische Muslime zum koranischen Glauben zurückfinden. Unweigerlich wird diese konfessionelle Wiedergeburt bei den Randvölkern auch den rechtgläubigen Kräften der russisch-orthodoxen Kirche mächtigen Auftrieb geben. Die härtesten nationalistischen Belastungen stehen noch bevor.

Kohl hält den Schlüssel

Der Prozeß der deutschen Einigung

14. Mai 1990

In der DDR nimmt eine Stimmung der Wehleidigung und Mißgunst überhand, während zahlreiche Bürger der Bundesrepublik mit Herablassung und Überdruß auf die Ansprüche ihrer östlichen Landsleute reagieren. Die deutsche Einheit vollzieht sich dennoch mit überstürzter Geschwindigkeit. Aber für die Bonner Politiker – auch die Sozialdemokraten – ist Eile geboten. Es gilt, möglichst viele vollendete Tatsachen zu schaffen. Die Angst geht am Rhein um, daß die Sowjetunion ungeheuerlichen Spannungen entgegentreibt, daß die lässige Duldung, das *laissez-faire*, das Moskau in der deutschen Frage auf fast unerklärliche Weise walten ließ, plötzlich und brutal beendet werden könnte. Schon wird der Ausspruch eines hohen sowjetischen Diplomaten zitiert, demzufolge drei russische Divisionen ausreichen würden, um in der DDR den früheren Zustand im Handstreich wiederherzustellen.

Die Warnsignale aus dem Osten häufen sich. Beim ersten Treffen nach der Formel 2+4 (die beiden deutschen Außenminister und die der vier ehemaligen Siegermächte) hat der Kreml der innenpolitischen Gestaltung eines geeinten Deutschlands grünes Licht gewährt. Hatte die Sowjetunion sich unlängst noch gesträubt, die fast automatische Angliederung der aus dem Boden der DDR neu zu schaffenden Länder an die Bundesrepublik laut Artikel 23 des Grundgesetzes zu akzeptieren, so zeigte Schewardnadse sich bei der 2+4-Begegnung in diesem Punkt ziemlich uninteressiert und höchst kompromißbereit. Hingegen drängt Moskau darauf, daß die internen und die externen Aspekte der deutschen Einheit zeitlich und sachlich auseinandergehalten werden. Den Russen geht es vor allem darum, die Ausdehnung der Nato auf das gesamte deutsche Staatsgebiet zu verhindern. Sie möchten vermeiden, daß das Territorium der DDR in den Einflußbereich einer gegen sie gerichteten Allianz gerät.

Auf den ersten Blick ist dies ein recht vernünftiges und berechtigtes Anliegen. Wenn die Westalliierten im Verbund mit beiden deutschen Regierungen dennoch darauf drängen, daß das geeinte Deutschland nur einer Allianz, nämlich der atlantischen, angehört, so verfügen auch sie über stichhaltige Argumente. Was hat denn Moskau als Alternative anzubieten? Ein klares Bild herrscht bei Gorbatschow und seinen Ratgebern offenbar nicht vor. Der Vorschlag, das Deutschland von morgen solle beiden Bündnissen, der Atlantischen Allianz und dem Warschauer Pakt, gleichzeitig angehören, kann wohl nicht das letzte Wort sein. Aus den lavierenden Erklärungen Moskaus ist immer wieder der beharrliche Wunch herauszuhören, das vereinigte Deutschland solle am Ende doch noch – in militärischer Hinsicht zumindest – isoliert und neutralisiert werden.

Aber seit dem zwielichtigen Stalin-Angebot des Jahres 1952 – Neutralisierung als Vorbedingung der sowjetischen Zustimmung zur Vereinigung Deutschlands – ist viel Wasser die Elbe hinuntergeflossen. Der Schlüssel zur deutschen Einheit befindet sich nicht mehr in Moskau. Als Gorbatschow seinem Parteifreund Honecker den Todeskuß gab, hat er diesen Schlüssel – ohne sich dessen bewußt zu sein – an den Bonner Bundeskanzler weitergereicht. Und Helmut Kohl hat nicht die Absicht, ihn wieder aus der Hand zu geben. Die deutsche Forderung ist eindeutig. Es geht jetzt um die volle Souveränität im Innern wie im Äußern. Die Entscheidung Deutschlands zugunsten der Europäischen Gemeinschaft von Brüssel und zugunsten des Atlantischen Bündnisses wird nicht zurückgenommen. Auch das Territorium der heutigen DDR würde also in lockerer, noch zu definierender Form der Nato angeschlossen sein, wobei bis auf weiteres wohl darauf verzichtet werden müßte, Nato-Truppen zwischen Elbe und Oder einrücken zu lassen. Andererseits ist auch ein militärisches Vakuum in der DDR unvorstellbar, zumal in diesem Raum 380 000 sowjetische Soldaten stationiert bleiben.

In Bonn weiß man um die Probleme Gorbatschows. Die Liberalisierung der DDR und Osteuropas ist nicht so verlaufen, wie man sich das an der Moskwa erträumte. Nicht Egon Krenz, sondern Lothar de Maizière regiert in Ost-Berlin, und das lediglich während einer kurzen Übergangsfrist. Die achtzehn Elitedivisionen der Roten Armee, die sich in der DDR befinden, hängen gewissermaßen im luftleeren

Raum. Sollte diese gewaltige Truppenmasse – parallel zu den in Ungarn und in Böhmen stationierten Einheiten – in Bälde den Rückzug auf das sowjetische Staatsgebiet antreten, wäre weder für ihre Unterbringung noch für ihren sinnvollen Einsatz in der Heimat gesorgt. Kein Wunder, daß es in den russischen Stäben und Kasernen rumort und poltert.

Die Auflösungserscheinungen des Sowjetimperiums belasten den deutschen Einigungsprozeß. Sie engen auch die Abrüstungsverhandlungen ein, die mit Washington soweit gediehen schienen. Für Helmut Kohl bleibt keine andere Wahl, als – im Sinne der außenpolitischen Souveränität Deutschlands und im Interesse seiner frei gewählten Integration in die westliche Gemeinschaft – einen klaren und zügigen Kurs zu steuern.

Kommt Jelzin?

Die Alternative zu Gorbatschow

5. Juni 1990

Allzuoft ist im Westen beteuert worden, man müsse Michail Gorbatschow mit allen Mitteln unterstützen, notfalls auch die berechtigten Freiheitswünsche der Balten hintanstellen, weil es für diesen »Mann des Schicksals« an der Spitze des Kreml keinen Ersatz gäbe. Seit Boris Jelzin zum Vorsitzenden des Obersten Sowjet der Russischen Föderation gewählt wurde, zeichnet sich zum erstenmal eine griffige Alternative ab. Hier ist ein turbulenter Vollblutpolitiker auf den Plan getreten, neben dessen Urwüchsigkeit das betont staatsmännische Auftreten Gorbatschows zu verblassen droht. Mit Jelzin erhebt das alte Rußland, wie Gogol es beschrieben hat, wieder sein Haupt. Die anonyme und deshalb unmenschlich anmutende Konstruktion »Sowjetunion« wird mit nationaler Dynamik ausgefüllt. Es bleibt nur zu hoffen, daß am Ende nicht die Gestalten der Dostojewskischen Phantasie aus der Tiefe auftauchen.

Boris Jelzin ist ein Heilsbringer besonderer Art. Seine Gegner haben ihn stets als einen ungestümen Draufgänger und Polterer hingestellt. Tatsächlich ließ er sich leichtfertig in eine ganze Reihe tatsächlicher oder fingierter Entgleisungen verstricken, die diesem schillernden Politiker aus dem Ural zum Verhängnis geworden wären, wenn die russische Bevölkerung, die es leid ist, sich von düsteren Apparatschiks belehren zu lassen, nicht auf einen solchen echten Russen mit dem erworbenen Hang zur Ausschweifung und Zerknirschung gewartet hätte. Von ihm wollen sich viele einen neuen Weg weisen lassen. Das Hochkommen Jelzins signalisiert den Niedergang Gorbatschows.

An der Moskwa stehen unerbittliche Machtkämpfe bevor. Boris Jelzin gibt sich mit seinem Anfangserfolg nicht zufrieden. Er will sich schon im Mai 1991 zum Präsidenten Rußlands in direkter, allgemeiner Wahl durch das Volk bestimmen lassen. Dann wäre er mächtiger als der jetzige Staatspräsident der Sowjetunion, denn die »Russische Föderationsrepublik« stellt nicht nur die Hälfte der sowjetischen Bevölkerung dar, ihr Territorium erstreckt sich über dreiviertel des sowjetischen Staatsgebiets. Binnen zehn Monaten will er erreichen, daß die Gesetze Rußlands Vorrang vor denen der Union besitzen. Die russische Verfassung würde mehr Gewicht erhalten als die Konstitution der UdSSR. Der wirtschaftlichen Erneuerung, die unter Gorbatschow in Stagnation einzumünden droht, soll eine kräftige, von den kommunistischen Thesen abgehobene Beschleunigung verliehen werden.

Boris Jelzin hat den Ruf des Wirrkopfs, der ihm anhaftete, mit seiner ersten Proklamation an das russische Volk erfolgreich abgestreift. Sein Programm hat Hand und Fuß. Er verzichtete bislang auf radikale Demagogie. So ist er bereit, über alle Streitfragen mit seinem Intimgegner Gorbatschow zu verhandeln. Das Hauptargument Jelzins entspricht einer tiefen Sehnsucht des russischen Volkes. Es will seine nationale Identität zurückgewinnen. Die Russen sind es leid, daß die Menschen in den übrigen Teilrepubliken der Sowjetunion – wie sie meinen – auf Kosten der russischen Leistungen und Opfer besser leben als sie selbst. Daß Rußland ohne die Getreidelieferungen der Ukraine, um dieses Beispiel zu erwähnen, kaum über die Runden käme, will man zwischen Leningrad und Wladiwostok vorläufig nicht zur Kenntnis nehmen.

Jelzin erscheint sehr viel geschmeidiger als Gorbatschow, der – wie sein jüngstes Treffen mit George Bush zeigte – mehr und mehr zum Gefangenen der auf der oppositionellen Front beharrenden Kräfte in Partei- und Armeeführung wurde.

Um so erstaunlicher ist das positive Echo, das Boris Jelzin aus den Reihen der Roten Armee entgegenhallt. Die Zeitung des Verteidigungsministeriums, *Roter Stern*, solidarisierte sich spontan mit dem Herausforderer Gorbatschows. Jelzin war klug genug gewesen – bei aller Forderung nach Schaffung eines Ersatzwehrdienstes – die Perspektive einer Berufsarmee zu skizzieren und den aufsässigen Randrepubliken keine eigene Wehrhoheit zuzugestehen. Das Offizierskorps und die Elite-Einheiten der Roten Armee, die sich im wesentlichen aus reinen Russen zusammensetzen – die Rekruten hingegen sind zu einem Drittel fremdvölkische Muslime – erkennen in Jelzin einen resoluten Verfechter ihrer nationalen russischen Interessen.

Das deutsche Wagnis

Die Kosten der Einheit

25. Juni 1990

Am 1. Juli 1990 beginnt für Deutschland ein einmaliges Experiment, ein beklemmendes Abenteuer. Binnen kürzester Frist werden zwei grundverschiedene Staatswesen aneinandergeschweißt, auf der einen Seite das höchstentwickelte der westlichen Industriegemeinschaft, auf der anderen ein marodes, trostloses Produkt des »real existierenden Sozialismus«. Immer wieder ist behauptet worden, die Entwicklung zur deutschen Einheit sei durch Helmut Kohl leichtfertig beschleunigt, in rasendes Tempo versetzt worden. Aber der Bundesregierung blieb gar keine Wahl. Wäre mit der Einführung der D-Mark in das Gebiet der DDR auch nur ein halbes Jahr gewartet worden, hätte sich mit Sicherheit ein zusätzlicher Strom von Umsiedlern über die Bundesrepublik ergossen.

Das Wagnis ist groß. Wie weit sich die beiden deutschen Staaten in den vergangenen vierzig Jahren auseinandergelebt haben, ist erst ersichtlich geworden, als die Mauer fiel und der Reiseverkehr zwischen Ost und West zur Routineveranstaltung wurde. Die Leistungsfähigkeit der DDR war aufgrund gezielter Verfälschungen aus dem Osten und naiver Leichtgläubigkeit im Westen maßlos überschätzt worden. Die Regierung Kohl übernimmt ein bankrottes Gebilde, und allein der Anblick der zu Ruinen verkommenen Stadtkerne der DDR ist erschütternd: »Ohne Waffen Trümmer schaffen«, lautet dort ein böser Witz.

Erstaunlich ist die Lethargie, ja der oft zur Schau getragene Mißmut, mit denen die Bürger des ehemaligen »Arbeiter-und-Bauern-Staates« ihrer Angliederung an die Bundesrepublik scheinbar entgegensehen. Da ist eine Wehleidigkeit aufgekommen, die man als typisch deutsch bezeichnen mag. Von »Ausverkauf« der DDR ist die Rede, obwohl man sich bei Besichtigung der dortigen Industrieanlagen und landwirtschaftlichen Produktionsgemeinschaften fragen muß, wer denn überhaupt diesen Schrott aufkaufen möchte. Nur ein gewaltiger Investitionsschub aus dem Westen, begleitet vom tatkräftigen Engagement kleiner und mittlerer Unternehmen, könnte der DDR aus ihrer grauen Misere, ihrer Rückständigkeit, die an Dritte-Welt-Zustände gemahnt, heraushelfen.

Aber bislang haben die großen westdeutschen Projekte höchst unzureichende Voraussetzungen für eine konsequente, erfolgverheißende Entfaltung angetroffen. Heute wirkt sich zutiefst negativ aus, daß die SED-Regierung Modrow mit ihrer auf Planwirtschaft festgelegten Wirtschaftsministerin Christa Luft bis in den März 1990 schalten und walten durfte und damit die längst fälligen Reformen hinauszögerte. Ein zusätzliches und lähmendes Handicap ist in der Ungewißheit der künftigen Rechts- und Eigentumsstrukturen zu suchen.

Die Masse der DDR-Bevölkerung, das hat sie bei den Wahlen am 18. März eklatant bewiesen, möchte den Alptraum der vergangenen vier Dekaden so schnell und gründlich wie möglich abschütteln. Allerdings kann sich diese Mehrzahl der Bürger nur unzulänglich artikulieren. Ihre neuen Wortführer, die bärtigen Minister der Regierung Lothar de Maizière, sind oft mit erschütternder Unzulänglichkeit geschlagen. Dieses Pastoren-Kabinett mit seinen utopischen Heilsvorstellungen macht den Übergang nicht leichter.

Dennoch ist keineswegs entschieden, daß das Kalkül Oskar Lafontaines aufgeht. Das wirtschaftliche Desaster, das er mit seinen Kassandra-Rufen an die Wand malt, muß nicht zwangsläufig über das wiedervereinte Deutschland hereinbrechen. Selbst im Falle schwerer Komplikationen und massiver Arbeitslosigkeit zwischen Elbe und Oder ist noch nicht ausgemacht, daß die SPD bei den kommenden Dezember-Wahlen einen Bonus aus ihrer Schwarzmalerei bezieht. Auf längere Sicht – spätestens binnen drei oder fünf Jahren – dürfte sich in Ostdeutschland sogar ein atemberaubendes Wirtschaftswunder vollziehen. Das mag allerdings nur ein schwacher Trost sein für Helmut Kohl, denn für ihn hängt alles davon ab, wie die wirtschaftliche Dynamik der Bundesrepublik mit der ihr gestellten gigantischen Aufgabe in den kommenden sechs Monaten fertig wird. Sein Titel als erster Kanzler der deutschen Einheit steht dabei auf dem Spiel.

Zusätzliche Lasten kommen auf Bonn bei der Beschwichtigung der sowjetischen Einsprüche zu. Fünf Milliarden DM Wirtschaftshilfe sind Gorbatschow bereits zugesagt worden, als erste Anzahlung für seine Zustimmung zur Eingliederung Gesamtdeutschlands in die Nato. Diese Summe wird voraussichtlich, beim traurigen Stand der Dinge in der Sowjetunion, *à fonds perdu* gespendet werden, im Abgrund der Mißwirtschaft verschwinden. Weitere Forderungen stehen an.

»Herz der Finsternis«

Afrika im Abseits

16. Juli 1990

Es steht schlecht um Afrika. Die Hiobsbotschaften aus dem »dunklen Kontinent« nehmen kein Ende. Die letzte Tagung der »Organisation für afrikanische Einheit« in Addis Abeba stand unter dem Eindruck einer dramatischen Verschärfung des endlosen äthiopischen Bürgerkrieges. Neuerdings kämpfen dort die tigrinischen Aufständischen im weiteren Umfeld der Hauptstadt. Der ganze Osten dieses Erdteils ist in revolutionäre Zuckungen verfallen. Zu den Massakern im Süd-Sudan und der chronischen Unsicherheit in Uganda haben sich Putschversuche in Kenia und Somalia gesellt. Viel weiter südlich scheiterte ein Umsturz in Sambia. In der Grubenstadt Lubumbashi hat die Armee von Zaire ein Blutbad unter revoltierenden Studenten angerichtet.

Im überwiegend frankophonen Westen ist ein Prozeß der Auflösung in Gang gekommen, der die bislang so gönnerhaft und interventionsfreudig veranlagten Franzosen zum Umdenken gegenüber ihren früheren Kolonien zwingt. Gabun, Elfenbeinküste, Benin, sogar die bislang recht ausgewogene Republik Senegal treiben in gefährlichen Strudeln. Die riesige Föderation Nigeria ist stets für Überraschungen gut. In Liberia dauern die Gemetzel seit Monaten an.

Um das Bild abzurunden, muß der Blick auf den arabisch-islamischen Nordrand Afrikas gerichtet werden. In Algerien feiert der koranische Fundamentalismus der »Islamischen Heilsfront« seine ersten Triumphe, und das Niltal muß vor heftigen religiösen Erschütterungen bangen. Da ist es ein relativ schwacher Trost, daß im jüngsten unabhängigen Staat Afrikas, in Namibia, das angekündigte Chaos ausblieb. Nelson Mandela hat gegenüber der weißen Regierung von Pretoria staatsmännische Mäßigung und eine große Eleganz des Auftritts an den Tag gelegt. Doch auch für diesen Helden des schwarzen Widerstandes gegen die Apartheid stehen die schwersten Stunden noch bevor, wenn die jubelnde Zustimmung, die ihm zu Recht in New York und Paris entgegenschlug, der nüchternen Bestandsaufnahme im eigenen Land weichen wird, wenn es für Mandela darum geht, die entfesselten schwarzen *comrades* von Soweto zu beschwichtigen oder zwischen den schwarzen Völkerschaften in Natal zu vermitteln. Der totale Ruin, die blutrünstige Anarchie in den ehemals portugiesischen Besitzungen Angola und Moçambique sind warnende Hinweise auf abgrundtiefe Risiken.

Die Weltöffentlichkeit hat ihr Interesse an Afrika verloren. Es macht sich zusehends Überdruß breit. Das ist vielleicht die schlimmste Hiobsbotschaft für Afrika. Diese Abkehr hängt gewiß mit der absoluten Priorität zusammen, die die spektakulären Umwälzungen in Ost- und Mitteleuropa für sich beanspruchen. Auch die Wirtschaftshilfe wird vorzugsweise in diese Richtung gelenkt, und für Afrika, das in der Euphorie seiner großen Unabhängigkeitswelle Anfang der sechziger Jahre als Zukunftsvision der Menschheit gefeiert wurde, bleiben nur Almosen übrig. Bisher konnten die afrikanischen Machthaber Moskau gegen Washington ausspielen, die beiden Supermächte mit fordernder Geste erpressen und je nach Opportunität das Lager wechseln. Heute hat die Sowjetunion ihr Engagement im Schwarzen Erdteil als kostspieliges Verlustunternehmen erkannt und alle Subventionen gesperrt. Afrika ist wieder zum vernachlässigten Objekt der Weltpolitik geworden und steht mit seiner Misere hoffnungslos im Abseits.

Dieser riesige Kontinent kann nur ein Prozent des gesamten Welthandels für sich beanspruchen. Seine Verschuldung erreicht die astronomische Summe von 257 Milliarden Dollar. Die Produkte Afrikas sind einem konstanten Preisverfall ausgesetzt, und dafür können nicht einmal mehr die westlichen Industrienationen voll verantwortlich gemacht werden. Der Kakao der Elfenbeinküste wird heute durch die gesteigerte Produktion Malaysias entwertet. Das gleiche gilt für die Kaffee-Ernte in Kenia, die in Indonesien dynamische Konkurrenz gefunden hat. Paradoxerweise werden die billigeren und hochwertigen Angebote aus der übrigen Dritten Welt den Afrikanern zum Verhängnis.

Bürgerkrieg, Hunger, Versteppung, Bevölkerungsexplosion, politische Verwilderung – all diese Plagen waren offenbar noch nicht genug. Zusätzlich wird dieser unselige Kontinent noch in einem Ausmaß, das längst nicht errechnet ist, von der Aids-Seuche heimgesucht. Die Infektionsstatistiken, die aus Kenia, Sambia – um nur diese beiden Länder zu nennen – nach außen dringen, lassen das Schlimmste befürchten.

In Europa und den USA ist viel darüber theoretisiert worden, ob die Hinwendung Osteuropas zu Menschenrechten und zur Demokratie nicht auch in Afrika ihren zwangsläufigen Niederschlag finden würde. An die Stelle des bislang praktizierten Systems des autoritären Einparteienstaates soll jetzt, so fordern Studenten und Oppositionelle, eine parlamentarische Vielfalt treten. Das Experiment muß gewagt werden, aber die Gefahr der politischen Versplitterung, der zusätzlichen staatlichen Zerrüttung und des feindlichen Auseinandertreibens der Stämme würde dann riesengroß. Für Europa kann es nicht gleichgültig sein, welche Gewitter sich in seiner südlichen Nachbarschaft zusammenbrauen.

Stammeskrieg in Natal

Mandela contra Buthelezi

3. September 1990

Schon bald dürfte der Krisenherd Südafrika auf der dringlichen Tagesordnung der UNO stehen. Die schrecklichen Massaker im Umkreis von Johannesburg sind durch die Kriegsdrohungen am Persischen Golf überschattet worden. Seit Moskau seine weltrevolutionäre Rolle in Afrika an den Nagel gehängt hat, seit auch die Volksrepublik China im Weltsicherheitsrat darauf verzichtet, ihr Veto einzulegen, sind die Chancen internationaler Vermittlung recht günstig geworden.

Das beweist die erfolgreiche Initiative des UN-Generalsekretärs Pérez de Cuellar in Namibia, in Nicaragua und neuerdings auch in Kambodscha. Vor allem die Nachbarschaft des ehemaligen Deutsch-Südwest, wo der Übergang zur namibischen Unabhängigkeit bislang ohne großes Drama, fast reibungslos abgelaufen ist, dürfte die weißen und schwarzen Politiker zwischen Kapstadt und Pretoria veranlassen, angesichts der sich verschärfenden Stammeskonflikte im eigenen Land nach der blauen Fahne und den »Blauhelmen« der Weltorganisation zu rufen.

Seit Jahren ist in der Küstenprovinz Natal ein Bürgerkrieg zwischen den beiden schwarzen Völkern der Zulu und der Xhosa im Gange. Mindestens viertausend Menschen sind hier brutal abgeschlachtet worden, ohne daß die breite Öffentlichkeit sich darüber sonderlich erregt hätte. Im westlichen wie im östlichen Ausland hatte man sich mit der oberflächlichen Feststellung begnügt, der »African National Congress« (ANC), der bereits seit 1912 für die Freiheit und Gleichberechtigung der Schwarzen eintritt, sei der perfekte und umfassende Verfechter des farbigen Volkswillens. Der ANC verfügte über aktive Auslandsbüros. Er hatte in den Wandelgängen der UNO von New York ebenso aktive Anwälte wie einst die Swapo in Südwest-Afrika, der es unter der Führung Sam Nujomas und seines zahlenstarken

Ovambo-Stammes tatsächlich gelungen ist, die politische Gestaltung Namibias an sich zu reißen.

An der Spitze des ANC profilierten sich weltbekannte Persönlichkeiten. Als wirkungsvollster Anwalt dieser Kampforganisation erwies sich Bischof Desmond Tutu, der – im Schutze seiner violetten Soutane, getragen von einer großen rednerischen Begabung – die einheimischen Massen und auch die weißen Beobachter zutiefst beeindruckte. Namen wie Oliver Tambo oder Sisulu waren allen Zeitungsredaktionen geläufig. Überragt wurden sie vom mythischen Prestige, das der tragische Gefangene von Robben Island, Nelson Mandela, genoß. Seine Freilassung durch die weiße Regierung von Pretoria signalisierte endgültig die Abkehr Südafrikas von der Apartheid-Politik.

Die Krawalle und Ausschreitungen in den »Townships« rund um Johannesburg haben eine schreckliche Wahrheit enthüllt. Der ANC ist längst nicht der einzige und voll repräsentative Wortführer der schwarzen Bevölkerungsmehrheit in der Republik Südafrika. Fast sämtliche Führer des ANC – wenn man von dem Litauer Joe Slovo absieht, der über die Karriere eines kommunistischen Berufsrevolutionärs in die Führungsspitze dieses Kampfbundes avancierte – gehören dem Volke der Xhosa an, das knapp fünf Millionen Menschen zählen dürfte. Gegen die Xhosa und gegen den ANC hat sich jedoch seit mindestens vier Jahren die stärkste schwarze Bevölkerungsgruppe, das Volk der Zulu, aufgelehnt, die in dem »Homeland« Kwazulu, also in der Provinz Natal, beheimatet ist. Zehntausende Wanderarbeiter aus den diversen Zulu-Stämmen – meist Junggesellen – kampieren seit langem in den schwarzen Grubenstädten von Transvaal und in ihren trostlosen »Hostels«. An der Spitze der Zulu behauptet sich der Stammesführer Mangosuthu Buthelezi, der in jungen Jahren auf seiten Mandelas im ANC eine prominente Rolle gespielt hatte. In den letzten Jahren der Apartheid hatte Buthelezi eine verschwommene Politik verfolgt. Er hatte die Zulu-Organisation »Inkatha« gegründet. Er glaubte, mit den Weißen auf dem Wege des rassischen Nebeneinanders zurechtzukommen. Vielleicht träumte er davon, das alte Zulu-Imperium wieder errichten zu können, das kurz vor dem Buren-Treck nach Transvaal weite Teile des südlichen Afrika unterworfen und tyrannisiert hatte.

Nicht nur die Zulu und ihre »Inkatha« stürmen gegen die besonnenen alten Männer, gegen die im Untergrund und in der Haft ergrauten Funktionäre des ANC an. In den »Townships« wütet auch ein Generationenkonflikt. Ob sie unter den Abkürzungen APC (African People's-Congress), Azapo (Azania-People's Organization) oder als ungezügelte Gangs antreten, diese schwarzen Jugendlichen bis hinab zu den Schulkindern, die die große Bevölkerungsmehrheit ausmachen, verlangen nach totaler Gewalt, nach Züchtigung der anmaßenden weißen Minderheit, nach *black power.* Schon schüchtern diese halbwüchsigen schwarzen Extremisten die gemäßigten und reiferen *comrades* ein. Sie unterlaufen mit gewalttätiger Unberechenbarkeit die mühsamen Versuche Präsident de Klerks und Nelson Mandelas, eine vernünftige Basis für die friedliche Koexistenz der Rassen zu suchen. Ein Blick auf Liberia genügt, um sich das ganze Grauen einer blutrünstigen Stammesanarchie auch in Südafrika auszumalen.

Kriegerische Optionen am Golf

Strategische Überlegungen

24. September 1990

Nicht nur in den Militärstäben, auch im breiten Publikum ist es an der Zeit, über die kriegerischen Optionen nachzudenken, die sich dem amerikanischen Oberkommando am Persischen Golf aufdrängen. Der Befehlshaber der US Air Force, Mike Duggan, ist seines Postens enthoben worden, weil er dem massiven Bombardement Bagdads und – wenn möglich – der Auslöschung der Sippe Saddam Husseins den strategischen Vorzug gab.

Ob ein Landkrieg gegen den Irak lediglich durch absolute Luftüberlegenheit entschieden werden kann, erscheint seit den amerikanischen Erfahrungen mit Nordvietnam zweifelhaft. Selbst in der Annahme, es gelänge General Schwarzkopf, die Soldaten Saddam Husseins aus Kuwait zu vertreiben, bestände doch weiterhin die Gefahr, daß das US-Expeditionscorps sich in einem langwierigen Partisanenkrieg gegen die arabischen Nationalisten und muslimischen Fundamentalisten abnutzt oder zumindest mit eine radikalen Form der »Intifada« konfrontiert würde.

Alle Versicherungen aus Washington, die amerikanischen Streitkräfte würden sofort nach einem irakischen Verzicht auf die Annexion Kuwaits und nach Freilassung aller Geiseln nach Hause zurückkehren, gehen am Kern der veränderten, psychologischen Situation im Mittleren Osten vorbei.

Seit das Königreich Saudi-Arabien mitsamt den anderen ölproduzierenden Emiraten und Scheichtümern des Golfes seine letzte Rettung bei den USA suchte, seit König Fahd als »Wächter der Heiligen Stätten« Mekka und Medina hunderttausend ungläubige Soldaten ins Land rief, sind die ohnehin brüchigen arabischen Monarchien dem Untergang geweiht.

Wenn die islamischen Massen mit ihren Sympathien mehrheitlich auf seiten Bagdads stehen, so nicht so sehr aus Sympathie für Saddam Hussein, sondern vor allem aus Protest gegen jene Petroleum-Potentaten, die in skandalösem Luxus schwelgen und ihre eigenen Laster hinter offiziell proklamierter Frömmigkeit kaschieren.

Die US Army ist auf jeden Fall dazu verurteilt, auf lange Zeit im Orient präsent zu bleiben, falls die angestrebte *pax americana* Bestand haben soll. Um dieser Aufgabe gerecht werden zu können, wird Washington nach schlagkräftigen Verbündeten Ausschau halten müssen.

Die im saudischen Wüstensand aufmarschierten Syrer, Ägypter und Pakistani werden sehr bald in nationale und religiöse Loyalitätskonflikte geraten. Automatisch wendet sich da der Blick auf den nördlichen Nachbarn des Irak, auf die Türkei, deren Armee mit mindestens hunderttausend Mann auf dem Sprung steht.

Der türkische Staatspräsident Turgut Özal hat die Überzeugung geäußert, daß sich die Gesamtkarte des Nahen und Mittleren Ostens nach der jetzigen Krise dramatisch verändern werde. Er weiß, wovon er spricht. So umstritten er bei seinen Landsleuten auch sein mag, der türkische Staatschef hat die enge Verflechtung seines Landes mit dem Orient wieder entdeckt.

Özal ist sich bewußt, daß viele türkische Muselmanen sich nur mit sehr gemischten Gefühlen in eine atlantisch-christliche Operation gegen ihre Glaubensbrüder von Mesopotamien verwickeln ließen. Aber er kann andererseits an die imperiale Tradition des Osmanischen Reiches anknüpfen, dessen mächtige Erinnerung zwischen Thrakien und Van-See nicht erloschen ist.

Sollte es zum kriegerischen Eingreifen der Amerikaner kommen – und vieles deutet darauf hin – wäre der Irak von innerem Verfall und von Bürgerkrieg bedroht. Schon heute zeichnet sich ab, daß der Konflikt zwischen George Bush und Saddam Hussein für die iranischen Mullahs ein Gottesgeschenk darstellt, und daß dem Iran dabei eine Art Schiedsrichterfunktion zufallen könnte.

Die kurdischen Gebirgsstämme des Nordens bilden eine andere zentrifugale Kraft im Irak. Sollte es zum Chaos in Bagdad und zur Beseitigung des dortigen Machtsystems der Baath-Partei kommen, würden die Kurden unverzüglich einen unabhängigen eigenen Staat in den von ihnen besiedelten Provinzen ausrufen. Das wiederum wäre für die Türkei unerträglich.

Ankara hat in den letzten Wochen seine militärischen Maßnahmen gegen die eigene kurdische Bevölkerung, die mindestens zehn Millionen Menschen zählt, eskaliert.

Özal spricht von »territorialen Veränderungen« und denkt dabei vermutlich an die reiche Erdölregion im Umkreis der nordirakischen Städte Mossul und Kirkuk. Auf sie hatte der Staatsgründer Atatürk nach dem Ersten Weltkrieg unter massivem Druck der damaligen britischen Mandatsmacht verzichten müssen.

Daß Ankara vor militärischen Einsätzen nicht zurückschreckt, hat der Präzedenzfall Zypern bewiesen. Aus türkischer Sicht läßt sich ein aktives Engagement auf seiten Amerikas und gegen die Araber allenfalls rechtfertigen, wenn damit eine konkrete territoriale Expansion und – dank der dortigen Petroleumvorkommen – ein greifbarer wirtschaftlicher Zugewinn verbunden wäre.

Der »neue Bismarck«

Deutsch-französische Animositäten

22. Oktober 1990

Ohne das enge Zusammenwirken Frankreichs und der Bundesrepublik gäbe es heute keine Europäische Gemeinschaft. Aber seit der Vereinigung Deutschlands knirscht es in der deutsch-französischen Beziehung. In Paris wird Bundeskanzler Helmut Kohl häufig als neuer Bismarck dargestellt. Man zeichnet ihn unter der preußischen Pickelhaube, und neben einem geschrumpften Mitterrand erscheint er in den zunehmend unfreundlichen Karikaturen als teutonischer Koloß.

Schon Clemenceau hatte gesagt, es gäbe »20 Millionen Deutsche zuviel«. Das geeinte Deutschland erscheint manchem Franzosen um so beklemmender, als das Wirtschaftspotential der früheren Bundesrepublik allein in der Europäischen Gemeinschaft schon die Richtung bestimmte und die D-Mark mehr und mehr in die Rolle einer Leitwährung geraten war. An der Seine wird häufig die Bemerkung Napoleons zitiert, die Politik eines jeden Landes sei Funktion seiner geographischen Situierung. Aus der Mittellage Germaniens wird sorgenvoll geschlossen, die Deutschen würden sich in Zukunft wieder in stärkerem Maße dem Osten zuwenden. Französische Historiker entdecken plötzlich, daß fast alle russischen Zaren deutsche Prinzessinnen geheiratet haben, unter denen Katharina die Große die herausragendste war. In französischen Leitartikeln wird leichtfertig vor einem neuen »Großdeutschland« gewarnt, wobei diese Skribenten offenbar gar nicht wissen, daß im 19. Jahrhundert die Bismarcksche Lösung, also der germanische Zusammenschluß zwischen Elsaß-Lothringen und dem Memelgebiet, bereits als »kleindeutsch« galt, weil er Österreich ausschloß. Den katholischen Pfälzer Helmut Kohl, der seine politische Berufung im Schatten des Hambacher Schlosses erfuhr – also eines Ortes, wo im frühen 19. Jahrhundert der demokratische deutsche Einigungwille sich unter schwarz-rot-goldenen

Fahnen gegen die Willkür der Fürsten erhob –, mit dem ostelbischen Monarchie-Gläubigen Junker Otto von Bismarck zu vergleichen, ist ohnehin abwegig.

In Frankreich ist man sich dieser Mißtöne endlich bewußt geworden. Mehr und mehr berufene Stimmen verweisen darauf, daß zur Zeit – über die Oder hinaus – keineswegs ein deutscher »Drang nach Osten« stattfindet, sondern daß die Unternehmer der Bundesrepublik von den Regierungen in Warschau, Prag, Budapest, vor allem auch in Moskau zu immensen Investitionen ermutigt, fast genötigt werden, wo doch die Zukunftsentwicklung dieser Regionen überaus ungewiß und risikobelastet bleibt. Die französische Europa-Ministerin Edith Cresson hat ihren spektakulären Rücktritt damit begründet, daß die mangelnde Initiative, die Bequemlichkeit der französischen »Patrons« und Exporteure für die mangelnde ökonomische Präsenz Frankreichs in Osteuropa verantwortlich seien.

François Mitterrand hat zweifellos ein gerüttelt Maß Verantwortung an dieser Trübung zwischen den beiden karolingischen Nachfolgestaaten. Bislang hat die deutsche Seite eher mit Verwunderung als mit Entrüstung reagiert. In Bonn wird die französische Zögerlichkeit zutiefst bedauert. Der französische Staatschef war offenbar in der deutschen Frage von Anfang an schlecht informiert und noch schlechter beraten. Als er im Herbst 1989 zu Egon Krenz nach Ost-Berlin und Gorbatschow nach Kiew eilte, glaubte er wohl tatsächlich, den deutschen Einigungsprozeß aufhalten oder verlangsamen zu können. Er hat damals die Chance verpaßt, sich an die Spitze einer Bewegung zu stellen, die er ohnehin nicht verhindern konnte. Er hat sich dabei um eine Führungsrolle im gesamteuropäischen Einigungsprozeß gebracht. Seitdem erweckt Mitterrand häufig den Eindruck, als stehe er schmollend im Abseits.

Die einseitige Verfügung des französischen Oberkommandos, seine Truppen aus Deutschland zurückzuziehen, entspricht einer vergleichbaren psychologischen Fehlleistung. Diese Einheiten befanden sich nicht als Besatzer oder integrierte Nato-Verbände auf deutschem Boden, sondern aufgrund eines bilateralen Abkommens, das 1966 zwischen Charles de Gaulle und Ludwig Erhard vereinbart worden war. Niemand in der Bundesrepublik hatte den Abzug der französischen Soldaten gefordert. Im Gegenteil; man betrachtete sie als willkommene Gäste und als Garanten einer künftigen gemeinsamen Strategie. Da das geeinte Deutschland seine Armeestärke auf 370 000 Mann reduzieren wird und feierlich auf den Besitz von Nuklearwaffen verzichtet, könnte Frankreich sich als bedeutendster militärischer Faktor im Westen des Kontinents profilieren.

Angesichts der Gewitterwolken, die sich in der Golfregion, in der Levante und – im Gefolge fundamentalistischer Umtriebe – auch in Nordafrika zusammenbrauen, sollten die beiden karolingischen Nachbarn sich wieder bewußt werden, daß sie dem Rückfall in kontinentale Zwistigkeiten, daß sie den Belastungen einer sich anbahnenden Nord-Süd-Konfrontation nur durch eine resolute Schicksalsgemeinschaft begegnen können.

Vor dem »Wüstensturm«

Die explosive Situation im Nahen Osten

5. November 1990

Viel Zeit bleibt Präsident Bush nicht, um über Krieg und Frieden am Persischen Golf zu entscheiden. Die Wechselbäder von Hoffnung und Angst entnerven die Weltöffentlichkeit. Die Verschleppung des Konflikts arbeitet gegen Amerika. Die europäischen Verbündeten werden von Saddam Hussein systematisch mit dem Schacher um die Geiseln zermürbt. Die arabische Allianz gegen Bagdad, die Washington so überraschend aufbieten konnte, ist ohnehin auf Sand gebaut. Im Sicherheitsrat der Vereinten Nationen wirkt es wie ein Wunder, daß Russen und Chinesen immer noch die ihnen von George Bush vorgelegten Resolutionen einstimmig verabschieden.

Schon gibt es Zyniker, die behaupten, das schlimmste, was Amerika passieren könne, sei ein taktisches, auf Frist kalkuliertes Nachgeben des irakischen Diktators. Sollte Saddam Hussein sich in letzter Minute noch bereitfinden, sämtliche Geiseln ohne Gegenleistungen nach Hause zu schicken, sollte er gar echte Bereitschaft zeigen, seine Streitkräfte aus dem erbeuteten und annektierten Kuwait zurückzuziehen, so geriete das Weiße Haus in eine außerordentlich heikle Lage. Die Auslösung einer massiven militärischen Aktion wäre dann kaum noch zu rechtfertigen. Unbegrenzt ließe sich die Stationierung von hundertfünfzigtausend tatenlosen GIs in der trostlosen saudischen Wüste andererseits auch nicht verlängern. Für eine solche psychologische und materielle Abnutzung ist die US Army nun einmal nicht geeignet. Im übrigen haben die Sicherheitsdienste von Bagdad in der Zwischenzeit im besetzten Kuwait *tabula rasa* gemacht, haben neue Strukturen eingezogen, Bevölkerungsumschichtungen vorgenommen, so daß selbst nach der Preisgabe dieser Beute durch den »Bullen von Bagdad« die Wiedereinsetzung der Herrscherfamilie as-Sabah ein recht problematisches Unterfangen wäre.

Kein Wunder, daß George Bush dieser Entwicklung entgegenwirken möchte. Gegenüber dem Irak wird die Latte der Forderungen immer höher angesetzt. So sollen – laut jüngster UN-Resolution – alle Schäden und Verluste, die durch die Okkupation Kuwaits, wo auch immer entstanden sind, durch das ohnehin finanzschwache Regime von Bagdad voll vergütet werden. Daran könnte sich das Verlangen knüpfen, daß der Irak gewisse Rüstungssektoren – insbesondere seine Giftgasfabriken – einer international überwachten Vernichtung zuführte, und dann wäre tatsächlich der Punkt erreicht, an dem Saddam Hussein nicht mehr nachgeben könnte, ohne selbst unterzugehen.

Washington hat zudem angekündigt, daß ein unbewaffnetes US-Versorgungsschiff in Kuwait anlegen soll, um die dortige amerikanische Botschaft mit Nahrungs- und Gebrauchsgütern zu versorgen. Bei dieser Gelegenheit könnte sich der blutige, irreparable Zwischenfall ereignen – man denke an den Tonking-Bucht-Zwischenfall von Vietnam –, der automatisch den Lärm der Waffen auslösen würde.

Die diversen Optionen für den kriegerischen Ernstfall dürften im US-Oberkommando längst bereitliegen. Eine wirklich überzeugende Strategie bietet sich jedoch nicht an. Natürlich wird die absolute Überlegenheit der US Air Force die entscheidende Rolle spielen, doch seit den Äußerungen des Fliegergenerals Le May, man werde Nordvietnam »in die Steinzeit zurückbomben«, ist hier Skepsis geboten. Schon wurde errechnet, daß die Rückeroberung Kuwaits eine Gefallenenzahl von mindestens zehntausend GIs fordern würde, aber das ist nur eine vorsichtige Schätzung. Natürlich wird es den Amerikanern gelingen, das Saddam-Regime zu zerschlagen, seine Armee zu dezimieren, den Diktator zu stürzen oder ihn physisch auszuschalten. Aber was wäre damit erreicht? Eine wirkliche Befriedung des Nahen und Mittleren Ostens sowie der arabischen Halbinsel, die Schaffung einer *pax americana* zwischen Levante und Schatt-el-Arab ließe sich schwerlich gewährleisten. Der staatliche Zerfall der »Arabischen Republik Irak« würde vermutlich eine weitgreifende »Libanisierung« des gesamten Orients zur Folge haben. Die amerikanischen Soldaten sähen sich mit einer überdimensionalen »Intifada« von seiten muslimischer Fanatiker und extremer arabischer Nationalisten ausgesetzt.

Bevor er endgültig von der Szene verschwände, dürfte Saddam Hussein mit einem letzten Aufbäumen versuchen, den Krieg nach Israel hineinzutragen. Er würde seine Raketen Richtung Tel Aviv und Haifa abfeuern, und das ohnehin palästinensisch geprägte Königreich Jordanien mit Hilfe der dortigen brodelnden Massen zu sprengen suchen. Der irakische Diktator ist darauf aus, als verzweifelter Held des Arabismus und des Islam, notfalls als »Märtyrer« gegen die Imperialisten und Zionisten in die Geschichte einzugehen. Für die USA wäre nach einer Serie bitterer Enttäuschungen und schmerzlicher Menschenverluste die Versuchung übergroß, sich in den Isolationismus zurückzuziehen und endgültig auf jene Rolle des Weltgendarmen zu verzichten, die die ehemaligen Partner und Rivalen von Moskau längst an den Nagel gehängt haben.

Abschied von der »Eisernen Lady«

Der Rücktritt Margaret Thatchers

26. November 1990

Man wird ihr noch nachtrauern, der »Eisernen Lady«. Mit dem Rücktritt Margaret Thatchers ist nicht nur das politische Leben Großbritanniens um eine kraftvolle, imponierende Persönlichkeit ärmer geworden. Auch die kontinentale Gemeinschaft, die so mühselig auf die Bildung einer Konföderation hinwirkt und der »Maggie« immer wieder neue Hindernisse entgegensetzte, wird nach dem Ausscheiden dieser farbenprächtigen, unzähmbaren, zutiefst irritierenden Regierungschefin in die Grauzonen jener auswechselbaren Eurokraten verwiesen, die sie mit ihrem kompromißlosen »No«, so oft und kategorisch konsterniert hat. So paradox es klingt, mit ihr geht der Gemeinschaft ein Stück typisches Europa verloren. Die Nachfolger werden blasser, werden auch bequemer sein. Die scheidende britische Premierministerin hat – mit historischem Abstand betrachtet – überwiegend Nachhutgefechte geliefert. Sie hat die neuen Entwicklungen – weder im Sozialen noch im Außenpolitischen – aufhalten können. Auf ihre Art war sie eine »Heldin des Rückzugs«, wie Hans Magnus Enzensberger formulieren würde. Doch mit welcher Allüre hat sie dem unaufhaltsamen Niedergang getrotzt. Kein männlicher Premierminister hätte das ungeheuerliche Wagnis des Falkland-Feldzuges gegen die numerisch weit überlegenen Argentinier auf sich genommen. Diese Löwin hat es geschafft, daß der alte »Jingoismus« noch einmal an der Themse triumphierte, daß mit Überzeugung die Hymne angestimmt werden konnte: »Britannia rule the waves« – Herrsche über die Wogen – Britannia.

Natürlich ist »Maggie« von ihren Parteifreunden nicht wegen ihrer Vorbehalte gegen die europäische Einigung und schon gar nicht wegen ihrer zutiefst ungerechten Attacken gegen den Präsidenten der Brüsseler Kommission, Jacques Delores, gestürzt worden. Der »Thatcherismus«, jenes radikal konservative Wirtschaftskonzept, das die britische Lethargie aufrütteln sollte, war am Ende nicht mehr in der Lage, mit den akuten Finanzproblemen des Vereinigten Königreichs fertig zu werden.

Der Abbau so vieler sozialer Errungenschaften und Zugeständnisse, die die Labour Party als schwer verkraftbares Erbe hinterlassen hatte, brachte schließlich doch nicht den erhofften dynamischen Aufschwung. Die Inflation schnellte ebenso in die Höhe wie die Zinssätze und die Arbeitslosenquote. Mit der störrischen, fast irrationalen Unbeirrbarkeit, die bereits die irischen Insurgenten auf fatale Weise zu spüren bekommen hatten, verhängte die Regierungschefin auch noch eine unzeitgemäße *poll tax*, eine Kopfsteuer, über alle Briten und trieb eine Vielzahl potentieller Anhänger in eine wütende Opposition. Weil für die »Tories« kaum eine Chance bestand, die nächsten Parlamentswahlen mit dieser Galionsfigur zu bestehen, wurde »Maggie« geopfert. Ihre deklarierte Absicht, das bewährte englische Rundfunksystem dem Wildwuchs schonungsloser Kommerzialisierung auszuliefern, hatte ihrem Ansehen zusätzlich geschadet.

Es ist ein merkwürdiger Zufall, daß die Ära Thatcher fast genau an dem Tag zu Ende ging, als unter dem Ärmelkanal endlich der entscheidende Tunneldurchbruch zwischen dem Festland und dem Inselreich vollzogen wurde. Auch in anderer Beziehung waren die Voraussetzungen für jede Form von *splendid isolation* zu Bruch gegangen, haben sich in Mittel- und Osteuropa gewaltige Veränderungen vollzogen.

Ähnlich wie Frankreich, ja in noch stärkerem Maße, fühlt sich England heute durch das Hochkommen des deutschen Machtfaktors an den Rand des Kontinents und in eine geminderte politische Rolle gedrängt. Den Briten muß es vorkommen, als seien die beiden Weltkriege zwar mit großer Bravour, aber paradox negativem Endergebnis durchgefochten und gewonnen worden.

Für Helmut Kohl, der krampfhaft bemüht ist, das erdrückende deutsche Übergewicht durch Bonhomie und gesamteuropäische Beschwörungen herunterzuspielen, ja zu kaschieren, wird das Gespräch mit den Thatcher-Nachfolgern in London wohl etwas harmonischer verlaufen als sein letzter Dialog mit der »Eisernen Lady« beim pfälzischen Saumagen in Oggersheim. Aber auch er hat stets Hochachtung gezollt für das kämpferische Temperament dieser ungewöhnlichen, irgendwie anachronistischen Frau, die sich in der Nachfolge der »Virgin Queen« Elizabeth I. und der imperialen Königin Victoria bewegte.

Den Franzosen unter Mitterrand wird es in Zukunft vielleicht leichterfallen, ihre Beziehungen zu London auszubauen und zu vertiefen. Möglicherweise wäre eine friedliche, europäisch orientierte Neuauflage der *entente cordiale* ein geeignetes Mittel, die germanische Präponderanz sogar im wohlverstandenen deutschen Interesse ein wenig abzudämpfen und auszubalancieren.

Von Warschau bis Tirana

Polen nach der Wahl Walesas

17. Dezember 1990

Manche Illusion ist verflogen in Osteuropa seit dem großen Aufbruch in die Freiheit. Mit Erleichterung ist immerhin quittiert worden, daß der erprobte Solidarność-Führer Lech Walesa und nicht der obskure Hasardeur Stanislaw Tymiński in Warschau zur Präsidentenwürde gelangt ist.

Walesa hat eine schier hoffnungslose Aufgabe übernommen. Die psychischen Schäden der vierzigjährigen kommunistischen Zwangsherrschaft wiegen in mancher Hinsicht schwerer als die desaströse wirtschaftliche Verwahrlosung. Der neue Staatschef stellt – bei allen Bedenken, die gegen ihn geäußert werden mögen – vermutlich die einzige Chance dar, den Anfangsvers der Nationalhymne zu bestätigen: »Noch ist Polen nicht verloren«.

Es bedarf jetzt wohl eines Populisten, eines Demagogen, sogar eines Mannes, der weder gegenüber den russischen noch den deutschen Nachbarn irgendwelche Komplexe empfindet. Ohne autoritäre Maßnahmen wird Walesa nicht auskommen in einem Staat, der im Lauf seiner Geschichte nicht nur unter der Habgier der angrenzenden Großmächte, sondern auch unter dem eigenen Hang zur politischen Anarchie gelitten hat.

Die Polen haben nachdrücklich gefordert, daß die bei ihnen stationierten sowjetischen Truppen bis Ende des Jahres 1991 evakuiert sein sollen. Danach werden allerdings noch mächtige russische Rückzugskontingente aus den Kasernen der Ex-DDR über polnisches Territorium nach Osten rollen. Schon zeichnen sich hier Ansätze zu Reibungen zwischen Warschau und Moskau ab, wie ohnehin der latent vorhandene polnische Nationalismus sich eher am Verhältnis zur Sowjetunion erhitzen dürfte als am Mißtrauen gegen die Deutschen, vorausgesetzt, daß man in Bonn Zurückhaltung und extreme Konzilianz walten läßt.

Manche Beobachter unterstellen dem neuen Präsidenten Walesa, daß er in die Fußstapfen jenes Marschalls Pilsudski treten wird, der gegen den bolschewistischen Ansturm nach dem Ersten Weltkrieg das »Wunder an der Weichsel« vollbrachte und bis in die dreißiger Jahre mit quasi-diktatorischer Weisungskraft die Warschauer Republik regierte. Eine gewisse physische Ähnlichkeit ist zweifellos zwischen dem adeligen Marschall und dem proletarischen Gewerkschafter vorhanden, und wenn es nur der mächtige Schnurrbart wäre. Ganz entschieden muß weiterhin die katholische Kirche darüber wachen, daß keine verderblichen politischen Leidenschaften in Polen aufkommen. Vor allem muß sie jenen häßlichen antisemitischen Auswüchsen entgegentreten, die immer wieder von unverbesserlichen Elementen geschürt werden.

Die polnischen Streitkräfte sind bei der deutschen Bundesregierung vorstellig geworden, um freigewordenes Kriegsmaterial der verflossenen Nationalen Volksarmee der DDR zu Ramschpreisen zu erwerben. Seit dem Zusammenbruch des Warschauer Paktes ist Polen auf sich selbst gestellt. Wenn von einer hypothetischen Völkerwanderung darbender Russen die Rede ist, die in Zukunft nach Westen strömen könnten, um dort Wohlstand und Freiheit zu suchen, so sind die Polen mit Sicherheit nicht bereit, ihr Land als Transitzone zur Verfügung zu stellen.

Neben den zahllosen Unwägbarkeiten, die die Zukunft Rumäniens und Bulgariens, aber auch Ungarns und der Tschechoslowakei verdüstern, richtet sich der besorgte Blick des Westens vor allem auf die jugoslawische Föderation. Der Sieg des serbischen Chauvinisten und Neostalinisten Milosević bei den letzten Regionalwahlen, der Triumph der Kommunisten in Montenegro wecken fatale Erinnerungen. Heute erscheint der Ausbruch des Ersten Weltkrieges nach dem Mord in Sarajevo plötzlich in einem neuen Licht, und man bringt mehr Verständnis auf für die verhängnisvolle Reaktion der österreichisch-ungarischen Monarchie gegen das damalige Königreich Serbien. Alle Voraussagen, der jugoslawische Staat stehe vor dem unmittelbaren Auseinanderplatzen oder gar vor dem Bürgerkrieg, haben sich bislang nicht bewahrheitet. Die überwiegend von Serben kommandierte Armee bildet weiterhin ein wirksames Zwangsinstrument der Einheit. Die Slowenen und Kroaten sind wohl doch nicht so rückhaltlos zur Sezession entschlossen, wie sie vorgeben. Doch der Kessel kocht auf dem Balkan. Sollte der kroatische Nationalistenführer Tudjman scheitern, dann würde wohl in Zagreb die Stunde der Extremisten schlagen und mancher erinnert sich hier an den separatistischen Terror der »Ustacha«.

Ein völlig neues Element ist hinzugekommen. Das bislang stalinistische Albanien sucht nach neuen demokratischen Existenzformen. Hier liegt der Ansatz zur explosiven Veränderung, zum Scheitern der großserbischen Ambitionen. Die jugoslawischen Albaner des Kosovo werden in Zukunft aus Tirana wirkungsvolle Unterstützung erhalten. Es wäre ein Wunder, wenn bei den überwiegend muslimischen Skipetaren die Religion nicht zum Zuge käme. Der Islam dürfte in dieser unausweichlichen Konfrontation – ähnlich wie morgen veilleicht im mehrheitlich muselmanischen Bosnien – eine entscheidende Rolle spielen.

Gewitterwolken zwischen Baltikum und Balkan

Im Schatten der Golfkrise

14. Januar 1991

Für die Wiederherstellung des Emirats Kuwait, das nach dem Zweiten Weltkrieg aus der Konkursmasse des britischen Empires in eine fragwürdige Eigenstaatlichkeit entlassen wurde, für die Restauration der Öl-Dynastie as-Sabah, deren Prinzen sich vor allem durch die Verschleuderung von Millionenbeträgen in den westlichen Spielcasinos einen Namen gemacht haben, bietet Amerika eine Streitmacht von 400 000 Mann plus 200 000 Verbündete auf. Zur gleichen Zeit droht die Hoffnung Litauens auf Unabhängigkeit vor die Hunde zu gehen; und der massive Wille der baltischen Bevölkerung nach Einführung der Demokratie wird durch militärische Drohgebärden der Sowjetarmee eingeschüchtert und reduziert.

Erinnerungen kommen auf an die Suez-Expedition der Engländer und Franzosen, die im Jahr 1956 mit ihrer Landung in Ägypten versucht hatten, den ägyptischen Präsidenten und Volkstribun Gamal Abdel Nasser zu stürzen. Damals hatte Nikita Chruschtschow die Stunde genutzt. Während die Welt gebannt auf das spätkoloniale Abenteuer der Entente-Mächte starrte, ließ er seine Panzer auf Budapest zurollen und warf den ungarischen Volksaufstand gegen die stalinistische Tyrannei mit Waffengewalt nieder.

Die amerikanische Regierung verschwendet kein Wort des Protestes auf die Vorgänge in den Randrepubliken der Sowjetunion, die im Rahmen der neuen Präsidialvollmachten für Gorbatschow und mit zunehmendem Einfluß der russischen Generäle einer systematischen Gleichschaltung ausgesetzt sind. Während in Deutschland noch die Aktion »Ein Herz für Rußland« läuft, eine Wohltätigkeitskampagne, die von national denkenden Russen als Demütigung ihrer Nation empfunden werden muß und das Scheitern der »Perestroika« auf peinliche Weise demonstriert, klingen aus der Europäischen Gemeinschaft und dem Atlantischen Bündnis nur lauwarme Mahnungen.

Michail Gorbatschow hat das Weiße Haus wissen lassen, daß Moskau weiterhin zur letzten Resolution des UN-Sicherheitsrates steht, die ein militärisches Eingreifen am Golf erlaubt. Also sieht George Bush keinen Anlaß, diese positive Konjunktur durch irgendwelche störenden Demarchen zugunsten der kleinen baltischen Völker zu trüben und des Wohlwollens des Kremls verlustig zu gehen. Daß damit die durchaus legitime Militäraktion Washingtons gegen den Aggressor Saddam Hussein moralisch entwertet wird, hat man am Potomac offenbar nicht begriffen.

Vielleicht ist der Kalte Krieg zwischen Ost und West allzu voreilig zu Grabe getragen worden. Nach den Balten werden wohl die Moldawier und die Georgier an die Reihe kommen. Sie werden sich kaum behaupten können gegen den neuen Zentralisierungskurs der Moskauer Behörden. Allerdings läßt sich hier die sowjetische Führung, in der die *hardliner* offenbar wieder den Ton angeben, auf ein unabsehbares Wagnis ein. Es bedarf zwar nur einiger tausend Fallschirmjäger, um die Ostsee-Republiken und die rumänischen Moldawier unter Kontrolle zu bringen. Im Kaukasus wird ein solches Unterfangen hingegen sehr viel schwieriger sein, vor allem, wenn es darum geht, die schiitischen Aserbeidschaner wieder in den marxistisch-leninistischen Föderationsverbund zurückzuzwingen. Die christlichen Armenier mögen am Ende immer noch ihren Schutz vor dem türkischen Erbfeind bei der russischen Orthodoxie suchen. Für die muslimischen Minderheiten schlägt hingegen – ähnlich wie einst in Afghanistan – die Stunde der religiösen Wiedergeburt und, wer weiß, des Heiligen Krieges. Mit den fünfzig Millionen Muslimen des Sowjetimperiums wird der Kreml behutsam umgehen müssen.

Die Europäer schauen diesen Vorgängen im Osten wort- und machtlos zu. Lediglich die Polen verlagern ihre Divisionen an die russische Grenze, verweigern sowjetischen Einheiten, die ohne Vorankündigung aus der Ex-DDR abgezogen werden, die Transiterlaubnis, fordern die Evakuierung der noch bei ihnen stationierten 50 000 Mann der Roten Armee.

Unverzeihlich ist die totale Reaktionslosigkeit der Europäischen Gemeinschaft gegenüber den Vorgängen in Jugoslawien. Durch das russische Beispiel ermutigt, könnten die serbischen Militärs nunmehr durchaus zum verhängnisvollen Schlag gegen die Freiheitsbestrebungen der Slowenen und Kroaten ausholen. Daß sie sich auf die Unterdrückung verstehen, haben die Serben ja bereits im albanischen Kosovo bewiesen. Auch auf dem Balkan bewirkt das überdimensionale amerikanische Engagement am Persischen Golf eine fatale Lähmung der westlichen Diplomatie. Dabei sollten die Mitteleuropäer bedenken, daß die Volkstums- und Konfessionsgrenzen in ihrem Siedlungsraum fließend und porös sind. Die muslimischen Bosniaken, die über kurz oder lang vom panislamischen Erwachen erfaßt werden dürften, leben nicht weit ab von der österreichischen Grenze. Doch in Kärnten fährt die deutschsprachige Bevölkerungsmehrheit fort, ihre lokale slowenische Minderheit auf kleinliche Weise zu schikanieren.

Luftkrieg gegen Irak

Bushs »Wüstensturm«

21. Januar 1991

Im Orient hat die Stunde der großen Ungewißheiten geschlagen. Eines scheint jedoch sicher zu sein: Die amerikanische Offensive verläuft nicht laut Plan. Die US Air Force war davon ausgegangen, daß sie am ersten Tage ihres Einsatzes die irakische Luftwaffe vom Himmel fegen könnte. Doch die Piloten des Saddam Hussein sind der Konfrontation ausgewichen, haben ihre Maschinen offenbar in gut getarnten Bunkern untergestellt und warten auf eine spätere Chance des Eingreifens. Das US-Kommando war ebenfalls davon ausgegangen, daß schon beim ersten *surgical strike* so gut wie alle Scud-B-Raketen, über die Bagdad verfügt, vernichtet werden könnten. Auch diese Annahme hat sich als falsch erwiesen. Saddam Hussein hat seine Drohung gegen Israel – wenn auch mit bescheidenem Erfolg – wahr gemacht. In Erwartung einer israelischen Vergeltung steigt die Nervosität in Washington und vor allem in den mit den USA verbündeten arabischen Hauptstädten.

Wie lange das systematische Bombardement des Irak noch andauern wird, weiß vermutlich nicht einmal der Oberbefehlshaber General Schwarzkopf. Das militärische Potential des Irak soll zerschlagen werden. Vor allem zielen die Bombenteppiche der B-52-Maschinen darauf hin, die »Republikanische Garde«, die Elite-Divisionen Saddam Husseins, zu zermürben und, wenn möglich, aufzureiben. Vielleicht gelingt diese hochtechnologische Form der Kriegführung. Aber dieser unerbittliche Luftkrieg könnte auch dazu führen, daß die irakischen Truppen, die während des achtjährigen Krieges gegen den Iran zwar viel Kampferfahrung sammeln konnten, niemals jedoch einem gezielten Luftangriff ausgesetzt waren, sich inzwischen von den ersten Panikreaktionen erholen, daß sich bei der Armee Saddam Husseins eine gewisse Gewöhnung an das Tösen und Dröhnen der Bomben einstellt.

Über kurz oder lang werden die amerikanischen Panzerdivisionen in den Krieg eingreifen müssen, und sei es nur, um das proklamierte Ziel der »Befreiung Kuwaits« zu realisieren. Wieder einmal wird sich erweisen, daß selbst im Zeitalter der Nuklearwaffen die Infanterie die Königin des Schlachtfeldes bleibt. Diese terrestrische Intervention wird die ersten nennenswerten Menschenverluste der US Army mit sich bringen, und die Stimmung in den Vereinigten Staaten könnte dramatisch und negativ umschlagen.

Weiterhin stellt sich die Frage nach den exakten Kriegszielen der USA. Was wäre für Präsident Bush gewonnen, wenn er – statt der vergeblich geforderten kampflosen Evakuierung Kuwaits durch die irakischen Streitkräfte – nunmehr eine gewaltsame »Befreiung« und eine kriegerische Vertreibung der irakischen Soldaten aus dem Golf-Emirat erzwingen würde? Vermutlich würde Saddam Hussein – so wie die Welt ihn nunmehr kennengelernt hat – die Feindseligkeiten keineswegs einstellen und auf die Abnutzung, die Erschlaffung zwar nicht der materiellen Kampfkraft, wohl aber der moralischen Entschlossenheit Amerikas setzen. Es sei denn, die Person des irakischen Diktators würde auf die eine oder andere Weise ausgeschaltet. Die saudische Dynastie, die von nun an um ihr Überleben bangen muß, ähnlich wie alle anderen arabischen Regimes und Potentaten, die sich mit Präsident Bush solidarisierten, warnen bereits davor, daß auf dem Territorium des heutigen Iraks ein strategisches und politisches Vakuum entstehen könnte. Mit Sicherheit werden die auf härtesten Bodeneinsatz trainierten US Marines nicht in der Lage sein, in Mesopotamien als stabilisierendes und pazifizierendes Element zu wirken. George Bush hat seinen GIs versprochen, daß dies ein kurzer Feldzug würde und daß die *Boys* bald zu Hause wären. Also wird man den amerikanischen Soldaten auch nicht zumuten können, auf dem Boden des besiegten Iraks oder im unzulänglich befriedeten Kuwait als Ordnungstruppe zu verharren. Sie wären psychisch gar nicht in der Lage, die massive Feindseligkeit der arabischen Bevölkerung zu ertragen und jenen Überfällen oder Attentaten Front zu bieten, die von rabiaten irakischen Nationalisten, vor allem von eifernden muslimischen Rächern, ausgeführt würden. Es muß bedacht werden, daß etwa sechzig Prozent der Bevölkerung des Iraks sich zum schiitischen Glaubenszweig bekennen und nach einem Verschwinden des Sunniten Saddam Hussein beinahe zwangsläufig ihren hilfesuchenden Blick auf die schiitischen Brüder des Iran und deren Mullahs richten werden.

Ein Zerfall der »Arabischen Republik Irak« dürfte eine Periode blutiger Wirren im ganzen Nahen und Mittleren Osten auslösen. Gegen die ungläubigen Okkupanten käme eine überdimensionale »Intifada« zustande. Im Norden des Irak würden die dort lebenden vier Millionen Kurden versuchen, endlich einen eigenen unabhängigen Staat zu proklamieren, während südlich von Bagdad die schiitische Bevölkerungsmehrheit, die eine Präsenz bewaffneter Ungläubiger an ihren heiligsten Stätten von Nadschaf und Kerbela ohnehin nicht ertragen würde, dazu tendieren könnte, eine »Islamische Republik« nach dem Modell Teherans auszurufen. Der Schatten Khomeinis fiele dann auf den gesamten Raum zwischen Persien und dem Mittelmeer, wo die libanesische »Hizbollah« bereits auf ihre Stunde wartet.

Mullah-Herrschaft in Mesopotamien?

Der Golfkrieg aus arabischer Perspektive

11. Februar 1991

Seit vier Wochen hält der Irak dem amerikanischen und alliierten Bombardement stand, ohne daß es an irgendeiner Stelle der Front zu Massendesertionen oder gar zu panikähnlichem Rückzug gekommen wäre. Für die Europäer mag diese Ausdauer aus der Ferne gesehen unerheblich sein. Bei den Arabern wird dieser Standhaftigkeit Saddam Husseins hohe Bewunderung gezollt. Der ägyptische Staatschef Gamal Abdel Nasser, das einstige Idol der arabischen Nation, war 1967 in lediglich sechs Tagen dem israelischen Ansturm allein erlegen.

In der jordanischen Hauptstadt Amman schwankt die Bevölkerung zwischen Hoffnung und Furcht. Man traut hier dem irakischen Diktator zu, daß er den Krieg noch eine beträchtliche Zeit durchzuhalten vermag. Jeder militärische Laie weiß inzwischen, welches das strategische Ziel der großen amerikanischen Landoffensive sein wird, die in den kommenden Tagen beginnen soll. Bagdad hat mehr als 300 000 Soldaten im Emirat Kuwait plaziert, und dieses gewaltige Aufgebot soll durch eine Zangenbewegung der US-Streitkräfte eingekesselt und zur Kapitulation gezwungen werden. Auch Saddam Hussein dürfte sich dieser Bedrohung bewußt sein. Er wird alles daransetzen, um zu verhindern, daß die Falle sich schließt. Seine Elite-Truppen, die Präsidentengarde – etwa 150 000 Mann stark und ausschließlich unter sunnitischen Irakern rekrutiert – wird wohlweislich im Norden des kuwaitischen Territoriums in Bereitschaft gehalten.

In Amman treffen die zuverlässigsten Nachrichten und Berichte aus Bagdad ein. Hier weiß man, daß das irakische Regime noch keineswegs am Rande der Auflösung steht, auch wenn an den Mauern von Bagdad neuerdings Inschriften entdeckt werden, die Saddam für die Verwüstungen und Verluste seines Landes verantwortlich machen. Die Lufthoheit Amerikas über Mesopotamien ist absolut, aber sie ist längst nicht allgegenwärtig. Die wichtigsten Befehlsstränge und Nachschubverbindungen scheinen noch zu funktionieren. Die Blockade des Irak ist ohnehin sehr relativ geworden, seit der benachbarte Iran über die zwölfhundert Kilometer lange gemeinsame Grenze zumindest Lebensmittel und Medikamente nach Bagdad gelangen läßt.

Was wird Präsident Bush beschließen, so diskutieren die Experten im Amman, falls Saddam Hussein – allen amerikanischen Hoffnungen zum Trotz – nach der Rückeroberung oder Befreiung Kuwaits sich weiterhin im eigentlichen Irak an der Macht halten sollte? Werden dann etwa die US Marines mitsamt ihrem fragwürdigen arabischen Verbündeten auf Bagdad marschieren? Auf dem Wege dahin müßte die Streitmacht der »Ungläubigen« die heiligsten schiitischen Heiligtümer von Kerbela, Nadschaf und Kufa okkupieren, worauf die Mullahs von Teheran nur mit der Ausrufung des »Heiligen Krieges« reagieren könnten. Hat sich Washington überhaupt Gedanken darüber gemacht, daß die Rechnung der Perser aufgeht, daß der Iran demnächst wieder die beherrschende Macht am Golf sein dürfte, daß die sechzig Prozent schiitische Bevölkerung Mesopotamiens in ihrer Not Zuflucht und Beistand in Teheran suchen werden? Auch Saddam Hussein wird vermutlich wenig Freude haben an dem heimlichen Zweckbündnis, das er mit dem iranischen Staatspräsidenten Rafsandschani geschlossen hat. Persien nimmt bereitwillig die irakischen Kampfflugzeuge auf, immobilisiert sie bis zum Kriegsende und legt sich kostenlos jene eigene Luftwaffe zu, die ihm bislang so bitter fehlte.

Die Jordanier haben andere Sorgen. König Hussein war wohl oder übel gezwungen, seine Solidarität mit dem kämpfenden Irak zu erklären. Er folgte damit der explosiven Stimmung seiner Bevölkerung, die sich zu siebzig Prozent aus Palästinensern zusammensetzt: Der Monarch von Amman ist zutiefst verstimmt über Präsident Bush, der durch seine harten Embargo-Maßnahmen gegen Jordanien, die im Beschuß jordanischer Erdöltankwagen aus dem Irak gipfelten, das delikate Balancespiel des haschemitischen Führers vereitelt hat. Nie war König Hussein bei seinen Untertanen so populär wie seit seiner rückhaltlosen Solidarisierung mit Saddam Hussein. Amman sieht den amerikanischen Zukunftsplänen für den Nahen und Mittleren

Osten mit bösen Ahnungen entgegen. Schon scheint es, als sei Washington bereit, König Hussein zu opfern, um aus Jordanien endlich jenen Palästinenser-Staat zu machen, den die Israeli so gern in Amman proklamiert sähen. Die Jordanier befürchten sogar, daß der jüdische Staat das totale und vermutlich recht verlustreiche Engagement der amerikanischen Landoffensive sowie die wachsende Wut der US-Bürger gegen Saddam und alles Arabische nutzen könnten, um endlich den Transfer zu realisieren, das heißt die erzwungene Aussiedlung der Palästinenser von der Westbank des Jordans auf das östliche Ufer des Flusses, also auf den Boden des heutigen Königreichs Jordanien. Israel, so sieht man es in Amman, profiliert sich neben dem Iran als die künftige tonangebende Regionalmacht im Orient. Zunächst muß Saddam noch besiegt werden, und das könnte schwieriger sein, als die amerikanischen Pressezensoren vorgeben.

Amerikas Pyrrhussieg

Die Nachkriegsordnung am Golf

4. März 1991

Präsident Bush hat es eilig mit seiner Friedensordnung im Mittleren Osten, aber die Prämissen sind alles andere als günstig. Die amerikanischen Streitkräfte haben im Irak eine Wende der Kriegsgeschichte vollzogen. Wer bislang noch an der militärischen Allmacht der High Technology gezweifelt hatte, wurde eines Besseren belehrt. Im Rückblick haben sich die gewaltigen Rüstungsanstrengungen, die in der Ära Ronald Reagans eingeleitet wurden, auf dem Schlachtfeld rentiert.

Gewiß mag die sowjetische Generalität darauf verweisen, daß die Untauglichkeit ihres statischen Verteidigungskonzepts, das von den Irakern getreulich übernommen worden war, daß die Minderwertigkeit der Waffensysteme, die von Moskau so hemmungslos an Bagdad geliefert wurden, ganz anders bewertet werden müßten, wenn statt der Araber russische Soldaten eingesetzt gewesen wären. Dennoch ist die eindeutige, ja erdrückende Überlegenheit der USA auf konventionellem Gebiet eine Tatsache, die das neue Kräfteverhältnis weltweit bestimmt. Um das Ausland zu beeindrucken, bleibt dem Kreml nur noch die Gestikulation mit dem eigenen, ungeheuerlichen Nuklearpotential. General Norman Schwarzkopf, dieser plumpe Bär, wie manche ihn anfänglich beurteilten, wird als großer Feldherr in die Geschichte eingehen.

Nach der klassischen Einkesselung einer halben Million bewaffneter Iraker im Raum Kuwait – Basra wäre es für die Alliierten ein leichtes gewesen, bis zur Hauptstadt Bagdad vorzustoßen. Die französische Division Daguet, die mit ihren »Paras« und Fremdenlegionären die westlichste Speerspitze bildete, war nur noch 150 Kilometer von der irakischen Hauptstadt entfernt. Aber General Schwarzkopf und vor allem George Bush, der ihm die Richtlinien gab, waren gut inspiriert, von diesem spektakulären Triumph Abstand zu nehmen. Die eindringenden Amerikaner wären im Straßengewirr von Bagdad in verlustreiche Häuserkämpfe verwickelt worden, und es ist höchst ungewiß, ob sie sich dabei des irakischen Diktators Saddam Hussein bemächtigt hätten, falls das überhaupt ihr Ziel war. Die US Army durfte sich nicht in einen Abnützungskrieg verstricken lassen, nicht einmal in eine irakische Form der »Intifada«. Jede Form von Okkupanten-Rolle im Orient wäre dem westlichen »Ungläubigen« schlecht bekommen.

Die US-Präsenz am Golf wird zeitlich eng begrenzt sein. Allenfalls in Kuwait, in den Emiraten, auf Bahrein ließe sich für die Nachkriegszeit eine bescheidene amerikanische Truppenstationierung vorstellen. Man wird sich also auf die »Blauhelme« der Vereinten Nationen oder gar auf eine hypothetische arabische Friedenstruppe verlassen müssen, um die hochfliegenden Friedenspläne zu garantieren. Zu optimistischen Prognosen besteht da kein Anlaß.

Welche Formen soll sie überhaupt annehmen, die neue Friedensordnung im Orient? Da wird viel von Demokratie geredet, aber noch aus dem Exil ließ der Scheich Dschaber as-Sabah von Kuwait wissen, daß er keineswegs an die Wiedereröffnung des noch von ihm aufgelösten Parlaments denke. Durch den Sieg der USA werden sich alle ultra-konservativen Regimes, die im exzessiven Reichtum der Öl-Royalties schwimmen, in ihren rückschrittlichen Regierungsmethoden bestärkt fühlen. Wer glaubt denn im Ernst daran, daß die saudischen Prinzen bereit wären, ihren Überfluß mit den darbenden Massen des Niltals zu teilen?

Fast ebenso absurd klingt das Projekt eines kollektiven Sicherheitssystems für den Orient, dem Hans-Dietrich Genscher und andere Gesundbeter bereits zustimmten. Wer wird die Syrer mit den Irakern versöhnen? Wie kann überhaupt eine halbwegs ordentliche Zukunft des Irak aussehen? Bezeichnend für die zutiefst statischen Vorstellungen der Mächte des UN-Sicherheitsrates ist doch die Tatsache, daß an den bestehenden Grenzen nicht gerüttelt werden soll, daß sogar der Irakischen Republik territoriale Unversehrtheit zugesichert wird.

Eine heilige Allianz zeichnet sich hier ab, aber da ist kein Metternich und kein Talleyrand in Sicht, um einen orientalischen »Wiener Kongreß« mit ihren Einfällen zu bereichern. Wer wird denn dafür sorgen, daß die Syrer den Libanon verlassen? Wer hat eine Lösung für die Quadratur des Kreises in Palästina bereit, wo man einerseits den Palästinensern einen eigenen Staat, den Israeli eine gesicherte Existenz verspricht? Schon muß befürchtet werden, daß die Amerikaner, aber auch die Russen, den beiden regionalen Mittelmächten Türkei und Iran jede tatkräftige Mitwirkung versagen wollen. Die Araber sind nun einmal keine Garanten der Stabilität. Wer den »Sandvölkern« der Bibel Ordnungsfunktionen zuweist, wird auf Sand bauen.

Gesamtdeutsche Ernüchterung

Probleme nach der Vereinigung

25. März 1991

Die große Ernüchterung ist über Deutschland hereingebrochen. Es ist allzu menschlich, allzu verständlich, wenn sich heute auf dem Boden der ehemaligen DDR Zukunftsangst, Enttäuschung und Besitzneid in heftigen Kundgebungen äußern. Die Bürger der neuen Bundesländer, die »Ossis«, täten dennoch gut daran, einen Blick auf ihre ehemaligen Gefährten des Warschauer Paktes zu werfen. Die Polen, Tschechen und Ungarn würden Gott auf den Knien danken, wenn ihre Existenz nur halbwegs so abgesichert wäre, wenn ihre langfristige Zukunft vergleichbar verheißungsvoll aussähe wie in den Bundesländern zwischen Elbe und Oder. Ganz zu schweigen von den düsteren Perspektiven, die sich vor den Völkern der Sowjetunion auftun.

Die Ostdeutschen sind die großen Privilegierten beim katastrophalen Schiffbruch des gesamten sozialistischen Lagers, auch wenn sie das nicht wahrhaben wollen. Der sozialdemokratische Ministerpräsident von Brandenburg, Manfred Stolpe, hat das mit viel Mut und Klarheit formuliert, als er seine Landsleute ermahnte, die Ursachen für ihre wirtschaftliche Rückständigkeit und die gravierende Arbeitslosigkeit nicht bei Helmut Kohl, sondern beim verflossenen Schludersystem des »Arbeiter- und Bauernstaates« zu suchen. Dennoch bleibt am Bundeskanzler der Vorwurf leichtfertiger Schönfärberei haften. Wer hatte ihn denn dazu gezwungen, immer wieder und unverdrossen zu beteuern, daß es in der alten Bundesrepublik keine Steuererhöhungen geben würde?

Der publizistische und parlamentarische Zank um die »Steuerlüge« wird noch eine Weile andauern. In einem Jahr wird er vergessen, durch neue innenpolitische Querelen verdrängt sein. Nicht der materielle Notstand in den neuen Bundesländern gibt realen Anlaß zu anhaltender Sorge, sondern die psychologische Verwilderung, die dort um sich zu greifen droht. Der Ärger mit den »Wessis« führt in den Ländern der ehemaligen DDR nicht zur befürchteten Rehabilitierung der als »Partei des demokratischen Sozialismus« getarnten SED, sondern zu einem höchst bedrohlichen Hochkommen nationalistischer, fremdenfeindlicher und rechtsradikaler Tendenzen. Es bleibt nur zu hoffen, daß diese gefährliche Saat unter der Einwirkung allmählicher, aber unvermeidlicher Wirtschaftssanierung erstickt wird. Im übrigen beinhaltet die deutsche Einheit weiterhin große Chancen für das gesamte Bundesgebiet. Während die großen Industrienationen des Westens von einer schleichenden Rezession heimgesucht werden, bietet sich Ostdeutschland als eindrucksvolles Potential für kraftvolle wirtschaftliche Expansion während des kommenden Jahrzehnts an.

Nicht die ökonomische Zögerlichkeit, die industriellen Fehldispositionen in den neuen Bundesländern belasten das Ansehen und das Selbstvertrauen Deutschlands. Der Golfkrieg hingegen hat sich als peinliche Stunde der Wahrheit erwiesen. Die Regierung Kohl-Genscher hatte die Dimensionen der Kuwait-Krise nicht rechtzeitig erkannt – was aufgrund der Überbeschäftigung mit den eigenen Problemen vielleicht entschuldbar war; sehr viel schlimmer war ihr Versagen vor der akuten kriegerischen Herausforderung.

In den Monaten der Golfkrise, in sechs Wochen der Operation »Wüstensturm« waren jedoch weder das deutsche Parlament noch die öffentliche Meinung bereit, den elementaren Verpflichtungen des Atlantischen Bündnisses gegenüber dem treuen und in kritischen Zeiten bewährten Bündnispartner Türkei in angemessener Form nachzukommen. Die Entsendung einiger veralteter Kampfflugzeuge vom Typ Alpha-Jet wirkte wie ein klägliches Alibi. Deutschland hat in jenen demütigenden Tagen bewiesen, daß es seine De-jure-Souveränität noch gar nicht wahrzunehmen verstand. Die englische Presse fiel mit beißendem Hohn über die Bundeswehr her. »13 000 Deserteure – die Schande Deutschlands«, lautete der Aufmacher einer Londoner Sonntagszeitung.

Die Demütigung ist nicht spurlos am Bundeskanzler vorbeigegangen. Nie werde er zulassen, daß sich eine solche Situation wiederholt, verkündet Helmut Kohl. Die regierende CDU will sich auch nicht auf harmlose Polizei-Einsätze der Bundeswehr unter den

»blauen Helmen« der UNO beschränken lassen. Doch Bonn tut sich schwer mit einem glaubwürdigen neuen Wehrkonzept. Welcher Bundestagsabgeordnete wagt offen auszusprechen, daß die allgemeine Wehrpflicht im herannahenden Zeitalter außereuropäischer Regionalkonflikte ein Anachronismus ist, daß die neue Strategie nach einer Berufsarmee verlangt. Seit der Feuerprobe von Kuwait erscheint auch die voreilig gerühmte Europäische Union im trüben Licht: Entweder ringt sie sich zu einer gemeinsamen Verteidigungskonstruktion völlig neuer Art durch – gerade auch im Hinblick auf die sich abzeichnenden Bürgerkriegswirren auf dem Balkan –, oder sie verharrt in militärischer Ineffizienz und außenpolitischer Entmündigung.

Heuchelei in Kurdistan

Was geschieht mit den Flüchtlingen?

15. April 1991

Als Amerika die Muskeln spielen ließ, seine schier unbegrenzten militärischen Mittel am Golf einsetzte und sich bereits in der Rolle der alles beherrschenden Hegemonialmacht fühlte, sah es schlecht aus für Europa. Alle Einigungsbemühungen des Alten Kontinents schienen plötzlich auf Eis gelegt und durch Zwistigkeiten gelähmt. Neben den kraftstrotzenden Transatlantikern der Neuen Welt erschienen die Europäer in der bedauernswerten Rolle von Epigonen. Aber die USA haben sich selbst durch ihren dilettantischen Machiavellismus um den Triumph und das weithin imponierende Prestige gebracht. Das gräßliche Schicksal der Kurden des Iraks, die kalte Schulter, die Washington all jenen Irakern gezeigt hat, die nach Freiheit, nach Selbstbestimmungsrecht, nach Rettung vor dem Terror-Regime Saddam Husseins schrien, haben eine psychologische und auch politische Wende herbeigeführt. Der französische Staatschef Mitterrand hat das Leiden der Kurden zum beherrschenden Thema des Sicherheitsrates der Vereinten Nationen gemacht. Der britische Prmierminister John Major drängte die lethargische Weltorganisation zu einer Resolution, die den kurdischen Flüchtlingen im äußersten Norden des irakischen Staatsgebietes unverletzliche Sanktuarien bieten soll. Die Regierung Kohl-Genscher nützte die Gelegenheit, den berechtigten Vorwurf außenpolitischer Passivität abzustreifen und die noch existierende deutsche Effizienz in den Dienst eines großen humanitären Programms zu stellen.

Gewiß, die Kurden werden keinen eigenen Staat erhalten, nicht einmal eine nennenswerte Autonomie. Im Irak wird weiterhin der Tyrann Saddam Hussein den Ton angeben und Schrecken verbreiten. Die Waffenstillstandsbedingungen, die dem Baath-Regime von Bagdad auferlegt wurden, erinnern in mancher Beziehung an die drakonischen Bestimmungen des Versailler Vertrages. Ein präzis definierter und kontrollierter Anteil der künftigen Erdöleinnahmen des Irak soll für die Wiedergutmachung der durch Saddam verursachten Verwüstungen, Schäden und Verluste verwendet werden. Sämtliche Produktionsanlagen von ABC-Waffen unterliegen in Zukunft internationaler Kontrolle und systematischer Vernichtung. Wie ein solches Diktat, das einem Protektorat über Mesopotamien gleichkäme, tatsächlich ausgeübt werden soll, steht auf einem anderen Blatt. Nachdem die UNO mit all ihren Resolutionen, nachdem die USA mit ihrer siegreichen Machtentfaltung weder befähigt noch gewillt waren, den irakischen Schiiten und Kurden die elementarsten Menschenrechte zu garantieren, erscheinen sie noch viel weniger geeignet, ein permanentes Überwachungssystem wirtschaftlicher und rüstungstechnischer Natur im Staate Saddam Husseins zu gewährleisten. Im übrigen widerlegen diese exorbitanten Waffenstillstandsbedingungen das heuchlerische Argument des State Departements, Amerika sei zwar zur Befreiung Kuwaits mit Absegnung der Vereinten Nationen angetreten, verfüge jedoch über keinerlei Einmischungsrecht in die inneren Angelegenheiten des Irak. Als die amerikanische Luftwaffe die Wirtschaftsanlagen Mesopotamiens so intensiv bombardierte, daß das Zweistromland angeblich ins präindustrielle Zeitalter geworfen wurde, hatte man solche völkerrechtlichen Bedenken und Vorwände ohnehin vernachlässigt.

Auf europäisches Drängen hin hat die UNO zugunsten der Kurden eine Entschließung verabschiedet, die die irakische Staatsrepression einengen, den erschöpften, verhungernden Flüchtlingsmassen eine Überlebenschance bieten soll. Sehr viel ist damit noch nicht erreicht, und dem bestialischen Wüten Saddam Husseins ist durchaus noch kein Ende gesetzt. Es geht ja nicht nur um die Kurden, wie stets wiederholt werden muß, sondern vor allem auch um die schiitische Bevölkerungsmehrheit im Süden, über deren Martyrium sich bereits das Leichentuch des Schweigens gebreitet hat. Den kurdischen »Peschmerga« und ihren Familien ist zumindest eine ausführliche, überaus dramatische Darstellung ihrer Leiden in den Medien zugute gekommen. Sogar ein paar »Friedensbewegte« sind in Europa wach geworden. Aber schon besteht die Gefahr, daß die westliche Öffentlichkeit, aufgrund einer konformistischen Berichterstattung, mehr Anstoß nimmt an dem durchaus verständlichen Zögern der Türken, einer Flüchtlingsflut von ein bis zwei Millionen Menschen das eigene Land zu öffnen, als an dem mörderischen Wüten der Soldateska Saddam Husseins, die für dieses unsägliche Leid die primäre und entscheidende Verantwortung trägt. Es wäre vollends unerträglich, wenn die USA nunmehr die Türken und die Europäische Gemeinschaft dazu anhalten wollten, ein paar Millionen kurdische Asylanten aufzunehmen und somit dem Diktator von Bagdad dieses innenpolitische Problem vom Halse schaffen würden. In seinem Bestreben, den territorialen Status quo im Orient zu erhalten – Resultat des vielgeschmähten britisch-französischen Sykes-Picot-Abkommens aus dem Jahr 1916 –, schickt sich Präsident Bush an, ganze Völkerwanderungen auszulösen.

Islamische Wiedergeburt am Bosporus

Das Schicksal der Kurden

5. Mai 1991

Die Türkei ist ins Gerede gekommen. Die Kurdenfrage sprengt nicht nur die bisherige, künstliche Staatsgliederung des Irak. Auch die kemalistische Republik von Ankara steuert auf eine gefährliche Destabilisierung zu. Während Präsident Bush an seiner neuen Friedensordnung für den Orient herumexperimentiert und sein Außenminister Baker mit unerschütterlichem *pokerface* eine Absage nach der anderen in Jerusalem, Riad und Damaskus einstecken muß, droht die Türkei, das bisherige Bollwerk atlantischer Solidarität im Nahen Osten, ihrem inneren Dämon anheimzufallen.

Nicht zu Unrecht entrüsten sich die Medien von Ankara darüber, daß die türkische Armee, die die Südgrenze des Landes gegen eine Flutwelle kurdischer Flüchtlinge abzuschirmen sucht oder zumindest diesen Zuwandererstrom halbwegs kontrollieren möchte, in der westlichen Öffentlichkeit in Verruf gerät. Die Sicherheitsmethoden sind immer rauh und brutal gewesen in diesem Teil der Welt. Daß man dort mit Knüppeln Ordnung schafft, gehört zur Normalität, und man sollte froh sein, wenn nicht geschossen wird. Nach den erschütternden TV-Bildern sterbender Kurdenkinder kam in Europa eine Stimmung auf, als seien die türkischen Grenztruppen schuld an diesem namenlosen Elend und nicht die Mörderbanden Saddam Husseins. Die Exekutionskommandos der irakischen Republikanergarde und der berüchtigten Geheimdienste von Bagdad haben dafür gesorgt, daß keine Fernsehteams oder Fotografen zugegen waren, als sie über die Kurdensiedlungen herfielen und ihre vermeintlichen Gegner an Bäumen und Laternen aufhängten.

Auf die Dauer kann das Kurdenproblem zu einem höchst gefährlichen Sprengsatz für die Türkei werden. Zehn bis zwölf Millionen Angehörige dieses Volkes leben in Anatolien und davon mehr als eine Million in Istanbul. Präsident Turgut Özal hat im Westen keine sonderlich gute Presse. Der kleine, rundliche und überaus agile Staatschef der Türkei ist in den Verdacht des demagogischen Populismus geraten. Man soll Özal jedoch nicht unterschätzen. Neben seinem Vorgänger, dem aristokratisch wirkenden General Evren, der wohl zum letztenmal die ganze Strenge der kemalistischen, auf Europäisierung Vorderasiens ausgerichteten Staatsideologie verkörperte, mag Özal wie ein anatolischer Sancho Pansa wirken. Aber hinter seinem pfiffig-rustikalen Auftreten verbirgt sich eine große politische Begabung.

Vermutlich reicht es nicht aus, daß Özal jetzt endlich den Kurden die freie Benutzung ihrer eigenen Sprache gewährt und diese indoeuropäische Ethnie nicht mehr unter das Etikett »Bergtürken« zwingt. In Ostanatolien schwelt seit Jahren ein Partisanenkrieg, der auf kurdischer Seite vor allem von der marxistisch inspirierten PKK-Organisation geschürt wird. Nicht von ungefähr haben sich seit dem Staatsbesuch des iranischen Präsidenten Rafsandschani enge, fast freundschaftliche Beziehungen zwischen Ankara und Teheran etabliert. Die beste Gewähr gegen eine explosive Ausweitung des Kurdenkonflikts ist jedoch immer noch die innere Zerrissenheit dieses Bergvolkes, dessen Agas sich untereinander befehden, dessen Bürgerkriegsparteien sich ähnlich argwöhnisch neutralisieren und lähmen wie die verfeindeten Mudschahidin-Gruppen in Afghanistan.

Turgut Özal wird vorgeworfen, daß er seine eigene Sippe allzu offenkundig begünstigt. Die Extravaganzen der Präsidentenfamilie bilden ein unerschöpfliches Klatschthema in Ankara. Aber wir sind nun einmal in der Levante, und es gehört für Özal einiger Mut dazu, die eigene ehrgeizige Ehefrau wie ein Symbol weiblicher Emanzipation in der gewaltig anschwellenden Metropole Istanbul als Spitzenkandidatin der Regierungspartei herauszustellen. Selbst am Bosporus greift nämlich unter den Massen der Trend zum islamischen Fundamentalismus um sich. Die Türkei müsse ein Bindeglied sein zwischen Europa und dem Orient, hat Özal mehrfach beteuert. Das ist ein gewagtes Programm. Die Regierung von Ankara muß wissen, daß eine komplette Eingliederung der Türkei in die Europäische Gemeinschaft nicht mehr möglich ist, seit weite Kreise der anatolischen Bevölkerung die Wiedereinführung der koranischen Gesetzgebung fordern und teilweise schon praktizieren. Bei den arabischen Nachbarn, insbesondere bei den Syrern und Irakern, weckt andererseits jede Hinwendung der Türken zu ihren muslimischen Nachbarn Erinnerungen an jenes Osmanische Großreich, dessen Ordnungsstrukturen dem Orient heute zu fehlen scheinen. Aber für Ankara bieten sich noch ganz andere Perspektiven. Der Tag ist nicht allzu fern, an dem die überwiegend islamisch und türkisch bevölkerten Teilrepubliken der Sowjetunion eine eigene Staatlichkeit erlangen werden, von Aserbeidschan bis Usbekistan und Kirgisistan. Die panturanische Idee, die Vorstellung eines lockeren, aber solidarischen Bundes aller Turkvölker zwischen dem Balkan und dem Hochland von Pamir, könnte dann wieder aufleben und in diesem Teil der Welt völlig neue Entwicklungen einleiten.

»Rache Gottes« in Algerien

Maghrebinische Eruptionen

10. Juni 1991

Die akute Krisensituation in Algerien sei beigelegt worden, das islamisch-revolutionäre Aufbegehren nach Verhandlungen der herrschenden »Nationalen Befreiungsfront« (FLN) und der oppositionellen »Islamischen Heilsfront« (FIS) in geordnete Bahnen gelenkt, heißt es in den offiziellen Kommuniqués. In Wirklichkeit schwelt die Glut weiter, die Gegensätze sind unüberbrückbar.

Der neue Regierungschef Sid Ahmed Ghozali, ein geschmeidiger und kluger Technokrat, den der diskreditierte Staatspräsident Schedli Ben Dschedid mit der Aufnahme von Versöhnungskontakten zu den Oppositionsflügeln beauftragt hat, wird es nicht leicht haben. Die Feindschaft ist im Generalstreik und in den folgenden Straßenschlachten unerbittlich aufgerissen, und wo hätte man jemals in einem muslimischen Land den religiös-gesellschaftlichen Gärungsprozeß durch Ausschreibung von freien Wahlen auffangen können?

Die Erblast der dreißigjährigen Alleinherrschaft der FLN erdrückt weiterhin das Land. Diese »Nationale Befreiungsfront« war ruhmbedeckt aus dem Krieg gegen Frankreich hervorgegangen. Unter ihrem ersten Präsidenten Ahmed Ben Bella hatte sie sich eine romantische Dritte-Welt-Vision zu eigen gemacht, betrachtete sich als Vorhut der gesamten farbigen Menschheit, die sich aus den Fesseln des westlichen »Imperialismus und Kapitalismus« zu emanzipieren suchte.

Doch sehr bald verschwand Ben Bella für fünfzehn Jahre in einer Isolationszelle. Es begann die endlose Militärdiktatur des Oberst Houari Boumedienne, die sich wie ein Bleideckel auf das bislang turbulente politische Leben Algeriens legte. Boumedienne verdankt der größte maghrebinische Staat, daß er sich in einen utopischen Sozialismus verrannte, sich in gigantischen Industrialisierungsprojekten erschöpfte. Die blühende Landwirtschaft wurde durch kollektivistische Experimente ruiniert. Die immensen Deviseneinnahmen aus dem Petroleum- und Erdgasgeschäft wurden verschleudert. Als Boumedienne starb, hatte er Algerien an den Rand des Ruins gebracht.

Die Präsidentschaft ging auf Oberst Schedli Ben Dschedid über, der eine zögerliche Liberalisierung, ja eine partielle Hinwendung zur Marktwirtschaft einleitete. Auch hier war das Scheitern vorprogrammiert. Korruption und Schwarzmarkt entfalteten sich ungehemmt. Die politische Macht wurde weiterhin von Stabsoffizieren monopolisiert. Im Volk fand unterdessen eine folgenschwere psychologische Umschichtung statt. Die Schwäche des Militärregimes wurde zum erstenmal bei den »Griesmehl-Unruhen« 1988 sichtbar, als randalierende Jugendliche auf die Barrikaden gingen und das repressive Vorgehen der Streitkräfte fünfhundert Todesopfer unter den Demonstranten forderte.

Von nun an schlug auch im Maghreb die Stunde der islamischen Revolution. Das FLN-Regime war so stark unter Druck geraten, daß es oppositionelle Parteien duldete. Schon bei den Kommunalwahlen des Frühjahrs 1990 brachte die »Islamische Heilsfront« die Mehrheit der Bevölkerung hinter sich. Plötzlich hallte Algier wider vom Kampfruf »Allahu akbar!«; Frauen legten den Schleier an; fromme Eiferer ließen sich Bärte wachsen. Khomeini wurde zur Heilsfigur. Die Jugendlichen, infolge der Bevölkerungsexplosion die große Mehrheit der Einwohner, verfügen über ein Minimum an Allgemeinwissen und haben aufgrund der Arbeitslosigkeit keinerlei Zukunftschancen. Sie hatten seit langem den marxistischen Parolen abgeschworen, die vorübergehend an der Universität von Algier im Schwange gewesen waren. Die junge Generation suchte nun im idealisierten Gottesstaat des Propheten Mohammed und im Koran ihren Weg zum islamischen Heil.

Gewiß, die Fundamentalisten haben nach ihrem Urnenerfolg weitgehend versagt, und bei den Massen hat sich eine Distanzierung gegenüber der »Islamischen Heilsfront« eingestellt. Die Behörden ihrerseits, die vor keiner Manipulation der öffentlichen Meinung zurückschrecken, haben auf die Parlamentswahlen am 27. Juni verzichtet. Die gegnerischen Flügel lähmen sich gegenseitig. Die FLN fürchtet den Verlust ihrer Allmacht, die FIS wagt auf eine Kammermehrheit nicht mehr zu hoffen. Blieb also nur die Flucht in die Gewalt.

Die Unruhe, die sich Nordafrikas bemächtigt hat, ist in mancher Hinsicht besorgniserregender als die jüngsten Konfrontationen im arabischen Orient, wo – als Folge des amerikanischen Waffenerfolges am Golf – Betäubung und Lähmung vorherrschen. Im Maghreb sind eruptive Energien freigesetzt worden. Die rauhen, kriegerischen Völker des Atlas stellen ein ganz anderes umstürzlerisches Potential dar als die geschmeidigen Levantiner, die willfährigen Mesopotamier, die prahlerischen Beduinen Arabiens. Als erster europäischer Partner wird Frankreich diese radikale Umschichtung zu spüren bekommen. Die wahre Kraftprobe des religiös-gesellschaftlichen Umbruchs dürfte in Algier, in Tunis, morgen wohl auch in Marokko erst dann stattfinden, wenn die Botschaft der islamischen Erneuerung auch auf jene Generation junger Offiziere übergreift, die die Machenschaften ihrer Befehlshaber und deren Abweichung vom »Wege Allahs« heute bereits mit verhaltener Ungeduld und wachsendem Zorn beobachtet.

Jugoslawien am Abgrund

Die Katastrophe auf dem Balkan

1. Juli 1991

In Jugoslawien haben sich sowohl die Westeuropäer als auch die Amerikaner durch Untätigkeit schuldig gemacht. Die Katastrophe des Bürgerkriegs kam ja nicht unerwartet. Ob jetzt eine Waffenpause eintritt, ob krampfhaft nach Übergangskompromissen gesucht wird, eines steht fest: Es wird niemals mehr ein vertrauensvolles, halbwegs normales oder gar kooperatives Zusammenleben zwischen Serben, Kroaten und Slowenen geben.

Von der amerikanischen Diplomatie war man es nicht besser gewöhnt. Präsident Bush und sein Freund James Baker haben sich bei ihrer Suche nach einer neuen »Weltfriedensordnung« in die unsinnige Vorstellung verrannt, eine solche Utopie sei auf der Basis eines weltumfassenden Status quo, der territorialen Integrität aller existierenden Staatswesen zu erreichen. Im Namen dieser Doktrin wurde der befürchtete Zerfall des Irak in eine schiitische, eine sunnitische und eine kurdische Teilregion verhindert mit dem Ergebnis, daß heute Saddam Hussein beinahe unangefochten seine tyrannische Herrschaft ausübt. Die gleiche wirklichkeitsfremde Theorie hat die schrecklichen Wirren am Osthorn Afrikas mitverantwortet, ganz zu schweigen von der unseligen Staatskonstruktion Sudan, wo seit 1956 die christlichen oder animistischen Niloten-Stämme des Südens den Massakern der arabisierten und muslimischen Nubier von Khartum ausgesetzt sind. Washington sollte sich etwas Besseres einfallen lassen als eine Neuauflage jener unrühmlichen Heiligen Allianz, die das Europa der ersten Hälfte des 19. Jahrhunderts in das Korsett der monarchistischen Restauration preßte.

Was in Jugoslawien heute mit Füßen getreten wird, ist das Selbstbestimmungsrecht der Völker, das die Deutschen unlängst noch so vehement für sich selbst reklamierten. Der großserbische Chauvinismus – gestützt auf die Panzer der »Volksarmee« und die Kader eines unbelehrbaren marxistischen Herrschaftsapparates – wollte die kleinen Völker der titoistischen Nachfolge-Föderation gleichschalten und disziplinieren. Da mag man einwenden, daß dem gesamten Balkan das Exempel eines solchen staatlichen Zerfalls nicht guttäte, daß eine Serie von Ministaaten den Weg in eine ungewisse Zukunft anträten. In Wirklichkeit wären die beiden Republiken von Laibach (Ljubljana) und Agram (Zagreb) durchaus lebensfähig, wenn sie den Anschluß an Mitteleuropa fänden. Sehr viel schwieriger, ja fast unlösbar stellt sich das Problem der verschachtelten konfessionellen Verhältnisse in Bosnien. Absolut unverzeihlich war bislang das Schweigen der Amerikaner und Westeuropäer angesichts der seit Jahren andauernden Verfolgung und Unterdrückung der Kosovo-Albaner durch die serbischen Nationalisten. Hier hätte sich endlich dem zivilisierten Abendland auch eine Chance geboten, für die elementaren Menschenrechte einer bedrängten muselmanischen Minderheit einzutreten. Aber diese Gelegenheit wurde vertan. Diese Passivität wird auch nicht kompensiert durch den gewaltigen Massenapplaus, der unlängst dem US-Außenminister in der albanischen Hauptstadt Tirana entgegenbrandete. Mögen die Skipetaren auch weiterhin von den illusorischen Verheißungen des »American way of Life« schwärmen, das Almosen Bakers in Höhe von fünf Millionen Dollar an dieses ausgepowerte Land zeigt die Grenzen der amerikanischen Hilfsbereitschaft an.

Der Verdacht drängt sich auf, daß die verblüffende, törichte und charakterlose Passivität Washingtons, Brüssels, Straßburgs und Bonns angesichts der sich anbahnenden jugoslawischen Katastrophe noch ganz andere, geheime Beweggründe hat. Möglicherweise sind aus Moskau diskrete Hinweise erfolgt, daß man im Kreml eine Auflösung der Belgrader Zwangsföderation als eine unerträgliche Herausforderung empfinden würde. Die engen historischen Bande zwischen Russen und Serben sind bekannt. Dazu tritt für die Sowjetunion eine höchst aktuelle Bedrängnis. Der Sezessionswille Sloweniens, Kroatiens und des Kosovo stellt in den Augen der Kremlführung einen überaus bedrohlichen Präzedenzfall für die eigene ethnische Vielfalt dar.

Unter dem Druck der Öffentlichkeit, der Presse, der *opinion leaders* sind zunächst die deutschen Politiker aus ihrer Lethargie erwacht. Die

Initiativen der Europäischen Gemeinschaft kommen zu spät. Immerhin kann man hoffen, daß dem Blutvergießen in Slowenien, dem brutalen Einsatz von Panzerkolonnen und Kampfflugzeugen Einhalt geboten wird. Der Appell, den das deutsche Auswärtige Amt an die »Konferenz zur Sicherheit und Zusammenarbeit in Europa« KSZE richtete, erscheint jedoch als Flucht aus der eigenen Verantwortung. Die Institutionen dieser viel zu weit gespannten Organisation funktionieren ja noch gar nicht. In der KSZE verfügt zudem die Sowjetunion über ein entscheidendes Mitspracherecht, und man kann Michail Gorbatschow schlecht zumuten, daß er auf dem Balkan Sezessionsbewegungen zustimmt, die – auf das eigene sowjetische Haus übertragenn – dem mühsam elaborierten Unionsvertrag zum Verhängnis würden.

Zerfall des Völkermosaiks

Amerika und Europa in der Jugoslawien-Krise

8. Juli 1991

Die schwer erträgliche Instinktlosigkeit, mit der Amerikaner und Europäer während der Jugoslawien-Krise taktierten, hat tiefgreifende Ursachen. Wenn US-Außenminister James Baker allen Tatsachen zum Trotz den Bestand der jugoslawischen Föderation zu seinem beherrschenden Aktionsprogramm erhob und die Separationsbestrebungen der Kroaten und Slowenen kategorisch abblitzen ließ, so hatte er zweifellos die Sowjetunion im Blick. Der Zerfall des südslawischen Völkermosaiks erschien ihm wohl als ein schreckliches Menetekel, kündigte blutige Kraftproben unter den auseinanderstrebenden Nationalitäten der UdSSR an. Moskau, so befürchtete man vor allem in Bonn, werde dem Untergang der großserbischen Bestrebungen auf dem Balkan nicht tatenlos zusehen. Alte Spannungen zwischen Ost und West könnten in Europa wieder aufbrechen.

So paradox es klingt, die serbische Generalität hat mit ihrem brutalen Panzereinsatz dafür gesogt, daß die atlantischen Verbündeten endlich den Realitäten Rechnung trugen, das Selbstbestimmungsrecht der Völker widerstrebend berücksichtigten und sich zu ihrer Einmischungspflicht bekannten. Gewiß ist es grotesk, wenn amerikanische Kommentatoren jetzt den serbischen General Adzić mit Saddam Hussein vergleichen. Aber die alles überschattende Gefahr ist plötzlich deutlich geworden: Eine nationalistisch inspirierte, teilweise auch durch sozialistische Ideologie motivierte Armee hat sich verselbständigt, hat die politische Führung in Belgrad entmündigt und schlug wild um sich. Hier wurde ein furchterregendes Exempel gesetzt.

Wieder einmal auf die Sowjetunion bezogen, könnte der serbische Gewaltakt die Moskauer Generalität inspirieren, es den serbischen Kollegen gleichzutun, die Staatsgewalt an sich zu reißen und mit Waffengewalt gegen die aufsässigen Randrepubliken vorzugehen. Indem die Atlantische Allianz – unter Benutzung der unzulänglichen Instrumentarien der Europäischen Gemeinschaft, der KSZE, morgen vielleicht der UNO – mit allen Mitteln versucht, die jugoslawische »Volksarmee« in ihre Kasernen zurückzudrängen, erweisen sie vielleicht den sowjetischen Reformern, ja sogar dem bedrängten Balancekünstler Gorbatschow einen unschätzbaren Dienst: Sie retten ihn möglicherweise vor einem sich abzeichnenden Militärputsch.

Jenseits der Irrungen und Torheiten des Westens zeichnen sich neue Kräfteverhältnisse und Umschichtungen ab. Im Ernst kann niemand darauf hoffen, daß die KSZE, die auf eine intensive Zusammenarbeit mit Moskau angewiesen ist, dem militanten Panslawismus der Serben endgültig und nachhaltig Einhalt gebieten. Auch um die EG ist es traurig bestellt. Für die Weltfremdheit dieses Verbundes war es doch bezeichnend, daß ausgerechnet der Luxemburger Jacques Poos, Außenminister eines Landes mit 300 000 Einwohnern, beauftragt wurde, den Kroaten und Slowenen zu erklären, ihre Territorien seien zu klein, um als souveräne Staaten zu fungieren. Gelähmt ist die EG vor allem durch Großbritannien und Frankreich, in Osteuropa Realpolitik zu betreiben. Die britische Abstinenz erinnert an den Dilettantismus Churchills, als er in Jalta mit Stalin die demokratischen Garantien und Chancen der osteuropäischen Staaten durch absurde Prozentsätze zu fixieren suchte. Das Frankreich Mitterrands schleppt sich von einer Fehlkonzeption zur anderen. Paris hat nicht nur den Zug der deutschen Einheit verpaßt. Mit zweideutigen »Konföderations«-Projekten, mit dem Hinweis, Warschau, Prag und Budapest müßten sich einige Jahrzehnte gedulden, ehe sie volle Mitglieder der EG würden, mit dem krampfhaften Festhalten am Prinzip der territorialen Integrität auf dem Balkan hat der Elysée-Palast alle potentiellen Partner im Osten verprellt und verärgert, ohne sich im Kreml beliebt zu machen.

Natürlich entdeckt die europäische Staatenwelt in Ost und West, daß die Jugoslawien-Krise die Deutschen und Österreicher in eine besondere Solidarität mit Laibach und Zagreb getrieben hat. Ein breiter Strom der Sympathie stellte sich zwischen Rhein und Donau zugunsten der Kroaten und Slowenen ein. Das Eingreifen der serbischen Militärs hat bewirkt, daß Deutsche und Österreicher noch enger als bisher zusammenrücken. Daß über diese Entwicklung in

Paris, in London und wohl auch in Warschau und Moskau nicht nur eitel Freude herrscht, versteht sich von selbst. Die Balkankrise wird weiter schwelen. Die slowenische Frage wäre aufgrund der dort vorherrschenden völkischen Einheitlichkeit relativ leicht zu lösen. Komplizierter stellen sich die ethnischen Verhältnisse schon in Kroatien dar. Wenn es gar zu gewaltsamen Sezessionsbewegungen in Bosnien und Mazedonien käme, könnte sich die Büchse der Pandora öffnen. Es wird höchste Zeit, daß Europäer und Amerikaner sich endlich der durch Belgrad rabiat unterdrückten Albaner des Kosovo annehmen, die – wie die meisten Bosniaken – der islamischen Glaubensgemeinschaft angehören. Hier könnten sehr bald die Vorboten der koranischen Wiedergeburt an die Pforten Mitteleuropas klopfen.

Widerstand aus Teheran

Tauziehen in Iran

12. August 1991

Wie weit der Nahe und Mittlere Osten von der versprochenen Friedenslösung entfernt ist, läßt sich an zwei Ereignissen der letzten Tage ablesen: an der Ermordung des ehemaligen iranischen Premierministers Schapur Bachtiar, der sich als Todfeind des Ajatollah Khomeini profiliert hatte und in Paris einem Killerkommando aus Teheran zum Opfer fiel, und an der Entführung von Jérôme Leyraud in Beirut, wo der junge Franzose für eine humanitäre Organisation tätig war. Leyraud, so heißt es, werde hingerichtet, wenn nach dem britischen TV-Journalisten John McCarthy ein weiterer Gefangener der schiitischen Extremisten befreit werde.

Sobald der Iran auf den blutigen Bühnen des Orients in Erscheinung tritt und »Hizbollah« (Partei Allahs) oder »Islamischer Heiliger Krieg« die Aufmerksamkeit auf sich lenken, sind der rationalistischen Interpretation der westlichen Kanzleien und Medien enge Grenzen gesetzt. Der extreme religiöse Eifer paart sich hier mit einer tief eingefleischten Irreführung und Verheimlichung, die bis zur Verleugnung intimster Überzeugungen und Glaubensregeln geht, wenn die Not es gebietet.

Die plausibelste Erklärung für die jüngsten Terrorakte: Der iranische Präsident Rafsandschani spielt nach Ansicht der fanatischen Fraktion viel zu konsequent die Karte der Annäherung an den Westen aus. Die Freilassung McCarthys und das Versprechen, auch die elf Geiseln heimzuschicken, wurde offenbar von militanten Kreisen der islamischen Revolution als Anbiederung an den Westen empfunden. Die brutale Reaktion ließ nicht auf sich warten. Es war bestimmt kein Zufall, daß ein junger Franzose entführt wurde. Mitterrand schickte sich nämlich an, als erster westlicher Staatschef Rafsandschani eine dringendst benötigte Kaution zu verschaffen. Nun ist die französische Staatsvisite ernsthaft in Frage gestellt, auch wenn man in Paris überzeugt ist, daß Schapur Bachtiar von jenen ultraradikalen Verschwörern zur Strecke gebracht wurde, die die Normalisierungspolitik Rafsandschanis durchkreuzen und sich auf die angeblich verratene, harte Linie des toten Imam Khomeini berufen.

In Beirut sollte wohl auch ein anderer Tatbestand offengelegt werden. Die dortige Protektoratsmacht Syrien hatte in Absprache mit der amerikanischen Nahost-Diplomatie der regulären libanesischen Armee die Weisung erteilt und die Mittel verschafft, die letzte bewaffnete Bastion der PLO im Umkreis des südlibanesischen Hafens Saida zu zerschlagen und Jassir Arafat damit eine entscheidende Niederlage beizubringen. Die faktische Ausschaltung der PLO sollte den Weg frei machen für jene Friedenskonferenz über Palästina, zu der Schamir sich nur unter der kategorischen Bedingung bereit fand, daß kein PLO-Vertreter am Verhandlungstisch sitzt. Die Geiselnahme Jérôme Leyrauds kann als Herausforderung jener *pax syriana* betrachtet werden, die Präsident Hafez el Assad gemeinsam mit US-Außenminister James Baker offenbar als wirksamsten Tragpfeiler einer neuen »Friedensordnung« erachtet.

Das Tauziehen um den Status der Palästinenser, um die Zukunft der besetzten Gebiete, um die Repräsentativität der PLO – all jene Streitfragen, die mit der Ankündigung des Konferenztermins im Oktober noch keinesfalls abgeklärt sind – wird durch eine neue schreckliche Ungewißheit überschattet. Die schiitischen Untergrundorganisationen verlangen, daß Israel vierhundert schiitische Libanesen freigibt, die seit Jahren festgehalten werden. Jerusalem ist dazu jedoch erst bereit, wenn jene sieben israelischen Soldaten zurückgebracht werden, die von den schiitischen Extremisten festgenommen wurden, und von denen niemand weiß, ob sie überhaupt noch leben.

Nicht nur dem amerikanischen Chef-Unterhändler Baker, dem auf US-Kurs umgeschwenkten syrischen Staatschef Hafez el Assad und dem »pragmatischen« Rafsandschani soll das Leben schwergemacht werden. Hinter der jüngsten schiitischen Aktivität, den Entführungsdrohungen in Beirut und dem Mord Bachtiars in Paris verbirgt sich eine explosive Realität, der auch Haschemi Rafsandschani Rechnung tragen muß. Schon hat er erklärt, daß Teheran die amerikanischen Lösungsvorschläge für Palästina nachhaltig verwirft. Allzu deutlich hat die US-Diplomatie zu erkennen gegeben, daß sie den Iran aus dem Friedensprozeß um das Heilige Land und den Neuordnungsbemühungen im Bereich des Persischen Golfs ausschließen will. Auch gemäßigte Schiiten leiden unter der zynischen Auslieferung ihrer Glaubensgenossen im Irak an die Rachegelüste des Diktators von Bagdad, unter der Zerstörung weiter Teile der heiligen Stadt Kerbela, die von den Schergen Saddam Husseins mit Stillschweigen der amerikanischen Regierung vollzogen wurde. Weder Rafsandschani noch der gemäßigte Flügel, auf den er sich im persischen Parlament stützt, können sich auf eine globale Regelung der Orientfrage einlassen, die den Todfeind aller Perser, Saddam Hussein, weiterhin unter seinen eigenen schiitischen Untertanen wüten läßt und die gesamte Golf-Region – mit willfähriger Hilfe der arabischen Öl-Potentaten – einem US-Protektorat unterstellt. Der Orient ist längst nicht am Ende seiner undurchsichtigen Tragödien.

Das Ende der Sowjetunion

Umsturz im Osten Europas

2. September 1991

Ohne eine für alle Teilrepubliken zuständige Kommunistische Partei gibt es keine Sowjetunion mehr. Dieser Realität hätte Michail Gorbatschow Rechnung tragen müssen, als die Auflösung der allmächtigen KPdSU verkündet wurde. Von ihrer ideologischen Klammer befreit, erscheint die ehemalige UdSSR als ein Konglomerat auseinanderstrebender Nationalitäten. Der aserbeidschanische Präsident Mutalibow, der bislang auch als Erster Parteisekretär fungierte, hat daraus die Konsequenz gezogen. Das offizielle Aserbeidschan, das – nach einer massiven sowjetischen Militärrepression im Januar 1990 – sich mit Unterwerfungsgesten gegenüber Moskau hervorgetan hatte, verlangt nun ebenfalls die volle staatliche Unabhängigkeit wie die kaukasischen Nachbarn Armenien und Georgien.

Aus den Trümmern der Sowjetunion ersteht bereits – wie ein Phönix aus der Asche – das alte »heilige Rußland«. Es sind nur noch ein paar westliche Kanzleien, vor allem die USA, die weltweit auf Erhaltung des Status quo dringen und so tun, als ob in Moskau die Zweierseilschaft Gorbatschow–Jelzin das Sagen hätte. In Wirklichkeit ist Boris Jelzin der weitaus stärkere Partner, und alles kommt nunmehr auf seine politischen Gaben, auf sein Durchsetzungsvermögen an.

Entscheidend wird die künftige Orientierung der Ukraine sein, ohne deren Gewicht und geographische Schlüsselstellung jede Moskauer Regentschaft in eine sehr periphere euroasiatische Rolle gedrängt würde. Offenbar ist es zwischen Moskau und Kiew zu gewissen für Jelzin erträglichen Absprachen gekommen im Hinblick auf eine begrenzte Zusammenarbeit der beiden großen ostslawischen Völker auf wirtschaftlichem, ja militärischem Gebiet. Nur stellt sich die Frage, welchen Wert und Bestand diese Vereinbarungen haben werden. Auf ukrainischer Seite sind sie von einem Parlament abgesegnet worden, das in keiner Weise demokratisch legitimiert und in dem die radikale Unabhängigkeitspartei »Ruch« nicht angemessen vertreten ist. Präsident Krawtschuk, der zur Stunde noch in Kiew das Sagen hat, erhielt seine Zuständigkeit aus den Händen einer kommunistischen Partei, die heute von der Bildfläche verschwindet. Deshalb hat Boris Jelzin sein ukrainisches Spiel noch in keiner Weise gewonnen, auch wenn er sich in dieser Republik auf einen großrussischen Bevölkerungsanteil von rund fünfundzwanzig Prozent stützen kann.

Mit dem riesigen Kasachstan, dessen muslimischer Präsident Nursultan Nasarbajew zu den bedeutenderen Staatsmännern der ehemaligen Union gezählt wird, hat die russische Föderationsrepublik ein ähnliches Verhältnis ausgehandelt wie mit der Ukraine. Doch das Problem Kasachstan erscheint weiterhin unlösbar. Die türkisch-mongolische Nomadenbevölkerung islamischen Glaubens war dort in der Vergangenheit – während des Ersten Weltkrieges durch das Zarenreich, wähernd der Kollektivierungskampagne durch die Bolschewiki – einer unerbittlichen Vernichtung ausgesetzt gewesen, die die eingeborene Bevölkerung um ein Fünftel beziehungsweise um ein Drittel reduzierte. Statt dessen füllte sich die Steppenregion mit neuen Siedlern, überwiegend aus dem europäischen Teil Rußlands – sie stellen heute die Hälfte aller Einwohner. Es hätte also durchaus Sinn gemacht, den nördlichen, überwiegend russischen Teil Kasachstans der russischen Föderation zuzuschlagen und den südlichen, überwiegend kasachisch-muslimischen Streifen, der vom Kaspischen Meer bis zum Pamirgebirge reicht, in die Unabhängigkeit zu entlassen. Doch Präsident Nasarbajew war nicht bereit, auf die reichsten Territorien seiner Republik – die Kornkammer, die Kohlereviere, die Erdölfelder – zugunsten Rußlands zu verzichten. Aus seinem Amtssitz Alma-Ata drohte er sogar mit der Entfesselung eines bewaffneten Konflikts. Boris Jelzin kann sich also zu dem Kompromiß, der schließlich zustande kam, beglückwünschen, aber eine tragfähige Lösung ist für dieses Völkergewirr in der kasachischen Steppe keineswegs gefunden. Die rassisch-religiösen Konflikte sind vorprogrammiert.

Ein Staatenbund – so lehrt die Erfahrung – kann sich nur in zwei entgegengesetzten Richtungen entwickeln: Entweder schält sich mit der Zeit aus dem lockeren Verband selbständiger Republiken eine immer konkretere Föderation heraus, wie das in den USA und in der Schweiz der Fall war, oder aber die organischen Bindeglieder lockern sich, lösen sich auf. Es kommt dann zum unwiderruflichen Bruch oder – im besten Falle – zu einem symbolischen »Commonwealth«, wie das die Briten mit ihren ehemaligen Kolonialvölkern zustande brachten.

Die Gefahr des radikalen Auseinanderplatzens ist im asiatischen Teil der dahinsiechenden Sowjetunion besonders groß. Die wirtschaftliche und politische Aussichtslosigkeit des nationalen Weges wird jedoch für diese von Stalin willkürlich zurechtgeschneiderten Republiken nach kurzer Zeit offenkundig werden. Die türkisch-mongolischen, teils iranischen Völkerschaften dürften ihrer internen Querelen bald überdrüssig werden. Und dann könnte in dieser gewittrigen Weltzone, die zudem noch an Afghanistan grenzt, der militante Islam den breiten Massen als letzte Zuflucht erscheinen.

Aufruhr in Zentralasien

Moskaus Angst vor den Muslimen

14. Oktober 1991

Die Russen haben lange gebraucht, um die umstürzlerische Entwicklung zu entdecken, die sich der zentralasiatischen, überwiegend muslimischen Republiken der einstigen Sowjetunion bemächtigt hat. Gerade die russischen Reformer sind von den Vorgängen in Usbekistan, Turkmenistan, Kirgistan und Tadschikistan völlig überrascht worden. Unlängst spotteten sie noch über die angebliche Unbeweglichkeit der Zentralasiaten, die, so hörte man von den »Liberalen« in Moskau und St. Petersburg, von ihren örtlichen kommunistischen Parteichefs unterjocht und gegängelt würden wie einst von ihren Emiren und Khanen.

Dabei war der dilettantische Putsch von Moskau auch für Zentralasien die Stunde der Wahrheit. Plötzlich erkannten die Potentaten von Taschkent, Duschanbe und den anderen Republik-Hauptstädten, daß sie sich an die Spitze des jeweiligen Nationalismus setzen mußten, um eine Überlebenschance zu haben. Sie waren es leid, vom »Zentrum« als willfährige »rote Paten« abgekanzelt zu werden, und entdeckten sehr schnell, daß ihre bisherige Hypothese, man könne mit Michail Gorbatschow weiterhin zusammenarbeiten, ihm sogar beim Entwurf eines neuen Unionsvertrages behilflich sein, verlorene Liebesmühe war.

Der Aufruhr in Zentralasien hat bereits in Tadschikistan eine dramatische Wende bewirkt. Der dortige Parteichef und Präsident Machkamow war als Anhänger der »Breschnew-Stagnation« von den eigenen Deputierten entmachtet worden. In das entstandene Vakuum stießen die Oppositionskräfte hinein. In der Hauptstadt Duschanbe begann eine ganze Serie von Demonstrationen. Es wurde nicht nur staatliche Unabhängigkeit gefordert, die schnell gewährt wurde. Tadschikische Rekruten sollten nicht mehr außerhalb ihrer Republik Wehrdienst leisten. Vor allem arbeiteten die Oppositionellen auf das Verbot der Kommunistischen Partei sowie auf die Beschlagnahme des Parteivermögens hin und lösten damit ein letztes Aufbegehren, ja einen Putsch der marxistischen *hardliner* aus. Massenkundgebungen und die Intervention des Petersburger Bürgermeisters Anatoli Sobtschak, der im Namen der russischen Staatsraison nach Duschanbe eilte, vereitelten jedoch den Versuch, das Rad der Geschichte zurückzudrehen.

Tadschikistan ist ein hochinteressanter Testfall. Nicht von ungefähr ging der zentralasiatische Umbruch von dieser kleinen Republik am Pamir aus, die eine tausend Kilometer lange Grenze mit dem brodelnden Afghanistan besitzt. In den Bergen Tadschikistans hatten die muslimischen Widerstandskämpfer, damals verächtlich »Basmatschi« – Banditen – genannt, bis zum Jahre 1932 dem Eroberungsfeldzug der Roten Armee standgehalten. Auch dieses Mal kommt die Auflehnung aus den Moscheen, aus den verschwiegenen Anhängerkreisen jenes militanten Islam, den die Bolschewiken nach siebzig Jahren Propaganda ausgelöscht glaubten.

Tadschikistan ist ein Schulbeispiel für die anderen Teilrepubliken in diesem Raum, insbesondere für Usbekistan, das mit zwanzig Millionen Einwohnern und einer großen historischen Tradition wieder zu einem Zentrum der Macht werden könnte. Noch regiert in der dortigen Hauptstadt Taschkent der autoritäre Präsident Islam Karimow mit jenen Methoden polizeilicher Unterdrückung, die er von den Russen übernommen hat. Doch auch er hat längst begriffen, daß auf Moskau, insbesondere auf Gorbatschow, kein Verlaß mehr ist. Zwar sind in Usbekistan die radikalen nationalistischen Oppositionsparteien wie auch die islamische Bewegung offiziell verboten, aber Karimow selbst tritt neuerdings bei Verhandlungen mit den Resten der Sowjetmacht als Nationalist, ja als Förderer eines staatstreuen Islam auf.

Als Anatoli Sobtschak von den Ufern der Newa überstürzt nach Tadschikistan reiste, um dort die aufflackernde Bürgerkriegsgefahr einzudämmen, entdeckte er einen Tatbestand, auf den fast alle Russen allergisch reagieren, den sie einfach nicht wahrhaben wollen. Nicht die zentralasiatischen Demokraten, jene Oppositionellen, die politischen Pluralismus und eine westliche Form von Parlamentarismus anstreben, sind die wirklich treibende Kraft der nationalen Verselbständigung. Die Demokratische Partei setzt sich auch in Zentralasien überwiegend aus Intellektuellen zusammen, die den Kontakt zu den Massen, insbesondere der Landbevölkerung weitgehend verloren haben. Sehr schnell schieben sich dagegen jene Kräfte nach vorn, die man im Westen und in Moskau als islamische Fundamentalisten bezeichnet, und dagegen scheint kein Kraut gewachsen.

Mindestens zehn Millionen Russen leben über das ehemals sowjetische Zentralasien verstreut. Für sie, so befürchtet Sobtschak, gäbe es kein erträgliches Verbleiben unter einer islamischen Staatsreform. Ein Massenexodus der slawischen Siedler käme einer unvorstellbaren Katastrophe für Rußland gleich, ganz zu schweigen von den unübersehbaren strategischen Folgen einer Machtergreifung des militanten Islam. Die Republiken Zentalasiens werden die künftige Wehrpolitik einer wie auch immer gearteten Union oder Konföderation in ihrem Sinne mitbestimmen wollen, ja sie blicken bereits auf die schiitische Kaukasus-Republik Aserbeidschan, die dieser Tage beschlossen hat, ihre eigene Armee aufzustellen und notfalls durch Türken oder Iraner aufrüsten zu lassen.

Verzicht auf Judäa?

Die Friedensverhandlungen in Madrid

4. November 1991

Einen publikumswirksameren Anwalt ihrer Sache als Frau Hanan Aschrawi konnten die Palästinenser schwerlich finden. Die Professorin für englische Literatur an der Bir-Zeit-Universität in Ramallah versteht es perfekt, mit der angelsächsischen Presse umzugehen. Die Dame strahlt – bei aller Härte in der Betonung ihres Standpunktes – eine orientalische Verbindlichkeit aus, die ihren israelischen Kontrahenten meist abgeht. Dennoch kann diese Galionsfigur des palästinensischen Widerstandes nicht über die Unerbittlichkeit der jüdisch-arabischen Gegensätze hinwegtäuschen. Die Leistung James Bakers, Araber und Israeli doch noch an einen Tisch gebracht zu haben, muß hoch veranschlagt werden. Aber so ganz ohne jeden Kontakt hat sich der Schicksalskampf um das Heilige Land ja auch in der Vergangenheit nicht abgespielt. So hat es stets einen diskreten Draht zwischen den Stäben von Tel Aviv und dem jordanischen Thron gegeben. Selbst mit den Syrern wurde über diskrete Mittelspersonen die Respektierung jener »Roten Linie« ausgehandelt, die im südlichen Libanon die israelische Einflußzone vom damaszenischen Machtbereich trennt. Im übrigen ist es im Umkreis des UNO-Gebäudes von Manhattan immer wieder zu heimlichen jüdisch-arabischen Fühlungnahmen gekommen.

Wirklich neu an dieser israelisch-arabischen Konferenz ist die weltweite Kräfteverlagerung, die sich seit dem Schrumpfen der Sowjetmacht vollzogen hat. Neben George Bush war Michail Gorbatschow in Madrid zur Bedeutungslosigkeit verurteilt. Die USA sind allein in der Lage, Bedingungen zu diktieren, das drückte das triumphierende Lächeln James Bakers sehr deutlich aus. Gebe Gott, der in dieser umstrittenen Gegend zwischen Jordan und Ölberg so eminent präsent ist, daß die Amerikaner nicht der Überschätzung der eigenen Allmacht anheimfallen.

Sind die palästinensischen Delegierten des Westjordanufers und aus dem Gazastreifen, die so spektakulär am Verhandlungstisch Platz genommen haben – diese Professoren, Ärzte und Anwälte –, wirklich repräsentativ für jene verzweifelte, zum materiellen und psychischen Elend verurteilte Jugend, die ihrer Wut, ja ihrem Haß durch immer neue Gewaltausbrüche der »Intifada« Ausdruck verleiht? Natürlich nicht. Die Gefahr ist groß, daß die westliche Öffentlichkeit – stets zur Schönfärberei und zur Gesundbeterei neigend – einem trügerischen Schein erliegt. Da kamen die ersten Verbalinjurien zwischen Juden und Syrern, die sich gegenseitig des Staatsterrorismus bezichtigten, aus ehrlicherem Herzen. Der damaszenische Präsident Hafez el Assad wird sich ohnehin als eine entscheidende Figur in diesem tödlichen Pokerspiel erweisen. George Bush muß inzwischen untätig zusehen, wie Saddam Hussein, der »neue Hitler«, wie er ihn noch vor einem Jahr nannte, seine irakische Bastion neu festigt, und auf ein Scheitern der Friedenskonferenz spekuliert, um sich wieder als der unerschrockene Held der arabischen Nation zu präsentieren. Auch mit dem syrischen Diktator steht dem amerikanischen Präsidenten wenig Freude bevor.

Für die Araber – was immer Jizchak Schamir dagegen sagen mag – geht es weiterhin um die Formel »Land für Frieden«. Im Hinblick auf die Golanhöhen ließe sich auch tatsächlich eine Kompromißformel finden, die den Vorstellungen von Damaskus entgegenkäme. Eine Rückgabe des Golan an Syrien würde mit einer international kontrollierten Demilitarisierung verknüpft sein, und für den Fall einer Verletzung dieser Zusage müßte es der israelischen Armee freistehen, das geräumte Territorium blitzartig wieder zu besetzen. Das bilaterale Verhältnis zwischen Damaskus und Jerusalem ist nicht so hoffnungslos, wie es dargestellt wird. Auch der Gazastreifen dürfte im Prinzip nicht zu den unverzichtbaren *essentials* des Judenstaates gehören. Im Gegenteil: Dieses übervölkerte Elendsgebiet stellt für Israel eine unerträgliche Belastung dar. Schamir sollte geradezu darauf erpicht sein, diese geballte Sprengladung an der Flanke seines Staates, diesen Sammelpunkt unversöhnlicher Fundamentalisten, loszuwerden. Doch das benachbarte Ägypten will sich daran nicht die Finger verbrennen, und für eine gesonderte staatliche Existenz Gazas bestehen nicht die geringsten politischen oder wirtschaftlichen Voraussetzungen.

Das besetzte Westjordanufer – Judäa und Samaria, wie die Juden sagen – bildet den gordischen Knoten bei den kommenden Verhandlungen. Wer die Mentalität der Palästinenser auch nur halbwegs kennt, weiß, daß sie die Rückgewinnung von Jericho, Nablus und Hebron lediglich als Sprungbrett benutzen wollen, um ihren Einfluß auf das gesamte verlorene »Filistin« zurückzugewinnen. Wer sich mit dem Wesen des Zionismus befaßt hat, kann keinen Zweifel daran hegen, daß ein jüdischer Verzicht auf Judäa oder gar ein Arrangement in Jerusalem für die staatliche hebräische Präsenz im Gelobten Land der Anfang vom Ende wäre. Die Beteuerung des US-Präsidenten, Israel könne sich nach erbrachten territorialen Zugeständnissen getrost unter die Fittiche der amerikanischen Weltmacht begeben, klingen wenig überzeugend angesichts der Preisgabe des Libanon an die Syrer und der eher kläglichen Situation in Mesopotamien nach dem strahlenden Pyrrhussieg des Generals Schwarzkopf.

»Obervolta mit Atombomben«

Die Zukunft der Sowjetunion

25. November 1991

Der Besuch Boris Jelzins in Deutschland ist so ausgegangen, wie es voraussehbar war: Er endete als Flop. Michail Gorbatschow hatte wissen lassen, die Sowjetunion – oder was von ihr übrigbleibt – stehe am Rande des Abgrundes. Diese Feststellung kommt aus dem Munde jenes Mannes, der in sechs Jahren angeblicher »Perestroika« nicht in der Lage war, auch nur eine einzige durchgreifende Wirtschaftsreform anzupacken, geschweige denn durchzuführen.

Boris Jelzin ist am Rhein bedrängt worden, das totale Auseinanderbrechen der ehemaligen Sowjetunion zu verhindern. Als ob das noch in den Händen der Russen läge, die unter der Tünche internationalistischer und proletarischer Brüderlichkeit doch in Wirklichkeit das imperiale Erbe der Zarenzeit konsequent und rücksichtslos weitergeführt haben. Es muß dem Präsidenten Rußlands hoch angerechnet werden, daß er nicht als Bittsteller nach Bonn gekommen ist. Aber vergeblich hat man auch bei ihm auf die resolute Erklärung gewartet, daß nun in Rußland die Ärmel hochgekrempelt werden nach dem Prinzip: Hilf dir selbst, dann hilft dir Gott!

Die Sowjetunion – das sei Obervolta plus Atombomben, hatte der Altbundeskanzler Helmut Schmidt einmal in seiner unverblümten Art gesagt. Wie schrecklich er jetzt recht behält! Die westlichen Staatsmänner – an der Spitze George Bush und James Baker – führen Eiertänze auf, stützen sich auf krampfhafte Wunschvorstellungen, um die sowjetische Katastrophe zu bemänteln. Da beglückwünscht man sich dazu, daß sieben oder acht Republiken das Flehen Gorbatschows erhörten und nun doch zur Unterzeichnung eines für die ganze Union gültigen Schuldentilgungsabkommens antreten. Dabei hat jeder realistische Financier diese astronomischen Verbindlichkeiten längst abgeschrieben. Wer glaubt denn ernsthaft, daß die nunmehr unabhängigen Republiken Turkmenistan oder Armenien einen nennenswerten Beitrag zur Sanierung beisteuern könnten? All diese Nachfolgestaaten stehen doch selber am Rande des Bankrotts. Sie wurden während des siebzigjährigen Sowjetsystems von dem verhaßten »Zentrum« so schamlos ausgebeutet, daß ihnen heute wirklich nicht der Sinn nach Solidarität mit Rußland steht.

Weit überschätzt wurde auch die Berufung Eduard Schewardnadses zum Außenminister der Union. War es nicht Schewardnadse, der angedeutet hat, daß Gorbatschow am gescheiterten Moskauer Putsch ein gerütteltes Maß an Verantwortung trug, ja eventuell zu den Verschwörern gehörte? Gewiß, im Westen genießt Schewardnadse großes Ansehen, und das hat er redlich verdient. Seine Beliebtheitsquote im eigenen Staatsgebilde ist jedoch denkbar niedrig. In den Augen der Russen hat dieser Georgier am tatkräftigsten dazu beigetragen, das russisch-sowjetische Reich und sein strategisches Vorfeld zu zerstören. Die Georgier hingegen erinnern sich daran, daß Schewardnadse – bevor er zu Moskauer Politbürowürden berufen wurde – oberster KGB-Chef und dann Erster Parteisekretär in seiner Heimatrepublik war.

Boris Jelzin hat seinen deutschen Gesprächspartnern versichert, die mit dem Westen vereinbarten Abrüstungsprogramme gälten weiter und über die Verfügung der ungeheuerlichen nuklearen Vernichtungskapazität der ehemaligen Sowjetunion seien stringente Garantien vorhanden. Aber vorher hatte Jelzin erwähnt, der ominöse Auslösungsknopf für eine atomare Apokalypse sei neuerdings einer vielfältigen und komplizierten Befehlsgewalt überantwortet. Der Schlüssel zum Inferno befinde sich gleich zweimal in Moskau – bei Gorbatschow und Jelzin – und ebenfalls beim ukrainischen Präsidenten Krawtschuk in Kiew wie bei Präsident Nasarbajew von Kasachstan in Alma-Ata. Diese Dispositionen muten surrealistisch an, nähren schlimmste Befürchtungen.

Schon steuert Jelzin auf die gleichen Klippen zu, an denen das Boot Michail Gorbatschows zerbrach. All diesen ehemaligen Apparatschiks der KPdSU geht offenbar der elementare Sinn für wirtschaftliches Management, für industrielle Rentabilität ab. Andererseits sind sie wohl immer noch unfähig, die unerbittliche Realität der Nationalitätenkonflikte, geschweige denn des religiösen Aufbruchs in den nichtrussischen Territorien zu begreifen. Selbst die Einführung parlamentarischer Demokratie mag man Jelzin nicht anempfehlen, weil sie im politischen Chaos zu enden droht. Die vielgepriesene Marktwirtschaft würde aller Voraussicht nach nicht zu Aufschwung und Wohlstand, sondern zu einer unbeschreiblichen Wirtschaftskriminalität, einer durch Massenarbeitslosigkeit extrem gesteigerten Pauperisierung führen. »Rette sich, wer kann!« heißt es bereits in den halbwegs lebensfähigen Republiken Ukraine, Aserbeidschan und Usbekistan. Dort fürchtet man, daß diese rasante Talfahrt des »Imperiums« zur Höllenfahrt werden könnte.

Der Totengräber sowjetischer Macht

Gorbatschow hat versagt

16. Dezember 1991

Michail Gorbatschow könnte als »meist überschätzter Mann des Jahrhunderts« in die Geschichte eingehen. Gewiß, die Nato, die Europäer, vor allem die Deutschen sind ihm zu Dank verpflichtet. Er hat die Supermacht Sowjetunion, vor der die Welt zitterte, zu einem Vakuum gemacht. Er hat die unterdrückten Völker Osteuropas in die Lage versetzt, ihre freiheitliche und nationale Entwicklung einzuleiten. Gorbatschow hat den Deutschen die Möglichkeit verschafft, ihre Einheit zu verwirklichen, wobei noch in keiner Weise geklärt ist, ob er dieses Ereignis auch wirklich im Visier hatte, als er Erich Honecker nachdrücklich bedrängte, in der DDR endlich mit dem Reform-Kommunismus ernst zu machen.

Wäre Gorbatschow vom höchsten Parteiapparat auserwählt worden, die Interessen des Westens zu vertreten auf Kosten der eigenen sowjetischen und russischen Belange, dann könnte man Gorbatschow jene staatsmännischen Tugenden zusprechen, die man ihm so überschwenglich angedichtet hat. Aber dieser Mann war ja im Namen der Völker der Sowjetunion berufen worden, über das Wohl dieses roten Imperiums und seiner Menschen zu wachen. Dieser Aufgabe ist er – um es milde auszudrücken – nicht gerecht geworden. Positiv zu vermerken sind allenfalls: Die Beendigung der sowjetischen Verstrickung in den Afghanistan-Konflikt, die Absage an den Wahnsinn eines hemmungslosen Rüstungswettlaufs mit den USA, die Einführung einer begrenzten politischen Meinungsfreiheit. Das waren beachtliche, teilweise bewundernswürdige Initiativen.

Dennoch muß Gorbatschow an den konkreten Leistungen und Errungenschaften für das eigene Land, für das eigene Volk gemessen werden, und da sieht das Bild überaus düster aus. Der Liebling des Westens war der Totengräber der Sowjetmacht und auch der nationalen russischen Interessen. In den Augen russischer Patrioten und verzweifelter sowjetischer Offiziere hat dieser Mann die einmalige historische Fehlleistung vollbracht, ohne äußeren Druck und ohne inneren Zwang sämtliche Weltmachtpositionen Moskaus zu räumen, das europäische Sicherheitsglacis preiszugeben, der deutschen Einheit, die er aller Wahrscheinlichkeit ursprünglich gar nicht wollte, so überstürzt zuzustimmen, daß Deutschland heute wieder als der potenteste Staat des Kontinents erscheint.

Wenn Gorbatschow all diese Ergebnisse erbracht hätte, um seiner in ärmlichen Verhältnissen lebenden Bevölkerung das Leben zu erleichtern und sie an den reichen Früchten einer neuen europäischen Friedensordnung teilhaben zu lassen, wäre das Dossier des Präsidenten der UdSSR auch aus Moskauer Sicht noch halbwegs zu verteidigen. Aber gerade die ökonomische Realität sieht grauenhaft aus. Die Lebensverhältnisse in der ehemaligen Sowjetunion waren seit 1917 nicht mehr so katastrophal. Nichts funktioniert mehr. Ein Hungerwinter steht bevor, und das Gespenst eines kollektiven Wutanfalls der darbenden, irregeführten Massen ist nicht auszuschließen. Der ehemalige Generalsekretär der KPdSU hat es in sechs Jahren nicht fertiggebracht, über seinen marxistisch-leninistischen Schatten zu springen und eine Reform der Wirtschaft in Angriff zu nehmen, und heute trauern die Russen – bittere Ironie – den vergleichsweise »fetten Jahren« der Breschnew-Stagnation nach.

Man behaupte nicht, das Sowjetimperium sei bei Machtantritt Gorbatschows bereits so marode und brüchig gewesen, daß gar keine andere Möglichkeit als dieser globale Verzicht übrigblieb. Ein energischer, sachkundiger Reformer – gestützt auf die quasi unbegrenzten Machtmittel des ehemaligen Systems – hätte immerhin eine Chance gehabt, die Wende zum Besseren einzuleiten, zumindest den Absturz ins Bodenlose verhindern können.

In seiner seltsamen intellektuellen Starrheit war Gorbatschow unfähig, das Problem der Nationalitäten im roten Imperium zu analysieren und zu deuten. Im Kaukasus wird seine Hinhaltetaktik zwischen Armeniern und Aserbeidschanern als Quelle der dortigen Unruhen angeprangert. Für die Bedeutung des aufbrechenden Islam besaß er keinen Instinkt. Gorbatschow hing wohl unverzagt der Utopie vom »Sowjet-Menschen« an. Zu einem Zeitpunkt, da niemand mehr in den abfallenden Republiken von gemeinsamen Streitkräften, von koordinierter Außenpolitik mehr reden hören wollte, klammerte er sich an die verblassenden Prärogativen eines Zentralapparats, zu dessen Aushöhlung er selbst entscheidend beigetragen hatte. Er warnte vor einem Abgrund, den er persönlich aufgerissen hatte, und drohte mit Bürgerkrieg und Putsch, als wäre seine recht zweideutige Rolle beim letzten Moskauer Staatsstreich bereits in Vergessenheit geraten. Bislang konnte sich der letzte Präsident der Sowjetunion wenigstens auf den ökonomischen Zwang zur Zusammenarbeit der diversen Republiken berufen. Doch auch dieses Argument wird hinfällig seit dem Zusammenbruch der Verkehrsstrukturen. Die erzwungene Komplementarität zwischen den Teilstaaten wird damit außer Kraft gesetzt, und die verzweifelte Suche nach regionaler Autarkie hat bereits begonnen. Michail Gorbatschow hätte längst die Konsequenz ziehen und sein Amt niederlegen müssen.

Bewußtseinskrise in »Gottes eigenem Land«

Der Niedergang der USA?

13. Januar 1992

Plötzlich ist es Mode geworden, über den Niedergang der Vereinigten Staaten von Amerika zu sprechen. Das Bild des amerikanischen Präsidenten, der ohnmächtig am Tisch des japanischen Kaisers zusammenbrach, hat zweifellos mächtig dazu beigetragen. Die Welt hat sich von ihrem Staunen über den rasanten Verfall, über die sang- und klanglose Selbstauflösung der Sowjetunion noch nicht erholt, und schon verflüchtigt sich die trügerische Gewißtheit, es gebe nunmehr nur noch eine unantastbare, weltumspannende Führungsmacht, nämlich die USA.

Auf dem Höhepunkt des britischen Imperialismus gab es einen nationalistischen Refrain, der die Siegesstimmung der Viktorianischen Epoche wiedergab: »Wir haben die Männer, wir haben die Schiffe, und, bei Jingo, wir haben auch das Geld.« Hier unterscheidet sich eben der amerikanische Weltherrschaftsanspruch von dem der englischen »Vettern« im 19. Jahrhundert. Präsident Bush hat zwar über genügend Männer und Schiffe verfügt, um vor einem Jahr einen strahlenden militärischen Erfolg im Irak davonzutragen. Finanziert jedoch wurde diese gewaltige Anstrengung durch die arabischen Erdöl-Potentaten sowie jene deutschen und japanischen Verbündeten, deren Zurückschrecken vor dem Einsatz am Golf mit klingender Münze aufgewogen werden mußte. Heute wären die USA nicht mehr in der Lage, einen vergleichbaren Feldzug durchzustehen. So bald wird auch die amerikanische Öffentlichkeit nicht wieder bereit sein, Begeisterung für die Rolle des Weltgendarmen zu entwickeln.

Was ist denn übriggeblieben von der Friedensordnung, die George Bush so großherzig versprach? Saddam Hussein, der »neue Hitler«, wie er im Weißen Haus genannt wurde, tyrannisiert und mordet weiterhin seine Untertanen. Sollte er auch noch die kommenden zwei Jahre überleben, dürfte ihm ganz automatisch eine neue Führungs-

und »Helden«-Rolle in der arabischen Welt zufallen. Schon zeigt sich Jassir Arafat wieder an der Seite des irakischen Diktators, und der Palästinenserführer ist für seinen opportunistischen Instinkt bekannt. Der Triumph des Generals Schwarzkopf ist zum Pyrrhussieg geschrumpft. Die isrealische Likud-Führung wird dafür sorgen, daß die Formel »Land für Frieden«, die James Baker dem Judenstaat aufdrängen will, so lange verschleppt wird, bis der amerikanische Wahlkampf auf Touren kommt und die Präsidentschaftskandidaten größere Rücksicht auf die jüdische Lobby im eigenen Land nehmen müssen. Die Sowjetunion hat sich ohne äußere Einwirkung von innen und gewissermaßen ganz von selbst ausgelöscht. Mit dem baltischen Separatismus, der scheinbar alles ausgelöst hatte, wäre noch ein Leonid Breschnew in wenigen Stunden fertig geworden.

Schon kommt in den Medien die absurd klingende Frage auf, ob Amerika einer irgendwie vergleichbaren internen Erosion ausgesetzt sein könnte. Natürlich geht es in den USA nicht um die Abspaltung unterdrückter Nationen oder um den Kollaps eines total verkommenen Staats- und Wirtschaftssystems. Aber die Zeichen stehen auf Sturm für »Gottes eigenes Land«. Es ist längst nicht mehr jener Schmelztiegel aller Zuwanderer-Rassen, in dem sich die exotischen Einflüsse auf den »American way of life« ausrichteten. Amerika ist zur größten Schuldnernation der Welt herabgesunken mit einem Defizit von 350 Milliarden Dollar. Die Ostasien-Tournee George Bushs endete in Enttäuschung, ja Demütigung. Der Präsident mußte sich von den japanischen Industriebossen sagen lassen, daß allzu viele amerikanische Produkte, ja sogar das amerikanische Management, den internationalen Ansprüchen nicht mehr genügten und ihre Konkurrenzfähigkeit eingebüßt hätten.

Der amerikanische Wahlkampf, der in diesen Tagen in seine erste Phase tritt, dürfte überwiegend mit innenpolitischen Argumenten gespeist werden, und da sieht es schlecht aus für den Titelverteidiger. Die Kluft zwischen Arm und Reich klafft immer weiter auseinander. Die soziale Problematik türmt sich schier unüberwindlich in einem Land, wo vierunddreißig Millionen Bürger ohne Anspruch auf eine Krankenversicherung leben müssen, wo die Kriminalitätsquote – derzeit bei 25 000 Morden im Jahr – sich weiter hochschraubt. Eine vernichtende Rezession, wie sie im Jahr 1929 mit dem New Yorker Börsenkrach ausbrach, wird von manchen Schwarzmalern nicht mehr ganz ausgeschlossen. Die Japaner und Deutschen, Hauptnutznießer des amerikanischen Niedergangs, sollten sich wohl bewußt sein, daß eine Katastrophe auf den amerikanischen Finanzmärkten und Börsen verheerende Auswirkungen für den eigenen Wohlstand, für die eigene politische Stabilität nach sich zöge.

Die Japaner haben bereits gespürt, daß die Amerikaner in Zukunft recht unleidliche, ja erpresserische Business-Partner sein werden. Auch der Regierung des vereinigten Deutschland weht neuerdings aus Washington ein eiskalter Wind ins Gesicht. Die Widerstände gegen die fortschreitende europäische Einigung werden sich mehren und verhärten. Denn hinter den sperrigen Engländern und Niederländern steht nunmehr das unverhohlene amerikanische Interesse, den alten Kontinent, diesen bislang unterschätzten Rivalen, durch innere Spaltung zu lähmen, seine Dynamik einzudämmen.

Chinas Aufstieg zur Weltmacht

Mitbestimmung für das Reich der Mitte

3. Februar 1992

Der Besuch des chinesischen Ministerpräsidenten Li Peng in verschiedenen Staaten des Westens, insbesondere in der Schweiz und in den USA, hat eine Serie von Protesten ausgelöst. Li Peng stand im tragischen Sommer 1989 an der Spitze jener *hardliner* der Kommunistischen Partei Chinas, die die blutige Niederwerfung des Studentenaufstandes auf dem Platz des Himmlischen Friedens in Peking angeordnet hatten. Der Entrüstungssturm über diese brutale Reaktion dauert bis heute an. Doch das Wahrnehmungsvermögen der demokratischen Öffentlichkeit erweist sich leider als parteiisch und selektiv. Um nur ein Beispiel zu erwähnen: In Kaschmir, dem nördlichsten und fast ausschließlich von Muslimen besiedelten Bundesstaat der Indischen Union, fordert die massive Bevölkerungsmehrheit ihre staatliche Trennung von Indien; in den letzten zwei Jahren haben dort die wahllosen Gewaltaktionen der Armee und Polizei rund viertausend Menschenleben gefordert. Aber in diesem Fall – von Fernsehen und Presse kaum notiert – verhält sich das Weltgewissen passiv, nimmt die Opfer nicht zur Kenntnis und denkt nicht daran, der Regierung von Delhi die gleiche moralische Elle anzulegen wie den Machthabern von Peking.

Die heutige Regierungsmannschaft in China leidet unter der Tatsache, daß die maßgeblichen *opinion leaders* in Europa und Amerika sich bei ihren Analysen und Prognosen über das Reich der Mitte immer wieder geirrt haben. Versetzen wir uns doch zweieinhalb Jahre zurück in jene euphorischen Stunden auf dem Tien-An-Men-Platz, als voreilige Korrespondenten bereits den Sieg der Freiheit, die Errichtung einer pluralistischen Demokratie, den Abgang des Deng-Xiaoping-Regimes verkündeten. Damals wurde Michail Gorbatschow, der zur Staatsvisite nach Peking gereist war, von den Aufrührern im Zentrum der chinesischen Hauptstadt wie ein Heilsbringer und leuchtendes Vorbild begrüßt.

Heute muß man die Dinge sehr viel kühler und nüchterner sehen. Auf keinen Fall sollte die Brutalität, mit der die Soldaten der Volksbefreiungsarmee am Ende auf die freiheitstrunkenen Jugendlichen losgelassen wurden, verharmlost oder entschuldigt werden. Nur können wir die Ereignisse in einem fernöstlichen Land mit 1,2 Milliarden Menschen, das in ganz anderen Traditionen lebt und sich seit dem Ende der maoistischen Roßkur einem marxistisch verbrämten Neo-Konfuzianismus zugewandt hat, nicht an den Modellen des Westminster-Parlamentarismus oder des amerikanischen Konzepts der Volksherrschaft messen. Das Scheitern Gorbatschows, der Zerfall der Sowjetunion, das unendliche Elend und die schrecklichen Gefahren, die sich in der eurasischen Landmasse zwischen Minsk und Wladiwostok abzeichnen, sollten den westlichen Beobachter nachdenklich stimmen. Wenn wir die jetzige Situation Rußlands und der übrigen Mitglieder der »Gemeinschaft Unabhängiger Staaten« mit den Verhältnissen Chinas vergleichen, dann ergibt sich für das Reich der Mitte eine überaus vorteilhafte Bilanz.

Ministerpräsident Li Peng – ein Adoptivsohn des weisen Chou Enlai – kann heute als Repräsentant eines Imperiums auftreten, das mit der Politik der »kleinen Schritte«, mit der behutsamen wirtschaftlichen Liberalisierung im Innern und der gleichzeitigen Beibehaltung des oft erdrückenden politischen Konformismus das oberste Gebot ostasiatischer Staatsführung respektierte: die Wahrung der Stabilität und die vorsichtige Mehrung des Wohlstandes. Was hatten denn die Studenten am Platz des Himmlischen Friedens, die am Eingangstor der »Verbotenen Stadt« die amerikanisch anmutende Freiheitsstatue errichteten, ernsthaft im Sinn? Welches konkrete Programm wollten sie zur demokratischen Erneuerung Chinas durchsetzen? Heute wissen wir, daß keinerlei präzise Vorstellung vorhanden war. Die sympathischen jungen Leute von Peking stellten sich offenbar vor, man könne mit einem Kraftakt und fast ohne Übergang von den rigiden Strukturen des Maoismus zum »American way of life« überwechseln. Nicht so sehr die sozial abgefederte europäische Marktwirtschaft war das Ziel dieser unerfahrenen Idealisten, sondern die Verwirklichung amerikanischer Verhältnisse in einem asiatischen Riesenreich, das sich selbst noch als Bestandteil der Dritten Welt bezeichnet und durch das hemmungslose Kräftespiel des »wilden Kapitalismus«, wie er in den USA heute recht kraß zutage tritt, in schrekliche Wirtschaftskrisen, in Hungersnöte, ja möglicherweise in den Bürgerkrieg geschleudert worden wäre.

Nach dem Untergang der Sowjetmacht profiliert sich China als das einzige Mitglied der Völkergemeinschaft, das in der Lage wäre, dem weltweiten Hegemonialanspruch Washingtons zu trotzen, eine Art Gegenpol zu den USA zu bilden. Der Auftritt Li Pengs im Sicherheitsrat der UNO hat aller Welt gezeigt, daß China in der Weltpolitik ein unentbehrlicher Faktor ist. Ohne Peking gibt es keine Lösungschance in Kambodscha, keinen Fortschritt im Nahen und Mittleren Osten. Vor allem verfügt das Reich der Mitte über ein entscheidendes Mitbestimmungsrecht und über immense Druckmittel, wenn es demnächst für die Amerikaner und Europäer darum geht, die apokalyptischen Perspektiven der unvermeidbaren Weiterverbreitung von Atomwaffen im islamischen Staatengürtel und in der Dritten Welt halbwegs unter Kontrolle zu halten.

»Land für Frieden« in Palästina?

Spannung an Galiläas Grenzen

24. Februar 1992

Die israelische Zeitung *Haaretz* hat die jüngsten Zusammenstöße zwischen schiitischen Freischärlern und jüdischen Soldaten im Südlibanon hintergründig kommentiert. »Wir müssen uns bewußt sein«, so schreibt das Blatt, »daß die Hizbollah-Bewegung und der Iran jede Gelegenheit nutzen und schüren werden, um die Friedensbemühungen im Nahen Osten zu hintertreiben. Wir sollten diesen Kräften nicht erlauben, ihr Ziel zu erreichen.«

Nun spricht der Leitartikel von *Haaretz* nicht unbedingt im Namen und im Auftrag der Regierung von Jerusalem. Für Ministerpräsident Jizchak Schamir könnte es bei den neu anlaufenden Verhandlungen mit den diversen arabischen Delegationen durchaus nützlich sein, daß die Friedenseuphorie, die sich immer wieder in den Medien breitmacht, gedämpft und auf die tristen, die schrecklichen Realitäten reduziert wird.

Die Mullahs von Teheran und die jetzige Führung von Israel stehen beide in resoluter Oppostion zu den Kompromißvorschlägen, die George Bush durch seinen Außenminister James Baker so unermüdlich vortragen läßt. Die islamische Republik Iran stemmt sich gegen jede Neuordnung zwischen Mittelmeer und Persischem Golf, die die eigenen Ansprüche auf Einfluß und Macht beiseite schiebt. Der jüdische Staat kann sich in seiner Mehrheit nicht abfinden mit jener Formel »Land für Frieden«, die nicht nur den zionistischen Zeloten als Anfang vom Ende ihrer staatlichen Selbstbehauptung erscheint. Wieder einmal zeichnet sich hier eine uneingestandene Komplizenschaft zwischen Teheran und Jerusalem ab. Weder das minutiös geplante Hubschrauber-Attentat gegen den Schiitenführer Abbas Mussawi noch die Beschießung von Kibbuz-Siedlungen in Nordgaliläa durch fanatisierte Mudschahidin ändert etwas an diesem ernüchternden Tatbestand.

Unabhängig von den blutigen Scharmützeln, die an der verwundbaren Nordgrenze Israels weiter andauern dürften, hat Regierungschef Jizchak Schamir am Rande der diversen Verhandlungsrunden mit den arabischen Nachbarn beachtliche Resultate eingeheimst. Israel hat zu Rußland und China volle diplomatische Beziehungen aufgenommen. Die unerträgliche UNO-Resolution, die den Zionismus dem Rassismus gleichsetzte, ist rückgängig gemacht worden. Der syrische Erzfeind hat sich zähneknirschend zu offiziellen Kontakten mit dem Judenstaat bereitgefunden. Die verzweifelte Aufstandsbewegung der palästinensischen Jugend, die »Intifada«, wurde in den Hintergrund gedrängt und macht keine Schlagzeilen mehr. Was kann man sich in Jerusalem mehr wünschen?

Die Israeli werden auch in Zukunft mit Partisanenüberfällen und Katjuscha-Einschlägen leben müssen. Die am Konferenztisch versammelten arabischen Staaten wollen und können keinen Einfluß auf die Todesfreiwilligen der schiitischen Gemeinde des Libanon nehmen, die weit wirkungsvoller operiert als die erlahmten Freischärler der Palästinensischen Befreiungsorganisation PLO. Die Armee des Judenstaates wird sich nach der ergebnislosen Eroberung von Beirut im Jahr 1982 wohlweislich hüten, noch einmal in die chaotischen Wirren des Libanon verstrickt zu werden. Da die meisten arabischen Potentaten sich durch die schiitische Revolutionsmystik, durch die Militanz der »Hizbollah« oder »Partei Gottes« mindestens ebenso bedroht fühlen wie die Regierung von Jerusalem, haben sie die israelischen Repressalien und den Mordanschlag auf Scheich Mussawi kaum zur Kenntnis genommen und ihre anberaumten UNO-Gespräche mit Israel nicht abgeblasen. Sogar der iranische Staatschef Rafsandschani hat sich eine bemerkenswerte Zurückhaltung auferlegt.

Die Kämpfe im Südlibanon liefern die Begleitmusik zu dem anlaufenden Wahlkampf in Israel. Die Arbeiter-Partei, die – im Gegensatz zum regierenden Likud-Block – bislang unter ihrem Wortführer Schimon Peres eine konziliante Haltung im Streit um die besetzten Gebiete einnahm, hat sich der landesweiten Stimmung angepaßt und zu ihrem neuen Vorsitzenden einen bewährten Soldaten, den ehemaligen Stabschef Jizchak Rabin berufen. Von Rabin wird niemand erwarten, daß er vitale Interessen der israelischen Verteidigung preisgäbe. Als Verteidigungsminister einer großen Koalition hatte er vor ein paar Jahren noch gefordert, daß man den Aktivisten der »Intifada« die »Knochen breche«. Im übrigen weiß er als Stratege sehr wohl, daß es einen gewaltigen Unterschied macht, ob aus dem relativ fernen Irak Scud-B-Raketen abgefeuert werden oder ob Tel Aviv – im Falle einer Preisgabe des Westjordanufers – unter den Beschuß von Granatwerfern oder Katjuschas geraten könnte. Letzere werden, wie die jüngsten Zwischenfälle im Libanon zeigen, auf Eselsrücken transportiert, sind extrem mobil.

Noch ist es reichlich früh, über die zukünftige Zusammensetzung der neuen Knesset, des Parlaments von Jerusalem, zu spekulieren. Doch die spektakuläre Spannung an den Grenzen Galiläas wird den *hardlinern* Wasser auf die Mühlen treiben. Für Jizchak Schamir, den kleinen, stahlharten Mann der radikalsten Untergrundgruppe im jüdischen Unabhängigkeitskampf, erscheinen die Chancen durchaus positiv.

Warten auf einen neuen »Zapata«

Fidel Castro am Ende

16. März 1992

Fidel Castro ist zum Anachronismus geworden in einem lateinamerikanischen Umfeld, dem er einmal den Weg zur sozialistischen Revolution weisen wollte. Der alte Kämpfer wirkt heute wie ein tragischer Don Quichote des Marxismus-Leninismus mit seiner olivgrünen Uniform, die er nie ablegt, und seinem Rauschebart, der einmal die 68er-Generation Europas inspirierte. Schon rüsten sich im nahen Florida die Spekulanten, die Mafiosi, die Geschäftemacher und kleine paramilitärische Gruppen, um sich auf die kubanische Beute zu stürzen, sobald in Havanna der Stern des »Máximo Lider« untergegangen ist. Die Umstrukturierung Kubas im Sinne eines eher ausbeuterischen Kapitalismus wird dann nicht lange auf sich warten lassen. Von dem Experiment einer lateinamerikanischen Variante des Kommunismus wird ein Trümmerhaufen übrigbleiben und ein schaler Nachgeschmack.

Immerhin hatten sich einmal an den Namen Fidels große Hoffnungen geknüpft. Jetzt, da er in den weltweiten Untergang des Marxismus hineingezogen ist, von seinen einstigen Freunden allein gelassen wird, wagt er gelegentlich den Rückblick auf den Gefährten und Rivalen Che Guevara, der im Dienste seines Befreiungstraums in der bolivianischen Guerilla vorzeitig den Tod gefunden hat. Von Che Guevara mag es heißen, daß die »Toten – und nur die Toten – jung bleiben«, wie Anna Seghers es formulierte. Castro hat sich selbst und seine Zeit überdauert. Ihn hat »das Leben gestraft«, um mit Gorbatschow zu sprechen. Dennoch muß der Zustand dieses Subkontinentes auch im Zeichen des castristischen Niedergangs nachdenklich und traurig stimmen. Fast nirgendwo sind die zum Himmel schreienden sozialen Mißstände in halbwegs befriedigender Weise definiert, geschweige denn behoben worden. Die Kluft zwischen dem arroganten Reichtum der Oligarchie und der extremen Armut breiter Volksschichten vertieft sich ständig. Der dringend notwendigen gesellschaftlichen Umkrempelung fehlt nunmehr jeglicher ideologischer Impetus. Es wird Zeit, daß die kirchliche Hierarchie mit ihren Reformparolen Ernst macht, sonst dürften sich eines Tages schreckliche Gewitter entladen.

Schon gebärden sich gewisse *narcotraficantes* Kolumbiens, als seien sie »ehrbare Banditen«, als komme der Ertrag ihres schmutzigen Gewerbes indirekt auch den elenden Massen zugute. Der Drogenkönig Pablo Escobar ließ sich in Medellin als eine Art Robin Hood verehren, als er bis auf weiteres hinter Gefängnisgittern verschwand. Für die ausgebeuteten *campesinos* der Anden, deren normales Einkommen durch den Sturz der Kaffeepreise an den nordamerikanischen Börsen zusätzlich reduziert wurde, bleibt nur noch die Flucht in den Anbau von Coca-Pflanzen und neuerdings von Mohnfeldern, um an den Riesengewinnen des Handels mit Kokain und Heroin wenigstens einen bescheidenen Anteil zu erhaschen. Gleichzeitig haben sich die verzweifelten Indios des peruanischen Hochlandes zu finsteren Banden zusammengerottet, schließen sich der pseudomaoistischen Bewegung des »Sendero Luminoso«, des »Leuchtenden Pfades«, an und eifern dem fernen kambodschanischen Vorbild der »Roten Khmer«, den Mordbuben des schrecklichen Pol Pot nach.

Die älteste marxistische Guerilla Lateinamerikas hingegen, die FARC (Revolutionäre Streitkräfte Kolumbiens), beobachtet den Niedergang Fidel Castros und des Weltkommunismus mit scheinbarer Gelassenheit. Sie verhandelt zur Zeit im Verbund mit anderen Partisanenbewegungen in Mexico mit den Vertretern der kolumbianischen Regierung über einen nationalen Kompromiß. Für die FARC wie für die ähnlich orientierte ELN (Armee der nationalen Befreiung) haben die Kubaner anfangs als Instrukteure und Agitatoren eine gewisse Rolle gespielt. Inzwischen werden die kolumbianischen Guerilleros schon längst nicht mehr durch Fidel Castro finanziert, sondern sie halten allenfalls – wie sie spöttisch bemerken – das marxistische Kuba mit ihren Zuwendungen über Wasser. Den Guerilleros Kolumbiens mangelt es weder an Geld noch an Waffen. Dafür sorgen die *narcotraficantes,* denen sie gelegentlich militärischen Beistand leisten, dafür sorgen auch erpresserische Entführungen von Angehörigen der Oligarchie. Der Traum kubanischer Selbstgeltung ist zerronnen. Es ist jedoch keineswegs sicher, daß die Zyniker des Status quo, die die Diplomatie Washingtons stark beeinflussen, am Ende recht behalten werden. Henry Kissinger hat den neuen Alptraum bereits an die Wand gemalt: eine chaotisch-revolutionäre Umsturzbewegung – welcher Couleur auch immer –, die auf das gigantische Brasilien oder, weit schlimmer noch, auf das unmittelbar benachbarte Mexiko mit seinen nahezu hundert Millionen Einwohnern übergriffe. Eine Bürgerkriegssituation in Mexiko könnte über Nacht zehn Millionen Flüchtlinge über den Rio Grande nach Norden treiben und die USA, die sich zur Stunde als die einzige Hegemonialmacht wähnen, in existentielle Bedrängnis bringen. Fidel Castro ist am Ende, aber keines der Probleme, die ihn einst an die Macht trugen, ist in Lateinamerika gelöst. Die Revolution hat das marxistische Gewand abgestreift, aber sie wartet auf einen neuen »Zapata«.

Die wunderbare Rettung Jassir Arafats

Die politische Bedeutung des PLO-Chefs

13. April 1992

In der islamischen Glaubensvorstellung gibt es keinen Raum für den Zufall. So wird die Mehrzahl der Palästinenser und Araber die wundersame Errettung Jassir Arafats aus dem Flugzeugunfall in Libyen als einen Wink Allahs deuten. Der Palästinenserführer verfügt weiterhin über die »Baraka«, den göttlichen Schutz. Der hat ihm schon aus mancher aussichtslosen Situation und akuten Todesdrohung herausgeholfen, in die er sich mit großem persönlichem Mut begeben hatte. Seine Position innerhalb der Palästinensischen Befreiungsorganisation PLO, die in letzter Zeit ernsthaft umstritten war, ist somit wieder konsolidiert.

Das vorübergehende Verschwinden Arafats im Sandsturm »Khamsin« der Sahara hat allen seinen Anhängern vor Augen geführt, wie unentbehrlich die Figur ihres offiziellen Führers, dieses Überlebenskünstlers des Widerstandes weiterhin bleibt. Nachdem seine angesehensten Mitstreiter Abu Iyad und Abu Jihad durch Attentate aus dem Weg geräumt worden waren, wäre an der Spitze der PLO möglicherweise ein Vakuum entstanden. Ein Nachfolgekampf hätte nach dieser Vakanz eingesetzt, der vermutlich der radikalen Verweigerungsfront zugute gekommen wäre und den Zerfall der bislang mühsam gewahrten Einheitsfassade zur Folge gehabt hätte. Für die meisten Araber besteht also Grund, sich über die Unverwüstlichkeit des offiziellen PLO-Chefs zu freuen. Dennoch wird nicht vergessen, daß Arafat in letzter Zeit mehr und mehr Kompetenzen in seiner Hand vereinte und damit heftige Kritik auslöste.

Für Israel ist die Situation weniger brillant. Man wird in Jerusalem – angesichts der Jubelveranstaltungen in den besetzten Gebieten – nicht mehr mit dem Argument hausieren können, Jassir Arafat sei in den Augen seiner eigenen Landsleute diskreditiert und werde zusehends von jener Gruppe relativ gemäßigter, aus dem Großbürgertum der Westbank rekrutierten Bevollmächtigten verdrängt, die bei den internationalen Verhandlungen über das Heilige Land die palästinensische Delegation anführen. Kein Wunder, daß eine rechtsextremistische Abgeordnete der jüdischen Knesset in aller Öffentlichkeit die Forderung erhob, nun müsse der israelische Geheimdienst Mossad erst recht mit allen Mitteln danach trachten, die Seele des Widerstandes – nämlich Jassir Arafat – zu eliminieren.

Es war höchste Zeit für die PLO, daß ihr ein solch spektakuläres Ereignis zur Hilfe kam. Im Falle eines endgültigen Verschwindens Arafats in der libyschen Wüste hätten sich die offiziellen palästinensischen Gesprächspartner der Amerikaner, die moderaten Befürworter eines Kompromisses mit Israel auf der Basis der Autonomie des Westjordanlandes und Gazas, nicht lange gegen die steigende Flut der Fundamentalisten behaupten können.

Bei den jüngsten Wahlen zu ständischen Vertretungen in den besetzten Gebieten haben sich die radikalen islamischen Kampfgruppierungen »Hamas« und »Hizbollah« als die potentiell stärksten Kräfte zu erkennen gegeben. Es ist eine im Westen gehätschelte Illusion, eine Selbsttäuschung der Amerikaner, wenn sie davon ausgehen und darauf bauen, die westlich gebildeten, materiell begüterten Mitglieder der Palästinenser-Delegation, die sie in ihren Befriedungsprozeß einbezogen haben, seien die berufenen und anerkannten Wortführer jener haßerfüllten, überwiegend jugendlichen Volksmasse, die die Gefahren, ja die Qualen der »Intifada« auf sich nahm und die sich weiterhin als Speerspitze für die arabische Rückgewinnung ganz Palästinas betrachtet.

Die arabischen Notabeln der besetzten Gebiete, ob sie nun Feisal Husseini oder Hanan Aschrawi heißen, müssen bei der Nachricht vom Überleben Arafats eine unsagbare Erleichterung empfunden haben. In dem unverwüstlichen PLO-Führer sehen sie nicht nur ein Alibi für ihren Versöhnungswillen, sondern auch einen persönlichen Protektor, der sie bis auf weiteres vor den Verratsverdächtigungen der Extremisten im eigenen Lager abschirmt.

All die Verfehlungen der PLO-Führung, die in letzter Zeit stets auf das falsche Pferd gesetzt hatte – vom Bündnis mit dem irakischen Diktator Saddam Hussein bis zur Solidaritätserklärung mit den Putschisten von Moskau –, werden in den Hintergrund gedrängt.

Sogar in Washington dürfte man einen Seufzer der Erleichterung ausgestoßen haben, als die Bestätigung eintraf, Jassir Arafat sei so gut wie unverletzt aus dem Flugzeugwrack geborgen worden. Die Vermittlungsbemühungen der USA wären im Todesfall des PLO-Chefs endgültig zum Scheitern verurteilt gewesen. Mit den weltweit verbreiteten Bildern eines unverwundbaren Arafats kommt auch der Eindruck auf, daß der US-Diplomatie noch eine Chance im Orient offensteht. Man hüte sich jedoch vor dem trügerischen Schein.

»King Kohl«

Garant der Stabilität

4. Mai 1992

Es ist soweit. Schon trauert eine beachtliche Zahl westdeutscher Bürger der rheinischen Republik von Bonn nach. Die Wiedervereinigung, das wird immer deutlicher, ist eine Belastung, die an den Grundfesten der bisherigen Ordnung rüttelt. Natürlich steht Helmut Kohl in der Schußlinie. Aber sein allzu selbstsicher vorgetragener Optimismus in den Tagen, als die Mauer fiel, entsprach nicht – wie die Sozialdemokraten immer noch behaupten – einer wahltaktischen »Lüge«, sondern einer fatalen Fehleinschätzung des wirtschaftlichen und gesellschaftlichen Zerfalls in der ehemaligen DDR, eine Unkenntnis, die von Regierung und Opposition geteilt wurde.

Trotz Streiks und Koalitionsquerelen ist Deutschland zur Vormacht des europäischen Kontinents avanciert. Aber die Stimmungslage der Bundesbürger hat mit der Veränderung der Situation nicht Schritt gehalten. Die Gewerkschaften fahren fort, das Teilen mit den ostdeutschen Brüdern zugunsten permanenter eigener Kaufkrafterhöhung unter den Tisch zu kehren. Die Politiker aller Parteien des Bundestages werden von der Angst getrieben, sie müßten aus der neuen geopolitischen Rolle Deutschlands eines Tages die Konsequenzen ziehen. Die unsägliche Debatte, in welchem Rahmen Soldaten der Bundeswehr als Friedensschützer eventuell eingesetzt werden dürften, schleppt sich endlos hin. Eine blinde Gläubigkeit an die weltumspannende Schlichtungsrolle der Vereinten Nationen hilft den deutschen Abgeordneten bei ihrer Flucht vor internationaler Verantwortung, und dabei bemerkt man gar nicht, daß die UNO lediglich als gefügiges Instrument Amerikas ein Minimum an Wirkung erzeugen kann.

Die Diskrepanz zwischen realem Machtpotential einerseits, psychologischer Drückebergerei andererseits, ist eines der negativsten Merkmale der derzeitigen deutschen Situation. Daran gemessen wiegen die Koalitionsstreitigkeiten gering. Bei dem traurigen Spektakel, das die FDP unlängst bei der Berufung des neuen Außenministers Kinkel bot, wird am Ende nicht die CDU diskreditiert. Die Liberalen werden die Leidtragenden sein, zumal der Abgang Hans-Dietrich Genschers, des Zugpferdes der FDP, ihres großen Sympathie-Magneten, die Frage aufwirft, ob diese Partei als Folge des in ganz Europa spürbaren Wählerverdrusses an den klassischen Formationen nicht in ein totales Debakel steuert.

Auf keinen Fall besitzen die deutschen Sozialdemokraten irgendeinen Grund zur Schadenfreude oder Häme. Die SPD-Troika Engholm, Klose, Lafontaine ist noch für manche peinliche Überraschung gut. Vor allem haben die Enkel Willy Brandts immer noch nicht begriffen, daß ihr Eiertanz in der Asylantenfrage beim breiten Publikum wie bei den eigenen Genossen immer mehr Verdruß erzeugt. Der Zustrom der Asylanten ist laut Meinungsumfrage das vorrangige Problem für die Mehrheit der Deutschen, und so fällt es dem Bundeskanzler leicht, die sozialdemokratische Parteispitze in Widerspruch zum breiten Volkstrend zu bringen, sie gewissermaßen ins Messer laufen zu lassen. Den Schaukelkandidaten der FDP hingegen, die bereits mit der Idee eines Bündniswechsels liebäugeln und an die sozialliberale Regierung von einst anknüpfen möchten, droht Kohl – ganz heimlich – mit dem Gespenst der »großen Koalition« CDU-SPD.

All diese Ränke und Intrigen würden kaum an der immer noch soliden Substanz Deutschlands nagen, wenn die drängenden Gefahren im Osten nicht so überdimensional wären. Die Angleichung der Ex-DDR an bundesrepublikanische Verhältnisse strapaziert die Bonner Finanzen auf kaum erträgliche Weise. Noch verhängnisvoller dürfte die psychologische Kluft sein, die »Wessis« und »Ossis« weiterhin trennt. Der Fall des brandenburgischen Ministerpräsidenten Stolpe, gegen den sich das belastende Stasi-Material inzwischen zum Himmel türmt, ist nur ein Symptom für das abgrundtiefe Mißtrauen, das den Aufbau der neuen Bundesländer zusätzlich belastet.

Das weitere osteuropäische Umfeld ist vollends zum Alptraum geworden. Kohl und Genscher hatten zweifellos gut daran getan, mit der Anerkennung Sloweniens und Kroatiens eine Initiative zu ergreifen, die längst fällig war. Wenn es jetzt jedoch darum geht, auf dem

Balkan halbwegs erträgliche Verhältnisse zu schaffen, dem Morden und dem Chaos Einhalt zu gebieten, sind die Deutschen aufgrund ihrer historischen Belastung extrem behindert.

Schon drängen sich übrigens viele andere Klienten und buhlen um deutsche Wirtschaftshilfe, ja um deutschen Schutz. Wohl oder übel geraten Prag und Budapest in den Sog einer fast habsburgisch anmutenden Anbindung. Die Ukraine sucht in Bonn staatliche Bestätigung gegenüber dem immer noch lauernden großrussischen Expansionismus, zumal Washington gegenüber Kiew kühle Distanz bewahrt. Sogar in Georgien und Kasachstan werden utopische Hoffnungen geäußert, die Deutschen könnten eine Ordnungsfunktion übernehmen, der sie in keiner Weise gewachsen sind. Noch wird das politische Klima zwischen Rhein und Elbe – ja auch schon zwischen Rhein und Oder – durch die kollektive Verweigerung internationaler Verantwortung, durch naiven Provinzialismus, durch Unlust an der eigenen Übersättigung gekennzeichnet. Der internen Krisenstimmung in Bonn kann der Bundeskanzler relativ gelassen begegnen. Um seine CDU ist es schlecht bestellt, aber gemessen an seinen Herausforderern behauptet sich dieser Pfälzer, über den vor drei Jahren noch Kübel des Spotts ausgegossen wurden, als einziger massiver Stabilitätsgarant. Nicht umsonst bezeichnen ihn sogar seine Gegner als »King Kohl«.

Plädoyer für das »Euro-Korps«

Die Zukunft der Friedenssicherung

25. Mai 1992

Die Aufstellung eines deutsch-französischen Armeekorps in Stärke von immerhin fünfzigtausend Mann, die zwischen Mitterrand und Kohl in La Rochelle beschlossen wurde, stößt vorderhand auf breite Skepsis. Dabei entspricht die Schaffung dieses »Euro-Korps« durchaus einer weitgreifenden geostrategischen Umschichtung.

Der klassische Nato-Verteidigungsfall, die massive sowjetische Landoffensive in Mitteleuropa, gehört der Vergangenheit an. Statt dessen steht Jugoslawien in Flammen, und dieser Balkan-Konflikt dürfte sich durch die bevorstehende Einbeziehung der dort lebenden Albaner und Mazedonier in das sinnlose Gemetzel bedrohlich ausweiten. Welche blutigen Wirren im übrigen Osteuropa noch bevorstehen, davon geben die Kämpfe zwischen Russen und Moldawiern einen kleinen Vorgeschmack.

In Jugoslawien haben die amerikanischen Protektoren der Atlantischen Allianz auf sträfliche Weise Abstinenz geübt. Die demonstrative Entsendung eines einzigen US-Flugzeugträgers in die Adria hätte ausgereicht, um der Verwüstung der historischen Küstenstädte Dalmatiens Einhalt zu gebieten, und man hätte den aggressiven Piloten der serbischen Luftwaffe, die angeblich durch russische »Söldner« verstärkt wurden, sehr leicht den Himmel über Bosnien verbieten können. Die heutige Situation mit zerstörten Ortschaften und endlosen Flüchtlingskolonnen schreit geradezu nach einer Intervention von außen, um dem Wahnsinn Einhalt zu gebieten. Mit anderen Worten: Wenn es bereits ein funktionierendes »Euro-Korps« gäbe, würde die Stunde seines Einsatzes schlagen.

Denn die UNO kann hier ganz offensichtlich keine Abhilfe schaffen. Die Weltorganisation wird ohnehin maßlos überbewertet. Nur in zwei Fällen hat sich die UNO bisher als militärischer Entscheidungsträger bewährt, und beide Male geschah das unter klarem amerikanischem Kommando. Im Sommer 1951 erlaubte die Abwesenheit der sowjetischen Delegation, die den Weltsicherheitsrat aus Protest verlassen hatte, jene Resolution, die die Eindämmung der nordkoreanischen Aggression unter der UN-Fahne, aber in Wirklichkeit unter US-Befehl ermöglichte. Zu Beginn des Jahres 1991 wiederum konnte der Weltsicherheitsrat ohne Gegenstimme die Vertreibung der irakischen Besatzer aus dem Emirat Kuwait beschließen. Wiederum war es der amerikanische Präsident, der die Operation »Wüstensturm« inszeniert hatte und zum Abschluß brachte. Ihm war zugute gekommen, daß Michail Gorbatschow sich zu jenem Zeitpunkt dem amerikanischen Führungsanspruch untergeordnet hatte und die Chinesen, die ebenfalls über ein Vetorecht verfügen, aus jener Ecke internationaler Ächtung herauskommen wollten, in die sie nach dem Tien-An-Men-Desaster geraten waren.

Solche Sternstunden internationaler Einstimmigkeit lassen sich nicht nach Belieben wiederholen. In Zukunft dürfte die UNO durch zunehmend widerstreitende Interessenlagen ebenso gelähmt werden, wie das bereits für die schüchternen Anlaufversuche der voreilig gepriesenen Konferenz für Sicherheit und Zusammenarbeit in Europa der Fall ist. In der KSZE hat der russische Einspruch die Verhängung wirksamer Wirtschaftssanktionen gegen Serbien im Keim erstickt. Besonders blamabel steht es um den neuen Generalsekretär der Weltorganisation, den Ägypter Boutros Ghali. Er weigerte sich kategorisch, »Blauhelme« zur Friedenssicherung, ja sogar zur humanitären Hilfe nach Bosnien zu entsenden, und verstärkte noch jene absurde Pilatus-Haltung der Weltorganisation, die sich weigert, ihre internationalen Truppenkontingente in lodernde Krisengebiete zu entsenden, es sei denn ein Waffenstillstand ist bereits erreicht und das Schlachten eingestellt worden. Von einer friedenstiftenden Mission kann also gar nicht mehr die Rede sein, sondern nur noch von einer schlecht verbrämten Heuchelei. Butros Ghali, ein hochgebildeter und ehrenwerter Mann, wird die Quittung für diese Zurückhaltung noch erhalten, denn dieser Ägypter ist christlicher Kopte. Schon bald dürften sich in der islamischen Welt Stimmen regen, die dem UN-Generalsekretär unterstellen, er verhalte sich in Jugoslawien deshalb so passiv, weil dort die Hauptleidtragenden bosnische und albanische Muslime sind.

Jedenfalls wird die bisherige Abwesenheit der Nato-Streitkräfte in den »Out-of-area«-Konflikten für die europäische Staatengemeinschaft zunehmend unerträglich, während die vielgepriesenen »Blauhelm«-Einsätze zur Bedeutungslosigkeit verurteilt bleiben. Die europäische Verteidigungspolitik der Zukunft kann nicht auf alle Zeit den einsamen amerikanischen Entscheidungen und den Imponderabilien des Weltsicherheitsrates unterworfen bleiben.

Das »Euro-Korps«, um weitere europäische Verbündete – zunächst Spanier und Belgier – vermehrt, weist deshalb auf den rechten Weg hin. Aufgrund der Weiterverbreitung von Atomwaffen, die sich unaufhaltsam vollzieht, wird sich in absehbarer Zeit freilich auch die Frage nach einer atomaren europäischen Nuklear-Abschreckung stellen. Darüber dürfte im Tête-à-tête zwischen Mitterrand und Kohl in La Rochelle unter größter Geheimhaltung gesprochen worden sein.

Es rumort in Rußland

Gefahrenherde in Osteuropa

15. Juni 1992

An Warnungen hatte es, weiß Gott, nicht gefehlt. Als die jugoslawische Bundesarmee erst gegen Slowenien, dann gegen Kroatien antrat, war das Übergreifen der Kämpfe auf Bosnien unausweichlich vorprogrammiert. Das Blutbad von Sarajevo und Mostar, dem die Welt tatenlos zusieht, entspricht einer barbarischen Logik. Der Steppenbrand droht um sich zu greifen. Der Ausbruch eines mörderischen Partisanenkrieges im überwiegend albanischen Kosovo – angeheizt durch den großserbischen Chauvinismus – der Zusammenbruch der Republik Mazedonien und deren eventuelle Aufteilung zwischen Bulgarien, Albanien, vielleicht auch Griechenland und Serbien, sind keine vagen Hypothesen mehr. Da die Türkei gar nicht anders kann, als ihren muslimischen Schutzbefohlenen auf dem Balkan beizustehen, könnte der Konflikt verhängnisvoll eskalieren.

Ganz Mittel- und Osteuropa steht vor einer Phase der staatlichen Auflösung, die bereits die Tschechoslowakei und Rumänien erfaßt. Möglicherweise werden die slowakischen Separatisten von Bratislava ihre Trennung von Böhmen und Mähren in friedlicher, relativ zivilisierter Form vollziehen, aber schon heizt sich die Stimmung zwischen Slowaken und Ungarn auf. Auch die Gefechte, denen sich die Republik Moldawien ausgesetzt sieht, um sich im überwiegend russisch und ukrainisch besiedelten Transnistrien, dem Ostufer des Dnjestr, zu behaupten, sind in das balkanische Krisenszenario einzuordnen. In Wirklichkeit prallen hier die rumänischen Interessen mit den immer noch imperialen Ansprüchen Großrußlands zusammen. Nicht die slawischen Partisanentrupps oder ein paar zur Hilfe geeilte Kosaken halten die moldauischen Einheiten – ihrerseits von den rumänischen Blutsbrüdern ausgerüstet und unterstützt – in Schach, sondern die 14. Russische Armee, deren Tarnung als Bestandteil der GUS-Streitkräfte ebenso fadenscheinig ist wie die Behauptung der großserbischen Chauvinisten, sie würden als Bestandteil der jugoslawischen Bundesarmee gegen die diversen Separatisten vorgehen.

Sollte wirklich Rumänien, das auf seine Wiedervereinigung mit diesem verlorenen östlichen Landesteil pocht, in einen Konflikt mit Moskau oder Kiew verwickelt werden, könnten die Ungarn in Versuchung geraten, ihren Ansprüchen auf Siebenbürgen militärisch Nachdruck zu verleihen. Immerhin leben zwei Millionen Ungarn unter einer rumänischen Herrschaft, die alles andere als tolerant ist.

All das droht nur ein Vorspiel, eine Generalprobe für die wirkliche, die unabsehbare Katastrophe zu sein. Was sich heute auf dem Balkan abspielt, könnte sehr wohl auf jenes verschwommene Gebilde übergreifen, das man die GUS oder »Gemeinschaft Unabhängiger Staaten« nennt. So wie man einst das jugoslawische Desaster aufziehen sah, ist heute die russische Explosion vorauszusagen, auch wenn deren exakte Lokalisierung noch ungewiß bleibt. Jedermann geht offenbar davon aus, daß die Ukraine endgültig ihre Unabhängigkeit errungen habe, daß die Differenzen zwischen Moskau und Kiew auf die Zugehörigkeit der Krim und der Schwarzmeerflotte begrenzt seien. In Wirklichkeit steht die Eigenstaatlichkeit der Ukraine auf höchst schwankenden Füßen. Ein Auseinanderplatzen dieses recht artifiziellen Gebildes, dessen Grenzen von Stalin gezogen wurden, ist jederzeit vorstellbar, zumal der KGB, der immer noch allmächtige Geheimdienst, im Kaukasus und in Zentralasien in jüngster Vergangenheit bewiesen hat, daß er sich weiterhin auf Destabilisierungsmanöver versteht, und daß er seine rüde Erfahrung vornehmlich in den Dienst der großrussischen Interessen stellt. Sollte der Abfall Kiews endgültig sein, würde Rußland – wie ein Blick auf die Landkarte lehrt – eindeutig nach Asien verwiesen.

Im Falle einer gewaltsamen Rückgewinnung der Ukraine durch Moskau wäre jedoch zumindest im griechisch-katholischen Galizien, im Umkreis der Stadt Lemberg, mit erbittertem Widerstand, mit dem Ausbruch des Bürgerkrieges zu rechnen.

Das Ausland darf sich nicht durch die Freundschafts- und militärischen Beistandsverträge täuschen lassen, die Moskau mit den meisten GUS-Republiken Zentralasiens unlängst geschlossen hat. Dort herrschen in der Regel noch die Roten Satrapen der Breschnew-Zeit. Selbst wenn diese asiatischen Potentaten die Wende vom »proletarischen Internationalismus« zum militanten Nationalismus krampfhaft vollzogen haben, stehen sie dennoch in krassem Widerspruch zu den profunden Forderungen ihrer türkischen oder iranischen Bevölkerung. An der Rückwendung zum Islam führt in diesen Regionen kein Weg vorbei, wie die Wirren in Tadschikistan sowie der wachsende Einfluß der Mullahs und »Hakime« in Usbekistan eindeutig beweisen.

In diesem Zusammenhang klingt ein Hinweis des neuen russischen Verteidigungsministers Gratschow wie ein böses Omen. General Gratschow hat erklärt, daß die russischen Streitkräfte nicht tatenlos zusehen würden, falls die in den zentralasiatischen Republiken lebenden Europäer bedroht oder gedemütigt würden.

Es ballt sich hier eine mörderische Sprengmasse zusammen. Ganz zu schweigen von der undefinierbaren, brodelnden Unruhe, die sich der riesigen Russischen Föderationsrepublik selbst bemächtigt, und der nationalen Entrüstung, die das russische Offizierskorps längst erfaßt hat.

Präsidentenmord in Algerien

Der tragische Tod Boudiafs

6. Juli 1992

Die algerischen Intellektuellen amüsierten sich in letzter Zeit, das hagere Gesicht des Präsidenten Mohammed Boudiaf mit dem Abbild des ägyptischen Pharaos Ramses II. zu vergleichen. Seit der Ermordung Boudiafs hat dieser Vergleich eine unheimliche Dimension gewonnen. »Wir haben Pharao getötet«, hatten einst in Kairo die islamischen Fundamentalisten gejubelt, als der ägyptische Präsident Anwar as Sadat unter ähnlichen Umständen den Kugeln der Attentäter zum Opfer fiel wie nunmehr der Vorsitzende des Obersten algerischen Staatsrats. Auch in den Gassen der Kasbah von Algier war aus dem Munde bärtiger Eiferer zu hören, mit Boudiaf sei der zeitgenössische »Pharao«, Symbol einer gottesfeindlichen Ordnung, aus dem Weg geräumt worden.

Dennoch ist keineswegs erwiesen, daß muslimische Fanatiker zu diesem tödlichen Anschlag ausgeholt haben. Leutnant Boumaarafi – so heißt angeblich der Mann, der die Maschinenpistole auf Boudiaf richtete – war Angehöriger einer Elite- und Sondereinheit der algerischen Volksarmee, zählte also zu jenen, denen der besondere Schutz des Staatschefs anvertraut war. Schon wird deshalb in ganz Algerien das Gerücht kolportiert, Boudiaf sei das Opfer einer mächtigen Mafia, deren Verzweigungen bis in die höchsten Instanzen des Staates und der früheren Einheitspartei »Nationale Befreiungsfront« (FLN) hinaufreichen würden. Der dreiundsiebzigjährige Präsident war vielleicht zu energisch und kompromißlos gegen die Privilegien und Auswüchse einer Nomenklatura vorgegangen, deren Verschwörungsmethoden französischen Beobachtern den Vergleich mit sizilianischen Verhältnissen nahelegen. Leutnant Boumaarafi, das scheint erwiesen, hat nicht allein operiert.

Der Verlust Boudiafs trifft die derzeitige Staatsführung schwer. Zwischen den korrupten Machthabern der FLN einerseits und den finsteren Zeloten der islamischen Rechtgläubigkeit andererseits schien Boudiaf dem algerischen Bürgertum einen Mittelweg der Vernunft und vielleicht sogar die letzte Chance einer nationalen Versöhnung anzubieten. Sein Nachfolger Ali Kafi gehörte als ehemaliger Oberst im Widerstand den traditionellen Kadern der Befreiungsfront an. Die wirkliche Macht liegt ganz bestimmt nicht bei diesem eher farblosen Politiker, der heute nach vorn gedrängt wird, um die Allmacht der Armeeführung und vor allem von Verteidigungsminister General Khaled Nezzar zu vertuschen. Ali Kafi, bislang Generalsekretär einer Veteranenorganisation, zählt bestenfalls zur dritten Garnitur. Das fünfköpfige Staatskomitee, das seit dem Januar-Putsch die Geschicke des Landes offiziell leitet, ist durch die Berufung des früheren Ministers Redha Malik wieder auf die vorgeschriebene Mitgliederzahl gebracht worden. Aber wer traut schon Ali Haroun, Ex-Minister für Menchenrechte – in einem Land, dessen Internierungslager mit Tausenden von Oppositionellen gefüllt sind – ernsthaft zu, daß er der politischen Liberalität zum Sieg verhilft? Was kann der ehemalige Rektor der Großen Moschee von Paris, Tidjani Haddam, in diesem Intrigenkreis ausrichten? Schon werden die Mitglieder des »Haut Comité d'Etat« als Strohmänner angesehen, während General Nezzar als der starke Mann von Algier gilt. Ihm zur Seite steht eine verschworene Kamarilla anderer hoher Militärs, sämtlich aus Ostalgerien gebürtig, unter denen der Innenminister General Belkheir und die Kommandeure der diversen Waffengattungen den Ausschlag geben dürften.

Seit dem Januar-Putsch, der zur Berufung Mohammed Boudiafs geführt hatte, ist die gesamte Situation Algeriens in keiner Weise rosiger geworden. Die angekündigten Reformen der Wirtschaft, die Beseitigung der flagranten Mißstände sind ausgeblieben. Mehr als zuvor ist Algerien im Immobilismus versackt. Im übrigen haben sich im Umkreis des Ministerpräsidenten Sid Ahmed Ghozali keine Hoffnungsträger profilieren können. Es sind die alten, abgenutzten Kader der Einheitspartei, die das Land weiter verwalten und ausbeuten. Der Versuch der Streitkräfte, sich von der unpopulären Einheitspartei FLN zu distanzieren, kann kaum jemanden überzeugen, weiß doch jedes Kind in Nordafrika, daß zwischen dem monopolisierten Staatsapparat, der allmächtigen »Befreiungsfront«, und den Kommandostrukturen der Volksarmee eine überaus enge Symbiose, oft eine personelle Identität besteht.

Wann werden die Streitkräfte gezwungen sein, aus dem Schatten zu treten und die Realität der Macht auch nach außen hin zu repräsentieren? Gegen die Sturmflut des Fundamentalismus bilden die Soldaten den letzten Damm. Und all jene, die der Einführung der strengen koranischen Gesetzgebung angstvoll entgegensehen und den islamischen Gottesstaat verhindern möchten, konzentrieren ihre Hoffnungen auf diese Generale und Obristen, die sie unter anderen Umständen zum Teufel wünschen würden. Die Frage stellt sich nur, wie geschlossen die Truppe überhaupt noch ist. Schon munkelt man, etwa vierzig Prozent der Soldaten und der jungen Offiziere sympathisierten insgeheim mit den islamischen Eiferern. Wenn General Nezzar nach der Ermordung Boudiafs betont, er werde den Krieg gegen die Islamisten bis zu deren kompletten Ausmerzung weiterführen, sollte er an die Präzedenzfälle Portugal, Iran oder Philippinen denken, wo die Spaltung der Streitkräfte den Sieg der Revolution erst ermöglichte. Zwischen den Prätorianern von Algier und den radikalen Predigern des islamischen Gottesstaates gibt es heute kaum noch politischen Spielraum für vermittelnde und mäßigende Kräfte. Der tragische Tod Boudiafs dröhnt wie ein düsterer Trommelschlag.

Bush im Dilemma

Die zwiespältige Außenpolitik der USA

27. Juli 1992

Der amerikanische Präsident George Bush gibt in diesen Tagen ein klägliches Bild ab. Das liegt nicht so sehr an den Meinungsumfragen, die dem demokratischen Herausforderer Bill Clinton – dem Kandidaten mit dem Kennedy-Look – einen klaren Vorsprung im Rennen um das Weiße Haus bescheinigen. Mit seinen Kriegsdrohungen gegen Bagdad läuft Bush Gefahr, sich lächerlich zu machen. Heute muß ihm noch einmal in aller Deutlichkeit vorgeworfen werden, daß der Tyrann Saddam Hussein – wenn man General Schwarzkopf freie Hand gelassen hätte – mühelos beseitigt worden wäre. Durch die vorzeitige Feuereinstellung wurde vor eineinhalb Jahren die Operation »Wüstensturm« in einen Pyrrhussieg verwandelt.

Nun nützt kein Lamento mehr. Die Drohung amerikanischer Flugzeugträger, die Bombardierung Bagdads wieder aufzunehmen, falls Saddam die geheimen Keller des Landwirtschaftsministeriums nicht zur Untersuchung durch die UNO-Kontrolleure freigibt, klingt wie ein makabrer Scherz. Als ob die irakischen Sicherheitsdienste nicht längst in der Lage gewesen wären, die kompromittierenden Unterlagen, die angeblich auf weitere chemische Aufrüstungspläne Bagdads hindeuten, in irgendwelchen Wüstenverstecken zu verscharren. In diesem Punkt dürfte Saddam Hussein sogar die eigene Bevölkerung auf seiner Seite haben. Die Kurden, die diversen Oppositionsparteien, vor allem aber die schiitische Bevölkerungsmehrheit des Irak haben nicht vergessen, daß George Bush sie auf dem Höhepunkt der Schlacht zum bewaffneten Aufstand gegen den eigenen Diktator aufgerufen hatte, daß sie dann aber von den Amerikanern schmählich im Stich gelassen, ja dem Henker ans Messer geliefert wurden.

Die von der UNO verhängten Sanktionen, die weiter bestehen und lediglich der Zivilbevölkerung das Leben schwermachen, dürften die breite Aversion der Iraker gegen die USA und gegen die von ihnen manipulierte Weltorganisation noch vertieft haben.

Saddam Hussein kann heute von seinem verstorbenen Todfeind Khomeini lernen. Der zürnende Ayatollah hatte seinerzeit die Geiselnahme in der amerikanischen Botschaft von Teheran dazu benutzt, Präsident Jimmy Carter unter Zugzwang zu setzen. Tatsächlich ist Carter mit dem kläglichen Befreiungsunternehmen, das in der Wüste von Tabas endete, in die Falle getappt. Khomeini hatte mit dem damaligen US-Präsidenten Katz und Maus gespielt, bis dieser in den Augen der eigenen Öffentlichkeit völlig diskreditiert war.

Ähnliches könnte sich für George Bush vorbereiten. Saddam Hussein hat bewiesen, daß er sich auf Roßtäuscherei und Bluff versteht. Für ihn ist das Risiko relativ gering, die amerikanischen Streitkräfte so hinterhältig zu foppen und zu provozieren, daß sie tatsächlich militärisch losschlagen. Eine solche Aktion würde vermutlich wieder mit einem Fiasko enden und Saddam die Bombenangriffe ohnehin in seinen Bunkern überleben. Oder aber das Weiße Haus ließe sich mit den trügerischen Zusagen des irakischen Verhandlungsführers Tarik Aziz abspeisen, und dann wäre – nach so viel Waffengeklirr – die Blamage der USA komplett. Wie einst Khomeini könnte es Saddam Hussein gelingen, die Karten so zu zinken, daß ausgerechnet er im amerikanischen Wahlkampf den Ausschlag gibt.

Nun könnte es der übrigen Welt relativ gleichgültig sein, wer von den beiden Anwärtern – Bush oder Clinton – demnächst an der Spitze der weltweiten Hegemonialmacht steht, wenn nicht mit der Farce um das Landwirtschaftsministerium von Bagdad eine ganz andere Problematik aufgeworfen würde. Ist es nicht extrem skandalös, daß die Vereinigten Staaten von Amerika, sekundiert von Großbritannien und Frankreich, binnen kürzester Frist wegen eines recht fragwürdigen Betrugsmanövers des Irak ihre Kriegsmaschinerie in Bewegung setzen und eiserne Entschlossenheit demonstrieren, während die gleichen Mächte seit endlosen, unerträglichen Monaten völlig passiv zusehen, wie der Balkan in Flammen steht und die bosnischen Flüchtlingsmassen von verantwortungslosen Mörderbanden drangsaliert und dezimiert werden?

Gewiß wäre es nicht ratsam, sich in einen jugoslawischen Partisanenkrieg verwickeln zu lassen. Aber mit Hilfe von einigen Kampfhubschraubern und leichten Bombern ließen sich jene hinterhältigen Artilleriestellungen mühelos neutralisieren, die den Einwohnern von Sarajevo und anderer umkämpfter Ortschaften das Leben zur Hölle machen.

Während Präsident Bush im Irak unter Vorzeigen seiner Foltermittel auf die Erfüllung aller Waffenstillstandsklauseln pocht und die UNO in den Dienst der amerikanischen Interessen einspannt, zeigt die Weltorganisation dem unbeschreiblichen Elend, dem Blutvergießen in Bosnien, die kalte Schulter. Rückblickend wird man vielleicht einmal sagen können, daß Amerika auf dem Balkan seinen Anspruch als berufene Führungsmacht des Westens verspielt hat. Die Deutschen, die so eifrig und kläglich über eventuelle »Blauhelm«-Einsätze ihrer Bundeswehr debattieren, sollten sich endlich fragen, ob denn die UNO wirklich den geeigneten Rahmen für ihre erneuerungsbedürftige Verteidigungskonzeption abgäbe, ob die Weltorganisation überhaupt in der Lage ist, jenen vielfältigen Bedrohungen zu begegnen, denen Europa in Zukunft ausgesetzt sein wird.

Machtvakuum in Moskau

Boris Jelzin in der Klemme

17. August 1992

Vor einem Jahr, am 19. August 1991, fand in Moskau der Putsch gegen Michail Gorbatschow statt, eine extrem dilettantische Verschwörung, an deren Ende das spektakuläre Auseinanderbrechen des Sowjetimperiums stand. Über die tatsächlichen Hintergründe dieses gescheiterten Staatsstreichs im Kreml liegen noch immer keine eindeutigen Informationen vor. Zwölf Monate sind vergangen, seit Michail Gorbatschow einem Komplott zum Opfer fiel, an dem er selbst – wie zahllose Russen allen Dementis zum Trotz weiterhin glauben –, maßgeblich beteiligt war. Zumindest, so wird heute in Moskau versichert, seien die Putschisten davon ausgegangen, der damalige Generalsekretär und Präsident der Sowjetunion würde heimlich mit ihrer Aktion sympathisieren und sie nachträglich gutheißen. Solche Spekulationen mögen im Ausland müßig erscheinen. Sie schüren jedoch die Stimmung des politischen Argwohns, sie nähren neue Befürchtungen in Rußland. Schon wird behauptet, Boris Jelzin habe sich auf einen ähnlich dubiosen Kurs eingelassen wie seinerzeit sein Rivale Gorbatschow.

Es ist tatsächlich still geworden um das kühne Reformprogramm, das Boris Jelzin, als Präsident Rußlands und mächtigster Mann der »Gemeinschaft Unabhängiger Staaten« GUS, noch vor wenigen Monaten in Gang zu setzen versprach. Die groß angekündigte Privatisierung tritt auf der Stelle, kann auch gar nicht reüssieren, weil auf dem industriellen Sektor weder Finanzmittel noch Know-how für eine energische Umstrukturierung vorhanden sind. Die Schwierigkeiten, mit denen sich Deutschland bei der Rehabilitierung der ehemaligen DDR abrackert, müßten im Falle einer Sanierung Rußlands um das Hundertfache, wenn nicht das Tausendfache multipliziert werden. Kein Wunder, daß die alte Nomenklatura des »militärisch-industriellen Komplexes« heute wieder Oberwasser gewinnt und Boris Jelzin dazu drängt, das kleine Fähnlein jener, die mit der Einführung der Marktwirtschaft ernst machen wollen, diskret beiseite zu schieben. Jelzin muß der desolaten Wirklichkeit Rechnung tragen, die siebzig Jahre kommunistischer Fehlplanung hinterlassen haben. Nicht einmal die Kolchosbauern sind ja mehrheitlich bereit, die Chance zu ergreifen, eigenen Grund und Boden zu erwerben. Sie ducken sich lieber unter das dürftige, aber einigermaßen sichere Dach der Kollektivierung und der damit verbundenen Entmündigung.

Mindestens ebenso stark wie von den traditionellen Wirtschaftsstrukturen der Sowjetmacht wird Boris Jelzin von den eigenen russischen Militärs unter Druck gesetzt. Die Zeit ist vorbei, da der russische Präsident gegenüber den sich abspaltenden Völkerschaften der GUS tolerant und großzügig auftreten konnte. Im Gegensatz zu Gorbatschow, der der marxistisch-leninistischen Ideologie so sehr verhaftet war, daß er offenbar ernsthaft an die Existenz des »Sowjet-Menschen« glaubte, hat sich Jelzin schon sehr früh als altrussischer Patriot gebärdet. Er war sich der Unterschiedlichkeit der diversen Fremdvölker, die einst dem Zarenreich, dann der Sowjetmacht einverleibt wurden, durchaus bewußt.

Heute könnte auch ihm die Nationalitätenfrage zum Verhängnis werden. Die russische Generalität – ausgerechnet jene Offiziere, denen er vor einem Jahr das Scheitern des Putsches und sein Überleben im Moskauer »Weißen Haus« verdankte – wenden sich vehement gegen jene »Verzichtspolitik«, die durch den derzeitigen Außenminister Kosyrew verkörpert wird. Es verwundert da nicht, wenn Kosyrew, wie seinerzeit die ehemaligen Gorbatschow-Vertrauten Schewardnase und Jakowlew, vor neuen Umsturzplänen warnt. An der Spitze der russischen Armee hat sich eine Gruppe hoch dekorierter Afghanistan-Veteranen zusammengefunden, die beim russischen Vizepräsidenten und ehemaligen Luftwaffenoberst Alexander Ruzkoj politischen Rückhalt findet. Verteidigungsminister Pawel Gratschow gehört diesem Kreis an und auch jener neu aktivierte General Gromow, der zur Zeit des August-Putsches als stellvertretender Innenminister fungierte. Zu erwähnen ist ebenfalls Alexander Lebed, der Kommandeur der 14. Russischen Armee, der in der Dnjestr-Region der Republik Moldawien die Rumänen das Fürchten lehrt.

Schon paart sich der großrussische Vorherrschaftsanspruch mit einer Neubelebung des militanten Panslawismus. Das Offizierskorps, das durch den Niedergang der sowjetischen Vorrangstellung zutiefst traumatisiert wurde, konzentriert nunmehr sein patriotisches Engagement auf das Überleben und die Sicherheit jener fünfundzwanzig Millionen Russen, die nach dem Verfall der Sowjetunion in fremden Staaten leben und die – von Estland bis Tadschikistan – um ihre politische Gleichberechtigung, ja um ihre wirtschaftliche Existenz bangen müssen. Schon führt die russische Armee Stellvertreterkriege am Dnjestr, im Kaukasus, am Rande des Hochlandes von Pamir. Sie beansprucht – neue Version der Breschnew-Doktrin – das Recht auf militärisches Eingreifen zum Schutz ihrer weit verstreuten Landsleute. Das könnte in absehbarer Zukunft zu »bosnischen Verhältnissen« im Baltikum, in Usbekistan oder in der völkisch geteilten Republik Kasachstan führen.

Es ist kein Zufall, daß Moskau seinen slawischen Brüdern auf dem Balkan, vor allem den Serben, zur Seite steht. Noch spielen die westlichen Kanzleien die Tatsache herunter, daß Belgrad die ohnehin laschen Sanktionen der UNO bequem überlebt, weil russische Schiffe über die Donau den notwendigen Nachschub für die großserbischen Streitkräfte herantransportieren. Boris Jelzins Neigung, im ehemaligen Jugoslawien gemeinsame Sache mit den Vereinten Nationen, mit Washington und Europa zu machen, wird von der russischen Generalität bereits grollend und mißbilligend observiert.

Humanitäre Illusionen

Neonazi-Krawalle in Deutschland

7. September 1992

An Warnungen hatte es nicht gemangelt. Die fremdenfeindlichen Ausschreitungen, die Deutschland in diesen Tagen heimsuchen, lassen sich auf das mangelnde politische Gespür von Regierung und Opposition zurückführen. Offenbar war eine Vielzahl deutscher Parlamentarier und Publizisten davon ausgegangen, daß ihre Landsleute, die in der ersten Hälfte dieses Jahrhunderts den Nazi-Verführern blindlings gefolgt waren und die ruchlosesten Verbrechen gegen die Menschlichkeit auf sich geladen hatten, nunmehr – aufgrund einer mirakulösen Wandlung zum Guten – gegen alle Anfechtungen des Bösen gefeit seien. Diese Utopisten einer neugewonnenen, superdemokratischen Tugendhaftigkeit hatten es nicht wahrhaben wollen, daß für alle Völker dieser Welt eine Toleranzschwelle existiert, deren Überschreitung finstere Dämonen freisetzt. Die neuen Apostel der Humanität klammerten sich an die absurde Rousseausche Vorstellung, daß der Mensch von Natur aus gut sei, und verweigerten sich der Erkenntnis, daß der Mensch allenfalls mit strenger Fuchtel zur Duldsamkeit erzogen und angehalten werden kann.

Die deutschen Sozialdemokraten tragen die Hauptverantwortung für die geradezu krampfhafte Verblendung gegenüber den hochkommenden Gefahren. Aber auch die Liberalen der FDP krallten sich an jenen Artikel 16 des Grundgesetzes, der es jedem Asylsuchenden – so fadenscheinig seine Argumente auch sein mögen – erlaubt, in Deutschland eine Bleibe zu finden. Gewiß, man hatte sich angesichts der steigenden Flut der Zuwanderer aus aller Welt im Bundestag auf ein Beschleunigungsverfahren geeinigt, das theoretisch eine schnellere Abschiebung von Pseudoasylanten und Wirtschaftsflüchtlingen bewirken sollte. Angesichts einer Lawine von mehreren hunderttausend Aufnahmeanträgen hätte man in Bonn jedoch wissen müssen, daß das juristisch geschulte Personal für deren Bearbeitung überhaupt nicht zur Verfügung stand und daß sich eine gerichtliche Prozedur nicht im Fließbandverfahren abwickeln läßt.

Helmut Kohl hatte seit geraumer Zeit auf die Sturmzeichen verwiesen, die der deutschen Demokratie von einer sich neu formierenden radikalen Rechten drohten. Der Bundeskanzler hat es jedoch versäumt, seine Sorgen in die breite Öffentlichkeit zu tragen, die Deutschen wachzurütteln und mit allen Mitteln jene Verfassungsänderung zu erzwingen, deren Notwendigkeit heute sogar von SPD-Chef Björn Engholm anerkannt wird. Statt dessen fuhren prominente CDU-Politiker wie Heiner Geißler fort, von dem Entstehen einer »multikulturellen Gesellschaft« zu schwärmen, als hätten sie nicht das abschreckende Beispiel der Nationalen Front Jean-Marie Le Pens in Frankreich vor Augen, als hätten sie sich bei den jüngsten Rassenkrawallen von Los Angeles Augen und Ohren zugehalten.

Das Ausland hat auf die Serie deutscher Gewaltakte gegen Ausländer – Rostock ist dabei nur ein skandalöser Höhepunkt – mit Sachlichkeit und Mäßigung reagiert. Jede Nation ist sich offenbar bewußt, daß vergleichbare Entgleisungen auch innerhalb ihrer eigenen Grenzen vorstellbar sind. Helmut Kohl hat einiges gutgemacht, als er von einer »Schande für Deutschland« sprach. Das meinte er durchaus ehrlich, beurteilt er doch den politischen Wankelmut, die Unberechenbarkeit seiner Landsleute, mit einer fast Adenauerschen Skepsis. Ob dem Kanzler der Kurswechsel der SPD in Fragen der Einwanderung bei den nächsten Bundestagswahlen zugute kommen wird, bleibt indessen fraglich. Kohl sollte endlich begreifen, daß es nicht ausreicht, recht zu behalten. Ein führender Staatsmann muß auch in der Lage sein, seine Erfolge publikumswirksam zu »verkaufen«.

Wie weit ist das heutige Deutschland doch von der Euphorie der Wiedervereinigung entfernt. Die heftigsten Ausschreitungen gegen Ausländer finden in den neuen Bundesländern, auf dem Gebiet der ehemaligen DDR, statt. Das kommunistische Gerede von der »proletarischen Völkerverbrüderung« ist zwischen Rostock und Hoyerswerda nachträglich als abscheuliche Farce entlarvt worden. Heute erweist sich in Ostdeutschland die Unzulänglichkeit der einheimischen Polizeiverbände. Unter dem Bleideckel des Stasi-Systems hatten sie keine ernsthafte Herausforderung zu bestehen, und jetzt zeigen sie sich gegenüber dem randalierenden Pöbel zutiefst verunsichert. Die West-Polizei, die im Eileinsatz zu Hilfe gerufen wurde, steht ebenfalls vor einer völlig neuen Situation. Bislang mußte sie allzuoft als Prügelknabe herhalten für pseudosozialistische »Autonome« oder vermummte Chaoten.

Neuerdings werden die Krawalle überwiegend von Neonazis und Nostalgikern des Dritten Reiches angezettelt. Jedenfalls rufen nunmehr auch die sozialdemokratischen Kommunalpolitiker nach einer starken Hand, nach vermehrtem und resolutem Einsatz von Ordnungshütern oder Bundesgrenzschutz. Daß die Demokratie nur eine Überlebenschance hat, wenn ihre Wächter kraftvoll und notfalls mit strafendem Arm auftreten, sollten die Deutschen eigentlich seit dem Debakel der Weimarer Republik wissen. Die Forderung nach Abschaffung des Verfassungsschutzes, der nach dem Untergang der DDR bei einigen parlamentarischen Einfaltspinseln laut geworden war, ist jedenfalls verstummt. Doch die Zeit ist nicht fern – das sollte niemand vergessen –, da eine linksgerichtete Schickeria in West-Berlin mit dem idiotischen Slogan provozieren wollte: »Ausländer rein! – Rheinländer raus!«

Noch ist Europa nicht verloren

Frankreichs Entscheidung für Maastricht

28. September 1992

Die Gewißheit drängt sich zwar auf, daß der Maastrichter Vertrag niemals in der vorgesehenen Form Gestalt annehmen wird, aber das epochale Werk des kontinentalen Zusammenschlusses wird nun doch nicht in der Diskussion über Wechselkurse und Zinssätze ersticken. Das französische Ja am 20. September ist mit äußerst knapper Mehrheit errungen worden. Nachträglich erscheint es als ein Wunder, daß sich überhaupt einundfünfzig Prozent der französischen Wähler zur Bestätigung eines Textes bereitfanden, dessen technokratische Formulierung dem Durchschnittsbürger als ein Buch mit sieben Siegeln erscheinen mußte. Überdies waren die Demagogen aller politischen Lager gegen Maastricht zu Felde gezogen, eine Koalition der Widersprüche, die ihren gemeinsamen Nenner allenfalls in der Wiederbelebung alter Ängste fand.

Immerhin hat sich in Frankreich ein tiefer psychologischer Wandel vollzogen. Fast die gesamte intellektuelle Elite – die politischrelevanten Denker, die namhaften Schriftsteller, die Volkslieblinge des Showbusineß – hat sich vehement für die Europäische Union engagiert, für eine Sache also, die vor einigen Jahren noch mit Skepsis und snobistischer Langeweile betrachtet wurde. Gerade die junge Generation hat sich als treibende Kraft der Bejahung offenbart und Abschied vom sakrosankten Begriff der nationalen Souveränität genommen. Der viel beklagte Überdruß an der Politik ist einer leidenschaftlichen Debatte gewichen, die sich auf beachtlichem Niveau bewegte.

Im Rückblick erscheint die französische Schlacht um Maastricht wie ein reinigendes Gewitter. Für einen neuen Anfang wurden die Fundamente gerettet. Eine europäische Währungsunion aller zwölf Mitglieder der Gemeinschaft wird es allerdings in absehbarer Zeit nicht geben. Man wird froh genug sein, wenn das Europäische

Währungssystem das derzeitige Spekulationsfieber halbwegs unbeschädigt übersteht. Der Rahmen der konsequenten wirtschaftlichen Angleichung wird sehr viel enger gesteckt werden müssen. Die Notwendigkeit einer differenzierten, abgestuften Weiterentwicklung rückt in den Mittelpunkt. Schon rät Karl-Otto Pöhl, Ex-Präsident der Bundesbank und rigoroser Verteidiger einer harten D-Mark, zur Schaffung eines kleinen monetären Klubs, dem in erster Linie Deutschland und Frankreich angehören würden. Von diesem Kern einer Mini-Währungsunion könnte auf die Anrainer ein werbender Anreiz, auf die Dauer vielleicht ein Sog ausgehen.

Selbst die Eurokraten von Brüssel haben nunmehr erkannt, daß ökonomische Beziehungen nur noch greifen können, wenn sie vom Volkswillen getragen sind. Die Regierungen sind gezwungen, mit der Bildung gemeinsamer Instanzen Ernst zu machen. Die strategisch-militärischen Fragen dürfen nicht länger – mit ängstlichem Seitenblick auf Washington – ausgeklammert werden.

Mehr Sorge als die Franzosen bereiten zur Zeit die Deutschen und die Briten. Wären sie zu den Urnen gegangen, wäre das Ergebnis vermutlich katastrophal gewesen.

Was die Deutschen betrifft, so hat in den neuen Bundesländern – aus Wehleidigkeit und Minderwertigkeitskomplexen geboren – eine barbarische Deutschtümelei ihr Haupt erhoben. Aber auch in Westdeutschland treten seltsame Reflexe zutage. Der berechtigte Stolz auf die eigene Währungsstabilität artet hier manchmal zu einem grotesken D-Mark-Fetischismus aus. Dahinter verbergen sich alte, deutschnationale Instinkte sowie eine törichte Fehlinterpretation des Dichterwortes »Der Starke ist am mächtigsten allein.«

Was die Engländer betrifft, so haben sie nie aufgehört, die Aufweichung der europäischen Strukturen zu betreiben. Sie trauern ihrer Freihandelszone nach und erweisen sich mehr denn je als das »trojanische Pferd« Amerikas. Erst vollendete Tatsachen und ein unwiderstehlicher Trend werden Albion dazu veranlassen, seine renitente Haltung aufzugeben, selbst wenn heute in Brüssel, in Bonn und Paris sich niemand mehr erlauben kann, die majestätische Forderung de Gaulles zu wiederholen: »L'Angleterre je la veux nue« – England möchte ich nackt vor mir sehen. Dieses Spektakel will niemand mehr der ehrwürdigen Britannia zumuten, zumal manche junge weibliche »Royals« sich gewissermaßen als Stellvertreterinnen anbieten.

Die Europäer sollten sich daran erinnern, auf welche Weise vor vierzig Jahren ihr Zusammenschluß begonnen hat. Das geschah nicht aus gegenseitiger Zuneigung, sondern unter der akuten Bedrohung der sowjetischen Militärmacht und in der Existenzangst, die der Koreakrieg auslöste. Damals galt es, die Deutschen wieder aufzurüsten, als Alliierte zu gewinnen, aber sie auch zu fremdem und zu eigenem Nutzen in ein enges Föderationsgebäude zu integrieren. Ein paar übermütige Kommentatoren zwischen Rhein und Oder meinen vielleicht, die Argumente für eine solche kontinentale oder atlantische Einbindung Deutschlands seien heute veraltet. Dann sind sie offenbar blind gegenüber den Gewittern, die sich in Osteuropa zusammenbrauen. Schon steht der Balkan in Flammen. Mag sein, daß ein gnädiges Schicksal den Ländern der ehemaligen Sowjetunion eine überdimensionale Wiederholung der jugoslawischen Tragödie erspart. Aber die atlantische Geborgenheit der Europäer unter den Fittichen des amerikanischen Adlers gehört ein für allemal der Vergangenheit an.

Der Leidensweg der bosnischen Muslime

Die verzweifelte Lage der Zivilbevölkerung

26. Oktober 1992

Bosnien treibt dem Untergang zu. Von Anfang an war dieses Staatswesen, das – aus der Konkursmasse Jugoslawiens kommend – von der Völkergemeinschaft allzu eilfertig aus der Taufe gehoben wurde, mit geringer Überlebenskraft ausgestattet. Als wirkliche Bosnier betrachteten sich nur die Muslime, die man auf dem Balkan als »Muslimani« bezeichnet. Sie machen etwa vierundvierzig Prozent der Gesamtbevölkerung aus und sind für den Existenzkampf, der ihnen aufgezwungen wurde, in keiner Weise vorbereitet.

Den Muslimen von Bosnien wurde der Umstand zum Verhängnis, daß sie fast nirgendwo über ein zusammenhängendes Siedlungsgebiet verfügen. Deshalb erscheint auch jene »Kantonslösung« völlig unpraktikabel, die am grünen Tisch von Genf als letzter Ausweg immer wieder vorgeschlagen wird. Eine Aufteilung Bosniens unter Serben und Kroaten läßt sich hingegen sehr wohl vorstellen. Unter Einsatz aller verfügbaren schweren Waffen haben die Serben sich südlich der Save in Richtung Banja Luka einen schmalen Korridor freigekämpft, der auch zu der von ihnen beanspruchten Krajina-Region im Hinterland des kroatischen Dalmatiens eine Brücke schlägt. Damit sind mindestens zwei Drittel des bosnischen Territoriums unter die Kontrolle Belgrads geraten. Bei ihrem Vorstoß nach Nordwesten haben die gefürchteten serbischen Tschetniks gegenüber der mehrheitlich muslimischen Bevölkerung das Prinzip der »ethnischen Säuberung« mit grausamer Konsequenz durchgeführt.

Nicht viel rücksichtsvoller sind die Kroaten vorgegangen. Das ursprüngliche Zweckbündnis mit den schwachen bosnisch-islamischen Streitkräften, die allenfalls über Infanteriewaffen verfügen, wurde schnell durch den Appetit auf territorialen Gewinn verdrängt. Zagreb hat sich aus dem bosnischen Kuchen – insbesondere aus der Herzegowina – ein beachtliches Stück herausgeschnitten. Über diesen »befreiten« Gebieten weht die rot-weiß gescheckte Fahne Kroatiens, und die muslimischen Verteidigungstrupps werden dort neuerdings argwöhnisch in Schach gehalten. Schon ist es im Raum von Novi-Travnik zu offenen Gefechten zwischen den Waffenbrüdern von gestern gekommen, während die Geheimverhandlungen zwischen dem Präsidenten Rest-Jugoslawiens, Milan Panić auf der einen, dem kroatischen Staatschef Tudjman auf der anderen Seite zügige Fortschritte machen.

Der muslimische Widerstand ist heute auf ein paar Städte und deren unmittelbaren Umkreis begrenzt. Diese versprengten Bastionen sind samt und sonders von weit überlegenen serbischen Einheiten eingekesselt. Der Ring der Vernichtung schließt sich um die Ortschaften Bihac, Zenica, Gorazde und Tuzla. Vor allem die Hauptstadt Sarajevo ist einem unerbittlichen Würgegriff ausgesetzt.

Im ständig beschossenen Kessel der bosnischen Hauptstadt leben rund 350 000 Zivilisten, deren Versorgung durch die UNO völlig unzureichend, oft total blockiert ist.

Das Bosnien-Kommando der Vereinten Nationen bietet einen kläglichen Eindruck. An der Spitze befindet sich der französische General Morillon, der aus seiner Hilfs- und Ratlosigkeit keinen Hehl macht. Ihm zur Seite steht der ägyptische General Abdul Razak, der sich vor kurzem von serbischen Freischärlern auf demütigende Weise kontrollieren lassen mußte. Drei Bataillone unter der blauen UN-Fahne sind im Kessel von Sarajevo stationiert. Französische Marine-Infanteristen behaupten recht und schlecht ihre Stellungen am Flugplatz. Ein Kontingent Ukrainer versucht mit viel gutem Willen, aber geringem Erfolg und gelegentlichen Verlusten, den spärlichen Hilfskonvois Geleitschutz zu bieten. Daß die Ukrainer zu Spezialisten des Schwarzhandels mit Heizöl und Lebensmitteln wurden, entspricht beinahe zwangsläufig ihrer dürftigen Wirtschaftslage. Daß jedoch das ägyptische Bataillon einen Teil seiner Waffen an die bosnischen Kriegsparteien verkauft, wirft die Frage auf, ob die vielgerühmte Weltorganisation zur Friedensstiftung überhaupt tauglich ist.

Diese Schiebereien der Ägypter lassen sich übrigens nicht auf irgendeine islamische Solidarität mit ihren bosnischen Glaubensbrüdern zurückführen, sondern auf schnöde Profitsucht, wie überhaupt die bosnischen Muslime sich über das totale Ausbleiben jener gesamtislamischen Solidaritätsaktion bitter beschweren, die weltweit und großmäulig angekündigt wurde.

Die letzten Flecken des muslimischen Widerstandes in Bosnien schrumpfen wie ein Chagrin-Leder, und die bosnischen Freischärler sind vom serbischen Massaker bedroht. Diese Muslime fühlen sich durch die übrige Welt verraten und verkauft. Sie waren bisher sehr laue, sehr weltliche Gläubige des Korans. Aber in der Stunde der äußersten Not wurden sie auf ihre einzige kulturelle Identität, die sie von den christlichen Serbokroaten unterscheidet, auf das Bekenntnis zum Islam, zurückgeworfen. Schon sehen sie sich um die Hoffnung betrogen, einen eigenen Staat, ja eine würdige Existenz zu führen. Sie sind die ersten Opfer einer fortschreitenden »Libanisierung« des Balkans und könnten demnächst ebenso entwurzelt und unberechenbar werden wie die palästinensischen Flüchtlinge im Nahen Osten.

Ein neuer John F. Kennedy?

Bill Clinton, Präsident auf Bewährung

16. November 1992

Während des Wahlkampfes wurde Bill Clinton häufig mit John F. Kennedy verglichen. Er verkörperte die Jugend und eine Dynamik, die stark an seinen ermordeten Vorgänger erinnerten. Sogar eine gewisse physische Ähnlichkeit kam ihm zugute.

Heute stellt sich Amerika eine ganz andere, bange Frage. Wird Bill Clinton nicht eher in die Fußstapfen Jimmy Carters treten, jenes glücklosen amerikanischen Staatschefs, dessen Ablösung im Weißen Haus durch den Schauspieler Ronald Reagan seinerzeit als Erlösung empfunden wurde? Wie Carter, der in Georgia beheimatet war, stammt Clinton aus dem Süden, aus Arkansas. Beide sind durch die dort vorherrschende baptistische Kirchentradition geprägt, und beide verfügen über sehr resolute Frauen. Noch erinnert sich jeder Kolumnist in Washington an den erdrückenden Einfluß, den Rosalynn Carter im Weißen Haus ausübte, und mancher glaubt, in der Staranwältin Hillary Clinton bereits eine Art Nebenpräsidentin zu erkennen. Außereheliche Eskapaden, wie der heute entzauberte John F. Kennedy sie sich in extremer Frequenz leistete, werden Bill Clinton in Zukunft wohl kaum noch gestattet werden.

Der neue Staatschef der USA hat seine Prioritäten zu erkennen gegeben. Am liebsten würde ihm ein Rooseveltscher »New Deal« vorschweben, aber er ist offenbar realistisch genug, um die Schwierigkeiten der industriellen und finanziellen Wiedergeburt der Vereinigten Staaten im Auge zu behalten. Wenn er das schier unlösbare Problem der zunehmenden Arbeitslosigkeit anpacken, wenn er für eine gesundheitliche Grundversicherung seiner Bürger eintreten und gleichzeitig den blamablen Bildungsnotstand seines Landes beheben will, dann muß er heute bereits plausibel machen, woher er die Milliardensummen nehmen will, um mit einer solchen Sanierung auch nur halbwegs zu reüssieren.

Gewiß, Bill Clinton wird sich im Gegensatz zu seinem Vorgänger George Bush auf ein Repräsentantenhaus, auf einen Senat stützen können, in denen seine eigene Demokratische Partei über eine solide Mehrheit verfügt. Aber gerade Jimmy Carter, der sich auf einen ähnlichen Vorteil berufen konnte, bekam sehr bald zu spüren, daß die US-Parlamentarier höchst kapriziöse, oft widerborstige Gefolgsleute sind und daß die Parteidisziplin, die in Europa zu den Kernelementen des demokratischen Spiels gehört, in der Neuen Welt sehr lasch gehandhabt wird.

Wirkliche Haushaltsersparnisse, die den neuen wirtschaftlichen Kurs ermöglichen sollen, ließen sich vermutlich nur auf Kosten des Verteidigungsbudgets machen. Doch schon hat Clinton zu verstehen gegeben, daß er die Wehrkraft Amerikas nicht reduzieren will. Sehr bald wird der neue Präsident feststellen müssen, daß die an Sorglosigkeit grenzende Euphorie, die sich in Washington nach dem Zusammenbruch der Sowjetunion einstellte, den nahenden rauhen Zeiten nicht mehr gerecht wird. Heute hat sich längst herausgestellt, daß der Golfkrieg gegen Saddam Hussein den USA nur einen kurzfristigen Triumph beschert hat. Mag sein, daß George Bush an dieser Desillusionierung mindestens ebenso gescheitert ist wie an der unerträglichen Verschlechterung der internen gesellschaftlichen Verhältnisse. Schon werden die Hoffnungen auf einen Kompromiß im Heiligen Land durch den jüngsten Schlagabtausch an der Grenze von Galiläa brutal reduziert, und von einer »neuen Weltordnung« mag ohnehin niemand mehr schwadronieren.

Mit der ehemaligen Sowjetunion stehen strapaziöse Auseinandersetzungen bevor. Noch ist keine Stabilisierung im Bereich der GUS zu erkennen. Dagegen zeigt der alte großrussische Chauvinismus schon wieder seine Pranken, und die Mannschaft um Boris Jelzin – von allen Seiten bedroht – weiß besser als die liberale Clinton-Umgebung, daß die Gewährung demokratischer, pluralistischer und marktwirtschaftlicher Freiheiten an die Völker der Russischen Föderationsrepublik die dortige Anarchie zusätzlich beschleunigen, ja der »rotbraunen Reaktion« Tür und Tor öffnen könnte. Auch in Zukunft wird Rußland neben Amerika eine fast ebenbürtige Nuklearmacht bleiben, und damit sind den Kürzungen im US-Verteidigungsbudget enge Grenzen gesetzt.

Die europäischen Regierungen haben den Abgang von George Bush und James Baker mit Bedauern, teilweise mit Bestürzung registriert. Für das Ausland ist Bill Clinton ein total unbekannter »Amateur« auf der weltpolitischen Bühne.

Der Beobachter hüte sich jedoch vor voreiliger Skepsis. Amerika hat immer wieder die Gabe besessen, alle Außenstehenden durch plötzliche Ballung seiner Energien zu überraschen. Bill Clinton von vornherein als einen provinziellen Ignoranten zu disqualifizieren wäre ungerecht und töricht. Man erinnere sich nur an den demokratischen Präsidenten Harry S. Truman, den Nachfolger Franklin D. Roosevelts. Bei dessen Amtsübernahme wurde der angebliche »Krawattenverkäufer« aus Missouri mit Spott überschüttet. Aber dann entwickelte sich Truman zu einem der bedeutendsten Staatsmänner der amerikanischen Geschichte. Ihm verdanken die Europäer die scharfe Abgrenzung gegenüber dem bedrohlichen Sowjetimperialismus unter Stalin, die Schaffung des Marshall-Plans, die Gründung der Nato, die Förderung der europäischen Einigung und eine bemerkenswerte Standhaftigkeit im Koreakrieg. Sollte Bill Clinton nur einen Teil der Trumanschen Erfolge am Ende seiner Präsidentschaft vorweisen können, dürfte alle Welt sich glücklich schätzen.

Pekings großer Sprung nach vorn

Die Entwicklung im Riesenreich des Deng Xiaoping

7. Dezember 1992

Über die Entwicklung in China ist hartnäckig geschwiegen worden. Die westlichen Medien wollten nicht zur Kenntnis nehmen, daß sich im Reich der Mitte gewaltige Veränderungen vollzogen. Während die sich häufenden Massaker und Bürgerkriege in der übrigen Welt als beklagenswerte Routine behandelt wurden, konnte Amerika es den Verantwortlichen der Volksrepublik China offenbar nicht verzeihen, daß sie im Sommer 1989 auf dem Platz des Himmlischen Friedens eine Demokratiebewegung im Keim erstickten, die zwar von schönen idealistischen Hoffnungen getragen war, die riesige Volksrepublik mit ihren 1,2 Milliarden Menschen jedoch aller Wahrscheinlichkeit in Unordnung, ökonomischen Niedergang und blutige Wirren gestürzt hätte.

Heute läßt es sich nicht länger verheimlichen: Unter der Führung des greisen Deng Xiaoping kann China sensationelle Erfolge vorweisen. Es hat eine Hinwendung zur Marktwirtschaft, zur ökonomischen Effizienz und zur Hochtechnologie vollzogen, die zu Recht als »großer Sprung nach vorn« bezeichnet werden kann. In Peking hat man der Tatsache Rechnung getragen, daß nur stabile politische Verhältnisse – ein kommunistisch verbrämter Konfuzianismus – die Voraussetzung für eine erfolgverheißende wirtschaftliche Neuorientierung, für die systematische Öffnung im Außenhandel und eine planmäßige Anhebung des Lebensstandards bietet.

Deng Xiaoping hat am Beispiel der »kleinen Drachen« – Südkorea, Taiwan, Singapur – feststellen können, daß auch die dortigen, im Westen viel gerühmten Wirtschaftswunder unter den harschen Bedingungen von Militärdiktaturen oder sehr patriarchalisch geprägten Herrschaftssystemen zustande gekommen sind. Seit etwa zwei Jahren findet China Anschluß an eine verheißungsvolle ostasiatische Entwicklung. Bis dahin waren die großen Wohlstandsexperimente vor allem auf die Küstenprovinzen beschränkt. Die Zone Shenzhen im Hinterland von Hongkong, die Region von Xiamen, die Taiwan direkt vorgelagert ist, dann die traditionelle Handelsmetropole Shanghai wurden für Fortschritt und Modernisierung auserkoren.

Inzwischen sind sich die Planer in Peking bewußt, daß die Erneuerung auch auf die Binnenprovinzen übergreifen muß. Die Hauptstadt Peking wird einbezogen, und in der nördlichsten Mandschurei, in der Gegend von Heilungkiang, die tief in das russische Fernostgebiet am Amur-Strom hineinragt, soll den Nachfolgern des Sowjetreiches wirtschaftlicher Aufbau à la chinoise vorgeführt werden. Am desolaten Beispiel der ehemaligen Sowjetunion gemessen, sind die positiven Veränderungen Chinas besonders spektakulär. Im Rückblick läßt sich bereits sagen, daß nicht Gorbatschow, sondern Deng Xiaoping das Modell gesetzt hat für den Übergang von der kommunistischen Mißwirtschaft zu einer Form des gesteuerten, aber dynamischen Liberalismus, die man in Peking noch schamhaft als »sozialistische Marktwirtschaft« bezeichnet.

Die Volksrepublik ist ein Handelspartner geworden, der auch im verwöhnten Westen ernst genommen wird. Chinesische Billigprodukte von durchaus konkurrenzfähiger Qualität überschwemmen die Märkte der Dritten Welt und werden an den Grenzen der USA oft nur durch hohe Zölle und Einfuhrbeschränkungen aufgehalten. Natürlich sind die Lebensbedingungen der bislang darbenden chinesischen Menschenmassen nicht mit einem Zauberschlag auf japanisches Niveau angehoben worden. In gewissen Provinzen des Innern tun sich die Menschen immer noch schwer, die elementarsten Bedürfnisse zu befriedigen. Insgesamt jedoch hat sich im Reich der Mitte eine ansehnliche Konsumgesellschaft, gestützt auf ein üppiges Warenangebot, etabliert, von der Rußland und die übrigen GUS-Republiken nur träumen können.

Die amerikanische Diplomatie beobachtet argwöhnisch, wie diese wirtschaftliche Gesundung Chinas mit einem unverhohlenen Großmacht-Anspruch einhergeht. Der rote Kaiser Deng Xiaoping hat es vor seinem Ableben noch geschafft, die einflußreiche Kommandozentrale der chinesischen Volksbefreiungsarmee auf den von ihm vorgeschriebenen Kurs der Modernisierung festzulegen. Die Streitkräfte haben nicht nur ihre Waffenproduktion den neuen strategischen

Anforderungen angepaßt. Sie sind auch – im Gegensatz zu den schwerfälligen Russen – zu einem industriellen Faktor erster Ordnung bei der Erzeugung technisch anspruchsvoller Konsumgüter geworden. Die chinesischen Militärs unterhalten mit den islamischen Staaten des Mittleren Ostens ein reges Waffengeschäft und vervollkommnen zur Zeit ihre Rüstung mit dem Einkauf von russischen Spitzenprodukten für eine Milliarde Dollar.

In Fernost bahnen sich bedeutsame Umschichtungen an. Boris Jelzin möchte die Annäherung an Peking forcieren, mit der Volksrepublik Deng Xiaopings sogar ein regelrechtes Bündnis schließen. Auf die Dauer gehen die Russen damit ein beträchtliches Risiko ein. Bei einer engen wirtschaftlichen Symbiose zwischen China und der GUS wird Peking in Ostasien der weitaus wichtigere, dynamischere Partner sein. Auf lange Sicht kann es gar nicht ausbleiben, daß der natürliche Expansionsdrang des übervölkerten Reiches der Mitte, der zur Zeit im Südchinesischen Meer nach den Spratley- und Paracel-Inseln greift, sich zwangsläufig auch den menschenleeren Weiten Ostsibiriens und der russischen Fernostprovinz zuwendet.

Beklemmender Ausblick

Weltpolitische Probleme 1993

28. Dezember 1992

Mit einem letzten »Hurra« verabschiedet sich Präsident George Bush am 1. Januar 1993 von seiner geschichtlichen Rolle. Er verbringt die Neujahrsnacht bei den amerikanischen Soldaten in Somalia. Wohl ist dem Beobachter nicht bei diesem Spektakel. Da treten Tausende von US Marines – wie Marsmenschen aufgezäumt und bewaffnet – zu einer humanitären Aktion und zur Abschreckung von afrikanischen Strauchdieben an. Gleich daneben stürzen sich Fotografen und Kameraleute auf jedes wandelnde Skelett, gewiß um das Mitleid ihres Publikums zu wecken, aber wohl auch um einem Voyeurismus zu huldigen, der die Würde des notleidenden Menschen verletzt.

Es wäre schön, wenn zu diesem Jahresbeginn hoffnungsvolle Perspektiven aufgezeichnet werden könnten. Ehrlichkeit und Klarsicht zwingen aber leider zu überwiegend düsteren Prognosen. Wenn in Bosnien im anbrechenden Jahr 1993 der nackte Terror herrscht, wenn sich dort weiterhin bestialische Gewalt austobt, so liegt das auch am mangelnden Interesse der Amerikaner für diesen äußerst risikoreichen Krisenherd. Der Punkt scheint erreicht zu sein, wo weitere Untätigkeit einen klassischen Balkankrieg heraufbeschwören könnte. Im Ringen um Mazedonien sind Bulgaren, Albaner, Serben, Griechen und Türken gefordert. Die Europäer haben in erniedrigender Weise ihre eigene Ohnmacht bloßgestellt. Nur die US-Streitkräfte verfügen über die Logistik und Informationstechnik, um eine erfolgreiche Luftwaffenaktion gegen die serbischen Aggressoren auszulösen.

Die Gefahr ist auch keineswegs gebannt, daß das Territorium der ehemaligen Sowjetunion sich in ein überdimensionales Jugoslawien verwandelt. Das russische Offizierskorps fühlt sich zutiefst gedemütigt durch den Verzicht auf den Besitzstand nicht nur der stalinistischen Expansion, sondern des ererbten Zarenreiches. Schon ist Moskau in die Randkonflikte Bessarabiens, des Kaukasus, Zentralasiens und demnächst vielleicht wieder des Baltikums verstrickt. Das russische Volk – zur Zeit noch lethargisch und passiv – sehnt sich wohl insgeheim nach der Rettergestalt eines wohlwollenden Despoten, wie das seinem historischen Instinkt entspricht. Für die Einführung westlich-demokratischer Zustände bestehen jedenfalls nur geringe Voraussetzungen, und die Führungsschicht der alten Partei, die auch heute noch das Sagen hat, sieht immer mehr im chinesischen Modell den einzigen noch praktikablen Weg. Die explosive Situation der »Gemeinschaft Unabhängiger Staaten« belastet das Jahr 1993 mit schrecklichen Ungewißheiten. In diesem Raum verfügen vier Nachfolge-Republiken der Sowjetunion über ein apokalyptisches Nuklear-Arsenal, und die Aussicht auf atomare Weiterverbreitung nimmt in aller Heimlichkeit konkrete Formen an.

Amerika wird einen starken Präsidenten brauchen angesichts der Unwägbarkeiten des Moskauer Partners und der selbstverschuldeten Lähmung der europäischen Verbündeten. Wird Bill Clinton der Situation gewachsen sein? Schon geht die Befürchtung um, er könne sich ähnlichen Irrungen und Fehlschlägen aussetzen wie sein Vorgänger Jimmy Carter, dessen Berater er offenbar bevorzugt.

Die US-Strategen, so heißt es, sind sich mit ihren russischen Kollegen zumindest in einem Punkt einig: Sie wollen dem Hochkommen des islamischen Fundamentalismus, auch wenn dieser Trend dem breiten Volkswillen in den betroffenen Ländern entspricht, mit allen Mitteln Paroli bieten. Die russischen Truppen führen in Tadschikistan bereits einen unverhüllten Feldzug gegen die Islamisten. Für die Amerikaner bleibt die »Mullahkratie« von Teheran der Staatsfeind Nummer eins, und jeder arabische Potentat, der die radikal-islamische Rückbesinnung brutal unterdrückt, wird in Washington als Freund und Verbündeter gefeiert. Eine solche systematische Frontstellung mündet zwangsläufig in neue Tragödien. Die jüngsten Ereignisse in Palästina, die Ausweisung der »Hamas«-Sympathisanten und das Wiederaufflammen der »Intifada«, sind deutliche Hinweise auf die brodelnden Kräfte in der gesamten islamischen »Umma«. Ein Friede im Heiligen Land dürfte 1993 jedenfalls kaum zustande kommen.

Und schließlich ist es an der Zeit, daß die westliche Welt zur aufsteigenden chinesischen Großmacht ein vernünftiges und kooperatives Verhältnis findet, wenn nicht auch das Reich der Mitte in den kommenden Dekaden zu einem Alptraum werden soll. Amerikaner und Europäer haben in den vergangenen Monaten so viel Horror und Gemetzel tatenlos hingenommen, daß ihnen die Rolle des ewigen Schulmeisters in Sachen Humanität und Demokratie gegenüber dem 1,2-Milliarden-Volk der Chinesen schlecht ansteht. Die Annäherung zwischen Moskau und Peking, die Boris Jelzin unlängst zelebrierte, mag zwar nur einem Zweckbündnis entsprechen, aber hier werden der amerikanischen Hegemonialmacht und deren Trabanten die schrumpfenden Grenzen ihres Einflusses vor Augen geführt. Für die Europäer kommt es im Jahr 1993 vorrangig darauf an, den verkümmerten Willen zur Selbstbehauptung neu zu beleben.

Saddam Hussein hat überlebt

Die schwierige Golfpolitik der USA

18. Januar 1993

Wenn in Washington behauptet wird, dem irakischen Diktator Saddam Hussein sei mit der Bombardierung seiner Luftabwehr-Raketen südlich des 32. Breitengrades ein ernsthafter Schlag zugefügt worden, dann verkennen die Amerikaner wieder einmal die Tatsachen. Alles spricht dafür, daß Saddam Hussein mit dieser Reaktion gerechnet, sie geradezu provoziert hat. Der Schaden, der ihm dabei zugefügt wurde, ist minimal. Neunzehn tote Iraker zählen nicht für diesen Gewaltmenschen, und auf die total veralteten SAM-3-Raketen konnte er ohnehin verzichten.

Nicht der scheidende Präsident George Bush hat sein Ziel erreicht, sondern der irakische Tyrann. Er hat die amerikanische Weltstrategie ins Zwielicht gebracht. Er hat den arabischen Volksmassen, ja der gesamten islamischen »Umma« vor Augen geführt, daß die westliche Führungsmacht die internationalen Krisenherde nach kraß unterschiedlichen Kriterien behandelt. Für Saddam Hussein geht es darum, die USA, ja die ganze westliche Allianz mit dem Odium der Heuchelei zu belasten, und das ist ihm weitgehend gelungen.

Selbst in deutschen Kommentaren wird den Amerikanern unterstellt, sie wollten durch ihren hektischen Aktionismus, ihr Medienspektakel in Somalia und Irak von ihrer unerträglichen Passivität gegenüber den Leiden der bosnischen Bevölkerung ablenken. Für die islamische Öffentlichkeit, die leidenschaftlich, oft hysterisch, jedenfalls wenig rational reagiert, läßt sich bereits ein teuflisches Komplott des Westens konstruieren. Gegen den Muslim Saddam Hussein setzt man bei der geringsten Verletzung eines umstrittenen UNO-Beschlusses die Bombengeschwader in Bewegung. Zur gleichen Zeit kann der Staat Israel es sich leisten, eindeutige Resolutionen des Weltsicherheitsrates im Hinblick auf die vierhundert ausgewiesenen Palästinenser, die angeblich der fundamentalistischen »Hamas«-Bewegung angehören, zu ignorieren und die Vertriebenen in der winterlichen Einöde der libanesischen Grenzzone darben zu lassen. Auch die erstaunliche Nachsicht in Washington, London und Paris gegenüber den serbischen Chauvinisten paßt in die simplifizierende Vorstellung von der »christlichen Verschwörung« gegen die Bildung eines bosnisch-muslimischen Staatswesens in Europa. Gewiß, die islamischen Staaten waren bislang weder gewillt noch befähigt, ihren Glaubensbrüdern in Ex-Jugoslawien zu Hilfe zu kommen. Aber der Tag naht, da die türkische, die ägyptische und andere Regierungen dieser Region vom eigenen Volk wegen dieses Versagens zur Rechenschaft gezogen werden.

Selbst bei den Schiiten des Südirak, denen angeblich die Sperrung des Luftraumes zugute kommen soll, werden die amerikanischen Strategen keinen Dank ernten. Die Menschen in Basra, Nadschaf und Kerbela erinnern sich allzugut daran, daß sie in den letzten Stunden des Golfkrieges – den Appellen der US-Propaganda folgend – zu den Waffen gegriffen und sich von der Tyrannei Saddam Husseins bereits befreit hatten, als General Schwarzkopf seine siegreiche Operation »Wüstensturm« vorzeitig abblasen mußte. Damals sind die schiitischen Aufständischen von Präsident Bush dem Henker von Bagdad regelrecht ans Messer geliefert worden, und seitdem sind die USA im südlichen Mesopotamien zutiefst verhaßt. Für diese Schiiten geht heute die schlimmste Bedrängnis nicht von den Flugzeugen der irakischen Luftwaffe aus, sondern vom Repressionsapparat des Bagdader Diktators.

Selbst in den arabischen Ländern, die sich vor zwei Jahren der amerikanischen Koalition gegen den Irak angeschlossen hatten, sind die Regierungen angesichts einer gärenden Volksmeinung kleinlaut geworden. Allzu deutlich ist die neue Priorität der US-Diplomatie nach Ende des Kalten Krieges im Weißen Haus und im Pentagon proklamiert. Man will mit allen Mitteln den islamischen »Fundamentalismus« eindämmen, ihm jeden zusätzlichen Bodengewinn verweigern. Zumindest in diesem Punkt ist man sich in Washington und Moskau vollends einig. Nur sollte bedacht werden, daß Saddam Hussein alles andere als ein muslimischer Fanatiker war und jahrelang mit seiner sozialistischen Baath-Partei für einen laizistischen, großarabischen Nationalismus eintrat, der im krassen Widerspruch zu den Vorschriften des Koran stand.

Schon werden die üblichen Argumente laut. Im Grunde gehe es gar nicht um den Irak und Saddam Hussein, der trotz aller Widerborstigkeit zur *quantité négligeable* geworden sei. In Wirklichkeit wolle man die iranische Theokratie, den Gottesstaat der persischen Mullahs, der sich am Golf als Regionalmacht aufführen möchte, einschüchtern und in seine Schranken weisen. Der Irrtum ist hartnäckig. Die islamistischen Revolutionsbewegungen, die heute die arabische Welt vom Jordan über das Niltal bis zum nordafrikanischen Atlas erschüttern, bedürfen nicht mehr der schiitischen Erweckergestalt eines Ayatollah Khomeini. Sie nähren sich aus der eigenen sunnitisch-arabischen Substanz. Sie bedürfen keiner Ermutigung von außen, um sich gegen ihre korrupten Potentaten aufzulehnen, die beim amerikanischen Sternenbanner Zuflucht suchen.

Medienrummel um Somalia

Kriegswirren im Schwarzen Erdteil

8. Februar 1993

Das Medienspektakel von Somalia ist fast verstummt, aber die Krise dauert an am Horn von Afrika. Die Amerikaner sind dabei, das Kommando über die Rettungsoperation *restore hope* den Vereinten Nationen zu übertragen. Schon wird angekündigt, die »Blauhelm«-Truppe für Somalia solle auf zwanzigtausend Soldaten gebracht werden. Wenn man von der Feststellung des französischen Verteidigungsministers ausgeht, daß es – was Bürgerkrieg und Hungersnot betrifft – etwa dreißig »Somalias« auf unserer Welt gibt, stellt sich die Frage, wie UNO-Generalsekretär Boutros Ghali künftigen Anforderungen gerecht werden soll.

In aller Naivität sind die »Kommandanten« der vierzehn Partisanenhorden, die Somalia heimsuchen und plündern, von USA und UNO aufgefordert worden, die Stärke ihrer Streitkräfte und deren Bewaffnung aufzulisten, um sie für eine gemeinsame Nationalarmee verfügbar zu machen. Einige dieser Strauchdiebe dürften des Lesens und Schreibens ohnehin nicht mächtig sein. Sie warten nur auf den Abzug der amerikanischen Marines und der französischen Fremdenlegionäre, um ihr räuberisches Unwesen wieder aufzunehmen.

Der Medienrummel um Somalia hat in der Weltöffentlichkeit jene chaotischen Zustände verdrängt, die auch nach dem Sturz des Diktators Mengistu das benachbarte Äthiopien plagen. Dort bereitet sich eine Katastrophe ganz anderen Ausmaßes vor. Die »Tigrinische Befreiungsfront«, die zur Stunde in Addis Abeba das Sagen hat, muß mit dem wachsenden Widerstand der übrigen Volksgruppen rechnen: mit den bislang allmächtigen Amharen, aber vor allem mit der weit verzweigten Rasse der Oromo, die mindestens die Hälfte der Gesamtbevölkerung ausmachen. Vor gar nicht langer Zeit wurden die Oromo noch als »Galla«, als Sklaven, bezeichnet. Kein Wunder, daß dieses vitale Volk jetzt gewaltsam nach oben drängt. Ihm kommt zugute, daß die Stammeskonflikte mit akuten religiösen Spannungen einhergehen. Im christlichen Äthiopien sind die Muslime heute in der Überzahl; das wird angesichts der aufkeimenden fundamentalistischen Strömungen Folgen haben.

Der ganze Schwarze Kontinent versinkt in schrecklichen Wirren. Auch hier hatte sich der Kalte Krieg der beiden Supermächte als Stabilisierungsfaktor ausgewirkt. Die Pro-Westler, wie tyrannisch sie sich auch gebärden, wurden von Amerika und den ehemaligen europäischen Kolonialmächten gestützt. Die schwarzen Anhänger des Marxismus erhielten aktive Militärhilfe aus dem Warschauer Pakt. Heute sind die afrikanischen Potentaten sich selbst und der Verzweiflung ihrer mißhandelten, darbenden Volksmassen ausgeliefert. Noch vor einem Jahr hoffte man, der Sturz einiger Militärdiktatoren und der Verzicht auf das System der Einheitspartei könnten hier und dort der pluralistischen Demokratie zum Durchbruch verhelfen. Man blickte erwartungsvoll auf Mali, Sambia, Benin.

Aber eine reale Wende ist ausgeblieben. Zwar ist der Alleinherrscher von Zaire, Marschall Mobutu, durch Volksaufstände und Militärputsche aufs äußerste gefährdet. Doch sein Sturz würde weder Ordnung noch Wohlstand im ehemals Belgischen Kongo etablieren, sondern voraussichtlich einen Zustand blutiger Anarchie, die alle Greuel Somalias weit in den Schatten stellt. Zaire – wie auch die winzige Republik Togo, wo General Eyadema seine Schergen blindlings auf rebellische Untertanen schießen läßt – erwartet eine Wiederholung jener Zustände, die den westafrikanischen Küstenstaat Liberia in ein »Herz der Finsternis« verwandelten. Liberia war im 19. Jahrhundert von heimgekehrten amerikanischen Sklaven gegründet worden. Heute bekämpfen sich dort die verfeindeten Urwald-Stämme mit steinzeitlicher Grausamkeit unter dem Befehl entfesselter Bandenführer.

Auch die ehemals portugiesischen Kolonien Angola und Moçambique haben längst nicht ausgelitten. In Angola, dem potentiell reichsten Land Afrikas, ist der Bürgerkrieg neu aufgeflammt. In Moçambique bleibt die Lage so verzweifelt, daß die UNO wieder einmal über die Entsendung von »Blauhelmen« berät.

Selbst Südafrika kann nicht mehr als Pol der Stabilität angesehen werden. Die ethnischen Konflikte treiben ihrem Höhepunkt zu. Die bevorstehende Einführung des Prinzips »One man, one vote« (»Ein Mann, eine Stimme«) wird die rund fünf Millionen Weißen, ganz zu schweigen von den zwei Millionen Indern Südafrikas, in einen Minderheitenstatus drängen, an dessen Ende umgekehrte Rassendiskriminierung und ein massiver Exodus stehen dürften. Auch die Schwarzen-Organisation ANC (»African National Congress«) wird bei ihrer Machtergreifung mit inneren Spaltungen und Anfeindungen rivalisierender Bewegungen rechnen müssen. Die Respektsperson Nelson Mandela wird nicht mehr lange ihren mäßigenden Einfluß auf jene tobenden Jugendlichen ausüben können, die in den brodelnden »Townships« und den rebellischen Stammesgebieten auf das Dröhnen der Kriegstrommeln warten. Will man auch nach Kapstadt, Johannesburg und Durban UNO-Soldaten schicken, um Schicksal zu spielen und ein neues Schauspiel der Ohnmacht zu liefern?

Ein Kontinent der Skandale

Westlicher Politsumpf

15. März 1993

Die Skandale in Italien schreien zum Himmel. Die Mißstände bei den regierenden Parteien haben ein Ausmaß angenommen, das das Wort »Staatskrise« rechtfertigt. Der ehemalige Sozialistenführer Bettino Craxi, unlängst noch im In- und Ausland hochgeschätzt, erscheint lediglich als Galionsfigur einer weit verbreiteten Korruption, von der auch die großen italienischen Wirtschaftskonzerne voll erfaßt sind. Die Verhaftung des Chefs der zweitgrößten staatlichen Holding ENI, Gabriele Cagliari, macht deutlich, daß die kriminelle Kompromittierung sich längst nicht mehr auf Süditalien beschränkt, dem man in dieser Beziehung alles zutraute, aber auch vieles nachsah. Lombardei und Piemont sind jetzt in den Sumpf hineingezogen.

Die Diskreditierung der repräsentativen Demokratie, die sich auf der Apenninenhalbinsel so spektakulär darbietet, sollte jedoch nicht als mediterraner Sonderfall bagatellisiert werden. Sie hat auch andere Kernstaaten der westeuropäischen Gemeinschaft erfaßt. In Paris spricht man von *morosité,* in Bonn von »Politikverdrossenheit«. Von der ausländischen Öffentlichkeit wenig beachtet, ist auch die sozialistische Regierung Spaniens unter Felipe Gonzalez in den Geruch anstößiger Geschäftsbeziehungen geraten. Es gibt kaum ein Land der EG, in dem die Politiker nicht vor neuen Enthüllungen bangen.

In Paris hat man bisher auf die römischen Affären halb amüsiert, halb mitleidig herabgesehen. Dazu besteht heute kein Anlaß mehr. Am Vorabend der französischen Legislativwahlen steckt vor allem die Sozialistische Partei Mitterrands bis zum Hals im Sumpf. Schon in Deutschland – bei den Skandalen von »Neuer Heimat« und »Co-op« – hatte sich erwiesen, daß die finanzunerfahrenen Linksparteien betrügerischen Manipulationen eine schwächere Flanke bieten als jene konservativen Kreise, die es seit langem verstehen, bei ihren Transaktionen mit Diskretion vorzugehen.

Den Sozialisten Frankreichs, die fast über die absolute Mehrheit in der Assemblée nationale verfügen, droht Ende März der Sturz in den Abgrund. Ihre Wahlchancen dürften allenfalls noch bei zwanzig Prozent liegen, und manche Beobachter wetten sogar, daß sie von den Ökologisten Antoine Waechter und Brice Lalonde knapp überrundet werden. Daran ist nicht nur die Abnutzung einer allzulangen sozialistischen Präsidentschaft schuld. Am aufgebrachtesten sind die Franzosen wohl über die Anschuldigungen im Bluttransfusionsprozeß, die gegen den ehemaligen Premierminister Laurent Fabius und zwei seiner Kabinettsmitglieder erhoben werden. Es wirken aber auch jene finanziellen Kompromittierungen fort, in die sich der ehemalige Minister Nucci und Parlamentspräsident Emmanueli verstricken ließen, ganz zu schweigen von der schillernden Figur des zu sozialistischen Ehren gekommenen Geschäftemachers Bernard Tapie. Das Maß war voll, als sogar Pierre Bérégovoy, der biedere und gediegene Regierungschef, vom *Canard Enchaîné* ins Visier genommen wurde. Er hatte bei einem Geschäftsfreund einen zinsfreien Kredit von einer Million französischer Francs aufgenommen und – bis zur Enthüllung – an eine Rückzahlung nicht gedacht.

Die Wachablösung ist fällig in Frankreich. Aber siebenundsechzig Prozent der skeptischen Franzosen haben bereits eingestanden, daß sie sich von dem sicheren Sieg der Konservativen auch keine wesentliche Besserung der schwierigen wirtschaftlichen und sozialen Verhältnisse versprechen. Unter diesen Umständen ist es immerhin ein positives Zeichen, daß die rechtsextreme Nationale Front von Jean-Marie Le Pen längst nicht jenen Zulauf registriert, den die Pessimisten vorausgesagt hatten.

Wie ähnlich die europäischen Kernländer sich doch geworden sind, ohne es übrigens recht zur Kenntnis zu nehmen! Die katastrophalen Ergebnisse der Sozialdemokraten bei der jüngsten Wahl in Hessen drücken nicht nur jene vielbeschworene Politikverdrossenheit aus, unter der auch die andere große »Volkspartei« Deutschlands, die CDU, krankt. Der SPD wurde ein Denkzettel verpaßt, weil ihre führenden Politiker – oft der sogenannten Toskana-Schickeria zugerechnet – auf die Stimmung im Volk keine Rücksicht nehmen, ja das

Gespür für sie verloren haben. Der Eiertanz um das Asylrecht wird die Partei Björn Engholms noch teuer zu stehen kommen, weit mehr als die giftigen Presseangriffe gegen den Saarländer Lafontaine.

Schließlich dürfte sich das Wiederaufflackern der Barschel-Affäre in Schleswig-Holstein auf fatale Weise auswirken. Schon wird die Frage diskutiert, ob Björn Engholm 1994 noch Kanzlerkandidat sein wird. Im Gegensatz zu Frankreich, wo die Rechtsradikalen offenbar an die Grenzen ihrer Expansion gestoßen sind, haben die Republikaner in Deutschland ihr Potential wohl noch längst nicht ausgeschöpft. Darüber täuschen leider auch die wohlgemeinten Lichterketten nicht hinweg.

Intrigen im Kreml

Die Angst des Westens vor Jelzins Sturz

23. März 1993

Der Westen steht dem Machtkampf in Moskau hilflos gegenüber. Offiziell geht es darum, Boris Jelzin in seiner Auseinandersetzung mit dem rebellierenden Kongreß der Volksdeputierten zu unterstützen, ja ihn zu retten. Immerhin wurde der russische Präsident im Gegensatz zur Abgeordnetenkammer in einer halbwegs demokratischen Wahl vom Volk bestimmt und bietet eine Gewähr für die Fortsetzung des Reformkurses und für eine enge Zusammenarbeit mit dem Westen.

Wenn Helmut Kohl und François Mitterrand nach Moskau eilen, um Jelzin ihrer brüderlichen Solidarität zu versichern, bewegen sie sich jedoch auf unsicherem Boden. Mit ähnlichen Gesten wollte man einst Michail Gorbatschow stabilisieren. Den Putsch, der »Gorbi« im August 1991 zum Verhängnis wurde, hatten weder die akkreditierten Diplomaten noch die immer dilettantischer wirkenden Nachrichtendienste kommen sehen. Bei den Deputierten in Moskau, die mehr und mehr zum großrussischen Nationalismus tendieren, könnte Boris Jelzin leicht in den Verdacht geraten, ein Instrument westlicher Politik zu sein. Eine solche Unterstellung wäre verheerend für ihn.

In Wirklichkeit sind die Einwirkungsmöglichkeiten des Westens auf die Entwicklung Rußlands außerordentlich begrenzt. Man muß vielleicht Japaner sein, um das derzeitige Dilemma mit rücksichtsloser Klarheit aufzudecken. So erinnert der außenpolitische Experte Kenichi Ito daran, daß die westlichen Alliierten und Japan schon einmal – zwischen 1918 und 1921 – versucht hatten, Einfluß auf die brodelnde und chaotische Entwicklung Rußlands zu nehmen, und dabei total gescheitert waren. Alle finanziellen Zuwendungen, so hört man in Tokio, würden bei der herrschenden wirtschaftlichen Anarchie der GUS ohnehin versickern. Noch habe Moskau es nicht verstanden, die ihm gewährte Hilfe von vierundzwanzig Milliarden Dollar sinnvoll einzusetzen, da wolle man in Washington noch fünfzehn Milliarden draufsetzen. Die Folge wäre lediglich eine verstärkte russische Kapitalflucht ins Ausland oder die Stützung einer total unrentablen, gigantischen Staatsindustrie. Die Russen, nicht die Ausländer, entscheiden über Rußlands Schicksal, bemerken die skeptischen Experten aus Japan. Demokratie könne in Rußland nicht aus dem Boden gestampft werden, und es sei naiv, in Jelzin den einzigen vertrauenswürdigen Staatsmann zu sehen.

Hier stoßen wir auf den Kern des westlichen Unbehagens. Weit und breit ist in der ehemaligen Sowjetunion keine Persönlichkeit auszumachen, der man das immer noch gewaltige Potential Rußlands und vor allem auch sein bedrohliches Nuklear-Arsenal anvertrauen möchte. Der Volksdeputierten-Kongreß mag zwar zur systematischen Entmachtung des russischen Präsidenten aufrufen und ihn von einem Rückzug zum anderen treiben. Eine wirkliche Gegenmacht stellt dieses Pseudoparlament mit seinen schwer definierbaren Fraktionen aber keineswegs dar. Der tückische Gegenspieler Boris Jelzins, Parlamentspräsident Ruslan Chasbulatow, mag ein hochbegabter Intrigant sein, aber welcher Russe möchte schon sein Schicksal in die Hände dieses muslimischen Kaukasiers legen, der mit stalinistischer List taktiert? Chasbulatow gehört überdies jenem aufsässigen Volk der Tschetschenen an, das sich mit Waffengewalt von der Russischen Föderation gelöst hat und in den Mafia-Strukturen des ehemaligen Imperiums besonders rührig ist.

Die breite Volksmasse Rußlands interessiert sich recht wenig für die unverständlichen Parlamentsrituale. Die gültige Verfassung, die endlich durch ein Referendum abgeschafft werden sollte, stammt noch aus der Zeit Leonid Breschnews, aus einer Epoche also, in der theoretisch »alle Macht den Sowjets« zugesprochen wurde. In Wirklichkeit übte damals die KP ihre uneingeschränkte Herrschaft aus und scherte sich wenig um Parlament und Regierung. Schon verdichten sich die Anzeichen staatlicher Auflösung. Immer mehr Regionen und Autonome Republiken entziehen sich der Moskauer Autorität und bemühen sich um ein Überleben aus eigener Kraft.

Die russischen Streitkräfte stehen im Zentrum des internationalen Rätselratens. Boris Jelzin spielt zweifellos mit dem Gedanken, den

Kongreß durch Autoritätsmaßnahmen, möglicherweise durch die Ausrufung des Ausnahmezustandes, lahmzulegen. Aber dazu bedarf er der Unterstützung der Militärs. Dieses Wagnis hätte der Präsident eingehen können, als er nach Vereitelung des August-Putsches noch die Gunst der sowjetischen Bürger genoß und selbst von Rivalen gefeiert wurde. Heute würde ein Coup der russischen Armee Jelzin zur Geisel seiner eigenen Offiziere machen, deren militärische Maßnahmen in den Grenzregionen nicht mehr kontrollierbar sind und deren harter Kern sich aus verbitterten ehemaligen Afghanistan-Kämpfern zusammensetzt. Die Streitkräfte bilden alles andere als einen monolithischen Block, und so wundert es nicht, daß manche Beobachter das Entstehen einer Bürgerkriegssituation nicht mehr ausschließen.

»Europäisches Wallonien«?

Frankreichs neues Selbstbewußtsein

12. April 1993

Zur Zeit der deutschen Wiedervereinigung war in Paris die Befürchtung aufgekommen, Frankreich werde nun in Europa zur Zweitrangigkeit verurteilt, von der neuen Zentralmacht an den Rand des Kontinents gedrängt, von Isolierung bedroht, ja auf die Rolle eines »europäischen Walloniens« reduziert.

Die politische Entwicklung auf unserem Kontinent hat jedoch eine andere Richtung genommen. Paradoxerweise wurde Deutschland durch seine wiedergewonnene nationale Einheit aus dem Gleichgewicht geworfen, materiell und vor allem psychologisch geschwächt, während Frankreich aus seinen jüngsten Parlamentswahlen mit gebündelter Energie hervorzugehen scheint. Der neue Premierminister Edouard Balladur hat eine Regierung gebildet, die ihm von allen Seiten Zustimmung brachte. Die konservative Parlamentsmehrheit, die achtzig Prozent der Sitze für sich konfiszierte, sieht der Zukunft mit großen Ambitionen entgegen. Auf einmal klingt es gar nicht mehr so abwegig, wenn man die europäische Mission Frankreichs mit der Rolle Piemonts beim Zusammenschluß Italiens vergleicht.

Alle Ängste, die starke neogaullistische Fraktion werde nunmehr auf eine Abkehr von Maastricht, auf eine Auflösung des Europäischen Währungssytems drängen, sind schnell zerstreut worden. Die Parität zwischen D-Mark und Franc steht auf dem Programm des Finanzexperten Balladur, und zur Untermauerung seiner europäischen Position hat er die populärste Politikerin Frankreichs, Simone Veil, mit Sondervollmachten ausgestattet und sich als Sozialministerin zur Seite gestellt.

Außenminister Alain Juppé brach zu seiner ersten Auslandsreise nach Bonn auf und bekräftigte dort die bewährte karolingische Solidarität. François Léotard, von Balladur zum Verteidigungschef berufen, unternahm eine demonstrative Expedition nach Bosnien und bestätigte den in Sarajevo und Bihac stationierten französischen »Blauhelmen« sein persönliches Engagement.

Auf deutscher Seite bietet sich unterdessen ein recht klägliches Bild. Da reibt sich die Koalition in byzantinischen Streitigkeiten auf. Der kontinentale Auftrag, der ganz selbstverständlich auf die geeinte deutsche Nation zukam, wurde ängstlich beiseite geschoben. Der Höhepunkt der Blamage war erreicht, als die FDP-Fraktion des Außenministers Klaus Kinkel gegen den eigenen Kanzler beim Bundesverfassungsgericht von Karlsruhe klagte, um jede aktive Beteiligung der Bundeswehr an relativ harmlosen Einsätzen in Bosnien zu vereiteln. Sollen doch die europäischen Verbündeten – Engländer, Franzosen, Holländer und Italiener – für die Rettung der bedrohten muslimischen Bevölkerung im ehemaligen Jugoslawien ihre Haut zu Markte tragen.

Deutschland versucht derweil krampfhaft, seine durch die Pannen der Wiedervereinigung verstärkten Neurosen zu kurieren. Die Bonner Politiker wissen sehr wohl, daß die Ankunft des ersten toten deutschen Soldaten, der beim UNO-Einsatz in Bosnien ums Leben käme, einen unvorstellbaren Aufruhr auslösen würde. Also haben FDP und SPD zum Hasenpanier gegriffen und überlassen den Nato-Alliierten das Risiko. Hatte die Bundeswehr schon während des Golfkrieges eine schwache Figur abgegeben, so ist sie seit der Auflösung des Ostblocks in eine existentielle Bewußtseinskrise geraten. Die erste Aufgabe deutscher Wehrpolitik müßte heute darin bestehen, eine aus Berufssoldtaen zusammengesetzte Einsatztruppe von hochmotivierten Spezialisten – etwa nach dem Muster des britischen »Special Air Service« – zu bilden, die sich ihre eventuellen Einsätze nicht *à la carte* aussuchen könnte.

Man mag über das Taktieren und über die Eitelkeit des Generals Morillon geteilter Meinung sein, aber dieser französische Panzergeneral hat immerhin dafür gesorgt, daß die Pariser Diplomatie auf dem Balkan – der bereits als deutsche Exklusivdomäne galt – neue Bedeutung gewinnt. Natürlich wird es die Regierung Balladur nicht bei diesen spektakulären Prestigegesten bewenden lassen können. An der Seine werden die schrecklichen Belastungen klar erkannt, die auf das eigene Land zukommen.

Unter dem Alt-Gaullisten Charles Pasqua wird das Innenministerium mit straffer Hand geführt. Die Fünfte Republik möchte der illegalen Einwanderungswelle mit einer Effizienz begegnen, von der die deutschen Behörden nicht einmal zu träumen wagen. Gleichzeitig soll die Sicherheit der Bürger garantiert werden. Diese Strenge hat bereits zu Exzessen und blutigen Krawallen geführt. Aber das ist vielleicht die einzige Methode, eine drohende Abwanderung bürgerlicher Wähler und vor allem breiter proletarischer Kreise ins Lager der Rechtsextremisten zu verhindern.

Das Gespenst des Boris Godunow

Jelzins neue Chance

3. Mai 1993

Die Mehrheit der Russen ist es leid, daß ihr Schicksal durch intrigierende Volksdeputierte auf Spiel gesetzt wird, und von Jelzin erhoffen sie, daß er sich als volksnaher Vertreter einer starken Staatsautorität profiliert. Jelzin hat wohl begriffen, daß er die Zügel nicht mehr schleifen lassen darf. Angesichts der verstockten Renitenz des Kongresses der Volksdeputierten muß er bald vollendete Tatsachen schaffen.

Jelzin muß die Gunst der Stunde nutzen. Seine schlimmsten Widersacher sind in der öffentlichen Meinung weitgehend diskreditiert. Wenn Parlamentspräsident Chasbulatow nach Verkündung der Abstimmungsergebnisse verlauten läßt, auch eine hundertprozentige Wählerzustimmung hätte Boris Jelzin noch nicht legitimiert, beweist er, daß er den elementarsten parlamentarischen Prinzipien den Rücken kehrt. Im übrigen ist Ruslan Chasbulatow bei den meisten Russen zutiefst unbeliebt und verdächtig. Ihm wird seine Rolle als »Mephisto der Prozedur« übelgenommen und vor allem seine kaukasische, muslimische Herkunft. Die Tschetschenen, zu denen Chasbulatow zählt, genießen keinen guten Ruf in Moskau.

Was den anderen Hauptwidersacher Boris Jelzins betrifft, den Vizepräsidenten Alexander Ruzkoj, so hat er sein Ansehen als hochdekorierter Luftwaffenoberst und Afghanistan-Veteran bei seinen Offizierskollegen wohl stark strapaziert, als er Verteidigungsminister Gratschow, einen loyalen Mitarbeiter Jelzins, der Korruption bezichtigte. Die Armee Rußlands befindet sich in einem Zustand der inneren Zerrissenheit und scheint als Putschinstrument nicht sonderlich geeignet.

Die Legalität liegt eindeutig beim Staatspräsidenten, der nunmehr zweimal vom Volk in freier Abstimmung bestätigt wurde. Nun wird von Jelzin eine Demonstration der Stärke, ja ein Stück »Autokratie«

erwartet. Seine Absichten sind schnell bekannt geworden. Auch gegen den Widerstand der Volksdeputierten soll so schnell wie möglich eine neue Verfassung ausgearbeitet werden, die dem Staatschef weitreichende Vorrechte einräumt. Die bisherige Sowjetstruktur würde durch ein Zweikammersystem ersetzt. Ein direkt gewähltes Abgeordnetenhaus, das den alten russischen Namen »Duma« trüge, wäre flankiert von einer Art »Bundesrat« oder Senat, in dem die großen Regionen der Russischen Föderation zu Wort kämen.

Bei der Durchführung dieses einschneidenden, fast revolutionären Staatsumbaus will Jelzin sich auf die Mitarbeit der regionalen Körperschaften stützen, das heißt auf die Zustimmung von zwanzig autonomen Republiken und mehr als sechzig autonomen Gebieten, aus denen sich die Russische Föderation zwischen Smolensk und Wladiwostok zusammensetzt. Das Risiko einer solchen Prozedur liegt auf der Hand. Bei einigen autonomen Republiken sind heute schon starke separatistische Tendenzen zu erkennen, und jede Provinz versucht, ein Maximum an Mitspracherecht zu gewinnen. Sehr bald könnten die unentwegten Oppositionellen Jelzin vorwerfen, er betreibe die Auflösung der Russischen Föderation ebenso leichtfertig wie Michail Gorbatschow seinerzeit mit seinem gescheiterten Unionspakt die Entfremdung der auseinanderstrebenden Sowjetrepubliken.

Eine leichte Partie wird das nicht sein. Der eigentliche Triumph Jelzins besteht darin, daß eine Mehrheit der Wähler sich zur zweiten Referendumsfrage positiv geäußert und trotz aller Misere und Wirtschaftskriminalität seinen ökonomischen Reformkurs gutgeheißen hat. Damit haben die meisten Russen klar zu verstehen gegeben, daß sie sich vom Marxismus-Leninismus endgültig verabschieden möchten. Es wurde auch deutlich, daß die Hinwendung zum Westen, vor allem bei den jungen Leuten, weit populärer ist als eine Verkapselung in der byzantinischen und großrussischen Überlieferung. Schon kann Jelzin es wagen, sich von den serbischen Hasardeuren auf dem Balkan zu distanzieren, die von den russischen Chauvinisten als slawische und orthodoxe Brüder gefeiert werden.

Zwei Leitfiguren der russischen Geschichte überschatten das risikoreiche Experiment Boris Jelzins. Wer dächte nicht an den Zaren Boris Godunow, der vor rund vierhundert Jahren eine »Zeit der Wirren« zu beenden suchte und vom Volk unterstützt wurde, obwohl er aus dem tatarischen Dienstadel Iwans des Schrecklichen hervorgegangen war. Godunow ist damals an der eigenen Unzulänglichkeit und an der Feindschaft der Bojaren zugrunde gegangen. Das andere Leitbild wäre Peter der Große, der mit unerbittlicher Knute die Strukturen eines modernen Staates schuf, Adel und Klerus unterwarf und das Fenster nach Westen gewaltsam aufstieß. Man mache sich keine Illusionen über die Statur und die Handlungsfreiheit Jelzins. Die geniale Begabung eines neuen Peter besitzt er ebensowenig wie dessen charismatischen Glanz. So sollte Jelzin zumindest darüber wachen, daß ihm das tragische Schicksal Boris Godunows erspart bleibt.

Militärisches Dilemma in Bosnien

Die Teilung scheint unvermeidlich

24. Mai 1993

Der Vance-Owen-Plan für Bosnien sei tot, heißt es heute. Als ob dieser Plan jemals lebensfähig gewesen wäre! Wer konnte nach den Gemetzeln, »ethnischen Säuberungen«, Verstümmelungen und Massenvergewaltigungen ernsthaft annehmen, die Schaffung eines geographischen Puzzles könne einen Ausweg aus dem bestialischen Konflikt bieten?

Der Ausgang der bosnischen Tragödie ist bereits vorgezeichnet. Alles läuft auf eine Teilung zwischen Serben und Kroaten hinaus. Die Serben besetzen siebzig Prozent dieses Territoriums. Die Kroaten geben sich offenbar mit dem Herzstück der Herzegowina zufrieden, wo sie stark vertreten sind. Die eigentlichen Bosnier – die »Muslimani«, die etwa vierundvierzig Prozent der Bevölkerung ausmachen – können froh sein, wenn sie in Zukunft auf engstem Raum in vier oder fünf isolierten Enklaven überleben dürfen. Das muslimische Staatsvolk wird weder über einen Zugang zum Meer noch über die militärischen Mittel elementarer Selbstbehauptung verfügen. Wenn ihm Belgrad und Zagreb ein Minimum an administrativer Autonomie und die freie Ausübung seiner koranischen Religion zubilligen werden, kann es sich glücklich schätzen.

In Wirklichkeit sind die zwei Millionen bosnischen Muslime in eine »palästinensische« Situation gedrängt worden. Sie haben ihre Heimat verloren. Sie werden gedemütigt und entrechtet. Die Radikalisierung dieser bislang friedliebenden Menschen ist unvermeidlich. In den Monaten der Verfolgung und Diskriminierung ist ihnen vor Augen geführt worden, daß der Islam ihre einzige Identität darstellt. Diese »neuen Palästinenser« werden in unmittelbarer Nachbarschaft Mitteleuropas eine erbitterte, rachsüchtige Diaspora bilden. Die Europäer, die die »Muslimani« in ihrer Wehrlosigkeit untergehen ließen, sollten sich darauf einrichten, daß sich nunmehr ein unberechenbarer Unsicherheitsfaktor vor ihrer Türschwelle befindet.

Es macht wenig Sinn, jetzt noch über militärische Optionen zu diskutieren. Mit Bodentruppen der UNO oder der Nato wäre in diesem idealen Partisanengelände tatsächlich nicht viel auszurichten gewesen, aber es wäre sehr viel Blut geflossen. Man hüte sich jedoch vor jenen angeblichen Experten, die behaupten, gezielte Luftangriffe gegen die Verbindungswege, die Panzeransammlungen, die Artilleriestellungen der Serben wären sinn- und effektlos gewesen. Es ging in Bosnien ja nicht darum, die Serben zu besiegen oder Belgrad zu demütigen.

Ziel einer alliierten Luftoperation hätte es sein müssen, die materiell weit überlegenen Serben aus der Offensive in die Defensive zu drängen und sie zu ernstgemeinten Kompromissen zu zwingen. Eine Zerstörung der Brücken über die Drina, vor allem aber die Strangulation des extrem schmalen Korridors südlich der Save, der das serbische Herzland mit den vorgeschobenen serbisch-bosnischen Schwerpunkten rund um Banja-Luka und in der Krajina verbindet, wäre durch intensives Luftbombardement durchaus zu erreichen gewesen. Diese Chance ist heute verspielt.

Präsident Clinton hat wohl einen Moment daran gedacht, der US Air Force grünes Licht für die oben erwähnte Operation zu erteilen. Die europäischen Nato-Partner haben sich dagegen gewehrt. Bei den Deutschen verwunderte eine solche Verweigerung nicht. Aber die Briten und die Franzosen hatten gute Gründe, der amerikanischen Luftstrategie keinen Blankoscheck zu erteilen. Die in Bosnien befindlichen »Blauhelme« – darunter fünftausend Franzosen – wären infolge ihrer mangelhaften Bewaffnung zu fast wehrlosen Geiseln der serbischen Tschetniks geworden und hätten mit schweren eigenen Verlusten rechnen müssen.

In der jetzigen Phase allgemeiner Ratlosigkeit bietet sich ausgerechnet Rußland als *deus ex machina* an. Der russische Außenminister Kosyrew verbreitete in Washington einen Optimismus, den er bei der Bewältigung der eigenen Probleme wohl kaum aufbringen würde. Auf einmal möchte Moskau als der heilbringende Vermittler auf dem Balkan auftreten. Vielleicht braucht Boris Jelzin einen solchen außenpolitischen Prestigegewinn, doch es sollte eindringlichst vor jedem Rückfall in die klassische Mächtepolitik auf dem Balkan gewarnt werden. Die russisch-serbische *connection,* die wiedererstandene Brüderlichkeit im Namen von Slawentum und Orthodoxie, knüpft an verhängnisvolle Präzedenzfälle an. Seltsam, wie blitzschnell das ansonsten am Boden liegende Rußland in dieser Krisenzone das Heft an sich reißen konnte. Erschreckend auch, wie plötzlich sich das Muskelspiel des neuen amerikanischen Präsidenten als leere Kraftmeierei erwies. In diesen Kontext paßt sogar die Reise Helmut Kohls nach Ankara und Istanbul, die wiederentdeckte Herzlichkeit der deutsch-türkischen Beziehungen. Für die Erben des Osmanischen Reiches steht in Sarajevo mindestens ebensoviel auf dem Spiel wie für das vereinigte Deutschland.

Katerstimmung in Kambodscha

Die UNO blamiert sich in Phnom Penh

14. Juni 1993

Der Triumph der Vereinten Nationen in Kambodscha hat nicht lange gedauert. Dabei hatten sie Ende Mai einen bemerkenswerten Erfolg verkünden können. Etwa 90 Prozent der kambodschanischen Wahlberechtigten waren trotz Boykott der Roten Khmer an die Urnen gegangen. Auch das Resultat konnte sich sehen lassen. Es war nicht zu einem überwältigenden, durch Druck erzeugten Wahlsieg der Regierungspartei gekommen. Die konservative, monarchistische Opposition »Funsinpec« hatte 45 Prozent für sich verbucht, während die amtierende Volkspartei (CPP) nur 38 Prozent erreichte.

Trotzdem ist niemand glücklich in der Hauptstadt Phnom Penh. Die Gefahr des Bürgerkrieges ist längst nicht gebannt. Der selbstlose Einsatz von 1500 Wahlhelfern aus aller Welt scheint heute vergeudete Mühe. Es war wohl doch eine irrealistische Vorstellung, die Wirren und Nöte Kambodschas könnten mit Hilfe einer demokratischen Prozedur bewältigt werden, für die dieses in sich zerrissene Land nun einmal nicht reif ist.

Etwa 23 000 Angehörige der UNO – darunter 16 000 bewaffnete »Blauhelme« – hatten sich in das Königreich der Khmer begeben, um Menschenrechte und politischen Pluralismus nach westlichem Vorbild einzuführen. Dabei hatte man wohl vergessen, daß eine Vielzahl der Staaten, deren Vertreter in Phnom Penh als Hüter demokratischer Tugenden auftraten, zu Hause dem Einparteiensystem und teilweise abscheulichen Diktaturen huldigen.

Auf dem Papier trägt die Funsinpec den Sieg davon. Diese Formation wird von Norodom Ranariddh geführt, einem Sohn jenes Prinzen Sihanouk, der von einem großen Teil seiner Landsleute weiterhin als eine Art buddhistischer Gottkönig verehrt wird. Prinz Ranariddh scheint jedoch weder die Regierungskunst noch das Prestige seines Vaters geerbt zu haben. Ranariddh genießt in Phnom

Penh einen sehr zweifelhaften Ruf. Mit einer Armee, die nicht mehr als 6000 bewaffnete Soldaten zählen dürfte, ist die Funsinpec nicht in der Lage, sich gegen die Regierungstruppen, die offiziell über 100 000 Mann verfügen, oder gegen die gefürchteten Dschungelkrieger der Roten Khmer zu behaupten. Wenn die Mehrzahl der Kambodschaner trotz aller Einschüchterungsmaßnahmen von Ministerpräsident Hun Sen den Mut aufbrachte, für die monarchistische Opposition zu stimmen, so haben sie das nicht aus Zuneigung zu Ranariddh getan. Sie hofften, daß wieder Prinz Sihanouk seine wohlwollende Despotie ausüben und dem Land Wohlstand und Frieden bescheren würde.

Davon ist Kambodscha jedoch weit entfernt. Regierungschef Hun Sen ist nicht bereit, seinen konservativen Rivalen von Funsinpec den Vorrang zu überlassen. Hun Sen, der sich heute als Freund des Westens aufspielt, hat lange Jahre als Divisionskommandeur und Provinzchef bei den Roten Khmer gedient, war ein treuer Diener des Horrorregimes, bis er seinerseits von einer Säuberungswelle bedroht war und bei den vietnamesischen Todfeinden Kambodschas sein Heil suchte. Hun Sen gilt in den Augen vieler Kambodschaner weiterhin als heimliches Instrument der verhaßten Vietnamesen. Seine Armee ist zwar zahlenstark und relativ gut gerüstet. Aber es handelt sich da um eine Soldateska von geringem Kampfwert, die vor allem mit Plünderungen und Banditentum weite Landstriche heimsucht.

Das große Rätsel sind weiterhin die Roten Khmer. In zähem Partisanenkampf hat diese Truppe von ehemaligen Massenmördern die kampferprobte vietnamesische Volksarmee zum Rückzug aus Kambodscha gezwungen. Die gefürchteten Roten Khmer dürften bestenfalls über 20 000 gutbewaffnete Krieger verfügen, aber sie kontrollieren schon wieder ein Fünftel des Landes. Dank schwunghaftem Handel mit Edelsteinen und wertvollen Hölzern verfügen sie über ausreichende Geldmittel.

Die Wahlen in Kambodscha, die sie ursprünglich sabotieren wollten, haben die Roten Khmer nicht verhindern können. Sie haben das auch nicht ernsthaft versucht, womit sie zweifellos ihre relative Schwäche eingestanden. Andererseits spekulieren sie darauf, daß sich Ranariddh und Hun Sen an die Gurgel geraten. Der offizielle Repräsentant der Roten Khmer, der in Paris promovierte Intellektuelle Kieu

Samphan, hat bereits seine Bereitschaft angekündigt, Prinz Sihanouk als Staatsoberhaupt anzuerkennen, und trägt damit zusätzliche Verwirrung in das politische Spiel.

Dem einst so idyllischen Land der Khmer steht eine düstere Zukunft bevor. Am Ende könnte es doch noch zu jener Aufteilung zwischen Siamesen und Vietnamesen kommen, die die französische Kolonialpräsenz im 19. Jahrhundert gerade noch verhinderte. Schon werden alle Mafia-Ringe Phnom Penhs von Bangkok aus dirigiert, und die vietnamesischen Siedler tummeln sich in den östlichen Grenzprovinzen.

Bill Clinton als »Rambo«

Wieder Bomben gegen Saddam Hussein

5. Juli 1993

Laut einer Umfrage haben sich 66 Prozent der Amerikaner für die harte Politik Bill Clintons gegen Saddam Hussein und die Bombardierung Bagdads ausgesprochen. Gemessen an den schmalen 36 Prozent der US-Bürger, die dem Präsidenten in seiner Gesamtpolitik zustimmen, ist das eine beachtliche Differenz. Offenbar hat das Weiße Haus wenigstens eines seiner Ziele erreicht: Mit dem Beschuß der irakischen Nachrichtendienst-Zentrale hat Clinton, der ehemalige Vietnam-Wehrdienstverweigerer, sich vorübergehend als »Rambo« aufspielen können.

Aber noch ist nicht aller Tage Abend. In Amerika besteht nun einmal die löbliche Gewohnheit, daß Volk und Kongreß sich in Stunden äußerer Herausforderung um den *commander in chief* scharen. Die Diskussion über die Opportunität seines Eingreifens setzt erst später ein. In den großen Gazetten der USA hat diese kritische Debatte bereits begonnen. Die *New York Times* stellt die Frage, ob das Argument für den Schlag gegen Bagdad – das angebliche Attentat gegen Expräsident Bush in Kuwait, das fast drei Monate zurückliegt – wirklich stichhaltig ist. Angeblich hat die Polizei von Kuwait eindeutige Geständnisse erzielt, aber bei den Verhörmethoden, die in diesem Teil der Welt üblich sind, würde vermutlich jeder normale Mensch nicht nur ein Attentat gegen George Bush, sondern auch die Ermordung John F. Kennedys und sogar Abraham Lincolns gestehen.

Auch die internationale Zustimmung, die in den ersten Stunden nach der »Tomahawk«-Aktion in Ost und West laut wurde, klingt inzwischen recht zaghaft. Sogar die Engländer verzweifeln allmählich an dem Versuch der USA, die versprochene neue Weltordnung durch unüberlegte Schläge mit dem *big stick* zu realisieren. In der Umgebung des russischen Vizepräsidenten Ruzkoj, der die voreilige Solidarisierung des Außenministers Kosyrew von Anfang an kritisierte, wird gefragt, wie die Amerikaner es denn mit den zahlreichen Versuchen des eigenen Geheimdienstes CIA halten, Fidel Castro durch raffinierte Anschläge aus dem Weg zu räumen.

Bill Clinton will weitere Strafaktionen durchführen. Die US Air Force hat irakische Raketenstellungen in jener Flugverbotszone südlich des 32. Breitengrades angegriffen, wo angeblich die bedrängten Schiiten vor der Wut Saddam Husseins geschützt werden sollen. Nachdem George Bush die schiitische Opposition während des Golfkrieges zum Aufstand gegen Saddam Hussein aufgerufen hatte, lieferte er sie – nach dem vorzeitig abgebrochenen Wüstenfeldzug – der Rache des Diktators aus. Das Flugverbot über Süd-Mesopotamien kommt einer heuchlerischen Farce nahe. Wenn die schiitische Opposition heute weiterhin verfolgt und dezimiert wird, so geschieht das nicht durch Bombardierungen der irakischen Luftwaffe, sondern mit Hilfe von Polizei- und Bodentruppen-Einsätzen, die ihre repressiven Ziele mit äußerster Brutalität bereits erreicht haben.

Die Drohgebärden Clintons gegen den »neuen Hitler« von Bagdad, wie man Saddam Hussein in völliger Verkennung der Sachlage genannt hat, könnten sich sehr bald als kontraproduktiv erweisen. Jene arabischen Regierungen, die während des Golfkrieges für die Intervention der US Army optiert haben, sehen sich nun mit der Entrüstung der öffentlichen Meinung im eigenen Land konfrontiert. Selbst in Ägypten, dessen Staatschef Hosni el Mubarak sich als treuer Gefolgsmann der amerikanischen Mittelost-Strategie gebärdet, wird der anklagende Vorschlag laut, die USA möchten doch ihre kriegerische Energie, die sie in Bagdad und Mogadischu so spektakulär entfalten, auch einmal zugunsten jener bosnischen Muslime einsetzen, die von ethnischer Säuberung und physischer Vernichtung bedroht sind.

Das Ansehen Saddam Husseins, das nach dem Sieg von General Schwarzkopf einen Tiefpunkt erreicht hatte, erhielt durch die Bombardierung Bagdads neuen Auftrieb. Wohl oder übel erscheint er nun den arabischen Massen als der populäre »Held«, der die Angriffe der amerikanischen Supermacht überlebt, ja ihnen unverzagt trotzt. Die Bevölkerung des Irak, die unter der UN-Blockade, der fortdauernden Diskriminierung und den sporadischen Bombenanschlägen weit mehr zu leiden hat als die Führungsclique Saddam Husseins, der es in ihren Bunkern an nichts fehlt, dürfte durch die Gestikulationen des Weißen Hauses in eine Trotzreaktion gedrängt werden, die am Ende dem Diktator zugute kommt.

Nach der erneuten Bombardierung Bagdads ist Amerika außerdem als Vermittler im Streit um das Heilige Land in den Augen der Palästinenser unglaubwürdig geworden. Am Ende wächst eben jenen Extremisten der »Hamas«-Bewegung steigender Einfluß zu, die man durch den Abschuß von Marschflugkörpern einschüchtern wollte.

»Menschenrechte« am Horn von Afrika

UNO-Schlamassel in Somalia

16. August 1993

Die amerikanische Presse nennt die heillose Verstrickung, in die die UNO mit ihrer Somalia-Aktion geraten ist, neuerdings *quagmire* (Morast). Genau der gleiche Ausdruck wurde vor dreißig Jahren vom renommierten Publizisten David Halberstam benutzt, um das Abgleiten der USA in den Indochina-Konflikt zu beschreiben. Natürlich ist Somalia kein »zweites Vietnam«, aber die Konzeptionslosigkeit in beiden Fällen läßt sich vergleichen.

Der offizielle Name des Unternehmens am Osthorn Afrikas hieß ursprünglich *restore hope* oder »Neue Hoffnung«. Das klingt heute, während die US-Hubschrauber zum systematischen Beschuß der Südviertel Mogadischus ausholen und ferngezündete Bomben einheimischer Terroristen explodieren, wie Hohn. Die angestrebte Rettung der Somalier vor dem Hungertod findet eher unter dem Motto statt: »Friß, Vogel, oder stirb!«

Wenn in diesem ausgedorrten Steppen- und Wüstenland Säuglinge umkamen und dem TV-Publikum des Westens eine Prozession wandelnder Skelette vorgeführt wurde, dann lag das dieses Mal bestimmt nicht an der Teilnahmslosigkeit der reichen Industriestaaten oder an irgendwelchen Spätfolgen des europäischen Kolonialismus. Die Lagerhäuser in den somalischen Häfen waren berstend voll von Lebensmitteln. Es waren die lokalen Bürgerkriegsfraktionen, die Stammescliquen und Clans, die eine Verteilung der Hilfsgüter systematisch verhinderten und die eigene Bevölkerung zum Hungertod verurteilten.

Jede staatliche Autorität ist seit dem Sturz des Diktators Siad Barre in Somalia zusammengebrochen. Das Land ist in eine Form der Stammesanarchie zurückgefallen. Heute wird viel darüber diskutiert, ob die Amerikaner nicht einen entscheidenden Fehler begangen haben, als sie unmittelbar nach ihrer Landung mit den wirren Bandenchefs und Strauchdieben verhandelten. Zum Beispiel mit jenem General Mohamed Farah Aidid, für dessen Erlegung jetzt ganze Hubschrauber-Geschwader ausgeschickt werden. Vielleicht hätte man auf die Italiener hören sollen, die als ehemalige Kolonialmacht Land und Leute intensiv studiert haben. Kein Somalier, genausowenig wie ein Afar, ein Amhare oder Eriträer, läßt sich ohne Gegenwehr entwaffnen. Für die Nomaden dieser stets unsicheren Zone ist der Speer – neuerdings das Kalaschnikow-Gewehr – unantastbares Attribut ihrer männlichen Ehre.

Gewiß, der gewaltsame Widerstand gegen die »Blauhelme« blieb bislang auf jene Viertel der Hauptstadt beschränkt, wo die Anhänger Mohamed Aidids das Sagen haben. Aber der Konflikt könnte sich wie ein Buschfeuer ausbreiten. Die deutschen »Blauhelme«, die nach viel Palaver und parlamentarischem Hickhack schließlich doch nach Somalia aufgebrochen sind, müßten wissen, daß ihr Stationierungszentrum Belet Huen an der äthiopischen Grenze die eigentliche Heimat des vielgeschmähten Generals Aidit ist.

Sollte demnächst in diesem Raum eine zusätzliche UN-Brigade aus Indien auftauchen, wäre der Konflikt vorprogrammiert. Die Inder sind nun einmal wegen ihrer angeblichen Arroganz bei den Afrikanern besonders verhaßt. In einer zutiefst islamischen Region wie Somalia könnten jene religiösen Spannungen zusätzlich explodieren, die zwischen Mohammedanern und Hindus schon manches Blutvergießen verursachten. Den jüngsten Sprengstoffanschlag in Mogadischu, der vier amerikanische Soldaten tötete, will eine Kampfgruppe verübt haben, die sich »Islamische Heilsbewegung« nent.

Mag sein, daß die Somalia-Krise schließlich doch noch harmloser abläuft, als manche Pessimisten befürchten. Aber hier stellt sich ein prinzipielles Problem. Ist die Weltgemeinschaft, die zu humanitären Einsätzen im Falle extremer Hungersnot moralisch verpflichtet ist, tatsächlich auch berufen, die westlichen Vorstellungen von Demokratie und Menschenrechten in allen Teilen der Welt – notfalls mit Waffengewalt – durchzusetzen? Der französische Sozialist Pierre Joxe hat zu Beginn des Unternehmens »Neue Hoffnung« zu Recht darauf verwiesen, daß es »mindestens 30 Somalias« gibt. Man denke allein in Afrika an Liberia, an den Südsudan, an Zaire, an Angola, an

Moçambique und an die kritischen Zustände zwischen Pretoria und Kapstadt. Sollen in all diesen Ländern »Blauhelme« und UNO-Vermittler eingreifen, wo die Weltorganisation doch schon den Greueln und Massakern in Bosnien ohnmächtig zusehen muß? Ist sich Bill Clinton eigentlich bewußt, daß zahlreiche Staaten, die unter der blauen Fahne weltweit als Friedensstifter auftreten, zu Hause mit diktatorischen Methoden regieren und die Menschenrechte mit Füßen treten?

Friedensjubel im Heiligen Land

Die israelisch-palästinensiche Annäherung

13. September 1993

Wer möchte nicht mit vollem Herzen in den Jubel einstimmen, der sich der westlichen Medien anläßlich des israelisch-palästinensischen Abkommens bemächtigt hat? Seltsamerweise verhalten sich die unmittelbar Beteiligten – Juden und Araber – weit reservierter als die europäischen oder amerikanischen Enthusiasten. Die beiden Partner, die mit behutsamen, mißtrauischen Schritten aufeinander zugehen, wissen, daß sie von völlig unterschiedlichen Prämissen ausgehen: Die Israelis möchten den Status quo im Heiligen Land soweit wie möglich zu ihren Gunsten stabilisieren; die Palästinenser wollen eine gründliche Veränderung in Gang setzen, die weit über Gaza und Jericho hinausgeht.

Die derzeitige Situation kann zumindest als paradox beschrieben werden. In dem Augenblick, als Jizchak Rabin mit einem Federstrich die PLO als einzig befugte Sprecherin der palästinensischen Bevölkerung legitimiert hat, sind nicht nur in Gaza und Jericho, sondern in sämtlichen Städten und Dörfern der »besetzten Gebiete« zahllose Flaggen der unlängst noch als »Terroristenbande« verschrienen Widerstandsorganisation gehißt worden. Sogar im Ostteil Jerusalems weht nunmehr die schwarz-weiß-grüne Trikolore mit dem roten Dreieck. Vielleicht hat die Regierung des Judenstaates übersehen, daß das Hissen einer Flagge traditionell als Souveränitätsanspruch, ja als territoriale Besitzergreifung gewertet wird. Jahrzehntelang war die Armee Israels darauf gedrillt worden, dieses Fanal des Aufruhrs, wo immer es sich zeigte, niederzureißen und zu vernichten. Jetzt stehen die jüdischen Soldaten ziemlich ratlos vor diesem Fahnenmeer.

Auch das Bild Jassir Arafats prangt nunmehr von jeder Mauer der Westbank und des Gazastreifens. Mag sein, daß die Popularität dieses palästinensischen Veterans und Überlebenskünstlers stark gelitten hat, daß er bestenfalls noch Symbolwert genießt, seit er sich mit den

Zionisten zum mühseligen Kompromiß durchgerungen hat. Aber dieser in Israel meistgehaßte Mann ist für den von Rabin und Peres entworfenen Friedensprozeß so unentbehrlich geworden, daß der israelische Geheimdienst Mossad den diskreten Personenschutz des PLO-Chefs gegen Attentäter aus dem einen oder anderen Lager übernehmen muß. Da ist es für die jungen Steinewerfer der »Intifada« schon eine amüsante Abwechslung, die bislang unbesiegbare israelische Besatzungstruppe mit dem Antlitz Arafats zu foppen, ohne daß die Soldaten mehr dagegen einschreiten dürfen.

Zur positiven Bewertung des Abkommens Gaza–Jericho sind verschiedene Präzedenzfälle herangezogen worden. Keiner dieser Vergleiche ist stichhaltig. Der Camp-David-Vertrag, der zwischen Anwar as Sadat und Menachem Begin zustande kam, war bis in die letzte Einzelheit ausgefeilt, ehe er unterzeichnet wurde. Im übrigen gehörte die ägyptische Sinai-Wüste in keiner Weise zum israelischen Kernland. Auch Südafrika wurde als Parallele erwähnt, die Verbrüderung zwischen dem ehemaligen Häftling Nelson Mandela und dem Buren-Präsidenten Frederik de Klerk als ein ähnlich hoffnungsträchtiger Durchbruch zitiert. Dabei übersehen die euphorischen Kommentatoren, daß Südafrika die Gefahrenzone noch keineswegs verlassen hat. Im Raum von Johannesburg kommt es immer wieder zu Gemetzeln.

Bei ihren künftigen Beziehungen mit den Palästinensern werden sich die Israelis auf die orientalische Praxis des *killing and kissing* einstellen müssen, die auch unter den diversen arabischen Potentaten gang und gäbe ist. Aus der Phase negativer Gewißheiten tritt Israel nunmehr in eine Phase positiver, aber höchst riskanter Ungewißheiten ein.

Jassir Arafat hat sich als äußerst gewiefter Taktiker erwiesen und die meisten seiner Gegner in den eigenen Reihen ins Abseits gedrängt. Aber wie dauerhaft wird die Autorität dieses Mannes über jene jugendlichen Palästinenser sein, die etwa siebzig Prozent der Bevölkerung in den besetzten Gebieten ausmachen, die mit ihrer »Intifada« gegen die israelische Besatzung wie David gegen Goliath mit Steinwürfen angetreten waren und nunmehr – dem Abkommen Rabin–Arafat zufolge – durch die neugegründete PLO-Polizei diszipliniert werden sollen? Diesen bewaffneten Ordnungshütern soll in Gaza die

Aufgabe zufallen, »die Rolle von Besatzern zu spielen und den Juden die Mühe der Repression abzunehmen«, wie ein prominenter PLO-Führer verzweifelt sagte.

Die Fundamentalisten von »Hamas«, die sich neuerdings eine bemerkenswerte Zurückhaltung auferlegen, können in Ruhe auf ihre Stunde warten. Gewiß, für beide Seiten waren bislang alle Auswege blockiert. Irgendwann und irgendwie mußte der gordische Knoten durchschlagen werden. Doch eine tragbare neue Ordnung ist nicht in Sicht. Ein verschwommener Prozeß, der auf eine Anlauffrist von fünf Jahren angelegt ist, bietet den Störenfrieden und Saboteuren unsägliche Sprengsätze.

Nach dem Sturm auf das »Weiße Haus«

Machtkampf in Moskau

11. Oktober 1993

Auf dem Höhepunkt des Machtkampfes in Moskau hat Patriarch Alexej II. vorletzte Woche die wundertätige Ikone der Mutter Gottes von Wladimir aus ihrem Schrein geholt, um dem drohenden Chaos mit göttlichem Beistand Einhalt zu gebieten. Schon einmal, im Jahr 1380, hatte dieses wundertätige Bild die russische Metropole an der Moskwa vor der Vernichtung durch die Tataren gerettet. Der gleiche Patriarch, dessen kirchliche Karriere nicht ohne den Segen des KGB zustande kommen konnte, hatte kurz vor dem Sturm auf das »Weiße Haus« die Repräsentanten der beiden Bürgerkriegsparteien, die sämtlich aus dem marxistisch-leninistischen Führungsapparat hervorgegangen und vor kurzem noch als wackere Atheisten aufgetreten waren, ins Danilow-Kloster berufen, um Schlichtung und Schiedsspruch zu üben. Dabei drohte der Kirchenfürst den widerstrebenden Politikern und Militärs mit der feierlichen Exkommunikation.

Auf frappierende Weise findet Rußland, als seien siebzig Jahre Bolschewismus nur ein Spuk gewesen, zu seiner großen Urnatur zurück. Diese Rückwendung zur nationalen und christlichen Tradition mag als Absage an die Weltrevolution begrüßt und gefeiert werden. Ob die »Demokratie« von dieser eindrucksvollen Wende profitieren wird, ist alles andere als gewiß. Boris Jelzin ist über Nacht zum Alleinherrscher Rußlands geworden. Kein Volksdeputierten-Kongreß kann ihm mehr in den Arm fallen. Gewiß hält er bis auf weiteres an der angekündigten Parlamentswahl im kommenden Dezember fest. Aber dieser Urnengang – wenn er wirklich frei und ohne Gängelung erfolgt – würde dem Präsidenten wohl eine kommunistisch-nationalistische Kammer bescheren, ähnlich jenem russischen Kongreß, dessen letzte Widerständler er mit Panzergranaten gefügig machte. Alles deutet darauf hin, daß die bevorstehende Volksbefragung ebenso manipuliert wird, wie das seit geraumer Zeit mit den politischen Sendungen des russischen Fernsehens und den Leitartikeln der noch zugelassenen Zeitungen geschieht. Es wirkt zutiefst beunruhigend, wie plötzlich die russischen Journalisten im Ausland, die unlängst noch die Zustände im eigenen Land mit bemerkenswerter Offenheit kommentierten, wieder zu jenen konventionellen Sprechblasen zurückgefunden haben, die die Franzosen als *langue de bois* bezeichnen.

Die Kernfrage lautet auch gar nicht: Führt Jelzin die Demokratie ein, sondern: Wie stark und repräsentativ ist dieser Präsident überhaupt, der sein Überleben im Kampf gegen Ruzkoj und Chasbulatow nicht dem Zuspruch des Volkes, sondern der massiven Intervention der Armee verdankte? »Zar Boris« ist heute die Geisel jener Elite-Divisionen, die sich auf dem Höhepunkt der Krise zum Sturm auf das »Weiße Haus« bereitfanden. Diese sind ganz bestimmt nicht im Zeichen politischer Liberalität und humanitärer Prinzipien dem wankenden Präsidenten zu Hilfe geeilt, sondern weil sie – ähnlich wie ein Großteil der Generalität der einstigen Roten Armee – von Boris Jelzin erwarten, daß er ihren Forderungen entspricht.

In den Wochen und Monaten vor der blutigen Auseinandersetzung hatte der Kreml ja bereits im Sinne der Erhaltung oder Wiederherstellung des alten Sowjetreichs energische Schritte unternommen. Die Aserbeidschaner wurden mit Hilfe der Armenier gefügig gemacht. Der rebellischen Republik Georgien wurde durch Einsatz russischer Waffen und »Freiwilliger« die strategisch wichtige Teilregion Abchasien entrissen. In Tadschikistan ist der Vormarsch der islamischen Revolution im Blut erstickt worden. Der Ukraine wurde der Anspruch auf die Schwarzmeerflotte und den Hafen Sewastopol abgerungen. Sämtliche GUS-Republiken zittern vor der Wiedergeburt des großrussischen Imperialismus. Sogar die ehemaligen Ostblock-Staaten, die bereits geglaubt hatten, Moskau habe ihrem Nato-Beitritt resigniert zugestimmt, wurden durch eine brüske Kehrtwende Jelzins eines Besseren belehrt.

Rußland hat den Tiefpunkt seines Abstiegs noch in keiner Weise erreicht. Verständlicherweise schrecken die erfahrenen Wirtschaftsführer des militärisch-industriellen Komplexes vor durchgreifenden marktwirtschaftlichen Reformen zurück. Wenn die verrotteten Fabriken Rußlands eines Tages auf Rentabilität und Effizienz umgestellt werden sollten, würde im breiten Volk eine unbeschreibliche Verelendung um sich greifen, die Arbeitslosigkeit nähme gigantische Ausmaße an. Die angeblich unbegrenzte Leidensfähigkeit des russischen Menschen könnte dann in selbstzerstörerische Anarchie umschlagen.

Die Elite-Divisionen, die rund um Moskau stationiert sind, haben »Zar Boris« zu einem vorläufigen Sieg verholfen. Aber wie sieht es in jenen verlotterten Provinzgarnisonen zwischen Smolensk und Wladiwostok aus, wo ein proletarisiertes Offizierskorps der vergangenen Größe und den geschwundenen Privilegien nachtrauert? Bevor die Neo-Imperialisten von Moskau darangehen – ungeachtet aller Afghanistan-Erfahrung –, die GUS zu disziplinieren, sollten sie darüber wachen, daß ihnen nicht auch noch die eigene Russische Föderationsrepublik auseinanderbricht.

Ein seltsamer Heiliger auf Haiti

Blockade gegen Port-au-Prince

8. November 1993

Eigentlich sollten sich die US-Amerikaner auf Haiti auskennen. Fast zwanzig Jahre lang – von 1915 bis 1934 – hielten die »Ledernacken« der amerikanischen Marine-Infanterie die französischsprachige Antilleninsel besetzt und hatten das letzte Wort bei der Ernennung der jeweiligen Präsidenten. Erst Franklin D. Roosevelt hat dieser Imperialpräsenz ein Ende gesetzt.

Um so kümmerlicher erscheinen die derzeitigen Aktionen von Bill Clinton, um den Putsch-General Raoul Cédras zum Rücktritt zu zwingen und den gewählten Staatschef Jean-Bertrand Aristide wieder im Präsidentenpalast von Port-au-Prince zu installieren. Ein paar mit Waffen gestikulierende Soldaten der haitianischen Armee und die Mörder-Miliz der »Tontons Macoute« reichten aus, um die Landung von US Marines zu verhindern. Nun kreuzen amerikanische Kriegsschiffe vor der Küste des Inselstaates und verhängen eine Blockade, die nur die ärmsten Haitianer trifft, die Besitzenden und Mächtigen jedoch verschont. Bill Clinton sucht wohl eine nachträgliche Rehabilitierung: Im Wahlkampf hatte er großzügig versprochen, den politischen Flüchtlingen aus Haiti Asyl zu gewähren, zog diese Zusage aber schleunigst zurück, als die Ankunft der schwarzen *boat people* massiv zunahm.

Es ginge also darum, den Salesianer-Pater Aristide gegen jene Militärs durchzusetzen, die wieder einmal die Macht an sich gerissen hatten. Mit der Rückführung Aristides wäre die Illusion einer funktionierenden haitianischen Demokratie wiederhergestellt. Mit guten Argumenten würde die US-Administration die »Wirtschaftsemigranten« in ihre Heimat abschieben, zumal diese sich dann nicht mehr auf »politische Verfolgung« berufen könnten.

Bei näherem Zusehen sind die Rollen der *good and bad guys* nicht so eindeutig verteilt, wie Bill Clinton gern glauben machen möchte.

»Pater« Aristide ist ein seltsamer Heiliger. Zwar wurde er mit großer Mehrheit von der armen schwarzen Bevölkerung Haitis gewählt, aber sein Prestige hat während seiner kurzen Regierungszeit auch bei den kleinen Leuten schweren Schaden genommen. Schon vergleichen ihn Kenner Haitis mit jener finsteren Figur, die die Vorstellungswelt der Haitianer weiterhin wie ein schrecklicher Spuk heimsucht: Auch der berüchtigte Diktator François Duvalier, »Papa Doc« genannt, war nämlich ursprünglich als Wohltäter des Volkes, als Arzt der Armen, als »Heiland« Haitis erschienen. Sobald er jedoch in seinen weißen Palast eingezogen war, verwandelte sich »Papa Doc« in einen blutrünstigen Tyrannen, stützte sich auf die Killer-Truppe der »Tontons Macoute« und nahm in der Dämonenwelt des afrikanischen Voodoo-Kults, den er kräftig förderte, die Rolle Satans ein. An seinem Vater François gemessen, war der phlegmatische Sohn Jean-Claude Duvalier, »Baby Doc« genannt, ein relativ harmloser Gewaltherrscher.

Was den Haitianern von Aristide in Erinnerung bleibt, ist nicht nur seine »demokratische Wahl« zum Staatschef, sondern die chaotischen sieben Monate, während derer er seine Präsidialmacht ausübte. Auch Aristide schuf sich eine Mördermiliz. Im Zeichen der Befreiungstheologie installierte er seinerseits ein Terror-Regime, das sich durchaus nicht nur gegen die »Duvalieristen« richtete.

Ähnlich wie Winnie Mandela in Südafrika fand Aristide bei der Bestrafung seiner Gegner Gefallen an dem sogenannten »Halsband«: an brennenden Autoreifen, die den Opfern über den Kopf gestülpt werden. Selbst gemäßigte Gegner unterstellen ihm, daß er, sollte er mit US-Hilfe und UN-Segen an die Macht zurückkehren, eine »Bartholomäus-Nacht« veranstalten könnte.

Die Vorgänge auf Haiti lassen sich nur aus der verhängnisvollen Vergangenheit dieser Inselrepublik erklären, deren schwarze Herrscher tiefe Spuren im Kollektivbewußtsein hinterlassen haben. Andererseits illustriert die US-Haltung im Fall Aristide auf beklemmende Weise die Unfähigkeit des Weißen Hauses, den hohen moralischen Ansprüchen Bill Clintons zu entsprechen und der Psychologie fremder Völker gerecht zu werden. In Haiti sollten die USA zunächst dafür sorgen, daß das unsagbare Elend der Bevölkerung gelindert wird. Die problematische Einführung eines »demokratisch pluralistischen Systems« oder gar des *American way of life* gehört nicht zu den zwingenden Prioritäten.

Hinwendung zum Pazifik

Die wirtschaftliche Neuorientierung der USA

6. Dezember 1993

Alle Welt blickt auf China. Der schlafende Riese, von dem Napoleon vorausgesagt hatte, sein Erwachen werde die Welt erschüttern, gilt als die kommende Großmacht des 21. Jahrhunderts. Das Wirtschaftswachstum Chinas droht sich zu überhitzen, während in fast allen anderen Industriestaaten inklusive Japan das Gespenst der Rezession umgeht.

Dem deutschen Bundeskanzler ist vorgeworfen worden, er habe auf der Suche nach dem großen fernöstlichen Markt vor den Machthabern von Peking seinen »Kotau« gemacht und die Schatten des Studentenmassakers eilfertig verdrängt. Es spricht viel Heuchelei aus einer solchen Argumentation, zumal, wenn sie aus den USA kommt. Während Helmut Kohl mit Ministerpräsident Li Peng Milliardenabschlüsse tätigte, ist Bill Clinton viel weiter gegangen: Er lud den chinesischen Staatspräsidenten Jiang Zemin nach Seattle ein und stellte ihm dort das Entstehen einer amerikanisch-pazifischen Freihandelszone in Aussicht. Bei gleicher Gelegenheit wurde der Europäischen Union klargemacht, daß Washington sich zugunsten fernöstlicher Expansion durchaus von seinen traditionellen Bindungen an das Abendland freimachen könnte.

So einfach liegen die Dinge nicht. Die Zeit ist noch nicht gekommen, da die Greise von Peking ihren oberflächlich marxistischen, in Wirklichkeit zutiefst konfuzianischen Ordnungsprinzipien den Rücken kehren könnten, um sich westlichem Pluralitätsdenken zu unterwerfen. Im übrigen gibt das Beispiel Rußlands zu denken: Die halbherzige Demokratisierung mündet entweder ins Chaos oder in eine neue Autokratie, und die zögerlich angewandten Marktprinzipien haben eine Wirtschaftskriminalität sondergleichen ausgelöst.

Der ökonomische Boom der Volksrepublik dementiert die Kassandra-Rufe all jener, die nach dem Studentenmassaker den Untergang Chinas voraussagten. Jetzt verlegt man sich darauf, die unbestreibare Diskrepanz zwischen dem Erblühen der Küstenregionen und dem andauernden Elend weiter Binnenzonen hochzuspielen und die Gefahr einer Spaltung des Reichs an die Wand zu malen. Natürlich wird der hochbetagte Deng Xiaoping bald sterben. Für einen geordneten Übergang wird aber voraussichtlich jene Volksbefreiungsarmee sorgen, die ihre ideologischen Scheuklappen längst abgestreift und großes kommerzielles Anpassungsgeschick bewiesen hat.

Was nun die wirtschaftliche Zusammenarbeit zwischen Washington und Peking betrifft, so sollten sich die USA bewußt sein, daß sie es dieses Mal nicht mit »kleinen Tigern« zu tun haben wie in Südkorea oder Taiwan, sondern mit einem gewaltigen Drachen. Schon ist die Volksrepublik dabei, auch in ihren Grenzregionen zur ehemaligen Sowjetunion dynamische, expansive Wirtschaftszonen einzurichten. Der russische Markt ist bis ins ferne Baltikum überschwemmt mit billigster chinesischer Konsumware, so daß jeder Ansatz zur Entwicklung einer eigenständigen Industrie des täglichen Bedarfs im Keim erstickt wird.

Die Masse der chinesischen Bevölkerung bietet zunächst einmal die Voraussetzungen für einen weitgehend autarken Binnenmarkt gigantischen Ausmaßes. Die ausländischen Investoren sind vor allem zur Schaffung hochtechnologischer Infrastruktur willkommen und für den Import von Spitzenprodukten, die von den handwerklich hochbegabten Chinesen binnen kurzem kopiert beziehungsweise den eigenen Bedürfnissen angepaßt werden. Wenn sich die USA schon mit der kommerziellen Konkurrenz Japans so schwertun, wie sollen sie sich dann im schonungslosen Wettbewerb mit China behaupten?

Nordamerika, so wird den Europäern entgegengehalten, orientiere sich nach Lateinamerika und Ostasien um, weil in zwanzig Jahren die US-Bürger nichteuropäischer Abstammung ohnehin in der Mehrheit seien. Eine Abwendung Washingtons müßte für das Abendland zutiefst bedrohlich erscheinen. Aber das Weiße Haus sollte bedenken, daß die Ursubstanz der USA, geprägt vom Puritanismus der angelsächsischen Protestanten, dann in Frage gestellt würde und eine neue Entwicklungsphase um sich griffe. Es genügt, nach Florida zu reisen, um das Durchsetzungsvermögen der *latinos* festzustellen, und es ist unschwer zu erkennen, daß die pazifische Westküste allmählich in den Sog einer beharrlich ostasiatischen Einflußnahme gerät.

Rußlands neue Autokratie

Die Fehleinschätzung Moskaus im Westen

3. Januar 1994

Vierzehn Tage hat Boris Jelzin gebraucht, um nach der Verkündung der Wahlergebnisse vor das Volk zu treten. War das die Folge einer physischen Schwäche, einer Krankheit, von der in Moskau mehr und mehr gemunkelt wird, oder war der Präsident über den Wahlausgang so bestürzt, daß es ihm die Sprache verschlagen hatte? Jedenfalls wandte sich der russische Staatschef mit der Gestik eines Roboters an seine Landsleute und vermochte nicht die geringste Zukunftshoffnung zu wecken.

Was die neue Verfassung betrifft, so hat Jelzin scheinbar erreicht, wonach er monatelang strebte: die Einrichtung eines Präsidialregimes, das den Stempel der zaristischen Autokratie trägt. Daß Jelzin diese Verfassung mit einer hauchdünnen Mehrheit überhaupt durchbrachte, verdankt er vermutlich seinem ärgsten Rivalen, dem radikalen Nationalisten und Scharfmacher Wladimir Schirinowski: Dieser hatte die russische Bevölkerung aufgefordert, für die neue Staatsform zu stimmen. Schirinowskis Kalkül: 1996 muß ein neues russisches Staatsoberhaupt gewählt werden, und bis dahin dürfte der anhaltende Niedergang Rußlands soviel zusätzliches Protestpotential generiert haben, daß Schirinowski als charismatischer und hemmungsloser Demagoge die besten Chancen hätte, ganz legal an die Macht zu gelangen.

Das neue Parlament an der Moskwa wird Jelzin keine große Freude bereiten. Zwar bilden die sogenannten »Reformer« die stärkste Fraktion, aber dabei handelt es sich im wesentlichen um einen bunten Haufen konzeptionsloser Dilettanten, die in den vergangenen vier Jahren jede Gelegenheit versäumten, einschneidende Veränderungen zu bewirken. Sie drohen von den Rechtsradikalen Schirinowskis auf der einen und den Kommunisten auf der anderen Seite erdrückt zu werden.

Natürlich ist eine schillernde und widerspruchsvolle Persönlichkeit wie Schirinowski, der sich in Türkisch und Persisch so perfekt auskennt und mit den deutschen Neonazis sympathisiert, nicht vor bösen Überraschungen gefeit. Ausgerechnet über amerikanische Pressequellen wird heute ausgestreut, dieser russische Ultranationalist sei seinerseits jüdischer Abstammung. Nicht nur der wenig russische Vatersname Wolfowitsch deutet darauf hin, sondern auch ein obskurer Auswanderungsantrag nach Israel, der im Jahre 1983 auf seinen Namen ausgestellt wurde. Eines ist sicher: Wladimir Schirinowski hat klarer als alle Demokratie-Phantasten und Möchtegern-Reformer erkannt, daß die völlig unzulängliche Einführung marktwirtschaftlicher Methoden in Rußland eine unerträgliche Wirtschaftskriminalität bewirkt hat und die Masse der russischen Bevölkerung in bodenloses Elend hineintaumelt. Schirinowski zeigte auch ein feines Gespür für die unerträglichen Demütigungen, die das einstige sowjetische Offizierskorps hinnehmen mußte. Nicht von ungefähr hat er in den Kasernen seine größten Wahlerfolge erzielt.

Nun hat Boris Jelzin schon vor der Erstürmung des »Weißen Hauses« in Moskau den Militärs gewaltige Konzessionen gemacht, als er im Kaukasus die Unabhängigkeit Georgiens und Aserbeidschans durch direkte russische Intervention reduzierte und die beiden abtrünnigen Republiken zwang, wieder in das brüchige Gebäude der GUS zurückzukehren. Noch viel brutaler ging es in Tadschikistan in Zentralasien zu, wo die bereits proklamierte Islamische Republik regelrecht im Blut erstickt wurde. Den Westen hat das offenbar wenig interessiert, obwohl der Vergleich mit Bosnien durchaus angebracht wäre. Aber Amerikaner und Europäer, die so verzweifelt auf Boris Jelzin als letzten Garanten für Demokratie und Fortschritt setzen, werden spätestens dann mit der unerbittlichen Wahrheit konfrontiert werden, wenn auch die Ukraine in die Schußlinie der neuen russischen Militärexpansion gerät. Es ist denkbar, daß der unabhängigen Republik, die sich in einer verzweifelten wirtschaftlichen Lage befindet, in absehbarer Zeit der Atem ausgeht. Aber es kann auch zum territorialen Zerfall dieses großflächigen Staates kommen. In diesem Falle ließe sich die Wiederholung jugoslawischer Zustände nicht völlig ausschließen.

In dieser Situation extremer Gefahr für den Frieden in Osteuropa fehlt es der westlichen Allianz offensichtlich an geeigneten Führungsgestalten. Jetzt wäre die mächtige Stimme eines Winston Churchill gefragt.

Europa auf zwei Gleisen

Staatenbund und Wirtschaftsraum

28. Februar 1994

Auf dem Hamburger Parteitag der CDU hat Helmut Kohl seiner Mannschaft in Fragen der europäischen Einigung eine klare Marschroute vorgeschrieben. Er hält an der Idee eines europäischen Bundesstaates fest. Dem Konzept eines lockeren Staatenbundes, der einem Teil der bayrischen CSU vorschwebte, erteilte er eine deutliche Absage. Kohl hat sehr richtig erkannt, daß dem Aufbegehren aus München nicht so sehr deutsch-nationale Tendenzen zugrunde lagen als der tief eingefleischte bajuwarische Regionalismus, der den Bürokraten aus Brüssel noch mehr mißtraut als der Bevormundung durch die Bonner und demnächst Berliner Ministerien.

Natürlich hat die Europäische Union Schaden gelitten, seit die Maastrichter Verträge fast sämtlichen Staaten des Kontinents vor Augen führen, welche wirtschaftlichen und vor allem finanziellen Souveränitätseinbußen mit der konsequenten Fortführung des Integrationsprozesses verbunden sind. Die bestürzende Unfähigkeit der Europäischen Union, im eigenen Haus, auf dem Balkan, Ordnung zu schaffen und der bosnischen Tragödie ein Ende oder auch nur eine Linderung zu bereiten, führte zur weiteren Diskreditierung des Europa-Gedankens. Zudem wiegte sich die öffentliche Meinung des Westens in der hartnäckigen Illusion, das Ende des Kalten Krieges mache weitere militärische Anstrengung oder gar Koordination überflüssig.

Im Grunde müßten die Europäer der großrussischen Horrorgestalt Wladimir Schirinowski dankbar sein, daß sich allmählich wieder Realismus und eine Spur von kontinentalem Konsens einstellt. Jene deutschen Schwärmer, die schon wieder von der engen Verbundenheit Germaniens mit der slawischen Seele träumten, oder jene »Wanderer zwischen den Welten«, die sich ein Schaukelspiel Deutschlands zwischen Ost und West ausmalten, sind eines Besseren belehrt worden, als die russischen Reformer aus der Gestaltung der aktiven Moskauer Politik herauskatapultiert wurden.

Dennoch steht es nicht gut um Europa. Es ist wohl nicht so sehr das Wiedererstarken des alten, klassischen Nationalbewußtseins, das sich als unüberwindliche Hürde erweist, sondern ein gefährlicher Hang zur Zersplitterung und Regionalisierung. Wenn der amerikanische Historiker Samuel Huntington die derzeitige Weltkrise als *clash of civilizations* – als Zusammenprall der großen Kulturräume – beschreibt, dann gibt das Abendland, die Heimstätte von Aufklärung, Rationalismus und Menschenrechtserklärung, ein ziemlich klägliches Bild geistiger Zerrissenheit und eines hemmungslosen Hedonismus ab. Der ganze Disput um Konföderation oder Bundesstaat ist ohnehin theoretischer Natur. Einem Staatenbund stehen nur zwei Wege offen: Entweder entwickelt er sich nach und nach zu einem festgeschmiedeten solidarischen Bundesstaat, wie das die Schweiz oder die USA vorexerziert haben, oder er zerfällt wieder in unvereinbare Bestandteile und hört nach und nach zu existieren auf. Letzteren Weg haben der Deutsche Bund im 19. Jahrhundert, das britische Commonwealth und die Union Française im 20. Jahrhundert beschritten. Und auch der GUS, der Gemeinschaft Unabhängiger Staaten, steht – wenigstens partiell – ein ähnliches Schicksal bevor.

Trotz aller Unkenrufe ist die Europäische Union im Begriff, nach allen Seiten zu expandieren. Das könnte als Symptom ihrer Attraktivität und Vitalität gewertet werden. In Wirklichkeit droht diese Ausweitung dem kontinentalen Projekt jeden organischen Zusammenhalt und jede Aktionsfähigkeit zu nehmen. Europa sollte auf zwei Gleisen fahren: Ein engerer Kreis müßte sich zum Staatenbund mit gemeinsamer Außen- und Verteidigungspolitik zusammenschmieden und auch die nukleare Abschreckungskomponente nicht ausschließen. Die übrigen Partner – Skandinavien oder Griechenland – könnten sich an einem weniger ambitionierten, weit ausgreifenden Wirtschaftsraum beteiligen, würden jedoch nicht bemüht, existentielle Entscheidungen zu treffen, für die sie ohnehin nicht gewappnet sind. Jedenfalls wäre es töricht, wenn die Kerneuropäer weiterhin auf ihre strategische und diplomatische Selbständigkeit gegenüber den amerikanischen Verbündeten verzichteten, zumal Präsident Clinton – im Gegensatz zu seinen Vorgängern – eine solche Emanzipation zu ermutigen scheint.

»Ein Mann, eine Stimme« in Südafrika

Die Gefahr der Despotie

28. März 1994

Die Wahlen in Südafrika am 27. April werden dem Regime der Apartheid unwiderruflich ein Ende setzen. Was die Politik der weißen Minderheit so absolut unerträglich machte: daß sie, aus einer rassistischen Pervertierung des Calvinismus heraus, die jeweilige Hautfarbe zu einer Frage der »Prädestination«, der göttlichen Auserwähltheit oder Verwerfung, machte.

Am 27. April wird das Prinzip »One man, one vote« – »Ein Mann, eine Stimme« triumphieren, um das so lange gestritten wurde. Wie es aussieht, wird der ANC-Politiker Nelson Mandela Regierungschef sein und der jetzige weiße Premierminister Frederik de Klerk als dessen Stellvertreter oder als eigenständiger Minister im neuen Kabinett fungieren. Nelson Mandela, der die Entbehrungen seiner endlosen Haft mit bewundernswertem Gleichmut überstanden hat und seinen weißen Peinigern mit betonter Versöhnlichkeit begegnet, gehört zu den ganz großen Führungspersönlichkeiten Afrikas und läßt sich vielleicht nur noch mit Jomo Kenyatta, dem Freiheitshelden Kenias, vergleichen.

Doch Mandela ist ein alter Mann. Er ist in den eigenen Reihen umstritten, und die berechtigte Furcht geht um, daß auch in der multikulturellen Republik Südafrika nach dem Motto verfahren wird: »Ein Mann, eine Stimme, eine Wahl«. Gemeint ist damit: nur ein einziger freier Urnengang, der allen Beteiligten eine faire Chance gewährt – und danach in irgendeine Form der Despotie einmündet. Auch Südafrika droht in jene Mischung von Not, Anarchie und Tyrannei hineinzutaumeln, die in weitesten Teilen Afrikas bereits vorherrscht.

Auf lange Sicht wird die weiße Minderheit in Bedrängnis geraten, wie übrigens auch jene indische Einwanderungsgruppe, von der so wenig die Rede ist. Alle Südafrikaner europäischer Abstammung, die nicht über hohe berufliche Qualifikationen verfügen – besonders jene Unterklasse, die man als »arme Blanke« bezeichnet –, werden im künftigen Südafrika keine Chance haben, ihre bisherigen Privilegien beizubehalten. Sie werden eines Tages nach einer neuen Heimat Ausschau halten müssen. Denn nirgendwo in Afrika, nicht einmal im benachbarten Zimbabwe, haben sich weiße Gruppen als politische Kraft der Mitwirkung behaupten können.

Es ist bezeichnend, daß heute schon zwischen Pretoria und Kapstadt die schönsten Anwesen für ein Spottgeld zu haben sind, weil wohlhabende Weiße das Land verlassen. Noch wird der Friedensnobelpreisträger Frederik de Klerk weltweit als »Held des Rückzugs« gefeiert. Für viele Weiße könnte er sich sehr bald als Held des Untergangs erweisen.

Der blutige Machtkampf hat bereits begonnen und nach vorsichtigen Schätzungen über 15 000 Tote – fast ausschließlich unter den Schwarzen – gefordert. Nelson Mandela wird es schwer haben. Er hat es nicht nur mit einer heimtückischen, von Weißen kontrollierten Polizei und Armee zu tun, auch in den großen »Townships« sind ihm gefährliche Gegner erwachsen. Dieser elegante alte Herr wird von den Extremisten des »Pan-African Congress« und generell von der Masse der radikalen Jugendlichen als eine Art Onkel Tom angesehen, der den verhaßten Weißen viel zu viele Zugeständnisse macht. Dazu kommt die klassische afrikanische Stammesfeindschaft, die zum grausigen Bürgerkrieg auszuarten droht.

Gemeinsam haben Frederik de Klerk und Nelson Mandela in einigen »Homelands« bereits aufgeräumt, in jenen schwarzen Mini-Staaten, die ein Produkt der burischen Apartheid-Politik waren. Bophuthatswana existiert nicht mehr, sein »Präsident« Mangope wurde kurzerhand entmachtet. Eine ähnliche Aktion wurde in Ciskei gestartet. Auch die Nostalgiker der weißen Vorherrschaft, die sich in die Proklamation eines weißen Separatstaates flüchten wollten, sind gescheitert. Ein solches Territorium gibt es nicht.

Die einzige Bedrohung kommt aus der Provinz Natal, wo Zulu-Chef Gatsha Buthelezi die kommenden Wahlen konsequent boykottieren will und die Anhänger seiner »Inkatha«-Partei bereits in bewaffneten Einheiten organisiert. Er hat natürlich Unterstützung und Waffenhilfe von seiten der weißen Extremisten bekommen, und viele

Schwarz-Afrikaner betrachten ihn deshalb als einen Verräter an der gemeinsamen Sache. Dennoch stellt die Zulu-Nation, die gegen das Xhosa-Volk Mandelas eine alte Erbfeindschaft austrägt, eine Bedrohung dar: Es handelt sich um die kriegerischste Rasse Afrikas, die noch im 19. Jahrhundert unter ihrem König Chaka riesige Gebiete unterworfen hat.

Vor Jahren hat das Südafrika-Buch »Cry the beloved country« – »Weine über das geliebte Land« großes Echo ausgelöst. Der Titel könnte bald wieder beklemmende Aktualität gewinnen.

Die Demütigung der »Blauhelme«

Debakel in Bosnien

25. April 1994

Ob die UNO in Gorazde gestorben sei, wurde in einer deutschen Fernsehsendung gefragt. Natürlich ist die Weltorganisation nicht untergegangen, aber sie wurde ihres Prestiges beraubt. Sie steht heute da wie der König ohne Kleider: In aller Öffentlichkeit sind ihre Machtlosigkeit und Entscheidungsunfähigkeit zutage getreten.

Die Blauhelme in Bosnien verfügen über keinen Schießbefehl, dürfen sich nicht einmal der eigenen Haut wehren und haben ihren aussichtslosen Einsatz insgesamt recht wacker durchgestanden. Dennoch erwecken die bunt zusammengewürfelten Kontingente den Eindruck eines überdimensionalen Pfadfindertreffens.

UNO-Generalsekretär Boutros Ghali sieht dem Niedergang seiner Organisation mit der ihm angeborenen Resignation zu und ist wohl der ungeeignetste Mann, um im Glashaus von Manhattan die Scherben klirren zu lassen. Ganz zu schweigen vom unsäglichen Briten Lord Owen, dessen Nachgiebigkeit gegenüber dem Serben Milosević an Charakterlosigkeit grenzt. Und auch der japanische UNO-Beauftragte Akashi sollte sich vielleicht daran erinnern, daß seine Vorfahren in einer solch erniedrigenden Situation Harakiri begangen hätten.

Die UNO hat versagt, die Europäische Union hat sich in Bosnien blamiert, und nun ist die Nato, sind die Amerikaner an der Reihe. Als Präsident Clinton nach dem Massaker auf dem Markt von Sarajevo den Serben mit seinen Bombergeschwadern drohte, schien es, als könne sich noch alles zum Guten wenden. Die Serben zogen tatsächlich ihre schweren Waffen ab und stellten den Beschuß Sarajevos ein.

Die Kroaten fanden sich unter Clintons Druck endlich bereit, ihren selbstmörderischen Separatkrieg gegen Bosniens Muslime einzustellen, und schlugen sogar eine kantonal aufgegliederte Föderation mit den Gegnern von gestern vor. Schon hofften die Optimisten, die Serben würden nun ebenfalls nachgeben und ernsthaft einen politischen Kompromiß ansteuern. Die Russen, die sich mit aller Macht dazu drängten, eine führende Rolle im Balkan-Wirrwarr zu spielen, schienen bereit, den slawischen und orthodoxen Brüdern von Belgrad die abverlangten Zugeständnisse zu versüßen.

Seit dem Debakel von Gorazde sind alle Illusionen zerstoben. Es reichte eben nicht aus, daß zwei US-Kampfflugzeuge im Umkreis der belagerten Stadt ihre paar Bomben neben das Ziel setzten. Den serbischen Militärs müssen auch die Amerikaner als Papiertiger erscheinen. Viel zu spät nehmen die alliierten Stäbe zur Kenntnis, daß eine präzise Ausschaltung des serbischen Kriegspotentials aus der Luft zu schwierig ist. Vor allem aber haben die Serben zu verstehen gegeben, daß sie im Extremfall die weit zerstreuten und unzureichend bewaffneten UN-Einheiten als Geiseln nehmen und sogar vernichten könnten.

Ein kleines Studium der strategischen Lehren des Zweiten Weltkrieges hätte den Planern der UNO und des Pentagons zeigen müssen, daß das ehemalige Jugoslawien ein ideales Terrain für Partisanen ist. Wenn schon Hitler und die großdeutsche Wehrmacht damit nicht fertig wurden, wie sollte es dann einer unmotivierten internationalen Truppe gelingen? Statt Bodentruppen in einem extrem gefährlichen Gelände zu zerstreuen, hätten Boutros Ghali und Clinton längst das verhängnisvolle Waffenembargo aufheben müssen, das die bosnischen Muslime zum Untergang verurteilt.

Es wäre auch an der Zeit, die Serben durch strategisch und nicht lediglich taktisch angelegte Luftwaffenbombardements zum Nachgeben zu zwingen. Doch die flächendeckende Entfaltung fast wehrloser Blauhelm-Kontingente steht dem im Weg.

Mag sein, daß die jetzige Krise wieder durch irgendein diplomatisches Palaver unterdrückt wird, daß Gorazde aus den Schlagzeilen verschwindet. Doch schon künden sich neue Krisen an. Wie wird sich Washington auf Dauer gegenüber den unerträglichen Zuständen im albanisch bevölkerten, aber serbisch unterdrückten Kosovo verhalten? Was wird aus Mazedonien?

Vielleicht wäre es für den Westen von Anfang an realistischer gewesen, den örtlichen Kräften des Balkans – so grausam das klingen mag – freien Lauf zu lassen, statt sich mit heuchlerischen Alibimaßnahmen ein gutes Gewissen zu erschwindeln.

Deutsche Stabilität

Breite Zustimmung für den Kanzler

23. Mai 1994

Im Hinblick auf Deutschland haben die Propheten des Unheils nicht recht behalten. Die Bundesrepublik bewegt sich auf eine ganze Reihe von Wahlen zu, aber die düsteren Prognosen werden sich kaum bewahrheiten. Von einem Desinteresse am politischen Geschehen, von einer massiven Abwanderung aus den traditionellen Parteien kann bislang nicht die Rede sein. Die Kritik an den führenden Politikern hält sich in Grenzen.

Auch die steile Zunahme des Rechtsextremismus hat nicht stattgefunden. Nach allen Meinungsumfragen werden es die »Republikaner« des bayrischen Demagogen Schönhuber allenfalls auf drei Prozent der Stimmen bringen. Das ist ein sehr bescheidener Anteil, gemessen am Durchbruch der relativ harmlosen italienischen Neo-Faschisten, gemessen aber auch an der unberechenbaren Anhängerschaft des Franzosen Jean-Marie Le Pen mit mindestens zehn Prozent.

Gewiß, es kommt immer wieder zu widerlichen Gewalttaten fremdenfeindlicher oder antisemitischer Natur. Aber die jüngsten skandalösen Vorfälle von Magdeburg, wo auf Afrikaner eine regelrechte Hetzjagd veranstaltet wurde, hätten im Keim erstickt werden können, wenn die deutsche Polizei – vor allem in den neuen Bundesländern – motivierter und selbstbewußter wäre, wenn die Richter sich nicht durch den eigenen Formalismus lähmen ließen.

Sogar in der Wirtschaft kündigt sich eine Erholung an. Noch sind es keine Traumziffern des Wachstums, die die Wirtschaftsinstitute prognostizieren, aber die Mehrheit der Deutschen ist laut Umfragen der Ansicht, daß es wieder aufwärts geht, und diese Stimmung schlägt sich bereits politisch nieder. Weder linke noch rechte Splittergruppen können mit nennenswertem Zulauf rechnen.

Die wirtschaftliche Neubelebung beeinträchtigt natürlich die Chancen der großen Oppositionspartei, der Sozialdemokraten. Und so stellt die SPD ihre überdimensionalen Plakate denn auch unter das Motto »Arbeit, Arbeit, Arbeit«. Tatsächlich ist es um die Bekämpfung der Arbeitslosigkeit schlecht bestellt, und hier lassen sich in absehbarer Zukunft auch keine nennenswerten Verbesserungen erzielen.

Voraussetzung für eine Veränderung auf dem Arbeitsmarkt und eine Hebung der Produktivität ist die Schaffung einer neuen Bewußtseinslage, eine Abkehr vom übertriebenen Anspruchsdenken, vom »Freizeitpark«, wie Helmut Kohl es in einer unglücklichen Formulierung nannte, und eine Hinwendung zu einer resoluten Leistungsdynamik.

Mit Staunen haben die Deutschen vernommen, daß die Popularität Helmut Kohls im Steigen ist. Ob das ausreichen wird, die kommende Bundestagswahl zu gewinnen, sei dahingestellt. Noch liegt der sozialdemokratische Kanzlerkandidat Rudolf Scharping in manchen Erhebungen vorne, und es ist bezeichnend für die entspannte Stimmungslage, auch der besitzenden Schichten, daß die Möglichkeit einer Machtübernahme durch den unprofilierten, langweiligen, aber seriösen SPD-Herausforderer weder Angst noch Panik auslöst.

In Bedrängnis könnte vor allem die FDP geraten. Ihr sind seit dem Abgang Hans-Dietrich Genschers und nach der allmählichen Zurücksetzung des Grafen Lambsdorff die wenigen zugkräftigen Persönlichkeiten abhanden gekommen. Bei den Bundestagswahlen muß Klaus Kinkel, der neue Parteivorsitzende und Außenminister, froh sein, wenn die Freien Demokraten die Fünfprozenthürde schaffen. Die wenigsten würden über eine Niederlage der FDP Tränen vergießen, wenn sich nicht aus einer solchen Schlappe der Zwang zur großen Koalition zwischen CDU und SPD ergäbe, und eine solche Elefantenhochzeit entspräche wohl kaum den demokratischen Anforderungen der Stunde.

Ein zusätzlicher Punkt verdient Erwähnung: Obwohl eine beachtliche Zahl deutscher Intellektueller die nationale Frage wiederentdeckt hat, unter angeblicher Europa-Müdigkeit leidet und von neuen patriotischen Alleingängen faselt, hat sich in der Bevölkerung keine nennenswerte oder gar vehemente Abwendung vom kontinentalen Zusammenschluß offenbart. Mit der Maßgabe »Ein geeintes Deutschland in einem geeinten Europa« kann Helmut Kohl über die CDU-Wählerschaft hinaus auf breite Zustimmung rechnen.

»Du, glückliches Österreich...«

Entscheidung für die Europäische Union

20. Juni 1994

»Tu felix Austria nube!« – »Du glückliches Österreich, heirate«, so hieß es früher in Wien, und mit dieser Formel haben die Habsburger mehr Land für ihr Imperium erworben als durch verlustreiche Kriege. In derselben Tradition hat sich die Republik Österreich mit einer überraschend hohen Zweidrittelmehrheit für ihre Ehe mit der Europäischen Union ausgesprochen. Das Volk ist der Vernunft und einem sicheren Instinkt gefolgt, statt sich in einer Isolation und Neutralität zu verschanzen, die für viele Schweizer zur geschichtlichen Tradition gehören mag, für die deutschsprachigen Erben des k. u. k. Reiches jedoch keinen Sinn gemacht hätte. Die Wiener Neutralität entsprach den Bedürfnissen eines Staatsvertrages mit den vier Siegermächten des Zweiten Weltkrieges, der vor allem den restlosen Abzug sowjetischer Besatzungstruppen zum Ziel hatte.

Mit ihrem eindeutigen Entscheid beanspruchen die Österreicher, integrierender Bestandteil der kontinentalen Gemeinschaft zu sein und nicht in eine Rand- oder Außenposition manövriert zu werden. Dennoch ist Wien – wie so oft in der Geschichte – wieder einmal Tor und Brücke zum Balkan. Der nunmehr durchgehende geographische Raum längs der Donau ermöglicht eine allmähliche »Europäisierung« auch jener Länder des Südostens, die sich heute noch in anarchischen Nationalitäts- und Religionskonflikten erschöpfen. Der Mißerfolg des Demagogen Jörg Haider und seiner Freiheitlichen Partei ist nicht nur deshalb zu begrüßen, weil dadurch die rechtsextremistische Hypothek in weite Ferne gerückt ist. Die eigentliche Bedeutung dieser Absage an völkische und eigenbrötlerische Tendenzen liegt darin, daß Österreich sich zu jener Liberalität und Supranationalität bekennt, die die Grundlagen des europäischen Zusammenschlusses bilden. Den kleinlichen Schikanen gegenüber der slowenischen Minderheit in Kärnten ist nun hoffentlich für immer ein Riegel vorgeschoben.

Die Österreicher können sich beglückwünschen. Mit ihrem demokratischen Votum für Europa haben sie sich auch aus dem Schatten der peinlichen Waldheim-Affäre befreit. Und der kontinentale Zusammenschluß hat eine gefährliche Hürde genommen. Eine Zeitlang sah es so aus, als würde sich eine Art Alpen-Réduit konstituieren. Da war nicht nur das konsequente Abseitsstehen der Schweiz zu vermerken. Da sammelte sich vor allem in der engen Nachbarschaft Jörg Haiders auch eine bajuwarische Opposition. Innerhalb der in Bayern regierenden CSU schlug der konservative Politiker Peter Gauweiler überaus kritische Töne gegenüber Brüssel an, und der europäische Renegat Manfred Brunner wartete gar mit einer eigenen Splitterpartei auf, um den Eurokraten die Leviten zu lesen.

In den Augen von Briten und Franzosen kommt der Beitritt Österreichs natürlich einer Erweiterung des deutsch-orientierten Einflußraums in Europa gleich. Vielleicht sollten die Entente-Mächte gerade aus dieser Überlegung heraus aufhören, einer Erweiterung der Union um Polen und Tschechien mit kleinlichen Vorbehalten zu begegnen. Es liegt schließlich auch im Bonner und morgen im Berliner Interesse, daß auf dem Kontinent ein vernünftiges Gleichgewicht erhalten bleibt und keine Ressentiments hochkommen.

Die Serben ihrerseits blicken mit verständlicher Sorge auf diese neue Konstellation am Nordwestrand des Balkans. In Zagreb sind in höchsten Regierungsstellen Äußerungen zu vernehmen, die für einen konföderativen Zusammenschluß zwischen Kroatien und Österreich, möglicherweise unter Einbeziehung Sloweniens, plädieren. Was nun Bosnien betrifft, wo demnächst – zum erstenmal seit 1878 – wieder türkische Truppen auftauchen werden, so wird der von Washington angeregte muslimisch-kroatische Bundesstaat stark auf Deutschland ausgerichtet sein. In Belgrad hat man nicht vergessen, daß in Bosnien während des Zweiten Weltkriegs eine muslimische SS-Division aufgestellt wurde, die den Namen »Krummdolch« trug. Der deutsche Bundeskanzler Kohl wird darauf achten müssen, daß seine Republik, die bisher extreme internationale Enthaltsamkeit praktizierte, nun nicht in eine konträre Gemütsverfassung gerät. Daß auf die fast peinlich wirkende deutsche Passivität nicht plötzlich ein allzu dynamischer deutscher Aktivismus folgt.

Banger Blick auf Nordkorea

Der Nachfolger Kim Il Sungs

18. Juli 1994

Was wissen wir von dem inneren Zustand Nordkoreas nach dem Tode Kim Il Sungs? So gut wie nichts. Das ist ein erschütterndes Armutszeugnis für die westlichen Geheimdienste. Dazu gesellt sich beim normalen Medienkonsumenten eine an Entsetzen grenzende Ratlosigkeit, wenn er auf dem Bildschirm miterlebt, wie ein Volk von zweiundzwanzig Millionen Untertanen am Sarg von Kim Il Sung in eine kollektive Hysterie der Trauer verfällt, die jeder menschlichen Vernunft Hohn spricht. Hier wird ja nicht ein Wohltäter der Menschheit oder ein Weiser zu Grabe getragen, sondern ein schrecklicher Tyrann, dessen Personenkult den Gipfel der Absurdität erreichte.

Der ehemalige US-Präsident Jimmy Carter war der letzte Ausländer, dem es vergönnt war, mit dem verstorbenen »großen Führer« Nordkoreas intensive Gespräche zu führen. Nach Carters Sondierungen und den endlosen Kontrollversuchen der Internationalen Energiekommission weiß die Welt immer noch nicht, ob die Demokratische Volksrepublik von Pjongjang über zwei rudimentäre Atombomben verfügt oder über gar keine. Heute stellt sich die Frage, ob Kim Jong Il, der Sohn und Nachfolger des Diktators, im Nuklearstreit einlenken oder ob er weiter an dem apokalyptischen Arsenal basteln will, das ihm sein Vater unvollendet hinterlassen hat.

Was wissen wir wiederum über den neuen »geliebten Führer« Kim Jong Il, außer daß er 52 Jahre alt ist und – entgegen der offiziellen Legendenbildung – während des Zweiten Weltkriegs in der Sowjetunion geboren wurde. Ist Kim Jong Il der verwöhnte Playboy, der sich die teuersten Automobile leistete und sogar eine südkoreanische Filmdiva zu seinem persönlichen Vergnügen nach Pjongjang entführen wollte? Man hüte sich vor solchen Unterstellungen, die vielleicht von seinen inneren und äußeren Gegnern lanciert sein könnten. Ist der neue Herrscher über Nordkorea ein Scharfmacher oder ein heimlicher Befürworter des Dialogs? Nur eines scheint gewiß. Kim Jong Il ist in der hohen Kunst des Staatsterrorismus ausgebildet worden, und insofern sollten alle Gerüchte mit Vorsicht aufgenommen werden, die auf die unvermeidliche Revolte der hohen nordkoreanischen Militärs gegen den dicklichen, gehemmten und unsympathisch wirkenden Erben spekulieren.

Nordkorea ist in Bedrängnis geraten, seit der sowjetische Kommunismus zerbrach. Ganz eindeutig profiliert sich die Volksrepublik China nunmehr als die erdrückende Großmacht in Fernost, und Ministerpräsident Li Peng ist nicht mit westlichen Forderungen nach Menschenrechten und Demokratie unter Druck zu setzen. Washington weiß längst, daß Peking nicht nur als Wirtschaftspartner unentbehrlich ist; viel gravierender ist, daß China allein in der Lage ist, die von Nordkorea ausgehende Gefahr, Nuklearwaffen zu entwickeln, einzudämmen. Das Reich der Mitte hat verkündet, daß es Kim Jong Il als neuen Machthaber in Pjongjang tolerieren wird. Wenn überhaupt jemand über die Verhältnisse im Parteiapparat und in der Armee Nordkoreas informiert ist, so sind es die chinesischen Aufklärer. Noch unlängst war in Peking zu hören, China sei mit Nordkorea so eng verbunden wie »Lippen und Zähne«. Dies klingt wie eine Deklaration bedingungsloser Solidarität, doch ist diese Formel von China auch schon gegenüber Vietnam benutzt worden, obwohl zu jenem Zeitpunkt die chinesische Führung sich in offenem Konflikt mit den Nachfolgern Ho Tschi Minhs in Hanoi befand und sogar versuchte, die vietnamesische Wiedervereinigung zu sabotieren.

Den roten Pragmatikern von Peking kann nicht daran gelegen sein, daß zwischen den verfeindeten Brüdern in Süd- und Nordkorea ein zu großes Maß an Normalisierung zustande kommt, weil damit den Amerikanern ein gesteigertes Gewicht auf der koreanischen Halbinsel zufiele. Andererseits muß Deng Xiaoping, Li Peng oder wer auch immer, sich dagegen wehren, daß ein unberechenbarer Potentat wie Kim Jong Il sich ein eigenes Nuklear-Arsenal zulegt. Über weitreichende Raketen, die eventuell bis Tokio tragen, verfügt er bereits. Zumindest in einem Punkt sind sich die USA und China also einig: Es darf nicht geschehen, daß das bislang pazifistisch orientierte Japan sich durch die nordkoreanische Atombedrohung veranlaßt sieht, seinerseits eine eigenständige Nuklear-Abschreckung aufzubauen.

Das Nadelöhr von Brcko

Belgrad lenkt in Bosnien ein

15. August 1994

Die Situation der Serben in Bosnien verschlechtert sich täglich. Nur die Naivität westlicher Kommentatoren führt den »Bruch« zwischen Belgrad und Pale, zwischen dem serbischen Präsidenten Milosević und dem serbischen Bosnien-Führer Karadzić auf die halbherzigen Mahnungen von Unprofor und Nato zurück. Die Lage hat sich verändert, weil die bosnischen Muslime stärker geworden sind und sich in spätestens einem halben Jahr zu einer ernsten Bedrohung der verzerrten serbischen Frontlinien auswachsen dürften.

Die Erklärung dafür ist vielfältig. In den ersten zwei Kriegsjahren traten die Serben als unbesiegbare Vormacht auf. Sie verfügten über Hunderte von Panzern und viel Artillerie, über das gesamte Zubehör eines modernen Krieges, während die Muslime froh waren, wenn sie ein paar Granatwerfer und Bazookas besaßen. Diese radikale Unterlegenheit ist vorbei. Seit Beendigung des absurden Bruderzwists zwischen Kroaten und Muslimen rollt der Nachschub für die neustrukturiete muslimische »Armija« recht ungehindert von der Adriaküste in die Bollwerke von Zenića und Tuzla. Wenn in harter Valuta bezahlt wird, sind offenbar auch manche serbische Unterführer bereit, Kriegsmaterial an den Gegner zu verscherbeln.

Nach langem Zögern ist nun auch eine weitgestreute islamische Finanzhilfe angelaufen. Das Geld kommt aus Saudi-Arabien, aus dem Iran, aus der Türkei, und wer über ausreichend D-Mark und Dollars verfügt, findet fast alles, was er braucht. Der eigentliche Wendepunkt in Bosnien war der erwähnte Bruderkrieg. Plötzlich entfalteten die »Muslimani« eine militärische Schlagkraft, die ihnen niemand zugetraut hatte. Unterstützt von kampferprobten »Mudschahidin« aus Afghanistan, dem Iran und Nordafrika, vor allem aber aus eigener Kraft brachte die »Armija« den überheblichen Kroaten eine Serie schwerer Niederlagen bei. Die Kroaten mußten ihre Schlüsselstellungen in Mittelbosnien räumen. Auf Druck Washingtons entstand jene kroatisch-muslimische Föderation, die der »Armija« den Rücken freimachte für ihren Feldzug gegen die Serben.

Seither redet man nicht mehr von muslimischen Freikorps, sondern von einer professionell gegliederten bosnischen Regierungsarmee, die über ein bescheidenes, aber effizient eingesetztes Waffenarsenal verfügt. Auch politisch hat sich etwas Grundlegendes verändert. Nicht nur die bosnisch-muslimischen Regierungssprecher und Kommandeure, auch die islamischen Koran-Gelehrten legen Wert darauf, daß man sie nun nicht mehr mit dem von Tito geschaffenen Nationalbegriff »Muslimani« bezeichnet, sondern als »Bosniaken«. Der bosnische Präsident Izetbegović und seine Mitstreiter haben zwar die Teilungspläne der »Internationalen Kontaktgruppe« offiziell akzeptiert, aber in Wirklichkeit arbeiten sie auf die Wiederherstellung des Staates Bosnien-Herzegowina in seinen ursprünglichen Grenzen hin. Zu Beginn des Krieges machten die »Muslimani« dort vierundvierzig Prozent der Bevölkerung, eine relative Mehrheit, aus. Aufgrund ihrer extrem hohen Geburtenrate können sie sich ausrechnen, daß sie in zehn Jahren über die absolute Mehrheit verfügen und den anderen konfessionellen Gruppen ihre eigenen Vorstellungen diktieren.

Ein Blick auf die Landkarte lehrt, daß die bosnische »Armija« über den Vorteil der inneren Linie, über die strategische Konzentration, verfügt, während die serbischen Heeresteile von Gorazde bis Banja-Luka, von Knin bis Vukovar extrem verzettelt sind. Experten haben errechnet, daß sich die serbische Frontlinie über zweitausend Kilometer erstreckt. Konnten die Muslime bisher knapp 70 000 Mann bewaffnen, so werden sie in absehbarer Zukunft 200 000 Soldaten in die Schlacht schicken können. Schon ist der Versuch der Serben, im äußersten Nordostkessel von Bihac einen Keil in die Phalanx der Bosniaken zu treiben, kläglich gescheitert: Das fünfte muslimische Korps errang einen klaren Sieg.

Mit extremer Sorge blickt der serbische General Mladić auf die fatale Schwachstelle im serbischen Dispositiv: das Nadelöhr von Brcko südlich der Save. Sollte es der »Armija« gelingen, diese nur knapp fünf Kilometer breite Passage zu durchschneiden, stünde das serbische Kommando vor einem militärischen Desaster. Hier liegt wohl der tatsächliche Grund für das Einlenken Belgrads.

Das Erwachen des Maghreb

Wende in Algerien

12. September 1994

In Algerien hat sich das Blatt gewendet. General Liamine Zeroual, der als Präsident der herrschenden Militärjunta amtiert, hat einen seiner engsten Vertrauten in das schwer bewachte Gefängnis von Blida entsandt, um Gespräche mit den verhafteten Führern der »Islamischen Heilsfront« (FIS) aufzunehmen. Es ist die Rede von einem Waffenstillstand zwischen den algerischen Bürgerkriegsparteien, von einer Entlassung aller politischen Häftlinge, einer Zulassung der verbotenen »Heilsfront« und ihrer Beteiligung an demokratischen Volksbefragungen. Zweifellos hat das fundamentalistische Regime des Sudans bei dieser Annäherung vermittelt. Die Auslieferung des Terroristen Carlos an die französische Polizei durch die Behörden von Khartum war ein Signal für die Generäle von Algier.

Mag sein, daß es noch zu schweren internen Krisen kommt, ehe die extreme Spannung in Nordafrika nachläßt. Die neue Versöhnlichkeit des Präsidenten Zeroual ist in seiner Umgebung umstritten, und die Ermordnung seines Vorgängers Mohammed Boudiaf durch die eigenen Leibwächter wirkt weiterhin wie ein warnendes Omen. Auf seiten der islamischen Fundamentalisten könnte es ebenfalls zu harten Auseinandersetzungen kommen. Die FIS hat inzwischen ihre eigene bewaffnete Kampftruppe aufgestellt, deren relativ gemäßigte Zielsetzung auf den extrem religiösen Eifer der *groupes islamiques armés* prallt.

Wie auch immer diese Konflikte ausgetragen werden, eines scheint sicher: Algerien befindet sich unaufhaltsam auf dem Weg zu einer islamistisch inspirierten Republik, deren künftige Verfassung durch die koranische Rechtsprechung, die Scharia, bestimmt sein wird.

Der Blick richtet sich sofort auf Marokko. Aber in Rabat und der brodelnden Metropole Casablanca hat König Hassan II. klug vorgesorgt. Er hat ein eher belangloses Attentat in Marrakesch dazu benutzt, eine scharfe nationale Frontstellung gegen Algerien und das dortige Militärregime zu beziehen. Im übrigen unterstreicht der Monarch seine geistliche Berufung als »Befehlshaber der Gläubigen«. Dem aufkommenden Fundamentalismus wird Marokko mit der Beteuerung seiner eigenen koranischen Rechtgläubigkeit begegnen. In Tunesien hingegen, das auf die neuesten Entwicklungen vermutlich empfindlicher reagiert, wird sich bald zeigen, ob die brutale Repression der dortigen Machthaber gegen die islamische »Nahda«-Bewegung auf Dauer Stabilität garantieren kann.

Der militanten Gläubigkeit der künftigen algerischen Theokratie bieten sich hingegen breite Ausdehnungsmöglichkeiten im benachbarten schwarzafrikanischen Umfeld. Die Republiken Mali, Niger und Tschad dürften als erste in eine mohammedanische Erweckungsbewegung einbezogen werden, die die Verhältnisse in der gesamten Sahelzone gründlich verändern würde. Nicht umsonst hatte François Mitterrand gerade die schwarzafrikanischen Staatschefs der »Communauté« zur großen Flottenparade nach Toulon bestellt.

Frankreich ist von grundlegenden Veränderungen im Maghreb unmittelbar betroffen. Innenminister Charles Pasqua, der einerseits zahlreiche FIS-Anhänger inhaftieren und ausweisen läßt, andererseits geheime Fäden zu den Fundamentalisten spinnt, muß damit rechnen, daß die bevorstehende Machtergreifung muslimischer Extremisten in Algier eine gewaltige Flüchtlingswelle über das Mittelmeer in Bewegung setzt: Hunderttausende werden versuchen, den strengen Vorschriften eines islamischen Gottesstaates zu entrinnen. Die Konsequenzen dieser Einwanderungswelle auf die französische Innenpolitik am Vorabend der Präsidentschaftswahlen wäre unkalkulierbar.

Für die islamische Welt wäre der Durchbruch des Fundamentalismus in Nordafrika ein deutliches Signal. Bisher hat sich ihre Revolution nur in zwei Ländern – Iran und Sudan – durchgesetzt. Beide nehmen eine Sonderstellung ein. Khomeini bleibt zwar die große Erweckergestalt, aber die Botschaft der Mullahs von Teheran wirkt durch deren Zugehörigkeit zum schiitischen Glaubenszweig bei den Sunniten weit weniger. Der Sudan wiederum ist zu afrikanisch geprägt, um als Vorbild zu dienen. Jetzt hingegen entsteht in Nordafrika eine arabisch-sunnitische Hochburg der kämpferischen koranischen Erneuerung. Der Fundamentalismus erhält einen mächtigen Impuls, eine ganz neue, expansive Kraft.

Trügerische Erlöser

Der Zerfall der christlichen Substanz

10. Oktober 1994

Der Massentod von Cheiry im Kanton Fribourg und Les Granges im Kanton Wallis ist kein Lokalereignis. Hier hat sich auf Schweizer Boden eine religiös inspirierte Tragödie vollzogen, die einem weltweiten Phänomen entspricht. Wenn dieses zerstörerische Sektenunwesen immer weiter um sich greift, so entspricht das einer allgemeinen Ratlosigkeit, die durch den Zerfall der traditionellen christlichen Bekenntnisse maßgeblich verursacht wurde. In dem Maße, wie die christliche Theologie ihren strikt religiösen Charakter preisgibt, die meisten eigenen Dogmen zur Diskussion stellt und – beispielsweise – die göttliche Natur Christi sowie den Glauben an dessen Auferstehung anzweifelt, entsteht ein verhängnisvolles Vakuum.

In weiten Teilen Europas und Nordamerikas ist die Botschaft des Evangeliums zu einer humanitären Philosophie geschrumpft. Der Siegeslauf des materialistisch fundierten Rationalismus mag modern und wissenschaftlich erscheinen. Aber seit seiner frühesten Zeit ist der Mensch mit der eigenen Vergänglichkeit nicht zu Rande gekommen. Schon die ältesten Kultstätten waren nach magischen Regeln ausgestaltete Gräber, die irgendeine Form des Überlebens im mysteriösen Jenseits garantieren sollten. Hinzu tritt bei den neuen Pseudo-Religionen eine Endzeitstimmung, die der Todessehnsucht und der Flucht in eine bessere Welt zusätzliche Impulse verleiht.

Die Schreckensszenen von Cheiry und Les Granges erinnern an die noch schrecklicheren Vorgänge 1978 im Dschungel von Guayana und 1993 bei den Davidianern von Waco, Texas. In allen Fällen stand eine charismatische, sich geradezu messianisch gebärdende Persönlichkeit an der Spitze einer Gemeinschaft, die in ihrer totalen Hingabe der eigenen Entscheidungsfähigkeit entsagt hatte.

Der Ursprung von Luc Jourets »Orden des Sonnentempels« findet sich offenbar in der kanadischen Provinz Quebec. Dort hatte noch in den sechziger Jahren eine integristische Form des Katholizismus das religiöse und sogar das politische Leben der meisten Frankokanadier geprägt. Es war ja die Geistlichkeit von Quebec gewesen, die in ihrem unerschütterlichen Festhalten an Rom und am Papsttum das Überleben dieses französischen Kulturraums am St.-Lorenz-Strom ermöglicht hatte. Als jedoch in den vergangenen Jahrzehnten diese konfessionell untermauerten Sonderinteressen durch den kulturellen und weltlichen Nationalismus des »Parti Québecois« ersetzt wurden, haben sich die kirchlichen Strukturen in erstaunlich kurzer Frist zersetzt und aufgelöst. Die Klöster leerten sich, Geistliche und Nonnen entsagten ihren Gelübden. Bei der bislang tieffrommen Bevölkerung griffen Konsumdenken, sexuelle Emanzipation, ja hedonistische Grundhaltung um sich. Doch gerade durch diese radikale Umorientierung entstand wohl ein Leerraum, vollzog sich eine Bewußtseinsspaltung, die bei gewissen Außenseitern nur durch die Hinwendung zu neuen, zutiefst fragwürdigen Formen des Mystizismus überbrückt werden sollte.

Das esoterische Sektierertum, das oft tyrannische und ausbeuterische Züge trägt, greift weltweit um sich und hat zum Beispiel in Rußland einen extrem fruchtbaren Nährboden gefunden. Selbst in Deutschland werden etwa zwei Millionen Menschen den mehr oder minder harmlosen Kultgemeinden zugerechnet. Diese moralische und psychische Verwirrung, die sich des Abendlandes in dem Maße bemächtigt, wie die etablierten Kirchen ihre Kernsubstanz und ihre Erlösungsverheißung preisgeben, muß als beklemmendes Zeichen westlicher Dekadenz gedeutet werden. Wenn die kraftvolle Bewegung der islamischen Revolution, der sogenannte Fundamentalismus, sich tatsächlich zu einer Gefährdung des Westens auswachsen sollte, so läge das nicht so sehr an der unwiderstehlichen Dynamik der koranischen Lehre, sondern an der Aushöhlung der traditionellen Werte im christlichen Lebensbereich. Bei den frommen Muslimen spiegelt sich das religiöse Bewußtsein in der politischen Zielsetzung. Dem Selbstbehauptungswillen des Westens hingegen wurde gewissermaßen die Substanz entzogen. An Stelle der Geborgenheit in Gott, die den Islam auszeichnet, macht sich bei uns seelische Verängstigung, ja Verzweiflung breit. Die Opfer von Cheiry und Les Granges sind eine grausige Demonstration dieses Zerfalls.

Nuklearmacht Europa

Solidarität in der Atomstrategie

1. Dezember 1994

Die Aussage ist bereits zum Klischee geworden: Die Ereignisse auf dem Balkan illustrieren auf dramatische Weise die Unzulänglichkeit der kontinentalen Einigung und die Nichtexistenz einer aktionsfähigen europäischen Verteidigung. In dieser Krisenzone überleben zwischenstaatliche Rivalitäten, die eher auf den Berliner Kongreß im Jahre 1878 verweisen als auf die viel gepriesenen Perspektiven eines solidarischen Zusammenschlusses.

Die ganze Ambivalenz europäischer Politik wird dort sichtbar. Zwar sind Franzosen und Briten mit starken militärischen Kontingenten zugegen, aber deren Einbindung in die Organisation der Vereinten Nationen läßt ihnen keinen Spielraum. Gegenüber einer materiell überlegenen serbischen Armee waren die Unprofor-Einheiten zur Rolle von Statisten oder Geiseln verurteilt. Die Panzerspähwagen der Vereinten Nationen sind nicht umsonst weiß angepinselt wie Ambulanzen und taugen kaum für den militärischen Einsatz.

Die Bundesrepublik Deutschland hat sich aus angeblichen Verfassungsgründen, die inzwischen vom Gericht in Karlsruhe ausgeräumt wurden, von der Balkan-Aktion der UNO ebenso ferngehalten wie seinerzeit vom Golfkrieg, den Präsident Bush gegen Saddam Hussein führte. Mag sein, daß der düstere Schatten des Zweiten Weltkrieges einer deutschen Truppenentfaltung in Bosnien oder Mazedonien tatsächlich im Weg gestanden, daß ein Nebeneinander von Bundeswehr und ex-jugoslawischen Verbänden die Situation auf unerträgliche Weise angeheizt hätte. Dennoch gebietet die Ehrlichkeit anzuerkennen, daß die Bonner Führung das historische Argument für die deutsche Enthaltsamkeit wie ein Alibi genutzt hat und heilfroh war, sich der pazifistischen Grundstimmung eines überwiegenden Teiles der Bevölkerung nicht entgegenstemmen zu müssen.

Die französische Armee hat in Ex-Jugoslawien etwa zwanzig Tote zu beklagen gehabt. Diese Verluste wurden mit gefaßter Trauer zur Kenntnis genommen. Eine vergleichbare Bilanz – wenn sie deutsche Soldaten getroffen hätte – wäre in der Bundesrepublik jedoch mit unbeschreiblichem Tumult, mit Entrüstung und Protest einhergegangen.

Vom psychologischen Standpunkt her ist Deutschland zur Stunde nicht reif für jene kriegerischen Risiken, die Amerikaner und Russen, Briten und Franzosen, Belgier und Spanier ohne quälerische Gewissenskonflikte auf sich nehmen. Daß diese Forderung nach Frieden um jeden Preis mit einem guten Schuß Heuchelei durchsetzt ist, steht außer Zweifel. Ob es sich dabei um einen dauerhaften Seelenzustand handelt, ist hingegen keineswegs sicher.

Für die europäischen Verbündeten Deutschlands ist diese Feststellung um so irritierender, als die militärische Passivität der Bundesrepublik mit einer beachtlichen diplomatischen Dynamik und vor allem einer durchschlagenden wirtschaftlichen Expansion einhergeht. Die Unabhängigkeit Sloweniens und Kroatiens wurde im wesentlichen durch den damaligen Außenminister Hans-Dietrich Genscher durchgesetzt, und seitdem zählen Laibach (Ljubljana) und Zagreb zu den treuen Klienten deutscher Balkanpolitik. Budapest ist ohnehin auf Bonn und Wien eingeschworen. Das Versagen der Vereinten Nationen und der Atlantischen Allianz im Bosnien-Konflikt hat aber auch bei den dortigen Muslimen, die sich zu Recht von aller Welt verraten und preisgegeben fühlten, eine starke Hinwendung zum traditionellen deutschen Partner bewirkt. Die Mittelmächte – das Wilhelminische Reich und die Habsburger Dynastie – waren im Ersten Weltkrieg die Verbündeten der Türken, und die muslimischen Bosniaken erinnern sich heute mit Nostalgie an die Zeit der osmanischen Herrschaft auf dem Balkan. Im Zweiten Weltkrieg wurde sogar unter den »Muslimani« Bosniens eine Gebirgsjägerdivision der Waffen-SS unter dem Namen »Handjar« (»Krummdolch«) aufgestellt. Nur wenige Mitglieder dieser Religionsgemeinschaft kämpften auf seiten der Tito-Partisanen.

Heute ist die D-Mark, nicht etwa der US-Dollar, die unverzichtbare Leitwährung auf dem Balkan. Selbst Serbien, das mit Argwohn und Verbitterung nach Bonn blickt, wurde voll in diese monetäre

Einflußzone integriert und richtete vor Jahresfrist seine strikte Währungsreform auf die Gleichstellung von Dinar und D-Mark aus.

In wirtschaftlichen Dingen ist Deutschland – und in geringerem Maße Österreich – im Südosten unseres Kontinents fast omnipräsent. Das ist nicht zuletzt auf die enge Vernetzung zurückzuführen, die durch die Anwesenheit Hunderttausender Gastarbeiter aus den Balkanländern in allen Berufszweigen der Bundesrepublik illustriert wird. Ähnliches gilt ja auch für die Türkei, die in dem Maße näher an Deutschland heranrückt, wie ihr die Staaten der einstigen Entente wieder als Agenten anti-muslimischer, das heißt anti-osmanischer Eindämmung und Diskriminierung auf dem Balkan erscheinen, während das heutige Rußland sich fast zwangsläufig in die Nachfolge jener slawisch-orthodoxen Ausrichtung drängt, die bereits das Zarenreich charakterisierte.

Die Diskrepanz ist überdeutlich: In militärischer Hinsicht übt Deutschland strikte Abstinenz, um gleichzeitig mit politischem und vor allem ökonomischem Gewicht sein Feld abzustecken.

Ganz automatisch wurden angesichts dieses Phänomens in London und in Paris alte Gespenster geweckt. Historische Antagonismen der Vergangenheit drohen neu belebt zu werden. Um nur ein Beispiel zu erwähnen: Hans Koschnick, der deutsche Sozialdemokrat aus Bremen, der im Namen der Europäischen Union zum Administrator der umkämpften und halb zerstörten Stadt Mostar berufen wurde, verfügt im ehemaligen Jugoslawien als Anwalt des Wiederaufbaus und der konfessionellen Versöhnung über ein weit größeres Prestige als etwa der frühere britische Unprofor-Kommandeur Sir Michael Rose, der von Kroaten, Bosniaken, Albanern und Mazedoniern verdächtigt wurde, im Auftrag seiner Regierung die großserbische Karte zu spielen. In Sarajevo ist zu hören, General Rose habe das Ziel verfolgt, die wachsende deutsche Einflußnahme zu reduzieren. Dennoch fand er in Belgrad weit weniger Gehör als die Emissäre Präsident Jelzins.

Die europäische Einigung, insbesondere das Bemühen, eine gemeinsame europäische Verteidigungskraft auf die Füße zu stellen, leidet unter der Tatsache eines wachsenden deutschen Übergewichts im Herzen des Kontinents. Seit der Wiedervereinigung, so schwer sie auch vonstatten geht, haben sich die Parameter auf dramatische Weise zugunsten der Bundesrepublik verschoben. Es ist nur eine Frage der

Zeit, bis die östlichen Bundesländer nach Herstellung einer innovativen industriellen Produktionskapazität die ohnehin vorhandene wirtschaftliche Schwerkraft Deutschlands zusätzlich potenzieren. In dem Maße, wie die Republik Österreich – nun Mitglied der EU – in den kontinentalen Zusammenschluß einbezogen wird, dürfte sich die germanische Präponderanz noch verstärken. Die Beteuerungen Helmut Kohls, die deutsche Einheit könne nur im Rahmen eines geeinten Europa prosperieren, sind ehrlich gemeint und klingen überzeugend. Aber die Argumente jener Skeptiker, die in Frankreich vor einer deutschen Vorherrschaft warnen, sind dennoch nicht ohne weiteres von der Hand zu weisen.

Nicht eine Wiedergeburt des Bismarck-Reiches stehe bevor, so warnt Jean-Pierre Chevènement, der ehemalige sozialistische Verteidigungsminister Frankreichs, sondern Deutschland knüpfe – vielleicht ohne sich dessen voll bewußt zu sein – an die Tradition des Heiligen Römischen Reiches Deutscher Nation an.

Diese imperiale Konstruktion des Mittelalters war von den deutschen Patrioten des 19. Jahrhunderts als archaisches Relikt verworfen worden, das Germanien zur Zersplitterung und Ohnmacht verurteilte. Heute erscheint sie jedoch in einem ganz anderen Licht. Das Sacrum Imperium Romanum war ein multinationales, extrem föderalistisches Gebilde und könnte in mancher Beziehung als Präfiguration des sich abzeichnenden europäischen Zusammenschlusses gelten. Die französische Vorstellung von der Nation, die sich im Laufe einer langen, fast gradlinigen Geschichte über »Vierzig Könige« und die diversen Republiken entwickelt hat, beansprucht hingegen eine zentralistische Geschlossenheit und oft genug eine wirtschaftliche Autarkie, die sich nur unter starken psychologischen Vorbehalten in den kontinentalen Einigungsprozeß einordnen lassen. Der Abschied von der »Nation« als Endphase politischer Entwicklung fällt den Deutschen wohl leichter als den Franzosen, die diesen Begriff überhaupt erst erfunden haben.

Nach dem Friedensschluß von Versailles hatte Georges Clemenceau festgestellt, daß es zwanzig Millionen Deutsche zuviel gäbe. Ein ausgewogenes kontinentales System, so schien er daraus zu folgern, ließe sich unter diesen Umständen kaum aufrechterhalten. Zwischen den beiden Weltkriegen hat Frankreich versucht, die numerische

Überzahl der Deutschen durch ein weitgestecktes Bündnissystem zu kompensieren, das sich vor allem auf Polen und die Staaten der »Kleinen Entente« stützte. Was damals im Geiste der Feindseligkeit und der Einkreisung angestrebt wurde, bietet sich heute – unter den Auspizien einer von nationalen Exzessen bereinigten Europäischen Union – als heilsames Mittel des Ausgleiches und der Befriedung an. Die deutsche Regierung und die Mehrzahl der deutschen Politiker sind sich bewußt, daß der Rückfall in die Spannungen der Zwischenkriegszeit für alle europäischen Partner ein schreckliches Verhängnis wäre. In Bonn ist man eifrigst bemüht, die Staaten der osteuropäischen Zwischenzone, die sich aus der sowjetischen Bevormundung gelöst haben, so schnell wie möglich in die Europäische Union und auch in die mühsam entstehende gemeinsame europäische Verteidigungsstruktur zu integrieren. Im wesentlichen handelt es sich um jene Länder, die man als »Visegrad-Gruppe« zu bezeichnen pflegt: Polen, Tschechien, Slowakei und Ungarn.

Polen und Tschechien waren seinerzeit die klassischen Verbündeten der franko-britischen Entente, und die Einbeziehung dieser Völker in den europäischen Verbund würde automatisch dazu beitragen, das deutsche Übergewicht zu relativieren. Seltsamerweise ist diese Konstruktion, die die Regierung Kohl als Beschwichtigung tief eingefleischter Ängste anbietet, ja geradezu aufdrängt, in Paris oder gar in London nur zögerlich aufgegriffen worden. Frankreich ist weit zurückhaltender als Deutschland, wenn es darum geht, die sogenannten Visegrad-Staaten als vollgültige Partner zu akzeptieren. Die Absicht des deutschen Verteidigungsministers Volker Rühe, den Einschluß vor allem Polens und Tschechiens in das Nordatlantische Bündnis ungeachtet aller russischen Einwände zügig voranzutreiben, stößt an Seine und Themse auf vorsichtiges Taktieren.

Die Einwände der Euro-Skeptiker sind bekannt. Mit einiger Verwunderung hat man in Westeuropa feststellen müssen, daß trotz der schrecklichen deutschen Ausschreitungen im Zweiten Weltkrieg die Bundesrepublik sehr schnell zum bevorzugten Handelspartner ihrer östlichen Nachbarn herangewachsen ist und daß die tiefe Abneigung gegen alles Germanische, die dort berechtigterweise bestand, durch eine nachbarliche Gewöhnung reduziert wurde, die im Laufe der Jahrhunderte und im Gefolge zahlloser dynastischer Verflechtungen entstanden war. So erscheint die Habsburger Monarchie, die sich so lange als zentraler Träger germanischer Reichspolitik bewährte, rückblickend in einem durchaus positiven Licht multinationaler Toleranz.

Bei der mangelnden Bereitschaft des Westens, den osteuropäischen Zwischenstaaten die Tore der kontinentalen Union und der Atlantischen Allianz zu öffnen, spielt in Washington und London, in geringerem Maße auch in Paris, die Rücksichtnahme auf die Empfindlichkeit der russischen Großmacht eine entscheidende Rolle. Man will Moskau weder isolieren noch brüskieren. Präsident Clinton ist Boris Jelzin sehr weit entgegengekommen, als er die Nato-Aufnahme der Visegrad-Staaten praktisch dem Veto Moskaus auslieferte und somit dem Kreml ein heimliches Mitspracherecht im Bereich des ehemaligen Warschauer Paktes einräumte. Die französischen Kritiker einer begrenzten europäischen Ausdehnung nach Osten – es handelt sich um die Mahner vor dem *parti allemand* – argumentieren, daß nur eine Einbeziehung des russischen Kolosses in einen europäischen Großraum ein ausreichendes Gegengewicht gegen die deutsche Vorrangstellung bieten könne. Hatte nicht Charles de Gaulle immer wieder von einem Europa gesprochen, das vom Atlantik bis zum Ural reichen sollte? Nun ist es sehr schwer, die profunden Absichten des Generals nachträglich zu sondieren, und schon die damalige Sowjetführung hatte energisch darauf verwiesen, daß Rußland nicht am Ural endet, sondern am westlichen Gestade des Pazifischen Ozeans.

An dieser Stelle sollte auf die extreme Gefahr verwiesen werden, die sich aus jeder Form von Einbeziehung der euro-asiatischen Landmasse Rußlands in den europäischen Einigungsprozeß ergäbe. Selbst das Liebäugeln, das taktische Spiel mit einer solchen Vorstellung sollten strikt verbannt werden. Zunächst ist die Entwicklung der »Rußländischen Föderation« noch von zahllosen Hypotheken belastet. Die Risiken innerer Zersetzung, chaotischer Abspaltung bis hin zum Bürgerkrieg sind heute offensichtlich. Die »Partnerschaft für den Frieden«, die von Washington patroniert wird, dient zweifellos dem Ziel, Rußland nicht in die Vereinsamung zu treiben und vor allem das ungeheuerliche nukleare Waffenpotential der ehemaligen Sowjetunion in ein lockeres Kooperationssystem einzubinden. Aus europäischer Sicht ergeben sich ganz andere Perspektiven.

Allzuoft wird deutschen Gesprächspartnern, die sich in Moskau aufhalten, von der natürlichen Komplementarität beider Völker, der Russen und Deutschen, vorgeschwärmt. Moskau würde sich bei einer Angliederung an eine wie auch immer geartete kontinentale Union mit Sicherheit nicht darauf einlassen, die *balance of power* zugunsten von London oder Paris zu garantieren, sondern würde der Bundesrepublik unweigerlich die Priorität bilateraler Beziehungen einräumen. Die derzeitige europäische Solidarität, der enge Schulterschluß zwischen Deutschland und Frankreich sind ein viel zu kostbares Gut, als daß sie durch ein alternatives Spiel auswärtiger Allianzen in Frage gestellt werden dürften. Zum erstenmal in ihrer Geschichte sind die Deutschen eingebunden in ein übermächtiges Bündnis, die Atlantische Allianz, in eine kontinentale Brüderlichkeit, die Europäische Union. Alle maßgeblichen Parteien des Bundestages haben diese Verknüpfung, die auch von der breiten öffentlichen Meinung getragen wird, akzeptiert. Deshalb hüte man sich, den geringsten Zweifel an dieser organisch gewachsenen Schicksalsgemeinschaft aufkommen zu lassen.

Seit der Wiedervereinigung ist Deutschland wieder überwiegend protestantisch geworden und reicht weit nach Osten bis zur Oder. Eine gewisse Rückbesinnung auf die positiven Aspekte des Preußentums wird spätestens dann unvermeidlich sein, wenn die Bundesregierung sich endgültig in Berlin etabliert hat. Es wäre verhängnisvoll, jenen Kräften Auftrieb zu geben, die immer noch einen schwärmerischen Hang für die russische Allianz verspüren, die sich im Geiste von Tauroggen und Rapallo darauf berufen könnten, daß Preußen, wie man damals in Potsdam sagte, darauf angewiesen sei, Politik *sous l'oeil de la Russie* – unter dem wachsamen Auge Rußlands – zu machen. Man lasse im Westen die Finger von der »russischen Alternative«! In den neuen Bundesländern, wo die kommunistische Nachfolgepartei PDS nicht nur der verflossenen DDR, sondern auch der engen Verbundenheit mit der Sowjetunion nachtrauert, regen sich unberechenbare Kräfte. In Moskau wird deutschen Besuchern gelegentlich vorgegaukelt, die Zugehörgkeit Kaliningrads (Königsbergs also), eine territoriale Neuordnung im ostpreußischen Raum, stehe weiterhin zur Disposition.

Bei gewissen französischen Kommentatoren ist die Ausweitung der Europäischen Union auf den skandinavischen Raum auf Widerspruch und Mißtrauen gestoßen. Vielleicht sehen sie darin zu Recht eine Schwächung des lateinisch-mediterranen Kulturkreises, der dem Kontinent von alters her sein Gepräge und seine kulturelle Identität verliehen hat. Im Tagesgeschehen ist es jedoch mit der lateinischen Solidarität nicht weit her. Es wäre ein schwerwiegender Irrtum, wenn Frankreich sich darauf verließe, in Madrid oder in Rom zuverlässige Partner gegen angebliche germanische Hegemonialbestrebungen zu finden. Die Geschichte lehrt, daß die Iberische und die Apenninen-Halbinsel weit intensiver auf die politische Koexistenz mit dem Heiligen Römischen Reich, das den restriktiven Zusatz »Deutscher Nation« erst unter Karl V. erhielt, ausgerichtet waren als auf die gelegentlichen und kurzlebigen Zweckallianzen mit den Königen Frankreichs.

Die Latinität ist ein unentbehrlicher Bestandteil Europas, ja sie ist der Nukleus der europäischen Zivilisation. Als taugliches Instrument zur Equilibrierung des Kontinents eignet sie sich nicht, ebensowenig für eine Hinwendung Frankreichs zum erweiterten Mittelmeerraum. Das Hochkommen der islamischen Revolution im Maghreb, das Aufbäumen der »Heilsfront« in Algerien dürften die Südflanke Europas demnächst mit völlig neuen Kräfteverhältnissen konfrontieren. Die Illusionen einer mediterranen Gemeinsamkeit sind heute bereits geplatzt. So wie im Osten Europas die tragischen Ungewißheiten der russischen Zukunftsentwicklung die beste Gewähr dafür sind, daß Deutschland nicht in das verhängnisvolle Pendelspiel zwischen Ost und West zurückfällt und seine Verankerung in der atlantisch-europäischen Gemeinschaft nicht preisgibt, so sollte auch das Überhandnehmen des islamischen »Fundamentalismus« in Nordafrika Frankreich darauf verweisen, daß es zum karolingischen, zum deutsch-französischen Kernbündnis kaum eine Alternative gibt.

Es ist doch bezeichnend, daß Charles de Gaulle sich veranlaßt sah, das Ende des Algerien-Konfliktes, den Rückzug aus der fatalen maghrebinischen Verstrickung abzuwarten, ehe er sich im sogenannten Elysée-Vertrag dem präferenziellen Bündnis mit Deutschland zuwandte. Gewiß, alle Rosen sind damals nicht erblüht, aber in Verdun hat de Gaulle in pathetischer Weise die verhängnisvolle Spaltung des karolingischen Reiches beklagt.

Wohl kaum ein Franzose wird den Engländern eine neue privilegierte Rolle in Europa antragen wollen. Der Instinkt der *balance of power* ist jenseits des Ärmelkanals durchaus lebendig geblieben, und diejenigen Kritiker der Europäischen Union, die in Paris vor dem *parti allemand* warnen, verweisen gleichzeitig auf den bedenklichen Präzedenzfall des *parti anglais* in der Zwischenkriegszeit. Auch die USA, die – den gleichen Exegeten zufolge – ihren Einfluß über die Vierte Republik mit Hilfe des *parti américain* ausübten, stehen wohl kaum zur Verfügung, um einem separaten französischen Brückenkopf jenseits des Atlantiks irgendeine Vorzugsrolle gegenüber den Briten oder den Deutschen einzuräumen. Mag sein, daß de Gaulle eine gewisse Resignation ausgedrückt hat, als er – im Zwiegespräch mit André Malraux –, umgeben vom Treiben des »merowingischen Schnees«, den Ausspruch tat: »Wenn die Geschichte uns auferlegt, die Ehe mit Deutschland einzugehen, so sei es denn.« In der Politik sind die Vernunftehen dauerhafter, stabiler als die leidenschaftlichen und flüchtigen Liaisons.

Nach dem Fiasko in Ex-Jugoslawien ist es höchste Zeit, nach den Gründen für das europäische Versagen und nach eventueller Abhilfe zu suchen. Ein heilsamer Effekt ist immerhin zu verzeichnen: Immer weniger Deutsche sind bereit, den Vereinten Nationen ein weltweites Gewaltmonopol für die Beilegung von Konflikten und für Friedensstiftung zu übertragen. Ein positives Vorurteil, ja eine schwärmerische Verklärung der UNO waren in der Bundesrepublik weit verbreitet, während man sich in Frankreich daran erinnerte, daß de Gaulle die Weltorganisation als *le machin* abgetan hatte. Es war zweifellos ein schwerer Fehler, die UNO auf dem Balkan einzusetzen, wo die Erfahrung doch gelehrt hatte, daß dieser schwerfällige, durch innere Widersprüche gelähmte Apparat nur funktionieren kann, wenn die amerikanische Supermacht eindeutig das Kommando übernimmt – man denke an Korea im Jahre 1950, an den Golfeinsatz im Jahre 1991 – und wenn die blaue UN-Fahne nur als Feigenblatt benutzt wird.

In allen anderen Fällen – vom Kongo bis nach Kambodscha – hat die UNO versagt. Bestenfalls konnte sie Alibifunktionen ausüben wie auf den Golanhöhen und auf Zypern.

Man täte der Europäischen Union Unrecht, wenn man ihr den kläglichen Zustand Bosniens voll zur Last legte. Präsident Clinton war nicht gewillt, auf dem Balkan zu intervenieren. Indem er die

Kampfmittel der Nato der jeweiligen Einsatzverfügung der Vereinten Nationen unterstellte, verurteilte er die Atlantische Allianz zu Ohnmacht und Willfährigkeit. Selbst wenn die Staaten der Westeuropäischen Union den Willen aufgebracht hätten, in Ex-Jugoslawien militärisch zu intervenieren, sie hätten es aus eigenen Mitteln gar nicht gekonnt. Bei allen Diskussionen über die europäische Verteidigung wurde in der Vergangenheit systematisch die Tatsache verschleiert, daß die Mittel eines konsequenten militärischen Eingreifens bisher gar nicht vorhanden waren, daß die Europäer – falls die Amerikaner sich abseits hielten – weder über eine autonome Luftwaffe noch über ausreichende Logistik, Transportkapazität oder Satellitenaufklärung verfügten. In diese Hinsicht hat in Bosnien die Stunde der Wahrheit geschlagen. So wie die Dinge heute noch stehen, gibt es keine europäische Verteidigung, geschweige denn ein europäisches Interventionspotential außerhalb des allumfassenden amerikanischen Dispositivs. Als französische Fallschirmjäger seinerzeit über Kolwezi absprangen, mußten sie die Transportmaschinen der US Air Force in Anspruch nehmen.

Die Europäer, insbesondere die Deutschen, konnten sich mit diesem Tatbestand abfinden, solange der Kalte Krieg andauerte und das enorme Rüstungsaufgebot der Sowjetunion allein durch den amerikanischen *counterpart* in Schach gehalten wurde. Seit der globale, ideologisch geprägte Konflikt der Supermächte zu Ende gegangen ist, zeichnet sich eine ganz neue Situation ab. In Zukunft wird die Welt von regionalen, anarchischen Teilkonflikten heimgesucht werden, und die USA werden nur noch in extrem dringenden, sie selbst betreffenden Sonderfällen bereit sein, sich als Weltgendarm zu engagieren. Andererseits sind alle Hoffnungen, die KSZE beziehungsweise OSZE könne sich als Instrument der Friedensstiftung bewähren, erloschen, seit die russische Armee sich dieser Institution bedient, um die ethnischen und religiösen Konflikte im eigenen Land und auch im »nahen Ausland« der sogenannten GUS, der Gemeinschaft Unabhängiger Staaten, willkürlich zu bereinigen.

Seit vielen Jahren wird von dem zweiten, dem europäischen Pfeiler der Nato geredet. Es wird höchste Zeit, daß damit Ernst gemacht wird. Dabei kann es nicht Ziel der Europäer sein, die transatlantische Allianz mit Amerika zu lockern oder gar aufzulösen. Gegenüber dem

Nuklear-Arsenal Rußlands – wie geschwächt dieser Staat auch ansonsten sein mag – besitzen die USA die einzig vorstellbare Abschreckung. Dennoch gilt es, im Hinblick auf die sich mehrenden Regionalkonflikte, für die ein automatisches Eingreifen Amerikas nicht mehr erwartet werden kann, die europäische Verteidigung auf eigene Füße zu stellen. Das »Euro-Korps« ist der unentbehrliche Anfang. Vermutlich wurde anläßlich der Diskussion über den Maastricht-Vertrag ein schwerer Fehler begangen, als die wirtschaftlichen, vor allem die monetären Aspekte in den Vordergrund gedrängt wurden. Statt dessen hätte man das Postulat einer eng koordinierten europäischen Außenpolitik und vor allem einer glaubhaften europäischen Verteidigungskonzeption nachhaltig formulieren sollen. Das »Euro-Korps« – auch darüber dürfen keine Illusionen bestehen – wird jedoch erst Sinn machen, wenn es über eigene Luftstreitkräfte, unabhängige Logistik sowie perfektionierte Aufklärung verfügt. Daran wird gearbeitet.

Darüber hinaus ergibt sich der Zwang, die europäischen Eingreif-Einheiten, die sich durch höchste Professionalität auszeichnen müssen, mit Berufssoldaten zu bemannen. Der Krieg der Zukunft wird eine Aufgabe für perfekt trainierte und ausgebildete Spezialisten sein, die um das extreme Risiko ihres Einsatzes wissen. Vermutlich werden Blitzoperationen im Kommandostil überwiegen. Weder Franzosen noch Deutsche sind zur Stunde bereit, von der nationalen Wehrpflicht Abstand zu nehmen. Den Franzosen fällt es schwer, die Ideen Carnots von der *levée en masse* rundum zu verwerfen, während für die Deutschen der gemeinsame Dienst in der Bundeswehr zur Zeit ein extrem nützliches Instrument darstellt für die psychische Eingliederung der ostdeutschen Rekruten in die gemeinsame republikanische Gesinnung und für die Reduzierung der DDR-Relikte. Andererseits kann der harte Kern der neuen europäischen Verteidigung nur mit Hilfe jener Staaten gebildet werden, die zu dieser europäischen Verteidigungsautonomie und zum schnellen Einsatz in Krisenfällen wirklich entschlossen sind.

In diesem Zusammenhang muß auf die unentbehrliche Rolle verwiesen werden, die Belgier, Spanier und Luxemburger bei der Konstituierung des »Euro-Korps« spielen. Eine exklusive deutsch-französische Kooperation wäre zum Scheitern verurteilt. Es muß natürlich im militärischen Bereich ein Europa *à plusieurs vitesses* – der verschiedenen Geschwindigkeiten – geben. Der Vorschlag des deutschen CDU-Politikers Wolfgang Schäuble entspricht inhaltlich einer ursprünglich französisch-gaullistischen Vorstellung vom »europäischen Europa«.

Zwei weit ausgedehnte Krisenzonen werden die strategische Planung der Europäer in den kommenden Jahren beschäftigen und belasten. Die *incertitudes russes* wurden bereits erwähnt. Noch ist in keiner Weise erwiesen, daß sich die ehemalige Sowjetunion in ein »Super-Jugoslawien« verwandeln muß. Aber die Zersetzungserscheinungen in Wirtschaft, Politik und Verteidigung nehmen für Moskau allmählich bedrohliche Ausmaße an. Bereits im Jahr 2020 werden – so wurde errechnet – auf dem Gebiet des früheren Sowjetimperiums mehr asiatische Muslime leben als europäische Russen. Das Aufsteigen Chinas zur Hegemonialmacht in Ostasien dürfte – auch hier hat de Gaulle schon im Jahre 1964 die Entwicklung in aller Klarheit vorausgesehen – die russische Präsenz in den kaum bevölkerten riesigen Territorien Ostsibiriens und der Fernostprovinz vor erdrückende Nachbarschaftsprobleme stellen. Parallel zu diesen globalen Verschiebungen, die sich aus der islamischen Rückbesinnung in Zentralasien einerseits, der explosiven Wirtschaftsentfaltung des Reiches der Mitte andererseits ergeben, ist die Russische Föderation internen Zersetzungsprozessen durch allgegenwärtige Mafia-Strukturen und die wachsende Ungeduld der Streitkräfte angesichts dieses nationalen Niedergangs ausgesetzt. Die Unkalkulierbarkeit in Osteuropa ist so groß, daß man vor deutschen Offiziersversammlungen durchaus dafür plädieren kann, die polnische Armee stark zu machen und für alle Eventualitäten zu rüsten. Ein solcher Vorschlag wäre in Gegenwart von Offizieren der Reichswehr während der Weimarer Republik völlig unvorstellbar gewesen.

Über kurz oder lang – in fünf oder zehn Jahren – wird die nukleare Proliferation, die unaufhaltsam und bereits in vollem Gange ist, ihre apokalyptischen Schatten werfen und alle anderen Probleme in den Hintergrund drängen. Die weltweite Weiterverbreitung von Atomwaffen kann hinausgezögert, aber nicht verhindert werden. Also gilt es, sich auf diese Zukunftsvision einzurichten. Während sich bisher das nukleare Patt als Element weltweiter Stabilität bewährte, werden

Atomwaffen und Trägerraketen, die sich in den Händen von paranoischen Potentaten und von unberechenbaren Gewaltregimen befinden, eine Bedrohung unvorstellbaren Ausmaßes annehmen. Zumindest der nuklearen Erpressung wäre von da an Tor und Tür geöffnet. Wenn Saddam Hussein im Herbst 1990 tatsächlich über ein nennenswertes militärisches Atompotential verfügt hätte, wäre es vermutlich gar nicht zum Golfkrieg gekommen.

Dieses Thema ist in Deutschland so gut wie tabu. Die deutschen Politiker und die deutschen Medien wagen es angesichts des Zustandes der eigenen öffentlichen Meinung nicht, die düsteren Perspektiven der bevorstehenden Proliferation zu diskutieren oder daraus gar Konsequenzen zu ziehen. In Frankreich herrscht in dieser Hinsicht ein beachtlicher Realismus vor. Als der französische Stabschef, Admiral Jacques Lanxade, am 20. Oktober 1994 in Mont-de-Marsan die Eventualität einer gemeinsamen europäischen Verfügung über Atomwaffen auslotete, hatte er einer unerbittlichen Entwicklung Rechnung getragen. Natürlich kann der französische Admiral dieses heikle Thema nur mit äußerster Vorsicht angehen. Doch die Perspektive, die er andeutet, ist klar: Eines Tages kann Europa das Objekt tödlicher Erpressungen von seiten neu entstandener regionaler Nuklearmächte werden, die sich in der engen oder weiteren Nachbarschaft befinden. Dafür ließen sich nicht auf alle Zeit die Amerikaner als bereitwillige Protektoren mobilisieren. Die Frage nach einer europäisch konzipierten Abschreckungsstrategie drängt sich auf. Entweder wird sich Deutschland, das der atomaren Aufrüstung feierlich abgeschworen hat, in diesem extremen Krisenfall auf die bedingungslose und organisch strukturierte Solidarität der europäischen Nuklearmächte – Frankreich und in einem geringeren Maße Großbritannien – verlassen können, oder die Bundesrepublik wird aus Gründen der nackten Selbsterhaltung, des eigenen Überlebens, an die Schaffung einer nationalen, einer deutschen *force de dissuasion* herangehen müssen. Eine solche atomare Waffenentwicklung würde nach Schätzungen der deutschen Stäbe etwa zwei Jahre in Anspruch nehmen.

In diesem Zusammenhang klingen die Vorschläge des französischen Stabschefs Lanxade überaus einleuchtend und könnten, wenn sie von politischen Entscheidungen eingerahmt werden, zuversichtlich stimmen. Wir zitieren den Admiral deshalb im Wortlaut, so wie er in der Zeitung *Le Monde* wiedergegeben wurde: »Am Vorabend des 21. Jahrhunderts erwähnt man eine mögliche Erweiterung unserer nationalen Nuklearabschreckung auf Europa. In dieser Hinsicht empfiehlt sich Vorsicht: Eine solche Zielperspektive, die zweifellos wünschenswert ist, setzt eine politische Entscheidungskapazität und eine Integrationsform voraus, von denen Europa noch weit entfernt ist. Deshalb ist dieses Problem nicht eigentlich aktuell. Die Perspektive muß jedoch in den Köpfen gegenwärtig bleiben. Wenn es noch verfrüht erscheint, die Einsatzmodalitäten einer Abschreckungskraft im Dienste Europas zu umreißen, so ist es keineswegs zu früh, um an das Konzept einer Aufteilung der Risiken und der Verantwortungen heranzugehen, das sich aus dem gemeinsamen Besitz von Nuklearwaffen ergäbe. Die Debatte über eine europäische Nukleardoktrin wird fundamentale Fragen für den Ausbau einer gemeinsamen europäischen Verteidigung aufwerfen. Das ist die neue Herausforderung.«

Das »Euro-Korps«, das heute von manchen belächelt wird, weist die Richtung für die unentbehrliche militärische Koordinierung des Kontinents. Diese Schicksalsgemeinschaft entspricht einer zutiefst gaullistischen Vorstellung, wie sie seinerzeit nach Unterzeichnung des Elysée-Vertrages leider nicht Gestalt annehmen konnte, weil der deutsche Partner aus einleuchtenden Gründen für eine solche karolingische Sonderlösung noch nicht gerüstet war und den transatlantischen Prioritäten Rechnung tragen mußte.

Die weltweite Situation hat sich seit 1963 grundlegend geändert. Das »Euro-Korps«, der harte Kern der europäischen Verteidigung, bliebe ein Torso, wenn dem Kontinent die volle Solidarität auch auf dem Gebiet der Atomstrategie verweigert bliebe. Ansonsten wäre das ganze Einigungswerk – auf Wirtschaft, Finanzen und Soziales begrenzt – den aufziehenden Stürmen im weiteren Umfeld hilflos ausgeliefert. Natürlich kann man diesen »Königsweg« verwerfen und ablehnen. Man kann der Vernunft der Union den Rücken kehren. Eine gültige Alternative zu Europa ist jedoch zur Stunde von niemandem – weder in Frankreich noch in Deutschland – glaubwürdig beschrieben worden. Es sei denn, man berufe sich auf einen Ausspruch Paul Valérys: »Im Abgrund der Geschichte ist Platz für alle.«

»Ehrlicher Makler« gesucht

Das Fiasko von Bihać

5. Dezember 1994

Der serbische Würgegriff um die muslimische Enklave von Bihać hat sich geschlossen. UNO-Generalsekretär Boutros Ghali und sein japanischer Bevollmächtigter Akashi wurden von den Einwohnern Sarajevos mit Schmähhrufen bedacht, der bosnische Serbenführer Radovan Karadzić ignorierte den hohen Besuch verächtlich, und endlich entdeckten die Medien, daß die UNO für die effektive »Friedensstiftung« gar nicht geeignet ist. Von dieser Schmach wird sich die Weltorganisation kaum erholen können. Der Balkan-Konflikt gewinnt eine zusätzliche, beklemmende Dimension.

Die Halbherzigkeit, mit der die Westmächte an das Pulverfaß Balkan herangegangen sind, hat auch der Atlantischen Allianz schweren Schaden zugefügt. Wenn die UNO als oberste militärische Instanz in Bosnien eingesetzt wurde, so war die offenkundige Absicht der Verbündeten, nicht selbst die Verantwortung für den bosnischen Krisenherd übernehmen zu müssen. Die UNO hätte als Alibi für westliche Untätigkeit herhalten sollen, und nicht einmal dazu taugte sie.

Eine unverzeihliche Inkonsequenz bestand darin, unzureichend bewaffnete, ja geradezu kampfuntaugliche »Blauhelm«-Kontingente in Bosnien-Herzegowina und in der kroatischen Krajina zu stationieren, die bei entscheidenden Auseinandersetzungen mit den serbischen Machthabern erst als Statisten, dann als Geiseln mißbraucht wurden.

Seit die US-Republikaner in Senat und Repräsentantenhaus die Mehrheit gewonnen haben, hat Washington eine neue, energische Gangart eingelegt. Plötzlich ist Bill Clinton bereit, das Waffenembargo gegenüber den bosnischen Muslimen aufzuheben, eine Geste, die auf den ersten Blick längst fällig war. Doch diese diplomatische Kehrtwendung hat das Unglück geradezu heraufbeschworen. In Überschätzung ihrer immer noch unzureichenden Kräfte setzten die bosnischen Regierungstruppen zu Teiloffensiven an. Diese zaghaften Befreiungsschläge sind zwar psychologisch durchaus verständlich, haben sich jedoch strategisch verhängnisvoll ausgewirkt: Statt abzuwarten, bis die Zeit reif und ihre Kampfkraft ausreichend genug war, um die serbischen Linien erfolgreich zu durchbrechen, boten die »Muslimani« dem serbischen General Mladić die Chance, sie gewissermaßen in die Falle zu locken und dann um so vernichtender zuzuschlagen.

Die Nato-Stäbe haben mit großer Verspätung erkannt, daß einzig gezielte Luftangriffe gegen die serbischen Truppenkonzentrationen und vor allem gegen die extrem verwundbaren Verbindungswege der »Tschetniks« wirksam gewesen wären, und nun versucht man offenbar, das Versäumnis nachzuholen. Doch in dieser kritischen Situation zeigt das serbische Oberkommando, daß es zu jedem Vabanquespiel bereit ist. Es ließ ganze Einheiten von UNO-Soldaten umzingeln und als Faustpfand festhalten. Eine konsequente Luftoffensive, wie sie kürzlich von zahlreichen amerikanischen Politikern und Meinungsmachern gefordert wurde, würde jetzt den in Ex-Jugoslawien verzettelten »Blauhelmen« zum Verhängnis gereichen.

Starke Unterstützung haben die bosnischen Serben aus Moskau erhalten: Außenminister Kosyrew weigerte sich, die von Bill Clinton angetragene »Partnerschaft für den Frieden« zu unterzeichnen. Europa wird damit auf eine Situation zurückgeworfen, die an die Gewitterstimmung des Berliner Kongresses 1878 gemahnt. Damals hatte Bismarck als »ehrlicher Makler« seine guten Dienste angeboten. Er hielt ohnehin nicht viel von den Wirren des Balkans und war nicht bereit, wie er sagte, die »Knochen eines einzigen pommerschen Grenadiers« für diese Weltgegend zu opfern. Der »eiserne Kanzler« konnte nicht ahnen, daß eine knappe Generation später die Ermordung des österreichischen Thronfolgers in Sarajevo den Ersten Weltkrieg und damit das Ende des Wilhelminischen Reiches einleiten würde.

Heute sieht sich die Bundesrepublik Deuschland, die bislang jedes militärische Engagement im Bosnien-Konflikt verweigert hatte, vor die Aufforderung der Nato-Alliierten gestellt, eigene Kampfflugzeuge vom Typ Tornado für die Neutralisierung serbischer Flugabwehr-Batterien bereitzustellen.

Die Balkankrise eskaliert weiter, und die Frage stellt sich, ob die Ost-West-Konfrontation, die man endgültig überwunden wähnte, in neuer Form nicht wieder das Schicksal Europas überschattet.

Blutbad in Tschetschenien

Rußlands mißglückte Machtdemonstration

2. Januar 1995

Bei der Schlacht um Grosny geht es um weit mehr als nur um das Schicksal der kleinen autonomen Kaukasusrepublik Tschetschenien. Die Zukunft Rußlands steht hier auf dem Spiel. Zumindest diese Tatsache hat Boris Jelzin richtig erkannt, wenn er auch dabei ist, sein Imperium in blutige Wirren und politische Unwägbarkeiten abgleiten zu lassen. Bei dem gewaltigen Aufgebot der Moskowiter an Kampfbombern, modernsten Panzern und Elitetruppen gegen die armselig bewaffnete Partisanenarmee des tschetschenischen Präsidenten Dudajew hat Moskau nicht Stärke demonstriert, sondern seine extreme Verwundbarkeit zu erkennen gegeben.

Mag sein, daß der Widerstand des wackeren Kaukasusvolkes der Tschetschenen durch die russische Machtentfaltung vorübergehend erdrückt wird und daß Dschochar Dudajew den Tod findet oder ins Exil gedrängt wird. Rußland wird trotzdem in Zukunft an seiner Südgrenze an einer offenen, ständig blutenden Wunde leiden. Der Partisanenkrieg im Kaukasus wird andauern. Schon haben die Unruhen auf die benachbarten Territorien Inguschiens und Dagestans übergegriffen. Wenn Dudajew zum Heiligen Krieg aufruft, ist das keine komödiantische Geste. Der Islam hat in dieser rauhen Gebirgswelt sogar unter Stalin überlebt.

Schon ist das Prestige des Zaren Boris Jelzin im In- und im Ausland unwiderruflich angeschlagen. Den Tschetschenen gegenüber, deren Frauen und Kinder er wahllos bombardieren läßt, führt er sich auf wie der serbische Extremist Radovan Karadzić gegenüber den »Muslimani« in Bosnien. Im Westen sollte man Jelzin seine pseudodemokratischen Beteuerungen und seinen angeblichen Reformwillen nicht länger abnehmen. Die Russen haben es wieder mit einem Potentaten vom tragischen Zuschnitt eines Boris Godunow zu tun.

Die politischen Fronten in Rußland haben sich auf seltsame Weise verkehrt, und schon deshalb gewinnt der tschetschenische Lokalkonflikt eine fast unheimliche Dimension. Im Kreml ist der kranke Zar Boris durch eine kleine Kamarilla von Offizieren, Geheimdienstlern und Politruks vom Parlament und der Öffentlichkeit weitgehend abgeschirmt. Die meisten seiner Gefolgsleute von einst haben sich von ihm abgekehrt. Der Beschuß des Moskauer »Weißen Hauses« im Herbst 1993 wirkt traumatisch fort. Sein engster Ratgeber, der KGB-General Korschakow, wird bereits im Volksmund als der »neue Rasputin« bezeichnet. Bedenklich ist vor allem der wachsende Widerstand in den Streitkräften und bei einem Teil der Truppenführer.

Alarmierende Töne dringen aus Tiraspol am Dnjestr bis an die Mauern des Kreml. Dort, im fernen Moldowa, behauptet sich der junge Fallschirmgeneral Alexander Lebed an der Spitze seiner 14. Armee, gilt als der populärste Soldat der ehemaligen Sowjetunion und droht ganz offen mit einem militärischen Eingreifen zur Rettung des Vaterlandes. Er sei bereit, das Kommando am Kaukasus zu übernehmen, ließ er wissen, aber nur unter der Bedingung, daß die Söhne der neuen korrupten Nomenklatura unter ihm dienen.

Es sollte die Amerikaner und Europäer nachdenklich stimmen, daß Boris Jelzin, der von Bill Clinton über die Maßen gehätschelt wurde, bei den russischen Reformern jeglichen Kredit verloren hat, hingegen mit seinem Kaukasus-Abenteuer den dröhnenden Applaus des nationalistischen Demagogen Schirinowski erntet. Auf lange Sicht hat sich Rußland an seiner Südgrenze in eine heillose Situation verstrickt. Rußland – mit seiner extrem niedrigen Geburtenrate – taugt heute nicht mehr für expansive Großmachtpolitik wie im 19. Jahrhundert. Jenseits des Kaukasus findet hingegen bei den muslimischen Völkern der Türkei und des Iran eine Bevölkerungexplosion statt. Die Teilnahmslosigkeit des Westens angesichts der Leiden der Muslime in Bosnien und jetzt in Tschetschenien – von Algerien ganz zu schweigen – wird unweigerlich die Rückbesinnung auf den Koran auch im Lande Atatürks dramatisch beschleunigen.

Clinton hat das Morden in Tschetschenien als eine innere Angelegenheit Rußlands bezeichnet, in die Amerika sich nicht einmischen wolle. Mit gleichem Recht unterdrücken dann die Türken die Kurden in Ostanatolien, und mit demselben Argument ließe sich nachträglich auch der französische Algerienkrieg rechtfertigen.

Die Launen der Marianne

Präsidentschaftswahlen in Frankreich

30. Januar 1995

In Frankreich geht die Ära Mitterrand mit schrillen Mißtönen zu Ende. Der scheidende Präsident, vom nahen Tod gezeichnet, hat offenbar das Seine dazu getan, um den Übergang quälend und chaotisch zu gestalten. Die Zeitung *Le Monde* zeichnet ihn als französischen Nero vor dem Hintergrund des brennenden Rom.

Im Hinblick auf die Präsidentschaftswahl im kommenden Mai lassen sich zwei Feststellungen treffen: Im konservativen Lager findet eine schier unaufhaltsame Konsolidierung zugunsten des Kandidaten Edouard Balladur, des derzeitigen Regierungschefs, statt. Bei den Sozialisten hingegen herrscht seit dem Verzicht von Jacques Delors, des ehemaligen EU-Kommissionspräsidenten, unheilvolle Zersplitterung. Zug um Zug drängt Premierminister Balladur seinen ehemaligen Parteifreund und Förderer Jacques Chirac ins Abseits. Chirac, der sich als Bürgermeister von Paris bewährt hat, dem aber staatsmännische Tugenden nur begrenzt zugetraut werden, muß heute verbittert feststellen, daß es im politischen Leben keine Nibelungentreue, ja nicht einmal Fairneß gibt. Sogar Innenminister Pasqua, ein gewichtiger Königsmacher, ist zum Premierminister übergelaufen.

Die Meinungsumfragen geben Edouard Balladur einen deutlichen Vorsprung. Mit geschickter Umarmungsstrategie zieht der Regierungschef all jene auf seine Seite, die bei der Zukunftsausrichtung Frankreichs der EU den Vorrang einräumen. Jetzt fordert er sogar, daß die deutsch-französische Währungsunion bereits für das Jahr 1997 angestrebt werde.

Die Fünfte Republik bereitet sich darauf vor, demnächst von einem Staatschef regiert zu werden, der als Sohn armenischer Eltern im türkischen Smyrna geboren wurde und ein bemerkenswertes Produkt des französischen Schmelztiegels in den hohen Verwaltungsschulen ist. Schon stellt man fest, daß Balladur das Profil eines bourbonischen

Monarchen besitzt, daß sein Auftreten und seine Diktion an jene Kardinäle erinnern, die die Geschichte Frankreichs so nachhaltig geprägt haben. Der peinlich elegante Balladur unterstreicht diesen klerikalen Zug ganz bewußt durch das ständige Tragen roter Socken.

Bei der französischen Linken sieht es desolat aus. Jacques Delors' Verzicht entsprang der klaren Erkenntnis, daß die eigenen Sozialisten diesem engagierten Europäer und ehemals christlichen Gewerkschafter nur zähneknirschend folgen würden. Doch die Ersatzkandidaten geben triste Figuren ab. Da ist zunächst der puritanisch wirkende Lionel Jospin, ehemaliger Erziehungsminister, dessen protestantische Strenge manchen Wähler abschrecken dürfte, auch wenn sich die ehrgeizige Tochter von Delors, Martine Aubry, demonstrativ für ihn engagiert. Die Chancen Jospins werden so gering bemessen, daß in den Reihen seiner Anhänger der Ruf nach dem ehemaligen sozialistischen Premierminister Michel Rocard wieder laut wird, an dessen Niedergang Mitterrand ränkesüchtig mitgewirkt hat. Aus dem strammen Funktionärslager der Sozialisten hat sich der derzeitige Generalsekretär und Parlamentspräsident Pierre Emmanueli nach vorn gedrängt. Er stützt sich auf die schillerndsten Mitterrandisten von einst, den versnobten Ex-Kulturminister Jacques Lang und den hochbegüterten Antiquarssohn Laurent Fabius. Allerdings wirft man Emmanueli vor, er sei in frühere Finanzaffären verwickelt gewesen und lasse sich heute mit dem zwielichtigen Geschäftemacher Bernard Tapie ein. Kurzum, das Ansehen der Sozialisten ist so tief gesunken, daß die Frage aufkommt, ob überhaupt ein Kandidat dieses Lagers die entscheidende Stichwahl erreichen wird.

Während Balladur mit betontem Phlegma die eigene Machtübernahme vorbereitet, richten sich seine besorgten Blicke auf die chaotische Situation in Algerien. Sollten dort die Islamisten der »Heilsfront« doch noch vor Mai 1995 die Macht an sich reißen und eine gewaltige Flüchtlingswelle über das Mittelmeer nach Frankreich auslösen, dann könnten eventuell auf dem konservativen Flügel erhebliche Stimmenverlagerungen zugunsten der Rechtsextremisten stattfinden. Vielleicht liegt hier auch der entscheidende Grund für die ansonsten unverständliche Militärhilfe, die Paris immer noch dem repressiven Militärregime von Algier gewährt.

Usbekistan geht in Führung

Die brisante Situation in Zentralasien

27. Februar 1995

Es wird noch einige Zeit dauern, bis Zentralasien von sich reden macht. Doch wenn es dort in drei bis fünf Jahren zu brodeln beginnt, wird die Tragödie Tschetscheniens wie ein Randereignis erscheinen. Beim jüngsten Treffen der GUS in der kasachischen Hauptstadt Alma Ata, die sich heute Almaty nennt, hat Boris Jelzin auf engen Schulterschluß aller ehemaligen Teilrepubliken der Sowjetunion gedrängt. Obwohl der russische Präsident auch bei diesem Auftritt vorübergehend durch Alkohol- oder Medikamenteinwirkung die Selbstkontrolle verlor, haben die Staatschefs der überwiegend islamischen Länder Zentralasiens gute Miene zum bösen Spiel gemacht.

In Usbekistan, Turkmenistan und Kasachstan – nur Kirgistan macht mit seinem Präsidenten Akajew eine Ausnahme – regieren heute Staatschefs, die ihr Metier in der harten Zucht der kommunistischen Partei erlernt haben. Sie haben sich durch die Demokratisierungs- und »Perestroika«-Parolen nicht zum politischen Pluralismus oder gar zu ungehemmter Meinungsfreiheit verleiten lassen. Wenn ihnen marktwirtschaftliche Experimente vorschweben, so richtet man sich vorzugsweise auf das chinesische Modell Deng Xiaopings aus. Aus den ehemaligen Kommunisten Zentralasiens sind stramme Nationalisten geworden, die zwar die ökonomischen Verflechtungen mit Rußland nicht abschütteln können und wollen, die aber ihre staatliche Selbständigkeit immer stärker betonen.

Als dynamischste Gruppe behaupten sich heute die Usbeken mit zwanzig Millionen Menschen. Der usbekische Staatschef Islam Karimow ist darauf bedacht, seiner jungen Republik eine Führungsrolle in Zentralasien zu verschaffen. Jeder Konfrontation mit Moskau weicht er aus, aber schon heute wäre es undenkbar, daß die russischen Streitkräfte zu einer Disziplinierung dieses aufstrebenden Staates nach dem Modell Tschetscheniens antreten könnten.

Der wachsende Einfluß Usbekistans ist bereits im weiteren Umfeld zu spüren. Die kleine, verwundbare Republik Kirgistan tut sich schwer mit ihrer beachtlichen usbekischen Bevölkerungsgruppe. Im südlich angrenzenden Afghanistan verfügt Islam Karimow bei Mazar-e-Scharif und Kunduz über erheblichen Einfluß. Auch in Tadschikistan, dessen Menschen nicht der türkischen Völkerfamilie – wie in allen anderen zentralasiatischen Republiken – angehören, sondern einer ostpersischen Ethnie, ist Usbekistan an der Seite russischer Truppen engagiert, um den dortigen Bürgerkrieg einzudämmen.

Die Republik Tadschikistan ist zu einem »Menetekel« für die derzeitigen Staatschefs Zentralasiens und für deren Nomenklatura geworden. In der tadschikischen Hauptstadt Duschanbe hatten sich bei der Unabhängigkeitserklärung im Sommer 1991 die örtlichen islamischen Fundamentalisten der Partei der Wiedergeburt (Nahda) durchgesetzt. Zur Stunde hat zwar der Gegenschlag rivalisierender Clan-Gruppen und Stämme, die sich um den Altkommunisten Rachmonow scharten, dank russischer Militärhilfe die Islamisten-Bewegung niedergeworfen. Etwa 50 000 Menschen wurden bei diesem unerbittlichen Feldzug, den die Welt nicht zur Kenntnis nahm, massakriert. Ausgestanden ist das Problem nicht.

Noch beherrscht der neu entfachte regionale Nationalismus die Szene. In Turkmenistan proklamiert bereits der selbstherrliche Präsident Niazow, daß er seinen Wüstenstaat zu einem »zweiten Kuwait« machen will. Die meisten dieser angeblich armen Republiken sind mit ungehobenen Bodenschätzen reich gesegnet und sind für den Export ihres schwarzen Goldes auf die endlosen russischen Pipelines angewiesen. Der kürzeste und einfachste Weg zum Ozean führt über die Islamische Republik Iran, doch gegen eine solche Umleitung wehren sich Russen und Amerikaner gemeinsam.

In absehbarer Zukunft dürfte Kasachstan die brisantesten Probleme aufgeben. Der kluge Präsident Nasarbajew ist zu einem Drahtseilakt gezwungen. Er muß auf die eingewanderten Russen, etwa vierzig Prozent der Gesamtbevölkerung, Rücksicht nehmen. Die Reibungen zwischen Europäern und Asiaten spitzen sich hier zu. Am Ende dürfte der bislang vorherrschende Neo-Patriotismus der Zentralasiaten durch eine kämpferische islamistische Bewußtseinsbildung dramatisch angeheizt werden.

Das umstrittene Erbe Atatürks

Der Überlebenskampf der Türkischen Republik

27. März 1995

Es fällt heute leicht, die Türken zu tadeln, weil sie mit kriegerischem Aufgebot in die kurdisch bevölkerte Nordzone des Irak eingefallen sind. Aber die tatsächliche Verantwortung für das Entstehen dieses zusätzlichen Krisenherdes tragen die Amerikaner und insbesondere Ex-Präsident George Bush.

Nachdem Bush den Golfkrieg militärisch gewonnen hatte, verzichtete er auf die Beseitigung des Diktators Saddam Hussein. Um ihn dennoch zu demütigen und als Verlierer bloßzustellen, wurde das irakische Territorium nördlich des 36. Breitengrades zur entmilitarisierten »Schutzzone« unter der theoretischen Überwachung der UNO deklariert. So entstand an der südlichen Grenze der Türkei ein strategisches und politisches Vakuum: Hier bekriegten sich die verfeindeten Kurdenstämme, hier baute die kurdische Arbeiterpartei PKK ihre Stützpunkte aus und holte zu Guerilla-Aktionen in Südostanatolien aus.

Die Türken sehen die Dinge nüchtern. Sie wissen, daß es den kurdischen Oppositionellen um weit mehr geht als um kulturelle Entfaltung ihres Volkstums und regionale Selbstverwaltung. Die militanten Kurden haben sich die staatliche Unabhängigkeit und die Vereinigung ihrer zerrissenen Nation zum Ziel gesetzt. Die Verwirklichung dieses Plans würde aber das Auseinanderbrechen der Türkischen Republik zur Folge haben. In Kurdistan – diesseits und jenseits der irakischen Grenze – geht es nicht nur für die Kurden, sondern auch für die Türken um Sein oder Nichtsein.

Die Europäer, die dem Abschlachten muslimischer Bosniaken tatenlos zugesehen haben und die Vernichtung des tschetschenischen Unabhängigkeitswillens mit lauen Floskeln des Bedauerns begleiteten, mögen die Regierung von Ankara unter Druck setzen und ihr den Beitritt zur Zollunion erschweren. Doch solche Drohungen fruchten wenig. Die Nachfolger Kemal Atatürks sind über die schier unlösbare Kurdenfrage hinaus mit ganz anderen Sorgen belastet.

Es bedurfte blutiger Ausschreitungen in Istanbul und Ankara, um die Weltöffentlichkeit auf die religiöse Sekte der Alewiten aufmerksam zu machen, deren Dynamik die Türkei auf fast ebenso dramatische Weise zu spalten droht wie das leidige Kurden-Dilemma. Bei den Alewiten handelt es sich um eine geheimnisvolle, esoterische Glaubensgemeinschaft, die zwar offiziell dem Islam zugerechnet wird, sich von der Mehrheitsrichtung der Sunniten jedoch in wesentlichen Punkten unterscheidet. Die Alewiten zollen ähnlich wie die Schiiten dem Imam Ali, Schwiegersohn und Vetter des Propheten Mohammed, mystische Verehrung. Aber auch schamanistische und sogar christliche Kultelemente haben sich erhalten.

Unter dem laizistischen Regime Atatürks, der dem politischen Islam einen unerbittlichen Kampf angesagt hatte, mußten die Alewiten keine Verfolgung oder Diskriminierung befürchten. In den letzten Jahrzehnten standen sie den diversen Fraktionen der sozialistißchen Linken nahe und unterstützten deren Volksvertreter. Die Situation hat sich jedoch radikal verschlechtert, seit auch die Türkei vom großen Erdbeben der islamischen Wiedergeburt erfaßt wurde. Die Fundamentalisten stellen heute die Bürgermeister zahlreicher großer Städte, darunter Istanbul und Ankara. Bei den kommenden Parlamentswahlen dürften die Fundamentalisten zur stärksten politischen Formation avancieren. In ihren Augen sind die Alewiten extrem zwielichtige Muslime, ja sie werden ganz offen der Ketzerei beschuldigt. Die Erfahrung lehrt, daß religiöse Spannungen oft brutaler ausgetragen werden als ethnische.

Im Westen gehört es zum guten Ton, die türkischen Streitkräfte als Instrument brutaler Repression anzuprangern. Tatsächlich gehen die Generale von Ankara gegen staatsverneinende Opponenten mit äußerster Härte vor und scheren sich wenig um die vom Europarat verbrieften Menschenrechte. Dennoch sollte man sich hüten, das türkische Offizierskorps systematisch zu diskriminieren. Die Armee ist heute der letzte Garant des kemalistischen Gedankengutes, das – gestützt auf ein abendländisch orientiertes Bürgertum – der steigenden Flut des Islamismus widerstehen könnte.

Der unaufhaltsame Popularitätszuwachs der islamistischen Refah-Partei, der Ausbruch des konfessionellen Konfliktes mit den Alewiten, die Infragestellung der nationalen Identität durch den kurdischen Aufstand bringen die türkische Generalität in eine tragische Zwangslage. Sie muß mit allen Mitteln versuchen, den Bestand ihrer Republik zu wahren. Sollte dieses Unterfangen scheitern und die Stabilität zwischen Bosporus und Kaukasus zerbrechen, müßte sich Europa auf explosive Herausforderungen gefaßt machen.

Neue Dimensionen des Terrors

Die Gefahr der ABC-Waffen

24. April 1995

Wieviel einfacher wäre es, hätte man die Massenmörder von Oklahoma City in den Reihen islamischer Fundamentalisten gefunden, hätten die Spuren der Attentäter in den Nahen und Mittleren Osten geführt! Die Medien standen bereits auf dem Sprung. Die amerikanischen Streitkräfte holten zum Vergeltungsschlag aus. Für die Masse der Amerikaner ist es ein entsetzlicher Schock, feststellen zu müssen, daß die Täter von Oklahoma City allen bisherigen Erkenntnissen zufolge durchschnittlich wirkende junge Männer weißer Hautfarbe sind, daß sie aus dem Herzen der USA kommen, wo die Welt doch noch in Ordnung ist.

Der Verdacht richtet sich auf Mitglieder von Bürgermilizen aus Michigan und Montana. Das sind bisher noch dürftige Spuren. Auch ein Zusammenhang zur Selbstmord-Sekte der Davidianer wurde hergestellt. Haß auf einen viel zu liberalen Präsidenten kommt als Motiv in Frage und ein Rassenwahn, der sich gegen Schwarze und Juden richtet. Von einer Ku-Klux-Klan-ähnlichen Organisation – genannt »Arische Nation« – ist die Rede. »God's own country« erscheint plötzlich ebenso unheimlich und unberechenbar wie zur Zeit der Gangsterkriege von Chikago oder nach der Ermordung John F. Kennedys.

Der Terrorismus hat in diesen Tagen eine neue Dimension gewonnen. Er ist total unberechenbar geworden. Neben Oklahoma City drängen sich die Bilder aus Tokio und Yokohama auf, wo mysteriöse Giftgasanschläge eine Massenpanik auslösten. Auch hier bleiben die Tatmotive weitgehend unerforscht, und der Führer der bezichtigten Aum-Sekte ist offenbar ebenso wenig als eindeutiger Anstifter überführt wie jener blinde Scheich Omar Abdurrahman, der in New York in den Sprengstoffanschlag gegen das World Trade Center verwickelt war.

Zwar hat man es in Oklahoma, in Japan, in New York mit Attentätern zu tun, die nicht sonderlich professionell vorgingen, deren Todestechnologie unvollkommen und deren Tarnung unzulänglich war. Doch möglicherweise stehen die Nachahmer schon bereit, und die hochspezialisierten Experten des Schreckens, die mit logistischer Unterstützung straff organisierter Geheimdienste oder Verbrecherbanden operieren, könnten auf den Gedanken kommen, die Bevölkerung ganzer Gebiete durch Bombenterror erpreßbar und gefügig zu machen.

In diesem Zusammenhang muß hervorgehoben werden, daß die Einwohner von Oklahoma City in der Stunde schlimmster Bedrängnis mit kaltblütiger Entschlossenheit und bewundernswerter Solidarität reagiert haben. Offenbar ist im »Herzland Amerikas« doch noch manche Pioniertugend erhalten geblieben, und die oft verspottete Frömmigkeit des sogenannten »Bibelgürtels« hat sich bewährt. Die Tatsache jedoch, daß auch Terroristen beanspruchen, die wahren Werte Amerikas retten zu wollen, läßt schwere Bedenken aufkommen für das Staatsgebilde USA. Der Instinkt für den moralischen Konsens, den Alexis de Tocqueville im 19. Jahrhundert als Grundlage amerikanischer Stabilität und Libertät feierte, scheint rapide zu schwinden.

Mag sein, daß die Tragödie von Oklahoma ein Einzelfall bleibt, daß Japan seine mystischen Giftsprüher in den Griff bekommt, daß die Weltöffentlichkeit in Zukunft nur noch durch den Routine-Terror der arabisch-israelischen Konfrontation oder des algerischen Bürgerkrieges aufgeschreckt wird, mit dem sie sich achselzuckend abgefunden hat. Dennoch arbeiten zwei verhängnisvolle Faktoren auf eine fatale Gefahrensteigerung hin: Einerseits sind die sittlichen Werte, die sich auf die angestammten großen Religionen stützen, im Westen weitgehend abhanden gekommen und werden durch die konfuse Magie todesbesessener Sektierergruppen überwuchert. Andererseits steigert sich das technologische Potential terroristischer Erpressung ins Unermeßliche.

Den Angaben des ehemaligen Mitterrand-Beraters Jacques Attali zufolge stehen im Bereich der ehemaligen Sowjetunion unkontrollierte Mengen radioaktiver Substanzen zur Verfügung. Es bedarf durchaus nicht perfektionierter Atombomben, sondern lediglich der explosiven Freisetzung einer relativ bescheidenen Menge angereicherten Uraniums, um ganze Stadtviertel zu verseuchen, um beispiellose Panik auszulösen. Auch beim heimtückischen Giftgas Sarin wird es schwer sein, die Büchse der Pandora wieder zu schließen, die von trügerischen Gurus aufgerissen wurde. Der Ruf nach mehr Sicherheit, der jetzt gebieterisch durch Amerika hallt, kann nur durch Einschränkung der bürgerlichen Freiheiten befriedigt werden. Auch hier ist eine Wende erreicht.

Der lange Schatten de Gaulles

Chiracs später Sieg

22. Mai 1995

Allen Zweiflern zum Trotz und gegen alle Prognosen ist Jacques Chirac Präsident Frankreichs geworden. François Mitterrand war auch erst im dritten Anlauf in den Elysée-Palast eingezogen, und Charles de Gaulle hatte zwölf Jahre bitterer Einsamkeit im Dorf Colombey-les-Deux-Eglises verbracht, ehe sich die Nation 1958 auf dem Höhepunkt der Algerienkrise auf den Befreier Frankreichs besann.

Der neue Staatschef Frankreichs verfügt weder über das königliche Pathos de Gaulles noch über die eiskalte Staatsraison Mitterrands. Vielleicht ist er deshalb so vielen Franzosen und vor allen den Parisern, deren Stadt er lange Jahre vorbildlich verwaltete, sympathisch und insgeheim vertraut. Dieser Absolvent der unvermeidlichen Kaderschmiede ENA (Ecole Nationale d'Administration), dieser Zögling des pragmatischen Präsidenten Pompidou, dieser oft hektisch, widersprüchlich und angespannt wirkende Präsidentschaftskandidat übte keine charismatische Wirkung aus, wenn er sich an das Volk wandte. Je näher man ihm jedoch kam, je persönlicher der Kontakt, desto erstaunlicher die Wandlung zum Positiven. Er strömte Herzlichkeit, Wärme, freundliche Natürlichkeit aus. In seinem Heimatdepartement Corrèze konnte man gar nicht anders als Chirac wählen.

Ähnlich wie Mitterrand, der sich in seinen Studentenjahren der nationalistischen Rechten Frankreichs auf bedenkliche Weise angenähert hatte, verirrte sich auch der Student Chirac einst ins politische Abseits. Heute kann man sich kaum vorstellen, daß dieser Herold des Neogaullismus in den fünfziger Jahren den »Appell von Stockholm«, eine sowjetisch inspirierte Kampagne gegen die Atombombe, unterzeichnete und sogar gelegentlich das kommunistische Blatt *Humanité-Dimanche* als freiwilliger Helfer verkaufte. Die Eskapaden hat er gründlich korrigiert. Er war nahe daran, sich für die aktive militärische Laufbahn zu entscheiden. Immerhin ist er heute

Oberst der Reserve und für strategische Dinge weit aufgeschlossener als der Ernst-Jünger-Bewunderer François Mitterrand.

Chirac tritt seine Amtszeit mit starken Karten und hohen Risiken an. Im Gegensatz zu seinem Vorgänger verfügt er über eine massive Mehrheit im Parlament, in den Regionalräten, unter den Bürgermeistern. In der Person des eben ernannten Premierministers Alain Juppé stützt er sich auf einen verläßlichen Gefolgsmann. Doch eine lange Schonfrist wird die französische Öffentlichkeit dem neuen Staatschef nicht gewähren. Er hat vor und nach seinem Amtsantritt feierlich verkündet, daß sein oberstes, zwingendes Ziel die Verringerung der Arbeitslosigkeit sei. An diesem Versprechen wird er gemessen werden.

Man hat Jacques Chirac als »Bulldozer« bezeichnet. Aber es ist fraglich, ob Energie und Einsatz ausreichen, den recht maroden Zustand der französischen Wirtschaft, die eine immer noch hierarchisch anmutende Gesellschaftsstruktur widerspiegelt, zu überwinden. Die Versuchung wird groß sein, eine weitere ökonomische Stagnation der lähmenden Einwirkung Brüssels anzulasten. Jedenfalls wird Jacques Santer, der Nachfolger Jacques Delors' an der Spitze der Europäischen Kommission, mit zäher Pariser Opposition gegen eventuelle Kompetenzerweiterungen rechnen müssen, und von einem größeren Mitspracherecht des Straßburger Parlaments hält Chirac überhaupt nichts.

Seit dem Zweiten Weltkrieg war für alle französischen Staatsmänner Europa-Politik in erster Linie Deutschland-Politik. Während de Gaulle diese »Ehe« mit den Germanen eher resigniert als freudig akzeptierte, sind die Voraussetzungen für ein gutes menschliches Verhältnis zwischen Helmut Kohl und Jacques Chirac vom Temperament und der gegenseitigen Kontaktfreude her gegeben. Dem neuen französischen Staatschef haftet eine populistische Neigung und eine Erdverbundenheit an, die dem Pfälzer gefallen. Auf jeden Fall dürfte Chirac dem Bündnis zwischen Bonn und Paris eine beherrschende Rolle innerhalb Europas zuspielen und die Beschleunigung der gemeinsamen Verteidigung anstreben. Chirac wird die Demütigung und Bedrohung der französischen »Blauhelme« in Ex-Jugoslawien nicht länger dulden wollen. Ein bequemer Europa-Partner ist dieser Neogaullist nicht.

Angst vor atomarer Erpressung

Die französischen Atomtests

19. Juni 1995

Der neugewählte Präsident Jacques Chirac gab bei seiner ersten Pressekonferenz die Wiederaufnahme der französischen Nuklearexplosionen auf dem Pazifikatoll Mururoa bekannt. Die weltweite Entrüstung ließ nicht auf sich warten. Frankreich als schlechtes Beispiel für all jene Staaten, die den Nichtverbreitungspakt für Atomwaffen, den sogenannten »non-proliferation treaty«, unterzeichnet haben, und als Alibi für die, die ihn umgehen möchten.

Es mag tatsächlich stimmen, daß Frankreich noch nicht über die technischen Voraussetzungen für ein Simulationsverfahren verfügt, das mit Hilfe eines hydronuklearen Forschungsvorgangs nur noch eine sehr geringe Menge an Radioaktivität freisetzt und auch nicht mehr registrierbar ist. Im Oktober 1996 hoffen die französischen Wissenschaftler über ein eigenes Simulationssystem verfügen zu können. Ähnlich wie ihre amerikanischen Kollegen sind sie von der Notwendigkeit weiterer Labortests überzeugt, und sei es nur, um die Funktionsbeständigkeit ihres Arsenals zu überprüfen. Dann wird nur noch die Volksrepublik China mit klassischen Atomversuchen fortfahren, die angeblich »friedlichen Zwecken« wie Großbauprojekten zugute kommen sollen.

Was nun die Weiterverbreitung von Nuklearwaffen betrifft, so sollten sich die Apostel der neuen Weltfriedensordnung keine Illusionen machen. Die USA haben ausgerechnet mit Nordkorea einen »Deal« geschlossen, der dem dortigen geheimen Rüstungsprogramm durchaus nicht alle Riegel vorschiebt. Clinton hat sich dabei zu merkwürdigen Kompromissen bereitgefunden, während er den Iran ohne einleuchtende Hinweise auf militärisch-nukleare Ambitionen der Mullahs mit einem Handelsembargo belegte. Indien konnte praktisch ohne Protest zur Nuklearmacht werden, Pakistan hingegen wurde bei seinem Rüstungsprogramm extrem behindert. Dennoch dürfte es heute über sechs bis zehn Atombomben verfügen, die mit F-16-Kampfflugzeugen ins Ziel gebracht werden können. Und bei den riesigen sowjetischen Beständen an spaltbarem Material kann von einer effektiven Kontrolle ohnehin nicht mehr die Rede sein. So soll Teheran zwei taktische Atomsprengköpfe für Scud-B-Raketen aus Kasachstan käuflich erworben haben. Daß Israel über mehr als 200 atomare Sprengköpfe und die dazugehörigen Trägerwaffen verfügt, wird die arabischen und islamischen Anrainer nicht ruhen lassen, ehe sie nicht selber über ein paar dieser apokalyptischen Instrumente verfügen. Der israelische Geheimdienst rechnet mit einer Schonfrist von fünf bis höchstens sieben Jahren. Selbst gewisse Verteidigungsexperten der Schweiz hatten auf dem Höhepunkt des Kalten Krieges an die Schaffung einer eidgenössischen Abschreckungskraft gedacht.

Die europäischen Verbündeten Frankreichs sollten also nicht zu voreilig den Stab über der nuklearen Sturheit Jacques Chiracs brechen. Selbst im deutschen Verteidigungsministerium wird hinter vorgehaltener Hand die erschreckende Perspektive erörtert, daß sich unberechenbare Potentaten in diktatorisch regierten Ländern des nahen oder weiteren Umfeldes Europas ein militärisches Nuklearpotential zulegen könnten. Die Bundesrepublik wäre in diesem Fall ziemlich schutzlos der atomaren Erpressung ausgeliefert. Man stelle sich nur vor, Saddam Hussein hätte mit der Besetzung Kuwaits so lange gewartet, bis er über ein halbes Dutzend Atomwaffen verfügte, was damals ein Frage von ein oder zwei Jahren war. Der Golfkrieg hätte vermutlich nicht stattgefunden.

Zur Ausbalancierung des gigantischen russischen Nuklear-Arsenals sind die Westeuropäer weiterhin auf die enge Verflechtung mit der Supermacht USA angewiesen. Aber die Ereignisse auf dem Balkan demonstrieren, daß Washington aus durchaus einleuchtenden Gründen nicht bereit ist, den Europäern in Regionalkonflikten beizuspringen. Es geht ja nicht nur um die atomaren Ambitionen von Staaten und Regierungen. Man kann sich vorstellen, daß weltweite Verbrecher- oder Terrorsyndikate zu diesem extremen Mittel der politischen oder ökonomischen Erpressung greifen.

Die angekündigten Atomversuche Frankreichs erscheinen arrogant und schwer erträglich. In Wirklichkeit sind sie nur ein Teilaspekt bei der bevorstehenden Destabilisierung aller Sicherheitsnormen.

Zweckallianz zwischen Moskau und Teheran

Die Ölförderung im Kaukasus

17. Juli 1995

Zur Zeit des Empire pflegten die Engländer ihre Hand in fremde Ozeane zu halten und festzustellen: »Es schmeckt salzig, also muß es britisch sein.« Heute könnte man, wenn irgendwo Petroleum gewittert wird, sagen: »Es riecht ölig, also muß es amerikanisch sein.« Jedenfalls zeigt die Strategie Washingtons beachtliche Dynamik, wenn es am Persischen Golf oder jetzt im Kaukasus um die Förderung des Schwarzen Goldes geht, während Länder wie Bosnien, die über solchen Reichtum nicht verfügen, auf der Schattenseite der Weltpolitik ihr trauriges Schicksal fristen müssen.

Die Vorräte an Erdöl und Erdgas am Südrand der ehemaligen Sowjetunion sind so gewaltig, daß Bill Clinton nicht zögert, die offene Konfrontation mit Rußland zu wagen. In der transkaukasischen Republik Aserbeidschan haben die amerikanischen Gesellschaften den Löwenanteil der bevorstehenden Offshore-Förderung im Kaspischen Meer an sich gerissen. Die Aserbeidschaner müssen sich mangels eigener Finanzkraft mit ewa zehn Prozent zufriedengeben, die Russen durften sich gerade noch mit ebenfalls zehn Prozent beteiligen. Die Islamische Republik Iran, der nächste Anrainer, wurde auf Drängen Washingtons aus diesem Kontrakt ausgeschlossen.

Im Südkaukasus sind Förder-Investitionen von 7,4 Milliarden US-Dollar eingeplant. In Zentralasien hat man noch Größeres im Auge. So soll der Republik Kasachstan bei der Erschließung ihrer immensen Petroleumreserven mit vierzehn Milliarden US-Dollar unter die Arme gegriffen werden. Diese hektische amerikanische Aktivität könnte einzig durch die Befürchtung eingeschränkt werden, daß ein zu großes Angebot auf dem Weltmarkt die Preise und somit die Einnahmen der Öl-Multis reduzieren würde. Der große Streit dreht sich jetzt vor allem um die Linienführung der neuen Pipelines. Der einfachste und kürzeste Weg wäre durch den Iran, aber die US-Politik hat in der Mullahkratie von Teheran das neue »Reich des Bösen« entdeckt und sträubt sich gegen diese Vernunftlösung. Da auch das russische Angebot, die Leitungen ausgerechnet über das tschetschenische Grosny ans Schwarze Meer zu leiten, aus Gründen der Rentabilität, der Sicherheit und der politischen Moral für Washington nicht akzeptabel ist, haben sich die beiden Geprellten, Moskau und Teheran, zu einer Zweckallianz zusammengeschlossen, die in der Lieferung von russischen nuklearen Aufbereitungsanlagen an den Iran gipfelt.

Die Türken würden die Pipeline am liebsten über Georgien und Ostanatolien zu ihrem Mittelmeerhafen Ceylan dirigieren. Hier müßten die Investoren allerdings die anhaltende Unruhe sowohl in Georgien als auch im türkischen Kurdistan berücksichtigen. Ein Ausweichen über Armenien wird durch den heillosen Konflikt mit Aserbeidschan um die Enklave Berg-Karabach verhindert. Turkmenistan hingegen scheint eisern entschlossen, sein Erdgas über iranisches Territorium zu exportieren; doch selbst in diesem Fall ziehen die Geldgeber die Schrauben an. Die Steppenrepublik Kasachstan wiederum erwägt einen Anschluß an das chinesische Verteilersystem in der Westprovinz Sinkiang, wo japanische Petroleum-Experten in der Taklamakan-Wüste fündig geworden sind. Das Reich der Mitte bietet einen ungeheuren Markt der Zukunft und stellt eine Macht dar, die sich um amerikanische oder russische Einwände nicht schert.

Es zeigt sich in diesem hochbrisanten geopolitischen Raum, daß der Aktionsradius der bisherigen Supermächte stark reduziet wurde, ja daß diese gelegentlich ohnmächtig sind. Noch glaubt man wohl in den USA, die globale Strategie im Griff zu haben. Aber der Sieg im Golfkrieg hat nicht zur erwünschten Stabilisierung der Region geführt, und der militärische Ausflug nach Somalia, wo ebenfalls Erdöl vermutet wird, endete in einem aufsehenerregenden Debakel. Weit mehr als Rußland oder Iran wird sich demnächst die Volksrepublik China bei amerikanischen Expansionsplänen in Asien querlegen.

Was Rußland betrifft, so sind die dortigen Geheimdienste weiterhin zu jeder Gewalttat bereit. Doch die militärische Blamage Jelzins in Tschetschenien zieht weite Kreise. Noch ist zwar der Konflikt nicht auf das benachbarte Dagestan übergesprungen, aber eine vielfältige Anarchie breitet sich auch dort aus. Das Erdölgeschäft in diesem Teil der Welt ist mit unberechenbaren Risiken belastet.

Explosion im Kosovo?

Die Folgen des kroatischen Triumphs in der Krajina

14. August 1995

Der Triumph des kroatischen Staatschefs Franjo Tudjman, der sich neuerdings in einer weißen Marschallsuniform à la Tito zeigt, hat die Situation im Südosten Europas radikal verändert. Der Mythos von der serbischen Unbesiegbarkeit ist zerstört. Auf dem Gebiet Ex-Jugoslawiens stehen sich nun zwei einigermaßen gleichgewichtige Kontrahenten gegenüber: Belgrad und Zagreb. Niemand weiß genau, wie viele Krajina-Serben sich heute auf der Flucht nach Osten befinden. Es sind mindestens 150 000 Menschen, die sich allerdings im Gegensatz zu den aus den UNO-Schutzzonen vertriebenen Muslimen nicht zu Fuß durch die feindlichen Linien schleppen müssen, sondern in Privatautos und mit Traktoren den rettenden bosnisch-serbischen Quartieren zustreben.

Dennoch ist das Schicksal der vertriebenen Krajina-Serben besonders tragisch. Es handelt sich hier um Nachkommen christlicher Flüchtlinge des Balkans, die sich in großen Migrationen der türkischen Fremdherrschaft entziehen wollten. Die Habsburger hatten diese Flüchtlinge in großzügiger Weise aufgenommen und sie längs der sogenannten Militärgrenze in einem weiten geographischen Bogen als Wehrbauern angesiedelt. Als Gegenleistung für diese Schutzfunktion gegen die häufigen muslimischen Einfälle hatten die katholischen Kaiser in Wien den Krajina-Serben zugestanden, daß sie am orthodoxen Glauben festhalten könnten und der geistlichen wie weltlichen Autorität ihrer eigenen Patriarchen unterstanden.

Diese Militärgrenze, die »Krajina«, hat sich ein Vierteljahrtausend lang als Abwehrstellung und Warnsystem des Habsburger Reiches und somit des gesamten Christentums gegen den Islam bewährt. Erst im späten 19. Jahrhundert flammte die tödliche Gegnerschaft zwischen Wien und dem serbischen Nationalismus auf, die mit der Ermordung des Erzherzogs Franz Ferdinand in den Ersten Weltkrieg einmündete.

Nach dem Siegeszug der katholischen Kroaten und der Eroberung Knins ist das Schicksal der serbisch-orthodoxen Krajina endgültig besiegelt. Jetzt steht für Präsident Tudjman nur noch die Rückeroberung des ostslawonischen Gebietsstreifens mit der Stadt Vukovar zur Debatte, wo er jedoch auf die geballte Kraft der immer noch mächtig bewaffneten restjugoslawischen Armee stoßen dürfte. Im Zentrum aller strategischen Betrachtungen steht wieder einmal die Zukunft Bosniens. Zwar verfügt die muslimisch-bosnische Enklave von Bihac wieder über freie Verbindungen zur Außenwelt, die alle über kroatisches Territorium führen. Aber in Ostbosnien droht die »Schutzzone« von Gorazde ein ähnlich fürchterliches Schicksal zu erleiden wie das Städtchen Srebrenica. Schon wird in Washington vorgeschlagen, man solle doch eine zusätzliche »ethnische Säuberung« im Interesse einer sinnvollen Begradigung der Frontlinien und späteren Staatsgrenzen hinnehmen. Dann würde man Gorazde gegen einen Gebietszipfel rund um Sarajevo austauschen und somit den Bosniaken einen garantierten Zugang zu ihrer Hauptstadt gewähren. Die Versuchung für die muslimischen Truppen ist übrigens groß, ihrerseits durch eine gezielte Offensive vollendete Tatsachen zu schaffen.

Washington und Moskau mischen sich aktiv ein, während die Europäer unschlüssig beiseite stehen. Die Frage stellt sich heute, ob ein bosnisch-muslimischer Rumpfstaat zwischen Mostar, Zenica und Tuzla, der weder einen Zugang zum Adriatischen Meer noch zur Save besitzt, lebensfähig ist. Oder ob es nicht doch sinnvoller wäre, diesen Phantomstaat in eine serbische und eine kroatisch beherrschte Einflußzone aufzuteilen. Die Muslime würden in diesem Fall in die Rolle von »Balkan-Palästinensern« gedrängt.

Ein solcher Zwischenkompromiß zu Lasten einer muslimischen Gemeinde von etwa zwei Millionen Menschen würde natürlich in der gesamten islamischen Welt als ein Sieg des Kreuzes über den Halbmond angeprangert und bekämpft werden. Vor allem die Türkei fühlt sich aufgerufen, ihren ehemaligen muslimischen Schutzbefohlenen zur Seite zu stehen. In diesem Zusammenhang droht auch der Konflikt um das von den Serben unterdrückte, aber zu neunzig Prozent von muslimischen Albanern bevölkerte Kosovo zu explodieren. Schon verwahrt sich Tirana dagegen, die serbischen Krajina-Flüchtlinge im Kosovo anzusiedeln. Die Messer werden gewetzt.

Auf dem Weg zur Weltmacht

China läßt sich nicht mehr einschüchtern

11. September 1995

Wenn zwei das gleiche tun, ist es bekanntlich nicht immer dasselbe. Dies gilt auch für die Atomversuche von Frankreich und China. Man kann sich schlecht vorstellen, daß japanische Abgeordnete, die in Papeete gegen die französischen Sprengungen protestierten, sich zu einer ähnlichen Aktion auf chinesisches Territorium begeben hätten. Das liegt nicht nur an den harten Sicherheitsmaßnahmen Chinas. Die Zurückhaltung hat einen weit einleuchtenderen Grund: Frankreich wurde im Verlauf der Geschichte auf den Stand einer regionalen Mittelmacht zurückgestuft, während die Volksrepublik China zur dominierenden Weltmacht aufrückt. Peking beherrscht nicht nur wegen der Weltfrauenkonferenz, die dort abgehalten wurde, oder wegen seines wirtschaftlich-technologischen Durchbruchs die Schlagzeilen, es entfaltet auch in zunehmendem Maße militärische Kraft. Die vierte Modernisierung Deng Xiaopings – die der Streitkräfte – ist nach langem Zögern heute in vollem Gange. In der Ablösungskrise, die sich mit dem Ableben Deng Xiaopings abzeichnet, gilt die Volksbefreiungsarmee als Garantin politischer Stabilität und vor allem als Wahrerin der territorialen Einheit dieses riesigen Landes.

Wie sehr die westlichen Medien noch von spätkolonialen Reflexen beherrscht werden, läßt sich daran ablesen, daß sie es offenbar als schicksalhaft empfinden, wenn die USA und Rußland über ein apokalyptisches Vernichtungspotential verfügen, daß ihre Entrüstung jedoch groß ist, wenn die Regierung Chinas – immerhin für das Wohl von 1,2 Milliarden Menschen zuständig – ihrerseits ein gut funktionierendes Nuklear-Arsenal anstrebt. Die Volksrepublik hat nie aufgehört, sich als »Reich der Mitte« zu bezeichnen. Warum sollte sie Amerikanern und Russen irgendeine Priorität einräumen?

China läßt sich nicht mehr einschüchtern, und niemand – nicht einmal die Supermacht USA – kann diesen neuen Partner im pazifischen Raum in die Ecke drängen. Gerade weil der neue Staats- und Parteichef, Jiang Zemin, nicht über die Autorität und das Prestige eines Deng Xiaoping verfügt, muß er sich gegenüber der Nomenklatura, aber auch gegenüber seinem von der eigenen Überlegenheit zutiefst durchdrungenen Han-Volk als kompromißloser Hüter der nationalen Größe bewähren. Er wird mit allen Mitteln verhindern, daß die Insel Taiwan das »Ein China«-Postulat verletzt und sich als zweiter unabhängiger chinesischer Staat etabliert.

Ebensowenig hat die autonome Region Tibet Chancen auf die Wiederherstellung einer realen Selbständigkeit. China kann sich darauf verlassen, daß die Masse der Han-Einwanderer binnen kurzem die Tibeter auf den Status einer Minderheit im eigenen Land reduziert, wie das bereits den Mongolen der »Inneren Mongolei« passiert ist, die nur noch 17 Prozent der dortigen Bevölkerung ausmachen. Wirkliche Spannung aber erzeugt der Anspruch Chinas auf die Spratley- und Paracel-Inseln im Südchinesischen Meer. Hier geht es um gesamtstrategische Positionen von größter Wichtigkeit, ganz abgesehen von den Erdölvorkommen im Umkreis dieser Archipele.

Besonders empfindlich reagiert man in China, wenn der Westen immer wieder mit seinen Forderungen nach pluralistischer Demokratie und nach Verwirklichung der Menschenrechte auftrumpft. Die Chinesen können mit Recht darauf verweisen, daß die vielgerühmten »kleinen Tiger« in Fernost – insbesondere Südkorea, Taiwan, Singapur – ihre sensationellen Fortschritte auf dem Gebiet der Technologie, des Außenhandels und des allgemeinen Wohlstandes unter der strengen Fuchtel konfuzianischer Diktatoren realisiert haben. Auch das Reich der Mitte ist sich bewußt, daß eine überstürzte Hinwendung zum politischen Pluralismus, wie ihn Washington predigt, wirtschaftliche Stagnation und politisches Chaos verursacht hätte.

Natürlich wird bei zunehmender materieller Besserstellung der Massen, ja mit der Bereicherung einer neuen Klasse von Privilegierten auch der Wunsch nach größerer intellektueller Freiheit laut werden. Aber da ist das euro-amerikanische Modell nicht mehr unbedingt richtungweisend, seit sich selbst in den westlichen Ländern Zweifel darüber regen, ob die ererbte parlamentarische und repräsentative Demokratie des 19. Jahrhunderts nicht allmählich einer neuen, bislang nur in Konturen erkennbaren Mediendiktatur unterliegt.

Die dritte Heimsuchung des Islam

Das Kesseltreiben gegen Annemarie Schimmel

22. September 1995

Im Falle Annemarie Schimmels hat am Ende die Vernunft gesiegt. Die Verleihung des Friedenspreises des Deutschen Buchhandels an diese eminente Orientalistin und Vermittlerin zwischen West und Ost wird nicht an einer hektischen und ziemlich widerwärtigen Aktion scheitern, die Udo Steinbach, der Leiter des Deutschen Orient-Instituts in Hamburg, zu Recht als Hetzjagd bezeichnete.

Es war da eine eigenartige Koalition zustande gekommen, um diese alte Dame um die verdiente Ehrung zu bringen. Neben ein paar Professoren für Orientalistik, unter denen sich sogar ehemalige Schüler Annemarie Schimmels durch besondere Mißgunst auszeichneten, hatten sich alle möglichen Literaten und »Intellektuelle« eingefunden, denen die Feder stets locker sitzt, wenn es um die Verdammungsurteile Andersdenkender geht. Der Fall Schimmel illustriert auf erschreckende Weise, wie weit die heuchlerische Intoleranz, die man in USA als *political correctness* umschreibt, bei uns bereits gediehen ist. Es fehlt nicht viel, und eine neue »Reichsschrifttumskammer« wäre im Entstehen.

Da an den wissenschaftlichen Qualitäten Schimmels, an ihrer profunden Kenntnis der Materie nun wirklich nicht zu rütteln war, haben sich ihre Verfolger und Denunzianten auf das beliebte und ach so konformistische Thema der »Menschenrechte« verlegt. Salman Rushdie, der Autor der »Satanischen Verse«, wurde bemüht, um der Laureatin das Anrecht auf ihren Preis abzusprechen. Es genügte offenbar nicht, daß Frau Schimmel in wiederholten Erklärungen das Todesurteil gegen den indisch-englischen Autor abgelehnt und sogar zu seinen Gunsten in Teheran interveniert hatte. Man nahm ihr übel, daß sie eine elementare Feststellung traf: daß nämlich die frommen Muslime – durchaus nicht nur Fanatiker – die Blasphemie gegen ihren Propheten, die im Buch enthalten ist, mit Trauer, mit Zorn und mit »Weinen« vernommen hatten.

Wäre Rushdie für eine Modernisierung des Islam zu Felde gezogen, für eine Revision gewisser Bestimmungen, die vor allem die Rechte der Frauen einschränken und die theologische Diskussion zu sterilisieren drohen, dann wäre er kein Risiko eingegangen. Aber Rushdie ist weder ein Emile Zola noch ein Voltaire. Er hat sich einer schlüpfrigen Symbolik bedient, um den Sendboten Allahs zu schmähen, dessen Frauen als Huren und die Heilige Kaaba als Bordell zu beschreiben. Auf diese Form von Gotteslästerung steht laut koranischem Recht die Todesstrafe, und zur Bestätigung dieser Verdammung hätte es der »Fatwa« des Ajatollah Khomeini gar nicht bedurft. Sollte es tatsächlich zu einem Mordanschlag kommen – was Gott verhüten möge –, dann wäre er eher das Werk eines eifernden pakistanischen Einzelgängers als eines »Killers«, der im Auftrage der iranischen Mullahs handeln würde.

Warum unter vielen anderen auch Günter Grass zum Tiefschlag gegen Frau Schimmel ausgeholt hat, bleibt unverständlich. Er ist doch selber jüngst Opfer eines Kesseltreibens gewesen, das sich nicht damit begnügte, seine flagrante politische Einseitigkeit aufs Korn zu nehmen, sondern – unter Mißachtung seiner großen literarischen Begabung – das beliebte Spiel des »Tontaubenschießens« veranstaltete. Mit Günter Wallraff steht es ganz anders. Wenn er mit Salman Rushdie eine Art Seelenverwandtschaft entdeckt hat, ist das seine Sache. Aber in seinem Buch »Ganz unten« hat Wallraff sich in verdienstvoller Weise mit den Nöten der türkischen Gastarbeiter solidarisiert. Kann er denn nicht begreifen, daß gerade diese fleißigen und schlichten Anatolier sich durch die Gotteslästerungen der »Satanischen Verse« in ihrer Ehre und Würde schlimmer verletzt fühlen als durch die gelegentliche Ausbeutung durch gewisse deutsche Arbeitgeber? In einem bundesrepublikanischen Umfeld, wo offenbar jeder Sinn für religiöse Achtung verlorengegangen ist, wo die eigene, die christliche Tradition in Kabaretts, Fernsehsendungen und frivolen Zeitungsglossen widerspruchslos verunglimpft werden kann, tut man die Entrüstung der koranischen Glaubensgemeinschaft in der Verteidigung ihrer heiligsten Werte mit dem Schlagwort »Fundamentalismus« ab.

Einen entscheidenden Schuldanteil an dieser Blindheit gegenüber einer anders gearteten, rigorosen, aber zutiefst verehrungswürdigen

Kultur tragen jene deutschen Orientalisten, die ihre eigenen laizistischen Vorstellungen, ihre postkoloniale »Menschenrechtsideologie« oder die landesüblichen Rituale eines hemmungslosen Hedonismus der islamischen »Umma« nicht nur antragen, sondern aufzwingen möchten. Ihre orientalischen Studenten entlassen sie dann als Sendboten dieses Glaubensabfalls in ihre jeweiligen Heimatländer.

Daß ein christlicher Politiker wie Heiner Geißler sich vor den Karren der Anti-Schimmel-Kampagne hat spannen lassen, stimmt eher traurig. Er glaubt nämlich in aller Ehrlichkeit an die Chancen einer »multikulturellen Gesellschaft«, obwohl diese Illusion sich seit der bosnischen Tragödie in Rauchschwaden und Blutlachen aufgelöst haben dürfte.

Nicht an dem Klischee der »Menschenrechte« oder gar des militanten Feminismus sollte Annemarie Schimmel gemessen werden, sondern an ihrer »friedensstiftenden« Wirkung zwischen Ost und West, zwischen zwei Weltkulturen, die sich laut Rudyard Kipling angeblich nie begegnen. Soweit das überhaupt möglich ist, hat sie eine Brücke geschlagen zu einer in revolutionärer Gärung befindlichen islamischen Weltgemeinschaft, die in Washington, vielleicht noch eher in Moskau, als neues »Reich des Bösen« diffamiert wird. Wenigstens die Deutschen sollten sich vor solch schrecklichen Vereinfachungen und Feindbildern hüten.

Die Laureatin des Börsenvereins des Deutschen Buchhandels fährt fort, gute Beziehungen zur Islamischen Republik Iran und deren Repräsentanten zu unterhalten. Diese Art von Kontakten ist notwendig und durchaus begrüßenswert. Wer sich einige Zeit in Persien aufhält, dem wird bewußt, wie dringlich es ist, daß gewisse Pauschalurteile über die »Mullahkratie« revidiert werden. Bezeichnend für die polemischen Exzesse mancher Gazetten ist es ja, daß man ausgerechnet mir vorwirft, »wüste Schauergemälde« vom Islam zu entwerfen. Dabei kann ich als einziger Deutscher beanspruchen, daß meine Betrachtungen über die islamische Revolution zu Zeiten Khomeinis ins Persische übersetzt und in Teheran gedruckt worden sind.

Die Tatsache, daß die iranischen Koran-Gelehrten in Annemarie Schimmel eine Mittlerin zwischen Orient und Okzident sehen und ihr hohe Achtung zollen, ist in ihrer wahren Bedeutung bisher noch gar nicht erkannt worden. Die angehende Friedenspreisträgerin redet nämlich in ihren Schriften einer überwiegend mystischen Auslegung des Islam das Wort, die sich häufig in flagrantem Widerspruch zur rechtgläubigen koranischen Lehre befindet. Mag noch hingehen, daß ihre besondere Zuneigung dem Sufi Dschallaleddin Rumi gilt – einem gebürtigen Perser aus Baktrien, der Heimat Zarathustras –, der im 13. Jahrhundert seine religiöse Botschaft in den Dienst universaler »Mahabba«, einer kosmischen »All-Liebe«, stellte. Für die türkischen »Fundamentalisten« der Refah-Partei ist der eigenwillige Koran-Interpret Rumi heute ein Stein des Anstoßes, während die engagierten Laizisten des Kemalismus den milden Sektierer von Konia als Fossil eines mittelalterlichen Obskurantismus betrachten.

Wenn hingegen Annemarie Schimmel sich für die Person des Hussein Ibn Mansur el Halladsch begeistert, wenn sie ihr sympathisch-schwärmerisches »Faible« für alle pantheistischen Abweichungen islamischer Theologie auf diesen deklarierten »Häretiker« ausdehnt, überschreitet sie eigentlich die Grenze des koranisch Erlaubten. El Halladsch, der sich mit Jesus verglich, maßte sich gottähnliche Eigenschaften an. Selbst unter entsetzlichen Folterqualen hörte er nicht auf zu beteuern: »Ana el haq – ich bin die Wahrheit.« Eine Neigung zu dem, was man »islamischen Fundamentalismus« nennt, ist bei dieser Wissenschaftlerin wahrhaftig nicht zu erkennen. Sie gehört eher jener romantischen Schule an die im »Westöstlichen Diwan« einen frühen dichterischen Niederschlag fand, und so gerät sie mit ihrer Vorliebe für die muslimischen Dichter und Schriftsteller des Subkontinents gelegentlich in bedrohliche Nachbarschaft zu hinduistischem Gedankengut. In ihrem Interview mit der *Frankfurter Allgemeinen Zeitung* sagt sie: »Zu jeder Zeit hat es einen ›Mudjtahid‹ gegeben, der den Islam reformieren sollte.« Dieses ist eine zutiefst schiitische Heilserwartung, die bei den sunnitischen »Integristen« der algerischen »Heilsfront«, der palästinensischen »Hamas«, der ägyptischen Moslembrüder auf geringe Zustimmung stoßen dürfte.

Natürlich entwirft diese unermüdliche Orientalistin von der Offenbarung Mohammeds ein recht einseitiges, ein verharmlostes, auf ekstatische Toleranzbegriffe zugeschnittenes Bild. Sie nimmt die unverzichtbare politische Dimension der koranischen Staats- und Religionslehre geflissentlich nicht zur Kenntnis und gibt das auch zu.

Die Gründer der diversen »Tariqat«, der geistigen Bruderschaften oder Derwisch-Orden, wie immer man sie nennen will, mögen zwar in sich gekehrte Heilige gewesen sein. Aber frommer Quietismus – in der koranischen wie in der augustinischen Version – ist keineswegs als Hinwendung zum Pazifismus zu deuten. Das »Ruhen in Gott« verleiht erst die Kraft zum *bellum justum* wie auch zum »Streiten auf dem Wege Allahs«, wie es der Koran unentwegt fordert. Gerade aus den angeblich milden Predigten der großen Sufi sind doch die kriegerischen Erneuerungsbewegungen des Islam hervorgegangen. Man denke nur an den Scheich Safa Ardabili in Iranisch-Aserbaidschan, auf den sich die glaubenstrunkenen schiitischen Heerscharen der »Kisylbasch« beriefen, als sie gegen den osmanischen Sultan und Kalifen zu Felde zogen. Die späten Jünger Dschallaleddin Rumis haben sich 1914 zum Heiligen Krieg gegen die Engländer formiert.

Es ließen sich zahlreiche andere Beispiele zitieren, wie aus den kontemplativen Gemeinschaften der im Westen neuerdings glorifizierten Sufi waffenklirrende Kriegerorden hervorgegangen sind. Am aktuellsten ist die Tariqa der »Naqschbandi«. Die Dhikr-Übungen dieser »Muriden« bestärken heute die Tschetschenen in ihrer Bereitschaft zum Opfertod gegen die russische Unterdrückung.

Im Niltal hingegen oder im Maghreb, wo sie unter dem Namen »Zawiya« auftraten, wurden die religiösen Bruderschaften oft genug zu korrupten Instrumenten und Kollaborateuren der jeweiligen europäischen Kolonialmacht. Um der abergläubischen Entartung der Derwische, um dem völlig unislamischen Heiligenkult der »Marabu« und dem Amulett-Schwindel ein Ende zu setzen, hatte sich schon vor der Jahrhundertwende in Algerien jene Bewegung der »Ulama«, der Koran-Gelehrten, zusammengetan, die als schüchterner Vorläufer der heutigen »Islamischen Heilsfront« gelten mag.

In ihrer Annäherung an den Islam wird Annemarie Schimmel oft mit dem berühmten französischen Forscher Louis Massignon verglichen, der mir wiederum durch den eigenen Studiengang vertraut ist. Massignon erschien uns damals als ein liebenswerter, etwas schrulliger Utopist interkonfessioneller Harmonie. Rückblickend bin ich froh, daß ich meine Kenntnisse des Islam, meinen Zugang zur Arabistik auf dem Umweg über Paris und Beirut gefunden habe. So konnte ich jenen *querelles allemandes* fernbleiben, die die »Deutsche

Morgenländische Gesellschaft« heimsuchen und in der Affäre Schimmel einen beschämenden Höhepunkt erreichten.

Um ganz ehrlich zu sein und um meine Kritiker in ihren Vorurteilen noch zu bestärken: Mir ist die strenge Koran-Gläubigkeit der Islamisten in mancher Hinsicht lieber als jene halbherzigen Anpassungen an eine westliche und säkulare Alienation, die an gewissen Fakultäten Europas und Amerikas gepredigt wird. Im Gegensatz zu Frau Schimmel neige ich dazu, die Aussage Lord Cromers zu bejahen: »Reformed Islam is no longer Islam.« Auf ähnliche Weise fühle ich mich auch eher mit einem einfachen bayerischen Dorfkaplan verbunden, der das Kruzifix in seiner Schule mit Klauen und Zähnen verteidigt, als mit irgendeinem renommierten Theologen, der im Sinne der »politischen Korrektheit« bereit ist, mit dem Leidens- und Erlösungsinstrument Christi auch die Identität des Abendlandes zu verleugnen. Vielleicht – um den Skandal komplett zu machen – haben eben doch jene muslimischen Ankläger des Okzidents recht, die von einer dreifachen Heimsuchung des Islam fabulieren: durch die Kreuzritter, durch die Kolonialisten und – durch die Orientalisten.

»Gott hat vorgesorgt, Quebec ist frei«

Die Separatisten in Kanada

6. November 1995

Je me souviens – ich erinnere mich, so lautet die Losung der Frankokanadier von Quebec, die sie seit mehr als zweihundert Jahren mitsamt dem Lilienbanner der Bourbonen im Wappen führen. Das klingt sehr anachronistisch. Aber auch in der Neuen Welt spielen historische Erinnerungen, ja die neu erwachten Mythen eine größere Rolle, als man bisher wahrhaben wollte. So wurden die USA unlängst mit einer Erblast konfrontiert, die sie vorübergehend überwunden glaubten. Eine Million Schwarzer versammelte sich vor dem Weißen Haus in Washington, um dem eifernden Prediger Louis Farrakhan zuzujubeln und mit dessen wirrer Vorstellung der »Nation of Islam« zu sympathisieren.

Das mag ein etwas gesuchter Vergleich sein, aber so ganz absurd ist er nicht. Noch vor fünfzig Jahren fühlten sich die Frankokanadier politisch bevormundet und gesellschaftlich so unerträglich diskriminiert, daß sie sich selbst als *nègres blancs d'Amérique*, als »weiße Neger«, bezeichneten. Im Erinnerungskult dieser Abkömmlinge normannischer und bretonischer Bauern und Fischer lebt viel Bitterkeit fort. Als 1759 die Briten den endgültigen Waffensieg über die französischen Füsiliere davontrugen, kehrten die Aristokraten und die hohen Geistlichen in das französische Mutterland zurück und überließen die paar tausend armen Schlucker, die sich auf dem Boden der heutigen Provinz Quebec gegen die eisigen Schneestürme und die Arroganz der englischen Eroberer behaupteten, der Obhut ihrer katholischen Dorfpfarrer. Eine radikale Abkapselung im römischen Glauben begann und verankerte den Erhalt der französischen Sprache.

Zwei große Ressentiments wuchsen in diesen zwei Jahrhunderten kultureller Vereinsamung: die Wut auf das frivole, aufgeklärte Frankreich, das sie im Stich gelassen hatte, und der Zorn auf die *maudits Anglais,* die »verfluchten Engländer«.

Erst nach 1950 wandelten sich die Dinge in Quebec: Die »stille Revolution« setzte ein, die Emanzipation von der kirchlichen Bevormundung und eine Hinwendung der frankophonen Intellektuellen zum säkularen Nationalismus. Die Klöster leerten sich, die Seminare verwaisten, die Bischöfe verloren ihre Autorität, und die Jugend verwarf die moralische Strenge der Väter. Dafür klammerte sich diese neue Generation um so kompromißloser an ein frankophones Wiedererwachen, das schon bald sezessionistische Tendenzen gegenüber der gesamtkanadischen Föderation aufweisen sollte. Aber erst 1967, als Charles de Gaulle vom Balkon des Rathauses Montreal »Vive le Québec libre« rief, wurde die Abspaltung »Neu-Frankreichs« zum zugkräftigen politischen Programm.

Gesellschaftlich, kulturell, politisch hatten die Frankophonen sich inzwischen längst durchgesetzt. Als der schillernde »Québecois« Pierre Elliott Trudeau Premierminister von Gesamtkanada wurde und sich mit seinen Getreuen in Toronto etablierte, sprach man sogar von der neuen *French power.* Auch der jetzige Regierungschef Kanadas, Jean Chrétien, der sich so vehement dem Separatismus der Provinz Quebec und ihres Premierministers Jacques Parizeau entgegenstemmte, ist französischer Abstammung. Extrem knapp haben die Nationalisten die staatliche Unabhängigkeit bei der jüngsten Volksabstimmung verfehlt. Ihre Niederlage, so beklagte sich Parizeau vor seinem Rücktritt, sei auf den Einfluß des überwiegend angelsächsischen Kapitals und das Stimmpotential der sich zur Anglophonie bekennenden Neu-Einwanderer zurückzuführen. So falsch ist diese Analyse nicht, aber sie vernachlässigt eine dritte Komponente der Wahlschlappe: Seit die Québecois dem streng befolgten Katholizismus ihrer Vorfahren den Rücken gekehrt haben, ist ihr Bevölkerungszuwachs extrem zurückgegangen.

Der neue starke und charismatische Wortführer der Separatisten heißt Lucien Bouchard. Nach dem knappen Wahlresultat hat er bereits erklärt, daß das nächste Referendum nicht auf sich warten lassen werde. Das mag für Kanada und vielleicht auch für Quebec eine düstere Perspektive sein, aber für die unentwegten Anhänger einer utopisch verklärten Unabhängigkeit gilt weiterhin der Hoffnungsspruch, der in der ältesten Kirche von Quebec verewigt ist: »Deus providebat, Kebeka liberata« – Gott hat vorgesorgt, Quebec ist frei.

Israel – Staat und Religion sind nicht zu trennen

Nach Rabins Ermordung

10. November 1995

Nach der Ermordung Jizchak Rabins stand überall zu lesen, die besondere Tragik dieses Ereignisses bestehe darin, daß ein Jude einen Juden getötet habe. Es bedurfte einer Studie Benjamin Frankels in der *Washington Post*, um eine Legende zu entkräften. Politischer Mord ist in Israel nicht völlig unbekannt. Im Jahr 1943 war sogar der spätere Staatsgründer David Ben Gurion nur durch eine glückliche Fügung der Kugel eines jüdischen Attentäters entgangen. Im Mai 1948 – dieses war der blutigste Zwischenfall – starben zehn Mitglieder der »Stern Gang«, einer Truppe von Extremisten, der der spätere Regierungschef Jizchak Schamir angehörte, im Kugelhagel der Hagana, in deren Organisation Jizchak Rabin eine maßgebliche Rolle spielte. Unter diesem Aspekt blutigen inneren Zwistes ist Israel ein Staat wie jeder andere auch.

Die Begräbnisfeierlichkeiten in Jerusalem, die Anwesenheit so vieler Staats- und Regierungschefs am Grab des »Märtyrers für den Frieden«, haben demonstriert, daß dem Judenstaat – jenseits aller geopolitischen Bedeutung, jenseits auch der amerikanischen Innenpolitik, die im Heiligen Land mitspielt – eine zusätzliche metaphysische Qualität zukommt. Sie kann selbst von den Befürwortern einer strikten Säkularisierung nicht geleugnet werden. Im Heiligen Land ist die Trennung von Staat und Religion nie vollzogen worden. Das mosaische Gesetz ist für den Judenstaat gültig, wie für die dort lebenden Araber die koranische »Scharia« nie außer Kraft gesetzt wurde.

Wie viele Orientkenner hatten bei der Gründung Israels gehofft, dieses Beispiel westlicher Demokratie, intellektueller Weltoffenheit und technisch-industrieller Spitzenleistung müsse auf die islamische Umgebung abfärben. Es müsse die Araber gewissermaßen zwingen, die Modernität des westlichen Modells zu übernehmen und den theokratischen Vorstellungen ihrer »Ulama« den Rücken zu kehren.

Genau das Gegenteil ist eingetreten. Durch die massive jüdische Einwanderung und Landnahme, durch die Rückkehr des »auserwählten Volkes« in das Gelobte Land sind die Muslime auf die abrahamitischen Ursprünge aller Semiten zurückverwiesen worden.

Der sogenannte islamische Fundamentalismus muß wenigstens teilweise als Antwort auf den Zionismus begriffen werden, der bei voller Berücksichtigung der ersten sozialistischen Ideale der Gründerväter in den frühen Kibbuzim seine religiöse Identität niemals abstreifen konnte. Die »Rache Gottes«, wie sich der französische Politologe Gilles Kepel ausdrückt, hat auch den Judenstaat nicht verschont.

Gewiß, man reibt sich die Augen, wenn der König von Jordanien, Nachkomme des Propheten, und der Ägypter Hosni el Mubarak, Erbe der Pharaonen, sich vor dem Sarg ihres einstigen Gegners Rabin verneigen. In diesem von so vielen Mysterien heimgesuchten Land scheint sich ein neues Wunder vollzogen zu haben. Niemand hätte der Friedensdynamik eine solche Kraft zugetraut.

Sie wird Schimon Peres, gestützt auf das resolute amerikanische Engagement, weiter vorantreiben. Dieser Visionär, dem so mancher Israeli mißtraut, weil er ihn der Beschwichtigung gegenüber den Palästinensern verdächtigt, ist immerhin die treibende Kraft beim Bau der israelischen Atombombe gewesen. Dennoch wird ihm die Autorität Jizchak Rabins fehlen. Die französische Zeitung *Le Monde* hat den ermordeten Regierungschef mit Charles de Gaulle verglichen, als dieser – in die Würde des »Befreiers Frankreichs« drapiert – einst den Rückzug seiner Armee aus den nordafrikanischen Departements Algeriens befahl.

In Israel wird der oppositionelle Likud-Block alles Interesse daran haben, daß möglichst viel Wasser den Jordan hinunterfließt, ehe die Wähler die Abgeordneten der neuen Knesset bestimmen. Der Vorsitzende Benjamin Netanjahu muß seine Partei erst von dem Verdacht reinigen, für das Entstehen eines mörderischen Konfliktklimas Verantwortung zu tragen.

In der Zwischenzeit soll der Ausbau der palästinensischen Autonomie und der partielle Rückzug der israelischen Streitkräfte aus dem Westjordangebiet weitergehen. Dabei dürfte sich die Regierung von Jerusalem – bei allem Zweckoptimismus, den sie zur Schau trägt –

der fatalen Diskrepanz bewußt sein, die sich zwischen den israelischen und den palästinensischen Absichten auftut.

Für den Judenstaat geht es darum, seine Existenz – notfalls auf schmaler territorialer Basis – zu konsolidieren. Der Gazastreifen mit seinen elenden Flüchtlingslagern ist stets eine Belastung für Israel gewesen. Es ist geradezu ein Gebot des gesunden Menschenverstandes, die dort befindlichen jüdischen Siedlungen, die immerhin ein Fünftel dieses winzigen Territoriums der Nutzung durch die arabische Masse entziehen, so entschlossen zu räumen, wie Menachem Begin das einst für die Kolonisten am Nordrand des Sinai durchsetzte.

Sogar ein Abkommen mit Syrien über die Rückgabe der Golanhöhen ist in Reichweite. Wenn mit dem Rückzug der Israeli eine kontrollierte und garantierte Entmilitarisierung dieses strategischen Plateaus einhergeht, wäre der Frieden mit Damaskus ein solches Zugeständnis wert. Sollten die Syrer das Abkommen eines Tages brechen, würden die israelischen Panzer schneller vor den Ruinen von Kuneitra auftauchen, als es Hafez el Assad lieb wäre. Lassen wir das Schicksal Jerusalems vorläufig beiseite, von dem der französische Orientalist Jacques Berque sagt, hier handele es sich nicht um eine Frage von Politik oder Strategie, sondern um eine Frage des Jüngsten Gerichts. Wenden wir uns hingegen der Westbank zu, jener Region diesseits des Jordans, die man in Israel noch unlängst als Judäa und Samaria bezeichnete. Hier entsteht eine Situation, die voller Ungewißheiten und verlogener Ausflüchte ist.

Seit Abschluß des Autonomie-Abkommens bieten sich dem jüdischen Staat zwei Möglichkeiten. Er kann – den bisherigen Absprachen gemäß – eine Anzahl von Städten und Dörfern an die palästinensische Verwaltung zurückgeben, gleichzeitig aber darüber wachen, daß die israelische Militärkontrolle über das Jordantal – mit Ausnahme Jerichos – erhalten bleibt.

Das Verbleiben der 130 000 jüdischen Kolonisten in ihren zu Festungen ausgebauten Siedlungen würde durch die Anlage von Umgehungsstraßen ermöglicht, die das arabische Bevölkerungsgebiet vermieden. Der Ausbau dieses komplizierten und sehr aufwendigen Verkehrssystems, das einer Abriegelung gleichkäme, ist bereits im Gange, wie auch – von der Weltöffentlichkeit wenig bemerkt – die

Ausweitung von Groß-Jerusalem, das in einem breiten Keil nach Osten vordringt.

Eine solche Politik halbherziger Konzessionen kann zwar kurzlebige Begeisterungsstürme in den »befreiten« Ortschaften Jenin oder Nablus auslösen. Auf die Dauer sähe sich Jassir Arafat jedoch um jene höchste Zielsetzung betrogen, die er bis an die Grenze der Selbstverleugnung verfolgt: die Schaffung eines lebensfähigen und souveränen Palästinenserstaates. Statt dessen würden seine Landsleute in ein orientalisches »Homeland« nach südafrikanischem Vorbild eingezwängt. Allenfalls König Hussein und Präsident Mubarak könnten sich mit einer solchen Lösung abfinden und sie als Alibi gegenüber ihren murrenden Untertanen vorweisen.

Die Politiker der Friedenspartei in Israel hingegen, die »Tauben«, die durch die Ermordung Rabins möglicherweise an Zulauf gewonnen haben, visieren eine ganz andere Flurbereinigung an. Ihnen geht es nicht nur um die Auflösung der jüdischen Siedlungen in Gaza und auf dem Golan. Sie haben sich mit der Gründung des palästinensischen Staats in Judäa und Samaria längst abgefunden, was übrigens als logische Konsequenz des in Oslo begonnenen Prozesses erscheint.

Im Zuge dieser Zugeständnisse wären sie auch bereit, jene zionistischen Eiferer, die sich mit verzweifeltem Aufbäumen an das »Land der Väter« klammern, die jedoch seit dem Attentat von Tel Aviv zusätzlich diskreditiert sind, im Einvernehmen mit der PLO zu opfern und ihre Aussiedlung hinzunehmen. Wenn es nur um diese Desperados ginge, stände der Preisgabe der Westbank durch die jüdische Bevölkerungsmehrheit vermutlich kein unüberwindliches Hindernis entgegen.

Aber parallel zu diesem Verzicht vollzöge sich das Vorrücken arabischer Nationalisten, Islamisten und Irredentisten in die Nähe jenes Flaschenhalses, der den Staat Israel seit seiner Geburtsstunde der Strangulierungsgefahr aussetzt. Diese Perspektive dürfte auch bei jenen Einwohnern von Haifa und Tel Aviv, die die Pioniertugenden gegen hedonistische Lebensfreude eintauschen möchten, eine beklemmende Existenzangst wecken.

Wie lange noch wird König Hussein die palästinensische Mehrheit Jordaniens im Griff haben? Was wird aus Ägypten, wenn dort einmal freie Wahlen stattfinden und die islamischen Parteien – etwa die inzwischen zum Establishment zählenden Muslimbrüder – an der Macht teilhaben? Welches ist das Schicksal Syriens, wenn Hafez el Assads eiserne Faust eines Tages erlahmt und seine Alawiten-Hausmacht wieder in die Rolle einer sektiererischen Minderheit verwiesen wird?

Am Ende wäre wohl nur noch Verlaß auf Amerika – und zur Stunde mag das genügen. Aber es liegt nun einmal nicht in der Berufung des Judenstaates, der nach einer palästinensischen Machtübernahme in Ramallah und Bethlehem nicht nur in die Reichweite arabischer Scud-B-Raketen, sondern ganz gewöhnlicher Granatwerfer geriete, sich in einem hochgerüsteten Club méditerranée zu verschanzen. Das entspricht weder der Vision David Ben Gurions noch der Golda Meirs, noch der Jizchak Rabins, der im tiefsten Innern wissen mußte, daß Israel – inmitten seiner unberechenbaren Nachbarn – dazu verurteilt ist, wie einst Daniel in der Löwengrube zu leben.

Vor drei Jahren wurde in den Planungsstäben von Jerusalem und Tel Aviv ganz offen darüber gesprochen, welche zwingenden Gründe den Judenstaat zu diesem schmerzlichen Arrangement mit der PLO und Jassir Arafat treiben. Auf der einen Seite war es die Erkenntnis, daß die arabische Bevölkerungsexplosion die Juden nach und nach zu einem Minderheitenstatus verurteilen würde, wenn der Zionismus sich in den Grenzen von 1967 behaupten sollte. Auf der anderen Seite wissen die Armeekommandeure und die Geheimdienste, daß in fünf, sieben, spätestens in zehn Jahren das Monopol an atomaren Waffen, über das Israel im Nahen Osten zur Stunde verfügt, durchbrochen sein wird. Auch die nukleare Proliferation ist unaufhaltsam. Also gilt es, die bis dahin verbleibende Frist fast um jeden Preis zu nutzen. Später wird für Verhandlungen und Kompromisse noch viel weniger Raum sein.

Das Gespenst des islamischen Fundamentalismus

Die Mittelmeer-Konferenz von Barcelona

4. Dezember 1995

Die Ernennung des Spaniers Javier Solana zum Generalsekretär der Nato ist ein Indiz für die verstärkte Hinwendung der Allianz zu den potentiellen Krisenherden im Süden Europas. Ob jedoch der spanische Vizepräsident der EU, Manuel Marin, gut beraten war, als er zum Auftakt der Mittelmeer-Konferenz von Barcelona in Erinnerung rief, daß auf den Tag genau 900 Jahre zuvor Papst Urban II. den ersten Kreuzzug proklamiert hatte, ist fraglich. Denn in Barcelona trafen sich die fünfzehn Partner der EU mit den Außenministern von elf überwiegend islamischen Staaten am Süd- und Ostrand des Mittelmeers. Zumindest hätte der Spanier, dessen Heimat 700 Jahre lang dem islamischen Halbmond unterworfen war, erwähnen können, daß dieser Kreuzzug eine Art Gegenoffensive war, motiviert durch eine grausame Christenverfolgung und die Verwüstung der Grabeskirche von Jerusalem.

In Barcelona ging es um Gegenwart und Zukunft, um Zusammenarbeit und Dialog. Als positives Omen konnte da immerhin vermerkt werden, daß der neue israelische Außenminister Ehud Barak am gleichen Tisch wie sein syrischer Kollege Faruk el Shara Platz genommen hatte und beide ein knappes, aber höfliches Zwiegespräch führten.

Natürlich klafft die Erwartungshaltung der beiden Verhandlungsgruppen in vielen Punkten weit auseinander. Man einigte sich in der Schlußerklärung nur recht und schlecht auf die Gründung einer Freihandelszone, die bis zum Jahr 2010 verwirklicht werden soll. Den Staaten des Maghreb und des Maschreq – deren Textilbranche der ostasiatischen Konkurrenz nicht länger gewachsen ist und deren Agrarexporte in unmittelbarer Konkurrenz zu denen der südeuropäischen Nachbarn geraten – wird es schwerfallen, von ihrem strikten ökonomischen Dirigismus abzugehen, geschweige denn ihre

Märkte der Wirtschaftsexpansion des dynamischen Nordens großzügig zu öffnen.

Was die Maghrebiner von Europa erwarten, ist bekannt: Es geht um Kredite, um Investitionen, um die Gewährung von Hilfsgeldern. Doch auf diesem Feld haben die Mitglieder der EU ernüchternde Erfahrungen gemacht. Sie werden in Zukunft darauf drängen, daß die nordafrikanischen Regierungen nicht selbst die finanziellen Zuwendungen verwalten, was bislang zu Veruntreuung und Verschwendung führte, sondern daß die Geber strikte Kontrolle ausüben. Ob das mit den stolzen Vorstellungen einer schwer erkämpften nationalen Souveränität vereinbar ist, steht dahin.

Die Gesprächsrunde von Barcelona steht natürlich in einem gewissen Wettbewerb zu jener Konferenz von Amman, die unter der Ägide der USA zustande gekommen war. In Jordanien ging es um die Schaffung eines harmonischen und komplementären Wirtschaftsraums im Nahen Osten unter Einschluß Israels. In beiden Fällen wird eine politische Flurbereinigung angestrebt.

Was Amerikaner und Europäer mit solcher Eile zum Gespräch und zur konkreten Zusammenarbeit mit einer disparaten Gruppe treibt, die – unter Ausschluß Libyens – von der Türkei bis Marokko reicht, ist das Gespenst des islamischen Fundamentalismus. Vor dieser Kulturrevolution im Namen des Korans bangen nicht nur Franzosen und Amerikaner, sondern auch all jene muslimischen Machthaber, deren Regime allzuoft auf den Spitzen der westlichen Bajonette ruhen.

Die Verbündeten der Nato, das geben sie ganz offen zu, suchen sich gegen das Vordringen des nordafrikanischen Terrorismus abzuschirmen. Schon ist Frankreich – teilweise durch eigene Schuld – in die algerischen Wirren verwickelt worden. Für die Europäer gilt es ebenfalls, die Einwanderungsströme aus einem verarmten und überbevölkerten südlichen Umfeld abzubremsen. Auch dem zunehmenden Drogenhandel soll Einhalt geboten werden.

Tatsächlich bereiten sich die Europäer auf den Ernstfall vor. Franzosen, Spanier und Italiener halten kombinierte Marinemanöver ab und stellen gemeinsame Eingreifstäbe auf. Eine möglichst enge und fruchtbare Kooperation zwischen den beiden Rändern des Mittelmeers ist vielleicht durch die Erklärung von Barcelona ein Stück vorangekommen. Aber die Finanzhilfen in Höhe von sechs Milliarden Dollar, die die EU bis 1999 zur Verfügung stellen will, sind natürlich völlig unzureichend, um einen mediterranen Marshall-Plan in Gang zu setzen.

Im übrigen wissen die Muslime zwischen Rabat und Ankara sehr wohl, daß am Nordufer des Mittelmeers das *containment*, die Eindämmung der explosiven südlichen Nachbarschaft, ungeachtet aller Freundschaftsbeteuerungen in die Phase konkreter Regierungsplanungen getreten ist.

Deutschlands Algerien?

Eine Tour d'horizon

1. Januar 1996

Die Jahreswende 1995/96 hatte der Welt neue Hoffnung geschenkt, so stand überall zu lesen. Es hätte tatsächlich sehr viel schlimmer kommen können. In Bosnien zeichnet sich unter dem Eindruck amerikanischer Machtentfaltung eine territoriale Konsolidierung ab. Im Heiligen Land haben die Israeli tatsächlich – wie mit den Palästinensern vereinbart – die arabischen Städte und Dörfer des Westjordanufers fristgerecht geräumt. Wen störte da schon der kleine Schönheitsfehler, als Jassir Arafat Weihnachten zu einer Kundgebung benutzte, die an die Eroberung der Heiligen Stätten durch den Kalifen Omar erinnerte. Der griechisch-orthodoxe Patriarch hatte offenbar die Zeichen der Zeit erkannt, als er dem umjubelten Palästinenserführer die Schlüsselgewalt über die Geburtskirche und sogar das Grab Christi in Jerusalem anbot.

Vor allem die Demokratie westlichen Stils habe sich doch allen düsteren Prognosen zum Trotz im brodelnden Umkreis Europas recht wacker bewährt, so hört man auch. Nun wird niemand behaupten, das unter Militärterror zustande gekommene Plebiszit, das den algerischen General und Präsidenten Liamine Zeroual im Amt bestätigte, komme einem Triumph der freien Meinungsäußerung gleich. Aber der totale Untergang Algeriens in Blut und Bürgerkrieg scheint noch einmal aufgehalten oder verzögert worden zu sein.

Fast ebenso beschämend für die von USA und Europäischer Union proklamierte Verpflichtung zum politischen Pluralismus sind die Parlamentswahlen in Ägypten ausgegangen. Wenn der dortige Staatschef Hosni el Mubarak, ebenfalls auf Armee und Polizei gestützt, eine fast lupenreine Kammer ergebener Parteigänger zusammenbrachte, so ist das auf Einschüchterung und flagranten Urnenbetrug zurückzuführen. Doch am Rande des Chaos befindet sich das Niltal zur Stunde nicht, und Bill Clinton stützt sich in Kairo weiterhin auf einen bereitwilligen Bundesgenossen für die »Implementierung« seiner Friedenspolitik in Nahost. Daß hinter der Fassade dieser Attrappen-Demokratie eine schleichende Re-Islamisierung der Sitten, eine faktische Rückwendung zu den Vorschriften des koranischen Rechts in den Provinzstädten und Dörfern sowohl des Niltals als auch des Maghreb bereits im vollen Gange ist, wird nur von wenigen Beobachtern gebührend vermerkt.

Erstaunlich reibungslos sind in Rußland die Wahlen zur Staats-Duma am 17. Dezember 1995 abgelaufen. Der britische Vorsitzende einer Prüfungskommission der OSZE (Organisation für Sicherheit und Zusammenarbeit in Europa) hat Boris Jelzin sogar feierlich bescheinigt, dieser Urnengang sei korrekt und fair durchgeführt worden, was im großen ganzen sogar stimmen mag. Doch dieses Lob täuscht nicht über die betrübliche Tatsache hinweg, daß die Kommunistische Partei Genadij Sjuganows – durchaus kein charismatischer Volkstribun – zusammen mit den Agrariern und den nostalgischen Nationalisten in der neuen Duma über ein starkes Übergewicht verfügt, auch wenn die in der Verfassung verankerte Entmachtung dieser Kammer dem auf wunderbare Weise genesenen Präsidenten weitesten Spielraum belassen wird.

Gewiß sind längst nicht alle KP-Wähler darauf aus, in einen dogmatischen Marxismus-Leninismus zurückzufallen. Drei Grundtendenzen bestimmen jedoch die tiefen Wünsche der russischen Massen: Die große Mehrheit sehnt sich nach der verlorengegangenen sozialen Sicherheit zurück, wie dürftig diese auch unter Leonid Breschnew und dessen Nachfolgern gewesen sein mag; Rußland will weiterhin als Großmacht anerkannt und respektiert werden; jenseits aller Schattenspiele eines künstlich aufgepfropften Parlamentarismus bleibt im Volk die Sehnsucht nach der starken Hand eines wohlwollenden Autokraten bestehen, wie das der Tradition dieser euro-asiatischen Landmasse entspricht.

Die wirkliche Entscheidung über das künftige Schicksal Rußlands steht erst noch bevor. Im Juni 1996 wird das Präsidentenamt neu besetzt, und zur Stunde wagt niemand zu sagen, ob der sieche Boris Jelzin sich wieder stellen wird und – allen Unkenrufen zum Trotz – mit List und Betörung sich noch einmal durchzusetzen vermag. Kann der farblose Apparatschik Sjuganow, getragen von der kommunistischen Wiedergeburt, ausreichend Anziehungskraft entwickeln, oder wird am Ende der militärisch-industrielle Komplex den Ausschlag geben, dessen Repräsentanten weiterhin die wirtschaftliche und damit auch die politische Lenkung Rußlands – im Widerstreit und teilweise in Symbiose mit der weitverzweigten Mafia – diskret dominieren. Während der Stern des maßlosen Demagogen Schirinowski zu verblassen scheint – auch hier hüte man sich indes vor voreiligem Optimismus –, könnte allen Experten zum Trotz in einer Situation der Verzweiflung dennoch die Stunde der Generäle schlagen. Damit ist vor allem der fünfundvierzigjährige Truppenführer Alexander Lebed gemeint, der sich anmaßt, in die Fußstapfen Peters des Großen zu treten.

Die Behauptung, eine Einflußnahme der Militärs auf die russische Herrschaftsausübung entspräche nicht der historischen Tradition, ignoriert die konspirativen Umtriebe der Palastgarde der »Strelitzen«, die Komplotte der Petersburger Garderegimenter im 18. Jahrhundert, den Aufstand der Dekabristen und das tiefe Mißtrauen, das sogar Josef Stalin seinen Heerführern entgegenbrachte. Die Errichtung des massiven Reiterstandbildes Marschall Schukows, des Siegers von Berlin, vor den Mauern des Kreml ist mehr als ein symbolischer Hinweis.

Bei dieser gestrafften *tour d'horizon* am Beginn des Jahres 1996 sollte das Debakel in der von Washington proklamierten, mit UNO-Assistenz kostspielig inszenierten Einführung von Demokratie und Menschenrechten in Kambodscha, Haiti oder gar Somalia nicht über Gebühr aufgebauscht werden. Zur Häme besteht kein Anlaß. Dem Universalitätsanspruch der westlichen Kulturmodelle wurde hier jedoch eine deutliche Abfuhr erteilt. Besorgniserregender wäre allerdings die allmähliche Hinwendung der Republik Südafrika zum Ein-Parteien-System und zur tribalistischen Unduldsamkeit, ein Trend, der – ungeachtet aller Beschwörungen Nelson Mandelas – so manche Agitatoren des »African National Congress« erfaßt hat.

Unmittelbar berührt wird Europa und insbesondere Deutschland durch die sich abzeichnenden politischen Umschichtungen in der befreundeten und verbündeten Türkei. Schon versichern die ewigen Illusionisten, die islamistische »Refah«- oder »Wohlfahrts-Partei« habe mit rund 21 Prozent der abgegebenen Stimmen doch nur ein

Fünftel der Wählerschaft für sich gewinnen können. Aber wer von diesen Schönfärbern hätte es sich vor fünf Jahren einfallen lassen, daß die sogenannten »Fundamentalisten« zur stärksten politischen Formation in der Republik Atatürks anwachsen könnten?

Die Refah-Partei, deren Führer – Necmettin Erbakan an der Spitze – oft über eine hervorragende technologische Ausbildung verfügen, sollten weder mit den Mullahs von Teheran noch mit den verzweifelten Partisanen des »Heiligen Krieges« im Atlas verglichen werden. Sie besitzen ein viel konkreteres Verhältnis zur Staatsmacht als die ekstatisch veranlagten Schiiten Persiens oder die durch französische Akkulturation entwurzelten Sunniten Algeriens. Um so nachhaltiger wird sich der schier unaufhaltsame Fortschritt der Refah-Partei in Anatolien und Ost-Thrakien auswirken. Der Ausspruch Erbakans: »In Europa sind wir die letzten, innerhalb der islamischen ›Umma‹ sind wir die ersten« mag einem weitverbreiteten Volksempfinden entsprechen und findet sogar Resonanz bei vielen durchaus laizistisch orientierten Intellektuellen, die ihrerseits den Glanz des Osmanischen Weltreichs wiederentdecken.

Die Kräfte, die sich der Wiedereinführung koranischer Vorschriften im öffentlichen Leben mit aller Kraft widersetzen, sind in der Türkei weit stärker verwurzelt als in den übrigen Staaten des »Dar ul Islam«. Da existiert nicht nur eine europäisch geprägte, breitgeschichtete Bourgeoisie, die mit Zähnen und Klauen die Trennung von Staat und Religion verteidigen wird. Da lebt auch die geheimnisvolle, von schiitischen und schamanistischen Glaubenselementen durchsetzte Sekte der Aleviten, deren Anhänger auf zwanzig Millionen geschätzt werden und die einer einseitig sunnitisch dominierten Re-Islamisierung zutiefst mißtraut. Vor allem bleibt die türkische Armee auf die säkularen Ideale ihres Staatsgründers und Idols Atatürk eingeschworen. Da mutet es paradox an, daß gerade dieses Offizierskorps, das die steigende Flut des »Fundamentalismus« bislang erfolgreich eindämmte, aufgrund seiner Repressionsstrategie im kurdischen Aufstandsgebiet von den europäischen Demokraten und deren Medien auf das heftigste angefeindet wird.

Der Erfolg der Refah ist kein oberflächliches, kein flüchtiges Phänomen. Sollten aus den Koalitionskrisen der beiden großen konservativen und der beiden kleinen sozialistischen Parteien politisches

Durcheinander, wirtschaftliche Lähmung und Ausufern der Korruption resultieren, wäre ein zusätzliches Anschwellen der koranischen Rückbesinnung kaum noch aufzuhalten, zumal die Islamisten sich mit ihrem sozialen Fürsorgesystem breite Popularität verschafft haben. Sie versprechen sogar, den Konflikt um Kurdistan mit der Hinwendung zur gemeinsamen islamischen »Umma« und der Verwerfung der nationalistischen Thesen Kemal Paschas zu überwinden. Es ist also gar nicht auszuschließen, daß am Ende eines langen und turbulenten Übergangs die Abwendung Ankaras von Europa, eine Entfremdung zwischen der Türkei und ihren atlantischen Alliierten stehen wird. Eine solche Evolution zeichnet sich überall dort ab, wo der Westen seine eigenen Menschenrechtsvorstellungen völlig anders gearteten Kulturkreisen oktroyieren möchte. Diese von Washington und Straßburg gepredigte Bekehrung zur Demokratie leidet allzuoft darunter, daß sie mit Heuchelei und selektivem Opportunismus einhergeht.

Was die Türkei betrifft, so fände sich zwischen Nationalisten und Islamisten vielleicht noch eine letzte gemeinsame Plattform. In unmittelbarer Nachbarschaft – auf dem Balkan und im Kaukasus – sehen sich die dort lebenden Muselmanen, diese einst treuesten Schwertträger des Osmanischen Reiches, schlimmster Bedrängnis ausgesetzt. Wie lange wird es dauern, bis die Erben der Sultane und Kalifen zu jenen organisch gewachsenen Verpflichtungen zurückfinden, die ihnen die gemeinsame Volkszugehörigkeit und die gemeinsame Geschichte bis in die fernen Regionen Zentralasiens auferlegen?

Der Präzedenzfall Algeriens sollte die Deutschen stutzig machen. Dort hat sich Frankreich leichtfertig in die schrecklichen Wirren des Maghreb verwickeln lassen, und schon droht der nordafrikanische Bürgerkrieg auf die trostlosen Satellitenstädte der einstigen »Metropole« überzugreifen. Sollten die Spannungen beim türkischen Partner der Bundesrepublik kulminieren, wäre von deutscher Seite größte Zurückhaltung und Behutsamkeit geboten. Vor allem aber sollten die unverbesserlichen Eurozentriker davon Abstand nehmen, die übrige Welt nach den Kriterien ihrer eigenen ideologischen Vorstellungen und Klischees zu bemessen.

Mitterrands zwiespältiges Vermächtnis

Chirac – ein Epigone?

15. Januar 1996

Nach dem Tod von Charles de Gaulle prägte Nachfolger Georges Pompidou die Formel: »Frankreich ist eine Witwe.« Den meisten Pariser Kommentatoren kommt eine solche Glorifizierung denn doch nicht in den Sinn, wenn sie heute die Präsidentschaft François Mitterrands analysieren. Das Unglück dieses im Kampf gestählten Routiniers, dieses feinsinnigen Intellektuellen, dieses Meisters des politischen Ränkespiels bestand nun einmal darin, daß er sich von Anfang an im grandiosen Schatten de Gaulles bewegte und diesem Gralshüter Frankreichs aus einer schon legendär anmutenden Epoche nicht gewachsen sein konnte.

Mitterrand war ein Epigone. Darunter hat er wohl am schmerzlichsten gelitten. Mit der architektonischen Umgestaltung von Paris drückte er einen geradezu pharaonischen Willen aus, sich im Gedächtnis der Nachfahren zu verankern.

Mitterrand, der den Besuch von Friedhöfen liebte, hat sein langes, quälendes Krebsleiden mit stoischer Gelassenheit ertragen. Sogar in seinen Fernsehgesprächen pflegte er den Dialog mit dem Tod, als wolle er sich am Ende als römischer Philosoph verewigen. Bei genauer Analyse ist ihm aber zu diesem existentiellen Thema keine wirklich originelle Definition eingefallen.

Mitterrand präsentiert sich am Rande seiner bescheidenen Familiengruft als ein Spiegel Frankreichs aus einer schweren, oft schmerzlichen Zeit. Aus dem kleinbürgerlichen Katholizismus der tiefen Provinz stammend, waren seine ersten politischen Sympathien konservativ, fast monarchistisch ausgerichtet. Das wußte jeder, das konnte ihm keiner übelnehmen. Aber was hat diesen Staatschef, der als Neugründer der Sozialistischen Partei hervortrat, in den letzten Monaten wohl bewogen, eine Art Generalbeichte vorzulegen? Plötzlich machte er aus seiner Zusammenarbeit mit Marschall

Pétain kein Hehl mehr. Gewiß, er hat sich später im nationalen Widerstand bewährt und große Risiken auf sich genommen. Sein ganzes Leben war ja durch physischen Mut ausgezeichnet. Aber warum mußte er zusätzlich seine guten persönlichen Beziehungen zum Polizeipräfekt René Bousquet herausstreichen, der schwerste Verantwortung an den Judendeportationen im besetzten Frankreich trug?

Zweifel kamen in den letzten Jahren Mitterrands sogar an der Ehrlichkeit seines Einsatzes für den Sozialismus auf. Hatte dieser anfangs bürgerliche Politiker, der als Minister oder Staatssekretär in fast allen Kabinetten der Vierten Republik fungierte und eine schwere Verantwortung für die Verstrickung Frankreichs in den heillosen Algerienkrieg trug, nicht eine taktisch geniale, aber irgendwie opportunistische Wendung vollzogen, als er die rote Rose zum Symbol einer Union mit den Kommunisten machte? Wer ihn auf Wahlkundgebungen scharf beobachtete, kam nicht umhin, Züge von Menschenverachtung in seinem erstarrten, gutgeschnittenen Gesicht zu entdecken.

Nachdem er in den ersten zwei Jahren seiner Präsidentschaft Frankreich eine fast marxistisch anmutende ökonomische Roßkur auferlegt hatte, erkannte Mitterrand sehr realistisch die Zeichen der Zeit und stellte sein künftiges Regime auf eine sozial abgefederte Marktwirtschaft um, die man bislang in Frankreich als »rheinischen Kapitalismus« beschrieben hatte. Und er krümmte keinen Finger, um einem fähigen Nachfolger im linken Lager den Aufstieg zu erleichtern.

»Die Geschichte eines Ehrgeizes« – so ist die Karriere Mitterrands schon zu Lebzeiten beschrieben worden. Was ihn aber wahrhaft und dauerhaft auszeichnen wird, ist sein rückhaltloser Einsatz für Europa und die enge Verbindung mit Deutschland. Diese Verdienste werden auch nicht geschmälert durch die Tatsache, daß er in die Fußstapfen de Gaulles trat, der den kontinentalen Zusammenschluß vorrangig unter dem Aspekt einer Einbindung des allzu dynamischen germanischen Nachbarn sah.

Vielleicht beruht die Beliebtheit Mitterrands auch darin, daß so viele seiner Landsleute sich wiedererkennen möchten in diesem kultivierten Provinzfranzosen, der zudem viel Erfolg bei den Frauen hatte. Für Jacques Chirac, der seine Amtszeit recht glücklos angetreten hat, wird es schwer sein, den Vergleich mit der »ruhigen Kraft« Mitterrands auszuhalten. »Frankreich ist unser Vaterland, Europa ist unsere Zukunft« lautet das Vermächtnis des Toten, auf das der Nachfolger Chirac bereits eingeschworen ist und an dessen erfolgreicher Durchsetzung er am Ende gemessen wird. Chirac – noch ein Epigone?

Gefahren der Globalisierung

Europa unter Beschuß der Medien-Demagogie

12. Februar 1996

Der Streit um die gemeinsame europäische Währung ist plötzlich in den Hintergrund gedrängt worden. Keiner der EU-Staaten hat es mehr eilig mit dieser einschneidenden monetären Mutation, seit selbst die Bundesrepublik Deutschland den strengen Kriterien des Maastrichter Vertrags nicht mehr voll genügt und nur noch Luxemburg sich als Musterschüler der kontinentalen Klasse behauptet. Die Politiker in den beiden Kernländern Deutschland und Frankreich haben andere, erdrückendere Sorgen. Die Vier-Millionen-Marke der Arbeitslosen ist in der Bundesrepublik überschritten worden, und die Situation westlich des Rheins stellt sich noch düsterer dar. Ob die soziale Marktpolitik eines Ludwig Erhard sich noch für die Globalisierung der Ökonomie, für den Abschied vom industriellen Zeitalter eignet, muß angesichts der derzeitigen deutschen Misere angezweifelt werden, und so ganz unverständlich ist es nicht, daß manche Experten in Paris dem schleichenden Rückgang der eigenen Produktivität mit inflationären Zugeständnissen und der altmodischen Praxis des »deficit spending« begegnen möchten.

Noch besteht zu extremer Schwarzmalerei kein Anlaß. Verfrühte Vergleiche mit der Verelendung, die sich des westeuropäischen Proletariats 1929 bemächtigte, sind unangebracht. Die Armenspeisungen durch Volksküchen und Notverordnungen sind nicht notwendig in einer postindustriellen Gesellschaft, die ihre Arbeitslosen noch im fürsorglichen Netz des Sozialstaats relativ bequem überleben läßt. Die psychologische Frustration, das kollektive Gefühl, unnütz und unbrauchbar geworden zu sein, lasten wohl am schwersten auf den Massen, die ihren Job verloren haben oder um ihn bangen müssen.

Da hilft es auch wenig, wenn man auf die USA als leuchtendes Vorbild verweist, mit einer Arbeitslosenquote von knapp fünf Prozent, von der die Europäer nur träumen können. Wer in Deutschland oder Frankreich möchte sich schon mit einem Mindeststundenlohn von 4.25 US-Dollar zufriedengeben, mit einem System des »hire and fire«, mit einer extrem stressigen Job-Mobilität, mit völlig unzureichender Kranken- und Altersversicherung und dem Verzicht auf angemessenen Urlaub?

Die Europäer werden ihren eigenen Weg finden müssen, aber zuvor gilt es jene Illusionen abzustreifen, die von den Computer-Freaks als Heilsbotschaft verkündet werden: Mit Internet und Cyberspace lassen sich zwar phantastische Fortschritte in Informatik und Transparenz erzielen, aber zusätzliche Beschäftigungsplätze schaffen wir damit kaum, noch wird die Kluft, die die reichen von den armen Ländern trennt, damit behoben. Die vielgepriesene Globalisierung hat bisher mehr Probleme aufgeworfen als gelöst, und die kulturellen Vorteile eines flachen, weltweit vernetzten Vergnügungsrummels sind wohl illusionär.

Da stimmt es zuversichtlich, daß sich zwischen Bonn und Paris zunehmende Nachdenklichkeit, aber keine Entfremdung eingestellt hat. Die Einigung des kontinentalen Finanzmarktes erscheint unter den genannten Auspizien nur noch dringlicher, weil in absehbarer Zukunft wohl nur die großen regionalen Zusammenschlüsse Überlebenschancen besitzen. Eine Zersplitterung Europas angesichts der phänomenalen ostasiatischen Wirtschaftsdynamik wäre der Anfang vom Ende.

Unbemerkt von den stets aufgeregten Medien, schreitet der europäische Einigungsprozeß ja auf anderen Sektoren durchaus hoffnungsvoll voran. Jacques Chirac hat die gallischen Alleingänge aufgegeben, und die ängstliche Anklammerung der Deutschen an den amerikanischen Partner wird durch das Ende des Ost-West-Konfliktes reduziert. Daß Chirac die Fünfte Republik wieder in den Verband der Nato eingebracht hat, zielt keineswegs auf eine Unterwerfung Frankreichs unter die Hegemonie Washingtons. Innerhalb der Allianz soll damit ein Klima der transatlantischen Entspannung geschaffen werden, das dem europäischen Bündnispfeiler endlich die Autonomie seiner Strategie und die militärischen Mittel zu deren Verwirklichung beschert.

Bleibt die Frage nach dem politischen Willen, nach dem Durchsetzungsvermögen der Kerneuropäer in Sachen Wirtschaftssanierung und glaubwürdige Verteidigung. Hier liegt bei der jetzigen westlichen Meinungs- und Medien-Demagogie das eigentliche Problem.

Jassir Arafats Dilemma

Die schleichende Islamisierung

11. März 1996

Diese Woche treffen sich Staats- und Regierungschefs aus dreißig Nationen auf der Sinai-Halbinsel zu einem eintägigen Antiterrorgipfel. Das überdimensionale Blitztreffen erscheint als edle, aber rein symbolische Geste. Die dort versammelten Spitzenpolitiker sind schließlich keine Experten für Bombenentschärfung und Kriminellenjagd. Für Bill Clinton ist es gut, im bevorstehenden Wahlkampf die amerikanischen Juden auf seiner Seite zu haben. Dem deutschen Bundeskanzler ist es eine moralische Pflicht, die immer noch erdrückende Last des Holocaust durch solidarische Gesten zu lindern. Jacques Chirac denkt an Algerien, wenn er nach Palästina blickt. Präsident Mubarak, Gastgeber des Gipfels, lebt selber unter dem Alptraum des militanten Islamismus im Niltal. Jassir Arafat muß ernsthaft damit rechnen, daß ihn das Schicksal Jizchak Rabins ereilt. Boris Jelzin jedoch ist bei dieser Kundgebung völlig fehl am Platz. Er täte besser daran, den blutigen Staatsterrorismus gegen die Tschetschenen zu beenden.

An der realen Situation im »Heiligen Land« ändern solche diplomatischen Gipfel nichts. Von Anfang an hätten alle Beteiligten wissen müssen, daß die beiden Versöhnungspartner sich mit diametral entgegengesetzten Endzielen an den Verhandlungstisch gesetzt haben. Den Juden ging es darum, ein Maximum an Sicherheit mit einem Minimum an Landverzicht zu verbinden. Die PLO ihrerseits arbeitet zielbewußt auf die Schaffung eines Palästinenserstaates mit allen Atributen voller Souveränität – auch militärischer – hin. Nur Narren konnten glauben, Arafat werde sich auf Dauer mit dem Flickenteppich zufriedengeben, der ihm auf dem West-Jordan-Ufer zugestanden wurde.

Noch törichter ist es, immer wieder über das Ausmaß an Loyalität zu spekulieren, mit dem der PLO-Vorsitzende sich in dieses für ihn extrem gefährliche Experiment der friedlichen Koexistenz eingelassen hat. Natürlich will Arafat Jerusalem zurückgewinnen, die jüdischen Siedler von der Westbank vertreiben, die strategischen Sicherheitszonen und Umgehungsstraßen der Israelis abschaffen, die ihn innerhalb seines eigenen Autonomieterritoriums zur Existenz eines Zaunkönigs verurteilen. Arafat hat ein ebenso vitales Interesse wie Schimon Peres daran, daß den Attentätern in seinen eigenen Reihen das Handwerk gelegt wird. Aber wenn er mit seiner Fatah-Polizei mit letzter Konsequenz gegen die Islamisten vorgeht, gerät er in den Augen seiner Landsleute unweigerlich in den Ruf eines Kollaborateurs. Ob er es ehrlich meint? Der PLO-Chef hat sein Leben lang die überraschendsten Kehrtwendungen vollzogen. Denken wir nur an den Golfkrieg, wo er sich auf die Seite Saddam Husseins schlug. Wenn die Israelis mit einem solchen Partner eine gemeinsame Zukunft aufbauen wollen, dann begeben sie sich zwangsläufig auf schlüpfriges Terrain. Im ganzen Orient herrscht unter den Regierenden das mörderische Spiel des »killing and kissing«. Der Judenstaat, der nun einmal im Nahen Osten seine Wurzeln geschlagen hat, ist mehr als jeder andere durch diese Unberechenbarkeit, diese Lust an der gegenseitigen Überrumpelung, betroffen.

Ob weitere Bomben in Israel explodieren, ist nicht vorauszusehen. Aber eine unerbittliche Wirklichkeit drängt sich auf: Statt einer Versöhnung der semitischen Vettern sehen wir tiefere Gräben der Feindschaft denn je. Während der Intifada gingen die jungen Palästinenser in den besetzten Gebieten mit Steinen, allenfalls mit primitiven Molotow-Cocktails gegen jüdische Soldaten vor. Heute reißen im Herzland Israels gewaltige Sprengstoffbomben Dutzende von Zivilisten in den Tod. Zwar haben die Streitkräfte Israels termingerecht diverse Araberstädte geräumt. Aber diese gleichen nun belagerten Inseln, die demnächst durch hohe Zäune abgeschirmt sein werden. Die ohnehin geringe Bewegungsfreiheit der Palästinenser wird total unterbrochen. Von Handel und Wandel kann keine Rede mehr sein.

Im Angesicht des Todes besinnt sich der Mensch auf seine religiösen Wurzeln. Dieser Prozeß ist bei den Juden im Gang. Noch viel stärker bestätigt er sich bei den Arabern. Selbst dort, wo der Eifer der Hamas nicht zum Zuge kommt, schreitet eine schleichende Islamisierung unaufhaltsam voran. Der Riß ist wohl unheilbar geworden.

150 Millionen sind nicht genug

Rußland leidet an Bevölkerungsschwund

8. April 1996

Es ist nicht neu in der Geschichte Rußlands, daß dieses riesige Land nach einem schweren Rückschlag in der Folge um so expansiver um sich greift. Kein Wunder also, daß die Auflösung der Sowjetunion im Lager der Neokommunisten und der Ultranationalisten von Moskau eine neue Form von Kraftmeierei ausgelöst hat. Dieser muß sich im Hinblick auf die Präsidentenwahl im Juni wohl oder übel auch Boris Jelzin anschließen. Zwar kann er die alten Grenzen des Zarenreichs oder des stalinistischen Machtblocks nicht restaurieren, er versucht aber doch, die jungen Republiken der Gemeinschaft Unabhängiger Staaten GUS in ihrer Souveränität einzuengen und den alten Einfluß wiederherzustellen.

Ein erster spektakulärer Erfolg wurde in Weißrußland erzielt. Der dortige Präsident Lukaschenko machte sich selbst zum Anwalt einer engen Föderation mit Rußland und stieß dabei nur auf sporadischen Widerstand bei einem kleinen Teil der eigenen Bevölkerung. Wenn aber plötzlich die Rede davon ist, von Minsk aus über polnisches Territorium einen »Korridor« zu dem durch Rußland annektierten Teil Ostpreußens zu errichten, werden in Warschau fatale Erinnerungen wach und die Rufe nach Eingliederung in das atlantische Bündnis noch dringlicher. Auch die baltischen Staaten sind beunruhigt, vor allem Lettland mit einem russischen Bevölkerungsanteil von 40 Prozent.

Nun herrscht im Lager der Sowjet-Nostalgiker keineswegs Einstimmigkeit über die geographischen Ausmaße der angestrebten Rückgewinnung. Der hemmungslose Demagoge Schirinowski phantasiert von einer Annexion Alaskas und einem russischen Vordringen bis zum Indischen Ozean; der kommunistische Parteichef Genadij Sjuganow dürfte aber mit weit weniger zufrieden sein. Er will vor allem die Einheit der ostslawischen Völker wiederherstellen, und da richtet sich das Augenmerk vorrangig auf die Ukraine. Im Gegensatz zu Weißrußland existiert hier jedoch ein sehr lebhaftes Nationalgefühl. Ein übereiltes Vorpreschen Moskaus könnte extreme Reaktionen auslösen, ja selbst einen Bürgerkrieg.

Im Grunde sind es zwei Denkschulen: Die Maximalisten, die die Sowjetunion in toto wiederherstellen möchten, und die Gemäßigten, die sich mit den ethnisch und konfessionell verwandten Gebieten zufriedengäben. Zu letzteren zählt der angesehenste Afghanistan-Veteran, General Alexander Lebed. Auch er strebt eine Union aller Ostslawen – inklusive Ukraine – an und will sie auf die christlichen Kaukasus-Republiken Georgien und Armenien ausdehnen. Da er in Afghanistan die fanatische Widerstandskraft des militanten Islams am eigenen Leibe zu spüren bekommen hat, wäre er gern bereit, die überwiegend islamischen Republiken der GUS in ihrer Unabhängigkeit zu belassen, ja sogar die Separation der Tschetschenen zuzulassen. Hingegen sieht er sich als Sachwalter jener Slawen, die seit dem Zerfall der Sowjetunion als ungeliebte Ausländer in neuen Fremdstaaten leben müssen und dort gelegentlich bedrängt werden. Etwa 25 Millionen solcher Exilrussen sollen es sein, die meisten von ihnen in der Ukraine und etwa sieben Millionen in der unendlichen Steppenrepublik Kasachstan, wo sie im Norden bis zu 90 Prozent der Bevölkerung ausmachen. Nicht von ungefähr kommt der Plan einer Aufteilung Kasachstans auf. Diese Gefahr hat den dortigen Präsidenten Nasarbajew bewogen, extrem vorsichtig zu taktieren und sich – zumindest verbal – allen Vorschlägen zu öffnen, die auf einen Zusammenschluß der GUS hinzielen. Die Staatschefs Usbekistans müssen weniger Rücksicht nehmen – ihre lokale Macht ist ausreichend konsolidiert. Allenfalls der blutige Partisanenkrieg im nahen Tadschikistan treibt sie zu einer strategischen Kooperation mit Moskau.

General Lebed – russischer Patriot, aber kühler Analytiker – hat die Schwächen seines Vaterlandes in den umstrittenen Grenzräumen klar definiert: 150 Millionen Staatsbürger, von denen sich auch noch 20 Millionen zum Islam bekennen, reichen einfach nicht mehr aus für zusätzliche Gebietsanschlüsse oder Rückeroberungen. Schlimmer noch: Im heutigen Rußland vermindert sich die Einwohnerzahl jährlich um 1,5 Millionen Menschen – 40 Schützendivisionen, sagt

Lebed –, während die asiatischen Völker sich spektakulär vermehren. Boris Jelzin sollte seine Aufmerksamkeit besser auf die islamische Wiedergeburt und den gigantischen Machtzuwachs Chinas richten.

Fehlt der Mut zum Realismus?

Israel und seine Hoffnungen

6. Mai 1996

Die Schönfärberei der Medien rund um den »Friedensprozeß« im Heiligen Land nimmt allmählich bedenkliche Formen an. Mit dieser euphorischen Irreführung der öffentlichen Meinung, die aus Washington und Jerusalem gesteuert wird, ist niemandem gedient. Vor allem die Israeli könnten eines Tages die Opfer einer fatalen Fehleinschätzung werden.

Gewiß, die Waffen schweigen an der Nordgrenze Galiläas. Aber die Kampfkraft der schiitischen »Partei Gottes«, der Hizbullah, wurde durch die israelische Operation »Früchte des Zorns« kaum angekratzt. Die Passivität, die die übrigen arabischen Staats- und Regierungschefs an den Tag legten, ist bei der breiten Volksmasse mit Wut und Scham registriert worden.

Zur Stunde erscheint die Allmacht der USA im Nahen Osten schier unbegrenzt. Seit Jassir Arafat sich dazu hergegeben hat, die Rolle eines palästinensischen »Marschall Pétain« zu spielen, hat sich zwischen Washington und Jerusalem ein perfekt orchestriertes Zusammenspiel eingependelt. Schimon Peres konnte triumphieren, als er im Weißen Haus seine Unterschrift unter Abkommen setzte, die die Belieferung Israels mit modernsten amerikanischen Waffen und eine enge Koordination zur Bekämpfung des Terrorismus beinhalten. Mag sein, daß diese spektakulären Muskelspiele das einzige Mittel sind, um eine stets prekäre Ruhe in der Levante um ein paar Monate zu verlängern. Nachdenklich stimmen hingegen die innenpolitischen Hintergedanken. Für den amerikanischen Staats- und den israelischen Regierungschef geht es um die Wiederwahl bei den anstehenden Urnengängen. In den USA soll der Eindruck entstehen, daß Bill Clinton als Friedensstifter unentbehrlich ist und von Erfolg zu Erfolg eilt. In Israel will man der konservativen Likud-Partei den Durchbruch verbauen.

Bei näherem Zusehen sind die Widersprüche flagrant. Ein Blick auf die Landkarte des West-Jordan-Ufers macht deutlich, daß der PLO nur ein Flickenteppich von verstreuten Städten und Dörfern überlassen wurde. In mancher Beziehung war das Leben der Palästinenser vor dem medienwirksamen Händedruck zwischen Rabin und Arafat erträglicher, ihre wirtschaftliche Existenz gesicherter als in dem jetzigen Schwebezustand. Am Ende der Entwicklung – falls diese nicht brutal abgebrochen wird – steht die Gründung eines palästinensischen Staates. Ein solch souveränes Gebilde wird sich aber mit der derzeitigen Bevormundung durch die zionistischen Behörden nicht ewig abfinden können. Der Palästinenserstaat wird mit Fug und Recht verlangen, daß er über Öffnung oder Schließung seiner Grenzen selbst verfügt.

Die Zielsetzung der beiden Partner im Heiligen Land bleibt absolut konträr. Die Juden möchten möglichst wenig Boden für ein Maximum an Sicherheit eintauschen. Die Palästinenser wollen sich alle Optionen offenhalten, um ihren viel zu schmalen Lebensraum zu erweitern.

Es ist keineswegs ausgemacht, daß die Mehrzahl der Palästinenser, die sich noch nie durch kriegerische Tugenden ausgezeichnet haben, in absehbarer Zeit bereit wäre, sich dem »Fundamentalismus« zuzuwenden und die offene Konfrontation zu suchen. Aber der Terror ist nicht das einzige Mittel einer tiefgreifenden psychologischen Veränderung im arabischen Raum. In allen islamischen Staaten schreitet eine schleichende Islamisierung voran und erfaßt unwiderstehlich mehr und mehr Bereiche des öffentlichen Lebens. Als Jassir Arafat in Gaza eine Kundgebung seiner eingeschworenen Getreuen einberief, um gegen die Selbstmordanschläge der »Hamas« in Tel Aviv zu protestieren, war unter der ohnehin spärlichen Menge keine einzige Frau zu sehen, die sich nicht nach koranischer Vorschrift strikt verschleiert hätte. Ein anderes Phänomen läßt aufhorchen. Als die Enkelin des ermordeten Ministerpräsidenten Jizchak Rabin bei ihrer publikumswirksamen Vorstellung des Buches über den geliebten Großvater vor der Fernsehkamera gefragt wurde, mit welchen Palästinensern sie denn einen freundschaftlichen oder auch nur gutnachbarlichen Kontakt pflege, mußte sie eingestehen, daß sie keinen einzigen Araber persönlich kennengelernt habe, mit Ausnahme der flüchtigen Hausgäste Jassir Arafat und König Hussein von Jordanien. Der Mut zur Wirklichkeit wäre für den Staat Israel die sicherste Garantie seines Überlebens.

»Freund Boris rappelt sich auf«

Es geht um die russische Zentralmacht

3. Juni 1996

Mit Boris Jelzin ist eine bemerkenswerte Verwandlung vorgegangen. Vor einem Jahr wurde er schon als politischer Leichnam bezeichnet. Seine geschwächte Gesundheit – Herzinfarkte und Alkoholismus – schien ihm nur noch geringe Chancen zu geben, die Strapazen eines Wahlkampfes durchzustehen. Und doch hat der russische Präsident zu Kraft und Vitalität zurückgefunden. Nie wirkte er schlagfertiger und selbstbewußter als bei seinen jüngsten Auftritten im Ural und in Sibirien.

Doch man hüte sich vor voreiligen Prognosen. Der Sieg der Kommunisten bei der Duma-Wahl im Dezember 1995 war in diesem Ausmaß auch nicht erwartet worden. Wenn die Einwohner von Moskau und St. Petersburg sich auch im Sinne des Parteienpluralismus emanzipierten, bleibt das Verhalten der überwiegend ländlichen Regionen doch unberechenbar.

Aber gehen wir davon aus, daß Boris Jelzin seinem Hauptrivalen Genadij Sjuganow um ein paar Punkte vorausliegt, daß er die physischen Strapazen weiterhin durchsteht und daß er sich am 16. Juni tatsächlich durchsetzt. Weil eine absolute Mehrheit für keinen Kandidaten in Reichweite liegt, müßte Jelzin sich anschließend in die Stichwahl begeben. Beim zweiten Urnengang wäre er vermutlich in einer starken Position. Alle reformerischen Kräfte und vor allem jene Interessensgruppen, die vom Rückfall in die erdrückende Staatswirtschaft das Ende ihrer Privilegien befürchten – ja sogar viele Militärs, die seit den Kämpfen von Grosny auf keine neuen kriegerischen Abenteuer erpicht sind –, werden sich vermutlich hinter Jelzin scharen.

Mag Gennadi Sjuganow auch starken Anklang beim breiten Volk finden, er wird sich schwertun, die Skepsis des militärisch-industriellen Komplexes zu überwinden. Sjuganow fehlt es an jener populistischen Ausstrahlung, über die Jelzin an seinen guten Tagen verfügt. Er ist ein langweiliger, fast pedantischer Redner. Aber die Russen sind aus den langen Jahren der Sowjetzeit an den faden Apparatschik-Stil gewöhnt, vielleicht flößt er ihnen gar Vertrauen ein.

Daß die westlichen Staatsführer – Clinton und Kohl an der Spitze – sich eindeutig hinter »Freund Boris« stellten, schließt kontraproduktive Effekte nicht aus. Ein Präsidentschaftsanwärter, der im Ausland so große Sympathie genießt, könnte einer Bevölkerung suspekt erscheinen, deren Hinwendung zum westlich-aufklärerischen Gedankengut noch längst nicht vollzogen ist.

Der jetzige Kreml-Chef kennt seine Landsleute. Was den Russen am Herzen liegt, spürt er mit dem Instinkt des Volkstribuns: die Gewährung eines bescheidenen, aber sicheren Existenzniveaus und eine Rückkehr zu den beschränkten, aber stabilen Verhältnissen, wie sie unter Leonid Breschnew jedem Sowjetbürger garantiert waren – kurz, das milde Regime eines wohlwollenden Autokraten. Und nicht zuletzt die Erhaltung der nationalen Größe.

Hier muß der Partisanenkrieg in Tschetschenien als ein Schlüsselelement des Wahlentscheids gewertet werden. Jelzin, der sich zu seiner russischen Garnison bei Grosny fliegen ließ und den neuen Führer des tschetschenischen Widerstandes überraschend im Kreml empfing, hat das endlich begriffen. Einerseits ist das Massaker an den Tschetschenen ein sehr probates Einschüchterungsmittel, um alle autonomen Gebiete der Russischen Föderation, die ebenfalls separatistische Neigungen hegen, abzuschrecken. Anderseits muß jeder russische Patriot es als unerträgliche Schmach empfinden, wenn der gigantische Militärapparat seines Landes durch eine kleine Truppe islamischer Kaukasus-Partisanen so blamabel in Schach gehalten wird.

Es geht ja gar nicht um Tschetschenien allein, sondern um den Zusammenhalt der moskowitischen Zentralmacht. Wenn Grosny sich abspalten darf, dann droht eine zentrifugale Welle, und nicht nur bei den stark vertretenen Fremdvölkern auf dem Boden der Russischen Föderation. Selbst die rein slawischen Wirtschaftsregionen des Urals, Sibiriens und vor allem in Fernost könnten vom Virus der Sezession angesteckt werden. Noch haben die Kreml-Gewaltigen die schreckliche Überraschung des Zerfalls der Sowjetmacht vor Augen. Eine zusätzliche Implosion des verbleibenden russischen Staatsverbandes wäre der schlimmste Alptraum. Hier stellt sich vielleicht die Schicksalsfrage der bevorstehenden Präsidentenwahl, und an ihrer Beantwortung werden die Kandidaten Jelzin und Sjuganow gemessen.

Wirtschaftsgipfel ohne China

Menschenrechte im Zeichen der Heuchelei

1. Juli 1996

»Dabeisein ist alles«: Unter diesem Motto fand wohl auch das diesjährige Weltwirtschaftstreffen der sogenannten G-7 in Lyon statt. Die Veranstaltung, einst als das große ökonomische Direktorium der industrialisierten Welt bestaunt, ist verflacht, und wenn es so weitergeht, wird man ihr nicht mehr Bedeutung einräumen müssen als dem Internationalen Forum von Crans-Montana im Wallis. Für die Diskussion der dringendsten Themen – Arbeitslosigkeit, Globalisierung des Handels, Beziehungen zur Dritten Welt, die futuristischen Vorgänge im Internet – ist den Staats- und Regierungschefs ein halber Tag übriggeblieben. Eine Frage zumindest ist dieses Mal in aller Klarheit aufgeworfen worden: Ist es nicht Anmaßung, daß die »Großen Sieben« weiterhin im Namen des ganzen Erdballs auftreten, wenn in diesem Gremium ein relativ bescheidenes Land wie Italien präsent, die gewaltige neue Wirtschaftsmacht China aber ausgeschlossen bleibt?

Ein weiterer Punkt verhinderte, daß die wirtschaftlichen Themen in Lyon Vorrang hatten: Nach dem Bombenanschlag auf den US-Stützpunkt bei Dhahran in Saudi-Arabien fühlte sich der amerikanische Präsident bemüßigt, der Bekämpfung des Terrorismus absolute Priorität einzuräumen. Die Empörung Clintons ist verständlich und berechtigt. Aber die Erschütterungen, die der arabischen Welt bevorstehen, lassen sich nicht auf die konspirativen Machenschaften von ein paar kriminellen Organisationen reduzieren.

Zu schnell ist man in den USA bei der Hand, wenn es gilt, im Falle von nationalen Katastrophen einen Sündenbock zu entdecken. So war nach der schrecklichen Explosion in Oklahoma City zunächst ein harmloser Palästinenser verdächtigt worden, ehe man einer obskuren Kampforganisation rechtsradikaler weißer US-Bürger auf die Spur kam. Im Falle von Dhahran richtet sich der anklagende Finger automatisch auf die Mullahs der Islamischen Republik Iran, die von Washington seit dem Verschwinden des kommunistischen Erzfeindes als neues »Reich des Bösen« an den Pranger gestellt wird.

Die Dinge dürften sich in Wirklichkeit ganz anders verhalten. Es handelt sich bei Saudi-Arabien um einen engen Verbündeten der USA im Orient. Die herrschende Dynastie hat ihr Land in ein militärisches Protektorat der USA verwandeln lassen und ist durch ihre immer noch gewaltige Erdölförderung eine Säule des von Washington beherrschten Energiemarktes. Aber an dieser Zweckallianz enthüllt sich wieder einmal die selektive Interpretation der Begriffe »Demokratie« und »Menschenrechte«.

Wenn man schon von der Rückständigkeit islamischer Fanatiker redet, dann sollte man in erster Linie an das saudiarabische Königshaus denken. Nirgendwo – schon gar nicht im vielgeschmähten Iran – wird die Scharia-Gesetzgebung so intolerant und gnadenlos angewendet wie in diesem arabischen Wüstenstaat, dessen einzige Verfassung der Koran ist. In den Augen frommer Muslime könnte die übermäßige religiöse Strenge der Saudis noch angehen, wenn sie nicht gepaart wäre mit der zynischen Lasterhaftigkeit einer Clique von etwa 7000 hochprivilegierten Prinzen. Hinzu kommt die Unterwürfigkeit, die König Fahd seinem amerikanischen Schutzherrn erweist. Fahd weiß sehr wohl, daß sein Haus ohne den ständigen Schutz Washingtons dem Untergang geweiht wäre, und nimmt in Kauf, daß vor allem an der strategisch wichtigen Küste des Persischen Golfes Tausende von US-Soldaten stationiert sind.

In aller Wahrscheinlichkeit stehen hinter dem Anschlag von Dhahran eifernde saudische Koranggläubige. Sie haben den »Heuchlern auf dem Thron« den Untergang geschworen und wissen, wo das Königreich am verwundbarsten ist. Indem die Terroristen amerikanische GIs zum bevorzugten Ziel ihrer Attentate machen, lösen sie ein weit größeres Echo aus, als wenn sie irgendeinen prominenten Prinzen oder Minister einheimischer Herkunft aus dem Wege räumten. Von welcher Seite diesen die Gefahr droht, war bereits im November 1979 deutlich geworden, als eine »Erweckergestalt« aus dem arabisch-sunnitischen Geschlecht der Qahtani sich mit einer Truppe eifernder Gefolgsleute der Kaaba von Mekka bemächtigte und erst durch ein Aufgebot französischer Elite-Gendarmen aus dem zentralen Heiligtum des Islams vertrieben werden konnte. Den Prinzen Saudi-Arabiens droht die »Rache Gottes«. Für diese mythische Realität des Orients besaß man auf dem G-7-Treffen von Lyon wohl wenig Gespür.

Olympia im Reklamerummel

Aus Spiel wurde blutiger Ernst

29. Juli 1996

Eine Bombe hat genügt, und aus dem Fest der Freude, als das die Olympischen Spiele stets gefeiert werden, ist eine Veranstaltung tragischer Besinnlichkeit geworden. Nach dem Attentat von Atlanta erscheint vor allem der Reklamerummel, der das sportliche Geschehen wie eine erstickende Schlingpflanze mehr und mehr umrankt, völlig unerträglich.

Es hätte natürlich sehr viel schlimmer kommen können. Wer sich an den Überfall auf die Münchner Spiele im Jahr 1972 erinnert, als die Palästinenser des »Schwarzen September« zum Todesschlag gegen die israelische Mannschaft ausholten, hat schmerzlichere Bilder vor Augen. Und wer möchte schon bindende Aussagen über die mutmaßlichen Täter und Anstifter des Anschlags in Atlanta machen, wo doch über die Katastrophe der TWA-Boeing, die vor Long Island mit Mann und Maus im Ozean unterging, noch keinerlei Klarheit herrscht.

Ein sehr professionelles Killer-Kommando ist in Atlanta kaum am Werk gewesen. Gemessen an den ungeheuren Explosionen im World Trade Center in New York oder im Verwaltungsbau von Oklahoma-City scheint man es in Atlanta eher mit Dilettanten oder Geistesgestörten zu tun zu haben. Natürlich wird sich der Verdacht zunächst einmal gegen islamische Extremisten richten. Aber in unserer hemmungslosen Konsumgesellschaft, die alle überlieferten Werte über Bord zu werfen droht, ist die Wahrscheinlichkeit viel größer, daß hier irgendwelche frustrierten Außenseiter am Werk waren.

Die Stadt Atlanta ist nicht nur durch Scarlett O'Hara berühmt geworden. Hier wurde das welterobernde Getränk Coca-Cola zuerst produziert, und hier ist das Hauptquartier der Fernsehstation CNN, die sich dank rasanter Nachrichtenübermittlung zum bevorzugten Informationsinstrument entwickelt hat. Kein Wunder, sind die olympischen Wettkämpfe gerade hier – mehr als in Seoul oder Barcelona – zum Spielball der Werbe- und der Medien-Industrie geworden.

Unter einem besonders guten Stern stehen diese Jubiläumsspiele ohnehin nicht. Weshalb wohl kam sowohl bei den aktiv beteiligten Sportlern als auch bei den Zuschauern von Anfang an ein Gefühl der Enttäuschung, ja der Langeweile auf? Das lag nur zu einem geringen Teil an den technischen Pannen. Vielmehr hat sich die olympische Idee überholt. Im Geiste der Freundschaft und Brüderlichkeit, so wollte es Pierre de Coubertin vor hundert Jahren, sollten die Nationen die überschäumende Kraft und Energie ihrer Jugend messen. Davon ist nicht viel übriggeblieben. Der Olympionike ist zum isolierten, verbissenen Einzelkämpfer geworden, der jeden potentiellen Rivalen als Feind mustert. Allenfalls in den Gruppendisziplinen kommt noch Teamgeist auf, aber er ist strikt auf die eigene Mannschaft beschränkt.

Schockierend auch die einseitige Voreingenommenheit des überwiegend amerikanischen Publikums auf den Tribünen. Mit dem unaufhörlichen Kampfschrei »USA« ließ es jede Spur von Anerkennung für fremde Leistungen vermissen. Was anläßlich der jüngsten Fußballereignisse in Großbritannien bereits deutlich wurde, hat sich in Atlanta bestätigt: Fairplay ist nicht Sache der Angelsachsen.

So paradox es klingt – das Engagement für den olympischen Wettstreit hat auch unter dem Ende des kalten Krieges gelitten. Früher standen sich zwei Blöcke, zwei Ideologien, ja zwei Menschheitsvisionen gegenüber. Die kommunistisch regierten Staaten unterwarfen ihre Athleten einem unerbittlichen Züchtungsprozeß, einem biologischen Hochleistungsbetrieb um jeden Preis. Dieser systematischen, totalitär geprägten Deformation des sportlichen Gedankens galt es mit den eher bescheidenen Mitteln einer liberalen und individualistischen Gesellschaft zu begegnen. Im kapitalistischen Westen schlug damit die Stunde der Sponsoren.

Zu den prominentesten »Opfern« der neuen Ära gehören übrigens die Deutschen: Die glücklich vollzogene Wiedervereinigung und die Überwindung ihrer eigenen Ost-West-Rivalität hat auf der sportlichen Ebene eine psychologische Demobilisierung und einen geradezu bestürzenden Medaillenschwund bewirkt.

Die stärksten Bedenken kommen dem Beobachter, wenn er den Blick auf die todernsten, fast verzweifelten Gesichter der winzigen, oft minderjährigen Boden- und Geräteturnerinnen richtet. Bei ihnen ist aus dem graziös anmutenden Spiel längst blutiger Ernst geworden. Die Hymne an die Entfaltung körperlicher Kraft und Anmut ging im akrobatischen Zirkusrummel unter.

Jordanien in der Zwickmühle

Noch behauptet sich König Hussein

26. August 1996

König Hussein von Jordanien ist als Überlebenskünstler bekannt. Er wird die Unruhen, die in mehreren Städten seines Landes als Folge der Verdoppelung des Brotpreises ausgebrochen sind, aller Voraussicht nach überstehen. Der Tadel für diese unverantwortliche Maßnahme – 30 Prozent der Untertanten leben angeblich unter der Armutsgrenze – richtet sich zwar vordergründig gegen Premierminister Abdul Karim Kabariti, der dem Monarchen treu ergeben ist. In Wirklichkeit aber wären der Internationale Währungsfonds und die Weltbank verantwortlich zu machen, denen zum Ausgleich des jordanischen Haushalts und zur Reduzierung einer Auslandverschuldung von 11 Milliarden Dollar nichts Besseres einfiel, als das Grundnahrungsmittel der Bedürftigen zu verteuern.

Der »kleine König«, wie man ihn früher nannte, hat schon ganz andere Krisen überstanden. Man denke nur an den »Schwarzen September« von 1970, als er die treuen Beduinenstämme gegen die palästinensische Bevölkerungsmehrheit seines Staates einsetzte, etwa 30 000 Menschen zusammenschießen ließ, um Arafat daran zu hindern, aus Amman ein »zweites Hanoi« zu machen, wie die PLO damals voreilig prahlte. 1989 mußte Hussein mit Waffengewalt durchgreifen, um Unruhen niederzuschlagen, die durch die Abwertung des Dinars und die drastische Erhöhung des Benzinpreises ausgelöst wurden. Im Krieg gegen den irakischen Diktator Saddam Hussein hatte der jordanische König zunächst auf die falsche Karte gesetzt, was ihn die verfeindete saudische Dynastie und die Emire des Golfs bitter büßen ließen. Jordanien konnte seit der »Operation Wüstensturm« nicht mehr zu jener lukrativen Transitrolle zurückfinden, die ihm ein halbwegs erträgliches Auskommen verschafft hatte.

Das jordanische Volk hat durchaus plausible Gründe, mit seinem

Schicksal zu hadern. Wohlweislich wird in Jordanien keine zuverlässige Volkszählung durchgeführt. Sonst würde sich herausstellen, daß mindestens 70 Prozent der dortigen Einwohner palästinensischer Herkunft sind. Diese Vertriebenen der ersten, zweiten oder dritten Generation träumten natürlich davon, in ihre angestammte Heimat zurückzukehren, auch wenn sie für die Realisierung ihrer Forderungen nicht zur Waffe greifen. Die Verbrüderungsszenen zwischen König Hussein und dem ermordeten israelischen Regierungschef Jizchak Rabin müssen bei den palästinensischen Jordaniern ein kaum zu heilendes Trauma hinterlassen haben. Daß der Monarch sich beeilte, auch zum Hardliner Netanjahu engen persönlichen Kontakt zu suchen, während das jüdische Siedlungsprogramm auf der Westbank wieder zügig in Gang kam, ist für sie vollends unerträglich.

44 Jahre lang regiert Hussein bereits seinen Wüstenstaat. Er ist ein extrem mutiger Mann, und vielleicht verdankt er seine Langlebigkeit der Tatsache, daß er sich gar nicht fürchtet, das Schicksal seines Großvaters Abdullah zu erleiden, der 1951 nach Kontakten mit dem Judenstaat von einem arabischen Fanatiker in Jerusalem ermordet wurde. Dabei muß man wissen, daß der König von einem abgrundtiefen Haß gegen Arafat beseelt und fast ebensosehr wie Benjamin Netanjahu daran interessiert ist, die Schaffung eines souveränen Palästinenserstaates zu hintertreiben. Mit grimmiger Genugtuung mag der Monarch beobachten, wie die Araber des Gazastreifens und des West-Jordan-Ufers sich ihre ursprüngliche Begeisterung für Arafat abgeschminkt haben. Die Terror- und Willkürmethoden, deren sich die PLO überall dort schuldig macht, wo sie das Sagen hat, bewirkte einen Meinungsumschwung zugunsten der tugendhaften Eiferer der islamischen Hamas-Bewegung.

Auf lange Sicht wird dennoch der Thron von Amman das Nachsehen haben. Die Normalisierung der Beziehungen zu Israel war gerade noch erträglich in der Perspektive handfester wirtschaftlicher Vorteile, die jedem Jordanier hätten zugute kommen sollen. Aber keine dieser Hoffnungen konnte verwirklicht werden. Nicht einmal die Stippvisiten jüdischer Touristen bringen Geld ein. Die Überzeugung setzt sich allmählich durch, daß es den Israelis lediglich um eine geschickte Domestizierung der Palästinenser in den autonomen Gebieten geht und daß der Kompromiß mit Jerusalem den Zorn Allahs schürt. Schon wird das Überleben Arafats durch die Agenten des israelischen Geheimdienstes gesichert. Dagegen kann König Hussein sich immerhin noch auf seine Beduinentruppe und eine kaukasische Leibgarde verlassen.

Grüner Halbmond über Bosnien

Ende der multikulturellen Utopie

23. September 1996

Seit den bosnischen Präsidentschaftswahlen verfügt Europa über seinen ersten islamischen Staat. Gewiß, es handelt sich noch um ein embryonales Gebilde, das durch Souveränitätsbeschränkungen eingeengt ist und dessen Territorium zwischen Bihac im Nordwesten und Goražde im Südosten einem Flickenteppich gleicht. Aber der erfolgreichste Kandidat, der Führer der Partei der Demokratischen Aktion (SDA), Alija Izetbegović, hat sich bei seinen muslimischen Glaubensbrüdern mit der Losung der »AAA« durchgesetzt: »Allah, Alija, Armija!« Im Siegestaumel wurden in Sarajevo zahllose Fahnen mit dem grünen Halbmond geschwenkt. Ein deutliches Signal.

Positiv zu bewerten ist nur die Tatsache, daß der seltsame Urnengang, bei dem die verfeindeten »Muslimani«, Serben und Kroaten ein Dreierkollegium an der Spitze des Phantomstaates »Bosnien und Herzegowina« bestimmen sollten, ohne nennenswerte Zwischenfälle verlaufen ist. Das Truppenaufgebot der IFOR hat gewisse Garantien für einen halbwegs ordentlichen Ablauf bieten können. Die ethnische Spaltung ist jedoch durch diesen Volksentscheid zusätzlich zementiert worden. Ein politisches Monstrum ist aus der Taufe gehoben worden, und man kann es als Glück bezeichnen, daß der Muslimführer Izetbegović mit geringem Abstand seinen serbischen Rivalen Krajisnik überflügelt hat. Denn letzterer hat die Abspaltung seiner Teilregion »Republika Srpska« offen auf sein Panier geschrieben. Mit dem kroatischen Anwärter Zubak hätte es sich ähnlich verhalten. Dessen katholisch und nationalistisch ausgerichtete Formation HDZ hat die Bildung einer separaten Einheit »Herzeg-Bosna« sowie die Perspektive einer Verschmelzung mit der kroatischen Republik von Zagreb nicht aufgegeben.

Als einziger bekennt sich der 71jährige Izetbegović zum Fortbestand einer bosnischen Föderation. Seine Gefolgschaft hat ihr Zusammengehörigkeitsgefühl nicht etwa in einer ethnischen Sonderstellung gefunden. Die »Muslimani« sind Südslawen wie ihre serbischen und kroatischen Nachbarn; sie sprechen sogar den gleichen Dialekt. Die SDA-Wähler mit den grün-weißen Fahnen und dem Halbmond wurzeln einzig in ihrem Bekenntnis zum koranischen Glauben, auch wenn diese entscheidende Differenzierung gegenüber ihren christlich-orthodoxen oder römisch-katholischen »Mitbürgern« nicht immer mit strenger Frömmigkeit einhergeht. Trotz allen anderslautenden Prognosen ist eine schleichende Islamisierung in Gang gekommen. In den frühen Schriften Alija Izetbegović', die ihm zur Zeit des Tito-Kommunismus wiederholt Gefängnisstrafen einbrachten, hat er die Idee eines koranisch fundierten Staates propagiert, dessen Verwirklichung insbesondere bei den Eliteeinheiten der muslimisch-bosniakischen Armee konkrete Formen anzunehmen beginnt.

Leicht werden es die Parteigänger der islamischen Wiedergeburt nicht haben. Die Muslime stellen mit 43 Prozent den stärksten Bevölkerungsanteil Bosniens, aber sie sind durch ein absurdes Einstimmigkeitsprinzip gelähmt. Den bosnischen Mohammedanern wurde nicht nur die Konföderation mit der »bosnisch-serbischen Republik« aufgezwungen, über der weiterhin der Schatten der Kriegsverbrecher Karadžić und Mladić lasten, sondern sie müssen auch ein Präsidenten-Triumvirat hinnehmen, indem ihr Führer Izetbegović turnusmäßig durch einen serbischen und durch einen kroatischen Extremisten abgelöst wird. Am schmerzlichsten muß es diese leidgeprüfte Gemeinde von etwa 2 000 000 Gläubigen treffen, daß sie durch den schonungslosen Aktivismus des amerikanischen Prokonsuls Holbrooke in eine zusätzliche Föderation mit den kroatischen Bosniern hineingepreßt und damit indirekt der Kuratel des selbstherrlichen Staatschefs von Zagreb, Franjo Tudjman, unterstellt wurden.

Diese Zwangsverbindungen zwischen Muslimen und Kroaten, zwei Volksgruppen, die sich ebenso grausam befehdeten wie Serben und Kroaten, birgt den Zündstoff kommender Konflikte. Die US-Diplomatie will das Entstehen eines souveränen islamischen Staates auf dem Balkan verhindern. Was wird den »Muslimani« von Bosnien anderes übrigbleiben, als aktive Hilfe bei ihren Brüdern, den Türken und den Iranern, zu suchen? Seit in Ankara Necmettin Erbakan, Führer der islamistischen Refah-Partei, der Regierung vorsteht, seit die Islamische Republik Iran mit ausdrücklicher Billigung Präsident Clintons Waffen an die bosnischen Muslime und Kroaten liefern durfte, ist eine diskrete Mitwirkung Ankaras und Teherans auf dem Balkan nicht mehr aufzuhalten. Die bosnische Konstruktion ist zu kompliziert und zu verlogen, als daß sie auf Dauer überleben könnte. Die radikale Separation der unversöhnlichen Todfeinde wäre dem krampfhaften Festhalten an einer »multikulturellen« Utopie vorzuziehen gewesen. Der Balkan steht längst nicht am Ende seiner explosiven Wirren.

Die Taliban als »Friedensstifter«?

US-Intrige in Afghanistan

21. Oktober 1996

Jahrelang hat die Weltöffentlichkeit die blutigen Bürgerkriegswirren Afghanistans ignoriert. Heute bahnen sich jedoch in dieser zentralasiatischen Schlüsselregion neue Abenteuer und Tragödien von weitreichender Bedeutung an. Die sogenannten »Koranschüler«, oder Taliban, machen Schlagzeilen, nachdem sie in einem Überraschungsfeldzug zwei Drittel Afghanistans den bisherigen Machthabern von Kabul entrissen haben. Bei diesen meist jugendlichen religiösen Eiferern handelt es sich um eine Truppe, die die Rezitation des Korans in ihren pakistanischen Flüchtlingslagern längst nicht so intensiv geübt hatte wie den Umgang mit Panzern und Katjuscha-Raketen.

Daß die Regierung von Islamabad sich dieses geballten militärischen Instruments bedient, daß der Geheimdienst Pakistans eine entscheidende Rolle bei der Planung der Taliban-Offensive spielt, ist offenkundig. Die Ministerpräsidentin Benazir Bhutto will sich den direkten Zugang zu jenen exsowjetischen GUS-Republiken Zentralasiens verschaffen, von denen sie durch das Chaos am Hindukusch abgeriegelt ist. Über Afghanistan würden die unermeßlichen Reichtümer an Erdöl und Erdgas, die in Turkmenistan, Kasachstan und Usbekistan auf aktive Erschließung warten, durch Pipelines und Pumpstationen an den Indischen Ozean transportiert.

Weniger offenkundig ist das »große Spiel«, das die amerikanische Hegemonialmacht inszeniert. In Washington hatten die Experten endlich die Gefahr entdeckt, die sich unter dem Schleier der afghanischen Anarchie anhäufte. In den Trainingslagern der Mudschahedin ist im Lauf der Jahre eine »islamische Fremdenlegion« entstanden, die in allen Praktiken des Partisanenkriegs und der Sprengstoffattentate geschult wurde. Freiwillige aus den diversen arabischen Staaten, moslemische Schwarzafrikaner, Türken, Kaukasier und auch ein paar Bosniaken werden hier zu todesmutigen Kriegern Allahs gedrillt.

Darüber hinaus hat sich Afghanistan zu einem »Eldorado« der Opiumproduktion entwickelt. Die Drogenlieferungen übertreffen an Umfang bereits den Heroinausstoß des »Goldenen Dreiecks« in Südostasien. Zusätzlich beobachten die Geostrategen des Pentagon sorgenvoll, daß die verhaßten Mullahs der Islamischen Republik Iran ihren Einfluß auf eine weitgestreckte Zone erweitern, die über die iranisch bevölkerte GUS-Republik Tadschikistan bis zur Westgrenze Chinas reicht. Schon faselt man in Washington von einem Föderationsgebilde »Farsistan«, wo die verteufelten Ayatollas angeblich ihre Intrigen gegen den amerikanischen Erzfeind schmieden.

Er hat eine unglaubliche Naivität von seiten der Clinton-Administration bedurft, ausgerechnet den Taliban eine Mission der moralischen Rehabilitierung Afghanistans aufzutragen. Nach einer kurzen Anlaufphase als Friedensstifter und Ordnungshüter in den eroberten Südprovinzen haben sich diese koranischen Tugendbolde als zügellose Horde von Rohlingen zu erkennen gegeben. Der islamische Gottesstaat, den sie zu gründen vorgaben, läßt die religiöse Strenge der benachbarten persischen Mullahkratie als extrem moderates Regime erscheinen. Diese neue »Theokratie« von Kabul verkommt zu einer häuslichen Karikatur der mohammedanischen Lehre.

Diese zügellosen Eiferer beabsichtigen keineswegs, die »grüne Fremdenlegion« abzubauen oder mit dem Verbot des Opiumanbaus ihre reichste Einnahmequelle auszutrocknen. Wer würde diesen Strauchdieben wohl zutrauen, daß sie den ungestörten Abfluß von Petroleum und Erdgas aus der GUS nach Süden garantieren können? Während ein törichter Sprecher des US State Department den Taliban noch bescheinigte, sie seien zwar »antimodernistisch, aber prowestlich«, sammelten sich bereits die Gegenkräfte. Der russische Sicherheitsbeauftragte General Alexander Lebed stärkte dem usbekischen Präsidenten Karimow den Rücken, und der wiederum ließ dem usbekisch-afghanischen Feldkommandeur Raschid Dostom massive militärische Unterstützung angedeihen. Der aus Kabul vertriebene Kriegsheld Ahmed Schah Massud wird mit verzweifelter Energie zu verhindern suchen, daß seine starke tadschikische Volksgruppe wieder der Willkür der Paschtunen ausgeliefert wird. Mit russischer, usbekischer, iranischer, ja indischer Unterstützung holen die unterschiedlichen Feinde der Taliban und ihrer pakistanischen Drahtzieher zum Gegenschlag aus. In Moskau sucht man neuerdings nach einem Kompromiß, um das Bürgerkriegsgemetzel in der GUS-Republik Tadschikistan zu beenden. Die dortigen Islamisten erscheinen plötzlich als relativ gemäßigte Verhandlungspartner, gemessen an den tollwütigen Koranschülern, die mit dem Segen Islamabads und Washingtons auf die ehemals sowjetische Grenze am Amu-Darja vorstürmen. Die Schlacht um Afghanistan ist neu entbrannt.

Im Herzen der Finsternis

Die Tragödie von Ruanda

18. November 1996

Nicht immer sind die bösen Kolonialisten an allem Unheil schuld, das Afrika heute heimsucht. Die Stammesfeindschaften zwischen Hutu und Tutsi reichen weit in die vorkoloniale Epoche des Schwarzen Erdteils zurück. In sukzessiven Völkerwanderungen waren nilotische Völkerschaften in die grüne Hügel- und Gebirgslandschaft nördlich der großen Seen vorgedrungen. Dabei hatten diese kriegerischen Viehzüchter die dort überwiegend vom Ackerbau lebenden Bantu-Stämme, insbesondere die zahlreiche Hutu-Rasse, unterworfen und versklavt. Als das kaiserliche Deutschland Ende des 19. Jahrhunderts die beiden Tutsi-Königreiche Ruanda und Burundi als Protektorate zugesprochen erhielt, rüttelten die wenigen wilhelminischen Kolonialbeamten nicht an den überbrachten Feudalstrukturen. Die hochgewachsene Elite der Tutsi herrschte weiterhin unumschränkt über ihre gedrungenen und negroid wirkenden Leibeigenen vom Hutu-Volk.

Auch die Belgier haben es in den drei Jahrzehnten ihrer Schutzmachtpräsenz bei der indirekten Verwaltung belassen. Betreuung und Ausbildung der »indigènes« überließen sie den katholischen Missionen. Die Stunde des revolutionären Umschwungs und des großen Mordens setzte ein, als die Kolonialmächte die Unhaltbarkeit ihrer afrikanischen Besitzungen erkannten, politische Parteien zuließen und in mehr oder minder demokratischen Wahlen die schwarze Bevölkerung über ihre Regierungsbildung entscheiden ließen. Der Führungsanspruch der Tutsi wäre bei einem halbwegs fairen Urnengang durch die erdrückende Mehrheit von 85 % Hutu-Bevölkerung weggefegt worden.

Doch die Tutsi-Krieger dachten gar nicht daran, ihre Vorherrschaft an die verachteten Hutu abzugeben. Im Jahr 1959 setzte jene lange Serie von Massakern ein, die sich ab 1994 zum grauenhaften

Genozid ausweitete. In Ruanda gelang es den Hutu anfangs, mit Hilfe ihrer Überzahl die verhaßten Tutsi ihrerseits zu unterjochen. In Burundi hingegen behauptete sich die Tutsi-Führung und drangsalierte von nun an die große Überzahl der Hutu.

Dieser Rückblick ist notwendig, wenn man die schreckliche Aktualität in dieser Weltregion begreifen will. Zahlreiche andere Niloten-Stämme – den Tutsi aufs engste verwandt – hatten sich außerhalb von Ruanda und Burundi in Uganda und in Ost-Zaire als dynamische Eroberer durchgesetzt. So gehört der derzeitige Staatschef Museveni von Uganda ebenfalls dieser ethnischen Familie an. Museveni nahm seine geflüchteten Stammesbrüder aus Ruanda bereitwillig auf und rekrutierte unter ihnen eine schlagkräftige »Befreiungsarmee«. Bei diesem kriegerischen Vorhaben stieß Museveni auf die wohlwollende Unterstützung der amerikanischen Diplomatie und der CIA. Von Uganda aus, so meinten die strategischen Planer Washingtons, ließe sich eine Interventionstruppe überwiegend nilotischer Stämme aufstellen, die ihren ethnischen Verwandten im benachbarten Südsudan beim Kampf gegen das fundamentalistisch-islamische Regime von Khartoum wirksam zur Seite stehen würde. Für die Amerikaner ging es auch in Afrika darum, den Einfluß des revolutionären Islamismus einzuengen, ja – wenn möglich – das dortige Regime des General Beschir zu zerschlagen.

Der US-Geheimdienst hatte wohl kaum damit gerechnet, daß die Exilarmee der Tutsi von Ruanda, statt ihre militärische Kraft gegen die sudanesischen Fundamentalisten zu richten, zur gewaltsamen Rückkehr nach Ruanda ausholen würde. Angesichts der tödlichen Bedrohung, die sich an der ugandischen Grenze zusammenballte, verfielen die Hutu von Ruanda in einen panischen Blutrausch. Die noch im Lande verbliebenen Tutsi wurden zu Hunderttausenden abgeschlachtet, und die Weltöffentlichkeit nahm mit Erleichterung zur Kenntnis, daß die »Befreiungsarmee« der Tutsi – unterstützt durch Uganda – als Sieger in Kigali einzog. Dieser Machtwechsel löste wiederum den überstürzten Exodus von zwei Millionen Hutu in die benachbarten Kivu-Provinzen der Republik Zaire aus. In ihren dortigen Flüchtlingslagern bereiteten die mörderischen Kommandeure der Hutu-Milizen ihre Revanche vor und versuchten, die Tutsi-Regierungen von Ruanda und von Burundi zu destabilisieren.

Auf diese Überfälle reagierte die Tutsi-Armee mit einer grenzüberschreitenden Offensive, fiel in Ost-Zaire ein, eroberte die Städte Bukavu und Goma. In sporadischen Gefechten mit der verwilderten Soldateska von Zaire entstand in Kivu eine Zone der Verwüstung und des Todes. In hellem Entsetzen verließen die Hutu ihre »Refugee Camps« und suchten Schutz im Urwald. Wie viele von ihren dort dem Hunger und den Seuchen erliegen werden, ist heute noch gar nicht abzusehen. Das Chaos greift bereits auf die riesige Republik Zaire über, und die internationalen Hilfsaktionen – von Washington bislang gelähmt – wagen sich nur sehr zögerlich in dieses »Herz der Finsternis«.

Aufruhr in Belgrad

Der langsame Niedergang des Slobodan Milosević

16. Dezember 1996

»Serbien muß sterbien!« So hieß es im Sommer 1914 in Wien, nachdem der Habsburger Thronfolger Franz Ferdinand in Sarajevo ermordet worden war. Während des blutigen Bosnienkonfliktes der letzten Jahre waren in Teilen der deutschen Presse ähnliche Akzente zu vernehmen. Seit die Straßen von Belgrad sich mit endlosen Kolonnen von Jugendlichen gefüllt haben, die den Rücktritt des serbischen Staatschefs Slobodan Milosević fordern, ist es zu einer ausgewogeneren Beurteilung der Balkansituation gekommen. Zweifellos hat der ehemalige Kommunistenführer Milosević, der vor zehn Jahren den serbischen Nationalismus anheizte und die mörderischen Aktionen seiner »Tschetniks« ermutigte, ein gerüttelt Maß Schuld am Zerfall der jugoslawischen Föderation. Im Rückblick erscheint jedoch vieles wie eine vorgezeichnete Tragödie, der niemand entrinnen konnte.

Die Kundgebungen von Belgrad und vielen anderen serbischen Städten gegen die Manipulation, ja die Verfälschung der Ergebnisse bei den jüngsten serbischen Kommunalwahlen haben weltweit die Hoffnung geweckt, daß nunmehr auch in diesem Balkanland endlich demokratische Verhältnisse einkehren könnten. Vielleicht sind diese Erwartungen verfrüht. Schon vergleicht man Präsident Milosević und dessen machtbesessene Gattin Mira Marcović mit dem rumänischen Ehepaar Ceausescu, das nach dem Putsch von Bukarest im Schnellverfahren durch ein Militärgericht exekutiert wurde. In den Nachbarländern Bulgarien und Rumänien haben sich bei den letzten Volksbefragungen ja schließlich auch antikommunistische Kandidaten für das Amt des Staatspräsidenten durchsetzen können. Nun scheint Serbien und die jugoslawische Rest-Föderation, der auch die Teilrepublik Montenegro angehört, die resolute Abwendung von der roten Tyrannei vollziehen zu wollen, und es wirkt symbolisch, daß der ehemalige Mitterrand-Vertraute und französische Kulturminister Jack Lang nach Belgrad geeilt ist, um sich den Demonstranten anzuschließen.

Bislang erinnern nämlich die Protestzüge in den serbischen Städten eher an die Pariser »Mai-Revolution« des Jahres 1968 als etwa an den ungarischen Aufstand von 1956. Die Studenten geben in Belgrad den Ton an, lassen Milosević als Sträflingspuppe vom Galgen baumeln und fordern die Schaffung einer neuen, besseren Welt. Gewiß, die Oppositionsparteien haben sich zu einem Bündnis, genannt »Zajedno«, das heißt »gemeinsam«, zusammengetan, aber dessen Protagonisten vertreten recht unterschiedliche Strömungen. Am spektakulärsten tritt der Führer der »Serbischen Erneuerungsbewegung«, Vuk Drasković, auf, dessen Vollbart und wallende Mähne an Rasputin erinnern. Drasković trägt nicht nur die klassische Haartracht der militanten »Tschetniks«, er hat in der Vergangenheit auch stets deren großserbischen Forderungen vertreten. Er ist kein überzeugender Verfechter von Toleranz und Parlamentarismus. Sein Verbündeter und Rivale Zoran Djindjić von der »Demokratischen Partei« macht einen weit zivilisierteren Eindruck. Dieser gutaussehende junge Politiker hat seine Doktorwürde in Konstanz erworben, spricht fließend Deutsch und flößt den Regierungen von Washington und Bonn Vertrauen ein. Dritte im Bunde ist eine kämpferische Frau, Vesna Pesić, die einzige, die sich in den vergangenen Jahren mit ihrem »Antinationalistischen Bürgerbund« konsequent gegen den serbischen Chauvinismus und dessen grausame Konsequenzen in Bosnien gewandt hatte.

Bisher ist es diesen verbündeten Opponenten und auch den unermüdlichen Studenten nicht gelungen, die serbische Arbeiterschaft einheitlich auf ihre Seite zu ziehen. Schon meinen manche Skeptiker, Slobodan Milosević, der sich in den letzten Monaten den USA als relativ verläßlicher Liquidator der Bosnien-Tragödie angeboten hat, könne sich durch geschicktes Lavieren an der Macht halten. Seine Stunde wird frühestens schlagen, wenn es im Jahr 1997 zu neuen Parlaments- und Präsidentschaftswahlen kommt. Was sich dennoch heute vollzieht, ist eine unaufhaltsame Erosion der serbischen Staatsgewalt, möglicherweise mit schweren Konsequenzen. Noch befindet sich das Schicksal der künstlichen »Republik srpska«

in Bosnien in der Schwebe, wo der serbische Siedlungsraum rund um Banja Luka nur durch einen extrem schmalen und verwundbaren Korridor bei Brcko mit Belgrad verbunden ist. Andererseits ist das Schicksal der rebellischen serbischen Muslime des Sandschak von Novipasar total ungeklärt, und die Kosovo-Region mit ihren zwei Millionen Albanern und Muslimen – ein Fünftel der serbischen Gesamtbevölkerung –, die bislang von Milosević geknebelt und unterjocht wurden, treibt unweigerlich auf eine ethnisch-religiöse Explosion zu. Trotz aller Symbole demokratischen Wandels hat der Niedergang Serbiens längst noch nicht seinen Tiefpunkt erreicht.

Erlaubt der Koran den Friedensschluß?

Kümmerlicher Kompromiß in Hebron

13. Januar 1997

Der Friedensprozeß im Heiligen Land wird allmählich zur Quadratur des Kreises. Der Streit um die Patriarchenstadt Hebron nimmt surrealistische Formen an. Wenn wirklich die große Flurbereinigung in Nahost an ein paar hundert jüdisch-orthodoxen Siedlern zu scheitern droht, die darauf bestehen, innerhalb von 130 000 Arabern eine befestigte Stellung zu halten, dann erweist sich das Abkommen von Oslo als das Werk von Illusionisten. In den westlichen Medien findet man eine bequeme Entschuldigung für die eigene Fehleinschätzung, indem man Premierminister Benjamin Netanjahu zum alleinigen Sündenbock deklariert. Doch es waren ja überwiegend Regierungen, die von der Arbeitspartei, von den zionistischen Sozialisten beherrscht wurden, die nach 1967 zahllose Siedlungen im eroberten Westjordanland gründeten, die das jüdische Jerusalem mit einem weit nach Osten ausgreifenden Einkreisungsring rund um die arabische Altstadt konsolidierten.

Hatten Jizchak Rabin und Schimon Peres wirklich geglaubt, der alte Kämpfer Jassir Arafat werde kein dringenderes Gebot kennen, als die mit seiner PLO rivalisierenden Islamisten-Bewegung Hamas unerbittlich zu zerschlagen? Gewiß, wenn die Sozialisten weiterregiert hätten, wären die Abkommensklauseln über Hebron ein paar Wochen früher in Kraft getreten. Nur ein Viertel der Stadt Abrahams bleibt demnach noch unter israelischer, der Rest kommt unter arabische Kontrolle. Aber damit ist doch keine dauerhafte Befriedung in einem Sektor erreicht, wo die massive jüdische Zeloten-Siedlung Kiriat Arba – nur ein paar Kilometer entfernt – sich wie eine strategische Schlüsselstellung etabliert hat.

Die Verhandlungen sind vollends in die Sackgasse geraten, seit Netanjahu die Räumung der den Palästinensern zugesprochenen ländlichen Zonen nunmehr nicht wie vorgesehen im März 1997, sondern erst im Frühjahr 1999 durchführen will. Bis dahin würden lediglich der Gazastreifen und die bereits überantworteten Städte der Westbank – Nablus, Ramallah und Bethlehem sind die wichtigsten – wie isolierte Enklaven der 30 000 Mann starken Schutztruppe Jassir Arafats als Tummelplatz zur Verfügung stehen. Selbst nach der vereinbarten Übereignung gewisser ländlicher Gebiete »Judäas und Samarias« würde das potentielle Territorium eines künftigen Palästinenserstaates, den Netanjahu neuerdings zähneknirschend akzeptiert, einem Flickenteppich gleichen, zumal die Jordansenke, mit Ausnahme Jerichos, weiterhin von Israels Armee kontrolliert bliebe. Für die Araber ist der Schwebezustand, der seit Oslo eingetreten ist, in jeder Hinsicht unerträglich und wird es bis zur Erlangung voller Souveränität und eines abgerundeten Staatsgebietes auch bleiben. Für die Israeli wiederum würde die Stärkung der PLO-Positionen, die mit der separaten Staatsgründung und einer unvermeidlichen militärischen Aufrüstung einhergingen, letztendlich den Verzicht auf alle verstreuten Siedlungen beinhalten, ja auf Dauer eine existentielle Bedrohung des ihnen verbleibenden schmalen Küstenstreifens zwischen Aschkalon und Haifa. Dieses Territorium wurde übrigens zu biblischen Zeiten überwiegend von Philistern oder Phöniziern und nicht von Juden bevölkert.

Ein Kompromiß über Jerusalem als »doppelter Hauptstadt« ließe sich zwar auf dem Papier entwerfen, aber für das zionistische Selbstverständnis liefe eine solche Preisgabe auf den Verlust der schwererkämpften Identität hinaus. Für die Muslime ihrerseits böte sich hier eine ständige Verpflichtung zum Heiligen Krieg. Wußten die jüdischen Staatsmänner, die das Oslo-Abkommen aushandelten, überhaupt, daß jeder Friedensvertrag laut koranischer Gesetzgebung null und nichtig wäre, daß die Preisgabe eines Teiles des »Dar ul Islam« vor Allah unverzeihlich ist, daß ein wirklicher »Frieden« nur unter Muslimen bestehen, während mit Ungläubigen – auch wenn sie als Juden oder Christen der Familie des Buches angehören – nur eine »Hudna«, eine Waffenruhe, vereinbart werden kann? Auf dem Register der israelischen Konzessionen von Oslo steht zusätzlich die Rückkehr von schätzungsweise drei Millionen palästinensischer Flüchtlinge in ihre auf ein Zwerggebilde geschrumpfte Heimat.

Von Anfang an sind die Verfechter des Friedensprozesses wohl einer Illusion erlegen. Wer will ihnen aus dieser Selbsttäuschung, die auf Unkenntnis der nahöstlichen Wirklichkeit beruht, einen Vorwurf machen? Paradoxerweise wäre noch vor kurzem am leichtesten wohl ein Abkommen mit Syrien über die Räumung der Golanhöhen zu halbwegs erträglichen Bedingungen für Israel zu erzielen gewesen. In Damaskus versteht man sich nämlich auf Realpolitik. Seit jedoch auch dort die Bomben geheimnisvoller Attentäter explodieren, wird Präsident Hafez el Assad sich hüten, sein Regime unkalkulierbaren Risiken auszusetzen.

»Unzertrennbare Sicherheit«

Nukleare Spekulationen zwischen Bonn und Paris

10. Februar 1997

Eine enge militärische Zusammenarbeit ist zwischen Deutschland, Frankreich und Polen in Gang gekommen. Das Unternehmen trägt den unprätentiösen Namen »Gemeinsame Initiative« oder »Weimarer Dreieck«. Wie verwöhnt die Europäer durch die Fortschritte ihrer kontinentalen Einigung bereits sind, läßt sich an der Tatsache ablesen, daß dieses strategische Zusammenwachsen von drei Staaten, die sich vor einem halben Jahrhundert noch als haßerfüllte Feinde gegenüberstanden, in den Medien nur ganz am Rande vermerkt wird.

Natürlich ist eine solche Dreier-Allianz nicht frei von Hintergedanken. Wie sollte sie es auch sein? Frankreich hat mit einiger Verspätung begriffen, daß das kontinentale Übergewicht von 80 Millionen Deutschen durch die Einbindung von 30 Millionen Polen ausbalanciert werden kann. Helmut Kohl, der ohnehin von einer germanischen Vormachtsstellung nichts hält, dürfte das nur recht sein, zumal das Bonner Verhältnis zu Warschau ungetrübt ist. Für die Bundesrepublik wiederum, die auf Dauer die allgemeine Wehrpflicht nicht beibehalten wird, kann es nur von Vorteil sein, wenn die polnische Wehrkraft mit Hilfe westlicher Waffensysteme multipliziert wird. Bei allen Freundschaftsbeteuerungen für Boris Jelzin weiß der Bundeskanzler sehr wohl, welche Ungewißheiten weiterhin auf der früheren Sowjetunion lasten. Schon ist der Zustand der Republik Weißrußland höchst besorgniserregend. Die Unabhängigkeit der Ukraine ist keineswegs stabilisiert. Die Führungsvakanz im Moskauer Kreml wirkt alarmierend.

Wie steht es nun um die oft beschworene Schicksalsgemeinschaft zwischen den beiden karolingischen Kern-Nationen des Abendlandes? Jacques Chirac hat in der sogenannten »Nürnberger Erklärung« festgestellt, daß die Sicherheitsinteressen Frankreichs und

Deutschlands »unzertrennbar« geworden sind. Eine strategische Doktrin ist am 9. Dezember 1996 in Nürnberg entworfen worden, die positiv und zukunftsweisend ist, aber von Paris auf höchst törichte Weise zunächst einmal geheimgehalten wurde. Nach der Publizierung des Textes in der Zeitung »Le Monde« stoßen nunmehr unterschiedliche Interpretationen aufeinander.

Geht es wirklich darum, die französischen Streitkräfte auf dem Umweg über die deutsche Direkt-Allianz klammheimlich wieder in die Nato zu integrieren? Oder ist es nicht vielmehr so, daß die Deutschen zu neuen Konzeptionen gelangt sind? Der nukleare Schutz der USA, der in Zeiten des Kalten Krieges die existentielle Priorität für die Bundesrepublik darstellte, bleibt zwar weiterhin unentbehrlich. Diese transatlantische Partnerschaft dürfte hingegen nicht mehr automatisch gelten, wenn Europa in Regionalkonflikte verwickelt wird. Bosnien ist für diese neue Sachlage ein überzeugendes Beispiel. Der neue US-Verteidigungsminister William Cohen hat angekündigt, daß die dort stationierten GIs sobald wie möglich abgezogen würden und daß Washington den Europäern das Terrain in Eigenverantwortung überlassen will. Dadurch sieht sich die »Westeuropäische Union« gezwungen, ihre Streitkräfte mit all jenem Eingreifpotential auszustatten, über das die Amerikaner bislang als Monopolisten verfügten. Es fehlt den Europäern an einer autonomen Luftverteidigung, an ausreichender Transportkapazität, am logistischen Unterbau, an Aufklärungssatelliten und vielem mehr.

Die französischen Eingreiftruppen werden nicht auf die Deutschen zählen können, wenn sie in Schwarzafrika mit Waffengewalt Pariser Sonderinteressen verfechten. Rund um das Mittelmeer, in Nah- und Mittelost oder auf dem Balkan könnten hingegen Situationen entstehen, die das blitzschnelle Eingreifen des Euro-Corps erfordern. Hier liegt es im Interesse der Deutschen und Franzosen, nicht immer auf das Placet aus Washington warten zu müssen.

Bleibt die dornige Frage der nuklearen Konzentration. De Gaulle wollte mit seiner »Force de frappe« eine eindeutige Überlegenheit gegenüber dem germanischen Partner zementieren. Die französischen Atomwaffen, die gegen Rußland völlig unzureichend sind, wären durchaus befähigt, unberechenbare Potentaten oder kriminelle Staatswesen einzuschüchtern, die sich im Zuge der unvermeidlichen Proliferation ein primitives Nuklearpotential zugelegt hätten. In welcher konkreten Form die deutsche Landesverteidigung an dieser extremen Form der Abschreckung beteiligt werden kann, steht noch offen. In Paris sollte man sich bewußt sein, daß die Alternative zur integrierten europäischen Atomverteidigung auf Dauer nur die Entwicklung von nationalen deutschen Nuklearwaffen sein könnte. Die »Nürnberger Erklärung« erwähnt diese neue Perspektive noch recht behutsam. Der heilsame Zwang zum strategischen Schulterschluß läßt sich jedoch nicht auf die konventionelle Rüstung beschränken.

Das satanische Blöken

»Dolly« kündigt das Jahr 2000 an

10. März 1997

Wer hätte geahnt, daß die Ungeheuer der Apokalypse sich eines Tages in Gestalt eines harmlos wirkenden Schafes namens Dolly offenbaren würden? Ein Hauch von Endzeitstimmung hat sich über den nachdenklichen Teil der Menschheit gesenkt, seit in Schottland der Beweis erbracht wurde, daß beliebige Kreaturen – demnächst wohl auch der Mensch – im Labor geklont werden können. Schon vergleicht man diesen Vorgang mit der Erfindung der Atombombe. Mit der Nuklear-Explosion verschaffte der Mensch sich das Mittel zur totalen Selbstvernichtung der eigenen Gattung. Mit der Reproduktion im Reagenzglas spielt er sich als Schöpfer und Neuerfinder des »Ebenbildes Gottes« auf. Das zweite ist mindestens ebenso fürchterlich wie das erste.

Das Jahrtausend neigt sich dem Ende zu. Bisher war im Hinblick auf das Datum 2000 keine Spur jener mystischen Untergangsängste zu spüren, die sich der abendländischen Christenheit mit dem Nahen des Jahres 1000 bemächtigt hatten. Damals, so wurde gepredigt, stehe das Jüngste Gericht bevor. Zum Abschluß des ersten Millenniums nach Christus füllten sich die Kirchen mit Büßern und Betern. Sie hofften in der Stunde der göttlichen Abrechnung des ewigen Heils teilhaftig zu werden. Dem Jahr 2000 hingegen sah eine auf soziale Marktwirtschaft, Menschenrechte und Demokratie eingeschworene Gesellschaft – trotz aller existentiellen Ungewißheiten – mit Zuversicht entgegen. Blühte in Amerika nicht der Dow-Jones-Index? Leitete die vielzitierte Globalisierung nicht zu jener multikulturellen Harmonie über, die allen Propheten des Unheils zum Trotz von den Medien als endgültige Formel aller Konfliktlösungen gepriesen wird?

In diese krampfhaft optimistische Stimmungslage platzt das diabolische Schaf Dolly hinein wie ein Osterlamm, beinahe lieblich anzusehen. Aber hat sich Satan – allen Offenbarungsreligionen zufolge – nicht allzuoft in irreführender Tarnung gezeigt? Da bieten vielleicht die beiden Rhesus-Äffchen von Oregon, die zwar noch keine perfekten Klon-Produkte sind, aber dafür antropomorphe Ähnlichkeit mit uns aufweisen, einen viel beklemmenderen Anblick. Mit traurigen Augen klammern sie sich aneinander wie im Bewußtsein biologischer Verzweiflung. Weniger als drei Jahre trennen uns noch von der Wende 2000, und plötzlich ist chiliastisches Gruseln angebracht. Uralte Mythen, aber auch die gespenstischen Visionen einer enthemmten Wissenschaft profilieren sich als Realität von morgen. Das reicht von den Riten des Satanismus zum »Homunculus«, der aus »faustischem« Erfindungsdrang geboren wurde, vom Filmmonstrum des Doktor Frankenstein bis zum Golem von Prag, den der weise Rabbi Loew mit Leben erfüllte. »Dreh dich nicht um, der Golem geht um!« Der Schreckensruf droht Wirklichkeit zu werden. Die Futurismusromane des ausgehenden 19. Jahrhunderts besaßen eben doch einen hohen Realitätswert. Der Gedanke an Aldous Huxley und dessen Vision »Brave New World« drängt sich auf mit ihren gezüchteten Kategorien perfekt domestizierter Industriesklaven.

In unserer aufgeklärten Gesellschaft sei eine solche autoritär verfügte, genetische Massenmanipulation doch gar nicht vorstellbar, lautet der Einwand. Schon werden Gesetze geschmiedet, um das Klonen von Menschen unter Strafe zu stellen. Dabei unterschätzt man wohl sträflich den wissenschaftlichen Eifer gewisser vom Rausch der Allmacht besessenen Gentechnologen. Was hätte wohl Hitler in seinem Rassenwahn aus einem solchen biologischen Instrumentarium gemacht? Da hätte die SS nicht mehr auf Behelfslösungen wie den »Lebensborn« zurückgreifen müssen, um nordische Herrenmenschen zu züchten. Den »minderwertigen« Fremdvölkern hätten Doktor Mengele und Konsorten die Norm ewiger Unterwerfung aufgezwungen.

Das Schaf Dolly regt auch die Phantasie von Humoristen und Karikaturisten an. Das Lachen wird ihnen bald vergehen. Wer erinnert sich daran, daß der Bikini, der vor vierzig Jahren als Zierde weiblicher Emanzipation gefeiert wurde, seinen Namen jenem unglückseligen Pazifikatoll Bikini verdankt, wo die ersten amerikanischen Thermonuklear-Bomben erprobt wurden? Heute wäre eine solche Frivolität nicht mehr erträglich. Während die römische Kirche noch darauf pocht, daß die Zeugung des Menschen nur durch die sexuelle Vereinigung von Mann und Frau vollzogen werden darf, eröffnet sich die Perspektive, daß ganze Generationen menschenähnlicher Lebewesen in der Retorte angerichtet werden. Wird der Geschlechtsakt nun vollends zum unverbindlichen Amusement oder gar zum Leistungssport des Snobs? Die gelungene Klonierung des Schafes Dolly läßt den Vergleich mit der Entdeckung Darwins von der »Entstehung der Arten« weit hinter sich. In ihrem Übermut, so heißt es in der Bibel, bauten die Menschen von Babel einen gewaltigen Turm, mit dem sie den Himmel erreichen wollten. Die Hölle ist dann nicht fern.

Personenregister

Hinweis

Der Beitrag »Niedergang der Dinosaurier« ist dem Band »Vis-à-vis« von Frank A. Meyer entnommen, 1987 im Ammann Verlag, Zürich, erschienen; »Angst vor atomarer Erpressung« beruht auf einem Artikel in *Die politische Meinung* vom Februar 1995. »Die dritte Heimsuchung des Islam« und »Israel – Staat und Religion sind nicht zu trennen« wurden erstmals im Herbst 1995 im *Rheinischen Merkur* veröffentlicht, alle übrigen »Schlaglichter« in der *Schweizer Illustrierten.*

Von Peter Scholl-Latour in der DVA

Allah ist mit den Standhaften
Begegnungen mit der islamischen Revolution
768 Seiten mit 5 Karten

Aufruhr in der Kasbah
Krisenherd Algerien
320 Seiten mit 1 Karte

Mord am großen Fluß
Ein Vierteljahrhundert afrikanische Unabhängigkeit
544 Seiten mit 2 Karten

Der Tod im Reisfeld
Dreißig Jahre Krieg in Indochina
384 Seiten mit 2 Karten

Leben mit Frankreich
Stationen eines halben Jahrhunderts
656 Seiten

Schlaglichter der Weltpolitik
Die dramatischen neunziger Jahre
368 Seiten

DVA